新编21世纪社会学系列教材

数据分析与Stata应用

杨菊华 杨 磊 著

Data Analysis and the Application of Stata

中国人民大学出版社
·北京·

内容简介

本教材是基础统计知识和Stata软件应用的入门教材。教材由浅入深、由易到难，包括定量分析研究过程与方法、数据处理技术、描述性统计分析和推断性统计分析四部分，共十章内容，详细介绍了基础统计的理论知识和Stata软件的应用。教材注重定量研究整体性与数据分析的统一、数据处理与数据分析的统一、统计理论与实际应用的统一、描述分析与模型分析的统一。它以社会科学研究领域定量分析过程与方法为基础，手把手地培养读者的数据处理能力这一定量研究的基本功；它介绍统计学的基本原理、数据处理的思路和缘由、研究方法等，帮助初学者既知道要怎么做，也知道为什么要这样做；它还详细讲解了描述性统计分析方法，如何利用图表展示变量分布及相互关系，以及参数估计、假定检验、方差分析、线性回归和logistic回归相关内容。本教材不仅适合作为社会学、人口学、管理学等各相关专业数据分析类课程的教学用书，也可供有数据分析技能学习需求的读者阅读。

作者简介

杨菊华　1963年9月生，先后毕业于武汉大学历史系、美国辛辛那提大学人类学系和布朗大学社会学系，现为中央民族大学教授，博士生导师。主要从事婚姻家庭、迁移流动等方面的研究。曾主持国家社科基金重大项目、教育部重大课题攻关项目、国家自然科学基金项目等。在《中国社会科学》等国内外权威期刊发表论文150余篇；出版《人口社会学》《数据管理与模型分析》《社会统计分析与数据处理技术》等教材和多部学术著作。研究成果获第八届高等学校科学研究优秀成果奖（人文社会科学）一等奖和北京市第十六届哲学社会科学优秀成果奖二等奖；研究专著入选《国家哲学社会科学成果文库》。

杨　磊　芬兰赫尔辛基大学社会学博士，2017年9月至2022年12月任中央民族大学社会学系讲师、副教授，2023年1月起任北京航空航天大学公共管理学院副教授。目前研究领域主要包括人口老龄化、老年健康、社会政策等。在《人口与经济》、《人口与发展》、*Age and Ageing*、*Journals of Gerontology-Series B-Psychological Sciences and Social Sciences*、*Aging & Mental Health*等中英文学术期刊发表论文20余篇。主持教育部和民政部等省部级课题及各地局课题10余项，2019年获全国民政政策理论研究三等奖。

前言

事物之间彼此联系，这些联系有其内在机制，并且以多样形式而存在。社会科学研究就是要发现这些形式，并解释这些机制。系统的研究理论、科学的研究方法、合理的研究步骤有助于更好地发现关联事物之间的显性和潜在规律。21 世纪以来，包括社会学在内的中国社会科学领域的学者日渐积累了大量的理论和方法，定量研究也成为与质性研究共同发展、相互支撑的研究方法，这在很大程度上推动了以事实为依据的实证研究的发展，进而促进了中国社会学学理研究的繁荣。不仅如此，定量研究也成为中国学人融入国际学术共同体的重要手段。实际上，中国学者在国际顶级和一般性学术期刊上的发文，多数属于定量研究；换言之，定量研究技术对于推动中国学者与国际同行的交流、传递中国学者的声音、增进中国的文化自信，起到了不可估量的作用。

回望过去，20 世纪 80 年代以来，西方现代社会统计技术传入中国，定量分析方法渐入社会学者的研究视野。此后 20 年中，包括 SPSS 在内的一些统计软件在社会学领域得到普遍应用。郭志刚教授主编的《社会统计分析方法——SPSS 软件应用》，成为中国数据分析的启蒙教材，影响了数代学人。2008 年，笔者基于教学而形成的、由中国人民大学出版社出版的《社会统计分析与数据处理技术——STATA 软件的应用》教材，对其他统计教材形成补充，让学界同行和对定量研究感兴趣的学生在教材方面有了更多的选择。

显然，2008 年出版的教材距今已数年，Stata 统计软件也从彼时的最新版本——9.0 版——更新为今天的 17.0 版，增添了很多 9.0 版所不具备的新功能。为更好地满足读者的需求，教材修订势在必行。

《数据分析与 Stata 应用》是在《社会统计分析与数据处理技术——STATA 软件的应用》的基础上修订、补充完成的。沿袭原书的思路，修订后的教材采取循序渐进的思路与原则，由浅入深，由易到难，详细介绍了基础统计的理论知识和 Stata 软件的应用，由此也使得本教材与现有其他教材有所不同。

第一，注重定量研究整体性与数据分析的统一。教材的第一部分介绍了社会科学研究领域定量分析过程与方法。定量研究是一项系统工作，不仅仅只有数据分析部分，而是从提出研究问题到得出研究结论的完整过程，数据分析是定量研究中的重要一环。本部分的介绍提纲挈领地提供了一个定量研究的概览，以此作为社会统计、数据分析的理论指导，有助于读者跳出就数据谈数据的局限，将数据分析置于整个研究的大框架下进行整体考虑。考虑到一些读者可能对 Stata 软件还较陌生，本部分还系统地介绍了该软件的基本特征以及数据的读入方式，手把手地带领初学者熟悉该软件，更快地入门。

第二，注重数据处理与数据分析的统一。根据笔者的经验，一些初学者在数据分析过程中，往往只重建模而不重数据处理。而实际情况是，没有任何一个数据是可以拿来直接使用的；在使用数据之前，通常必须对数据进行符合自己研究目的的处理。一个定量研究的质量、个体研究水平的高低，在很大程度上取决于数据处理的质量。换言之，建模的功夫是在建模之外。因此，提升数据处理能力是定量研究的必备功夫。为此，本教材将重点之一置于数据处理，手把手地引导有需求的读者在建模之前对数据进行必要且科学的处理，包括新变量的生成与旧变量的调整、数据的分组与合并、长数据与宽数据之间的转换，以及在各种数据处理过程中可能出现的问题及其解决方法等。这部分的内容是本书最具特色之处，可与其他重点介绍模型方法的教材形成互补，有助于满足读者的数据处理诉求，提升定量研究水平。

第三，注重统计理论与软件操作的统一。与一般的 Stata 使用手册不同，本教材除介绍 Stata 软件的操作外，在一些相关章节还会介绍统计学的基本原理、数据处理的思路和缘由、研究方法等，帮助初学者既知道要怎么做，也知道为什么要这样做。因为，统计分析只是定量研究过程的一个步骤，其具体实施还依赖于理论的指导，对数字的背后故事或分析结果的阐释也需有理论的深度。

第四，注重描述分析与模型分析的统一。统计分析包括描述性统计分析与推断性统计分析两大类，但当前的统计分析存在两个大问题：一是重模型分析而轻描述分析，忽视建模之前的探索性工作。描述分析是建模的基础，只有对数据的基本分布情况做到心中有数，变量的处理、数据的进一步挖掘工作才会更合理、更科学；换言之，描述分析是数据深入分析的基础与前提。二是即便注意到描述分析，很多初学者在选择方法上亦常常有误，如报告分类数据的均值、方差或标准差等，分类变量的数字只有指代性，却无数学意义——虽然二分类变量所谓的均值与比例相同，但方法却不妥当，而计算多分类变量的均值更全无意义。本教材将详细讲解描述性统计分析的基本方法，讲解如何利用图形、表格来展示变量的基本分布和变量之间的相互关系，讲解如何解释数据的分析结果，帮助读者掌握正确的方法。同时，兼顾本科生最常用的统计分析方法，介绍参数估计、假定检验、方差分析、多元线性回归（OLS）和非线性（logistic）回归。

与上一版相比，《数据分析与 Stata 应用》在内容方面进行了更新与补充。

一是软件版本的更新。在软件应用方面，新版教材全部更新到最新版本；同时，随着读者数据分析能力的提升，新版教材也删除了 Stata 软件的路径及其页面，更强调常规方法程序命令的编写。一旦读者习惯、掌握了基本的编程能力，其数据分析能力就可能出现跳跃性提升，数据分析效能也会得到相应改善。

二是模型分析细节的更新。比如，在线性回归分析中，增加了如异方差问题等方面的回归诊断分析；在逻辑斯蒂回归中，除常规的二分类 logistic 回归外，还增加了序次和多分类 logistic 分析方法；此外，在模型分析中，拓展了交互项分析的内容，除虚拟变量与连续变量的交互项外，增加了两个虚拟变量的交互项分析。新增内容不仅可以满足更多读者的建模需求，而且有助于读者研判模型的拟合状况，以及在一定程度上了解中介效应和调节效应的使用方法。

为了方便读者，本书附有配套的学习资料，内容包括：

（1）每章正文使用的数据及数据处理程序。

（2）每章复习思考题使用的数据及答案程序。

（3）读者练习数据。

本书的适用范围和读者对象包括所有希望掌握基本统计原理与数据处理技术、科学使用统计分析方法以及对 Stata 统计软件感兴趣之人。希望本教材的内容能对读者的日常教学和研究工作起到一定的帮助；同时，在近年国内社会学界对定量研究提出诸多质疑与批评、一些学者对定量研究望而却步的情景下，笔者希望，再版教材不仅能成为国内社会学领域数据分析方法的通用参考，而且能对数据分析起到一定的规范作用，避免数据分析“垃圾进、垃圾出”问题，不断提升数据分析质量和研究水平。

教材的再版，得益于诸多学人的敦促与支持。我的同事杨磊副教授对原教材进行了全面更新，并重新撰写了书中线性回归和 logistic 回归两个章节；学生吴海平校对了书稿。中国人民大学出版社的龚洪训老师多次建议再版教材；盛杰编辑亲自敦促，多次与笔者商谈，对新修教材提出了诸多有价值的建议，并对教材新稿进行了全面审核与调整。没有他们的支持与帮助，教材修订仍在考虑之中；再次对他们深表谢意与敬意！

杨菊华

2022 年 6 月 1 日

* 本书附有配套数据文件，请至中国人民大学出版社官网（http：//www.crup.com.cn）下载，输入书名即可查询。

目录

第一部分

定量分析研究过程与方法

第一章

社会科学研究方法与过程

第二部分

数据处理技术

第二章

Stata 入门

第三章
Stata 数据的读入与熟悉

第四章
变量的生成与处理

第五章
数据的合并、转换与集合

第三部分

描述性统计分析

第六章
数据的描述

第七章
图形的制作与数据的描述

第四部分

推断性统计分析

第八章
参数估计、假定检验与方差分析

第九章
线性回归

第一部分

定量分析研究过程与方法

第一章

社会科学研究方法与过程

社会科学研究探究事情的真相，关注事物之间的联系及其原因。联系以多样形式而存在。它可以发生在同一个体的不同特征之间（如性别与收入）、不同个体之间（如男性与女性收入的差异）、个体与群体之间（如不同社会阶层的个体收入），以及个体与社会制度之间（如职场的性别隔离和收入不均）。事物之间的联系不是无序的，而是有其内在机制，科学研究就是要寻找并解释这种（些）机制。适当的研究理论、科学的研究方法、合理的研究步骤有助于有效地发掘事物之间关联的显性和潜在机制。然而，20 世纪 80 年代以来，随着西方现代社会统计技术和方法的传入，在定量分析方法得到推广与普及的同时，统计分析方法的滥用、误用和不规范现象也普遍存在；理论、方法与包括定量、定性数据在内的经验材料分析脱节的情形也很严重。造成这些现象的原因是多方面的，既有对理论把握的欠缺，也有对研究方法掌握的不足，还有对研究过程和方法本身的不了解，等等。

本章旨在勾勒出社会科学（尤其是社会学和人口学）研究领域定量研究的过程与方法，探讨在此过程中需要遵循的行为规范，寻求整合研究理论与方法的最佳途径。我们知道，科学研究方法主要可以划分为两大类：演绎法（deduction）和归纳法（induction）。前者从一般到个别，即从（1）逻辑或理论上预测的模式到（2）观察检验预期的模式是否确实存在；换言之，演绎法是从“为什么”推延到“是否”。归纳法从个别到一般，即从一系列特定的观察中，发现一种模式，在一定程度上代表所有给定时间的秩序。这里介绍的过程和方法遵循从理论到实践的演绎规则。需要指出的是，两种途径的结合可以帮助人们寻求对事物更有力、更完整的理解。

研究过程是社会科学家在探求事物原理和关联时遵从的一系列行为；研究方法是研究过程实施的手段。一方面，方法寓于研究过程之中；另一方面，方法指导研究过程和步骤的实施。通过这些行为和方法，研究者最终得以回答研究问题。从演绎法的角度出发，图 1－1 描述了定量研究的 5 个基本步骤和过程：提出问题，生成假定，收集数据，分析数据，检验假定。这些步骤密切联系，相互制约，有时甚至重合，不仅构成科学研究的完美形式，也是深化认识的最佳途径。

特别值得关注的是居中的理论。如图 1－1 所示，每一个研究步骤都与理论互动，既被理论影响，也检验理论的适应性。概而言之，理论处理的是科学的逻辑层

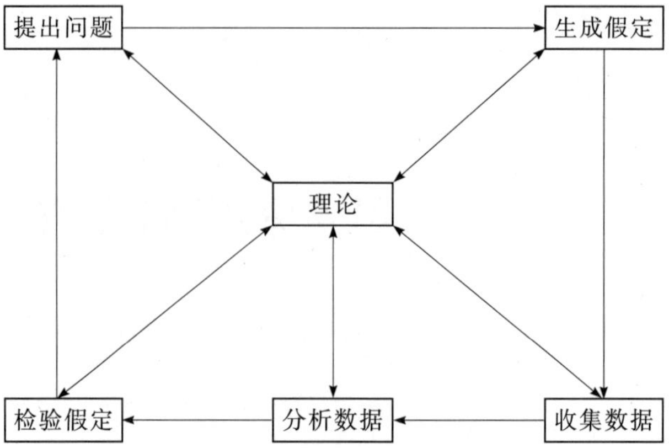

图 1-1　社会科学研究流程

注：双向箭头表示相互影响，单向箭头表示先后顺序。

面，问题的提出和假定的生成都是在理论的指导下进行的；收集和分析数据则处在观察层面，而检验假定则是比较预期的逻辑与实际观察之间的吻合度。当然，由于人力、财力、物力的局限或其他人为和非人为因素，并不是所有研究都必须经历这些步骤。收集数据这一步骤往往被忽略，有时我们只能使用、分析他人收集的二手资料。

下面，我们主要以性别、教育、职业与收入的关系为主线，辅之以其他研究实例，通过对具体问题的剖析，首先阐述理论在科学研究中的重要性，然后系统介绍每个研究步骤及主要注意事项。通过对这些问题的分析与探讨，我们希望能够引起社会科学研究领域的学者对定量研究方法的过程及规范性的广泛关注和重视。

1.1　理论的作用

理论是指人们由实践概括出来的关于自然和社会现象的系统结论，也是对两个或多个可观察的属性关系的解释。理论尝试在观察到的现象与概念之间建立一种联系，解释为什么一种现象以一种特殊的方式与另一种现象相关联。因此，理论关心的是是什么（what is）和为什么（why），而不是应该如何（should be）。理论不是价值判断，而是对事物之间联系的系统的、言之成理的客观描述、总结和解释。由于种种条件的制约，社会科学领域的理论是不可以被证实的，而只可能被证伪。

社会现象之间的联系是复杂多样的，只有在科学理论的指导下，在科学方法的帮助下，才能更好地找寻、把握事物之间的关联机制，二者相辅相成。然而，理论与方法脱节的现象十分严重。一方面，我们常常看到，一些定量分析忽视理论，流于数字游戏。另一方面，我们也不难发现，不少理论研究缺乏实证经验的支持，成为理论空谈。因此，如图 1-1 所示，在科学研究中，理论始终处于核心地位，与每个研究步骤互动，指导每一步骤的实施，同时也被研究过程和分析结果检验、修正。这一描述再现了理论与方法之间的依存关系；二者如同车之两轮、鸟之双翼，是科学研究中不可或缺的成分。

理论因其解释的对象和构建的不同可以分为三个层次：宏观理论（grand theory，total theory，paradigm）、中观理论（middle range theory）和微观理论。

理论可以是抽象、宏观的。社会科学家往往尝试构建一个完整的理论体系，以便更为精确地解释事物的原理和社会生活的一些共性特征，并最终揭示社会客体的本质和社会发展规律。这样的理论着眼于大的社会结构或体制。例如，马克思的资本理论、辩证唯物主义理论和历史唯物主义理论，韦伯的官僚体制效率理论，帕森斯的功能理论，等等，都是人们耳熟能详的宏观理论的典型代表。

然而，宏观理论的提出往往需要数代人的努力和经验的积累。作为常人的我们，即便穷毕生精力，也难以在宏观理论方面有所建树。同时，由于宏观理论难以具体量化和检验，故在社会科学研究中，宏观理论与经验研究的脱节现象比较严重。正是关注到这一点，默顿提出了介于宏观范式与微观分析框架之间的“中观理论”。

作为美国一位著名的社会学家，默顿的中观理论继承了社会学的古典传统。他将社会学乃至社会科学设想成像物理学那样，希望能够建立一些颠扑不破的铁律。然而，与宏观理论不同的是，中观理论并不试图建立那种放之四海而皆准的宏观范式；相反，它有许多小理论，适用于不同的研究领域，用来解释不同的社会现象。因此，虽然中观理论也涉及抽象概念，但它始于有限的社会现象，且其概念可以利用可观察到的数据作为支持或反证。我们熟悉的社会流动理论、角色冲突理论、社会规范形成理论、行为失范理论、代际权力转移理论等，都属于中观理论的范畴。

理论还可以是具体、微观的分析框架（conceptual framework，analytical framework）。我们往往使用现存理论或根据研究问题生成分析框架，解释日常生活中的现象和事件。在社会科学领域，尤其是在社会人口学研究领域，最常用的是中层理论和微观分析框架。

比如，在探讨两性之间收入不公的原因时，必须考虑职业和行业的性别差异，包括职场的性别分割——女性和男性所属行业不同、从事的职业不同等。该思维过程实际上就是构建中观理论或微观分析框架（微观理论）的过程。潜在的理论假定是，职场的分割对收入的性别不公具有重要的决定作用。生成该假定的依据是，在当今社会，个人所在的行业和具体从事的职业与他们的社会声望、威信、权力和收入密切相关。一方面，男性和女性从事不同的工作，而女性从事的工作往往收入较低，声望较差，升迁的机会较少。因此，职场的性别分割影响两性之间的职业声望和地位高低，并因此导致二者收入的不公。另一方面，即便女性与男性拥有同等的教育水平、技能和工作经验，在类似的职场中，由于工作类型不同，她们的收入也往往低于男性。IT 等高科技行业就是职场和职业分割的一个很好的例子。IT 行业以男性为主（职场分割）；虽有不少女性涉足其间，但很少有女性能升迁到高层管理部门（职业分割）。因此，女性与男性行业和职业的不同很有可能是造成他们收入不公的直接原因之一。

职场分割影响两性收入不公是我们的理论框架，但该理论命题能否成立，只有在经过反复检验和修正后才能确定。当然，我们在提出并检验理论框架之前，首先需要提出研究问题。

1.2 提出问题

研究工作的起点是研究问题的提出和研究内容的确定。在提出研究问题的同时，研究内容也就确定了。

1.2.1 提出研究问题

能否提出问题、提出怎样的问题，受到研究者自身资料的积累、阅历的深浅、思维模式等因素的影响。研究问题的好坏直接影响该研究的意义和价值，以及成果的去向、用途及影响。因此，研究问题必须具有明确的实际和（或）学术意义。提出新颖且有价值的研究问题首先需要明确自己的兴趣领域或范围。换言之，研究问题必须是我们感兴趣的，只有这样，我们才愿意投入时间和精力去探寻答案。当然，我们的研究兴趣可能过于宽泛，故而需要具体化。在这个过程中，可以从不同角度来表述研究问题，定义、论证问题的合理性。

譬如，对职场和收入的性别差异的兴趣也许刺激我们提出以下问题：女性和男性的职业差异导致他们的收入不均吗？就相同职业来说，女性的平均收入低于男性吗？收入的性别差异的发展趋势如何？这些都是值得探讨的、既具有现实意义也具有学术价值的研究问题。

研究问题可以分为两大类。一类是客观问题，描述客观现象之间的关联（是/否）。性别、职业与收入的关系属于此类。此外，父母的收入水平与子女的受教育程度、限制性的生育政策与出生人口性别比的失衡、人规模的城乡人口流动与人口老龄化的城乡差异等，也都是客观问题。这样的问题不能一味地靠推理、设想、道德判断或主观偏好来回答；相反，只有采用实证研究的方法，才能真正回答这类问题。

另一类是主观问题，表达个人的价值判断（好/坏）。男性是否比女性更适合担任领导工作？城市的生活方式是否比农村的生活方式更好？这类问题描述的不是客观现象，因为“更适合”“更好”等概念具有浓重的主观成分，故而不能被直接检验或核实。但这并不意味着涉及个人价值判断的问题就不能成为科学研究问题。研究这些问题的途径之一就是将“好”“坏”等主观概念重新加以定义。比如，我们可以将“好”“更好”定义为经济的增长、个体或群体福利的改善、受教育程度的提高等。通过将主观问题客观化，带有个人主观价值判断的问题就演变成了对客观事物之间关系的描述，也因而成了可以经实证检验的科学研究问题。

因此，在提出研究问题的同时，我们需要定义概念。

1.2.2 定义概念

概念指物体（如书本）、行为（如犯罪）、观点（如成绩好）或现象（如年轻）等等；性别、教育成就、职业声望、收入水平等也都是概念。我们的研究领域或兴趣可能非常宽泛，需要具体化。概念化的过程也就是缩小研究范围、使研究更具有可行性的过程。概念可大可小。有的相对抽象、较为模糊；有的客观，有的相对主观。一般情况下，若是想对某个事情（物）获得一个“思想把手”，从而更清楚地将自己的观点表达出来的话，这样的概念多比较模糊。个体“经济成功”就是一个例子：什么叫“经济成功”、什么叫“经济不成功”都没有明确的标准。有的概念比较具体，容易被观察或体验，比如性别。

当然，并不是所有的概念都与人有关，也不是所有的研究问题都处于个人层次。前面提到的“公司”即非个人层次的概念。同样，若打算研究公司的某些特征（如职员的性别结构、平均受教育程度和收入状况等）的话，这些特征也是概念。

1.2.3 量化概念

变量是概念的可衡量指标。概念往往相对抽象，但变量是具体的、能被观察和衡量的，其特性称为属性（attribute）。如何量化概念与研究问题和研究内容密切相关。表 1-1 以性别、教育成就、职业声望和收入水平为例，阐述了概念、变量与属性之间的关系。性别是一个具体概念，可以通过男性或女性来衡量，个体要么是男性，要么是女性。教育成就是概念，可衡量为受教育年限（个体接受了多少年的正规教育）或受教育程度（小学、初中、高中、大学等）。职业声望是概念，可通过职业声望指数（SEI）来表现，每个个体的具体职业都可转化为一个相应的 SEI 取值。同样，我们可以将年收入在 10 万元以上的个体定义为在经济上取得了成功。这里，“经济成功”是概念，“年收入”是变量，具体的收入水平则是属性。

表 1-1　概念、变量、属性之间的关系

概念	变量	属性
性别	男性或女性	要么是男性，要么是女性
教育成就	受教育年限或程度	每个个体都有一个介于某个区间的取值
职业声望	职业声望指数（SEI）	每个工作的个体都有一个介于某个区间的职业声望指数值
经济成功	年收入	100 000 元以上等

1.2.4 确认研究全域

在提出研究问题的过程中，我们实际上同时明确了研究目的和研究内容，确定了研究全域（population）或总体（universe）。研究全域是理论上研究要素的特定集合体。社会科学和行为科学领域的主要研究对象是人。我们常常思考人们为什么会做出这样的举动，而不是其他举动；为什么男性的职业声望超过女性；为什么男性的收入高于女性；为什么有的人经济上取得了很大的成功，而有的人却收入很低。这里，全体人群、工作年龄的男性和女性分别属于全域且都是人。除人以外，还有很多非人的实体也可以是研究对象，包括组织机构、制度、物品、文化遗物等。如果研究者对中国私营企业的特征饶有兴趣并打算对其进行研究的话，则研究全域为中国所有的私营企业。因此，研究全域是由研究问题决定的。

在确定研究全域时，需要注意分析单位。性别、教育、职业与收入都属于个人特征，故分析单位为个人。有时，分析单位为家庭、社区或其他对象；有时，虽然分析单位是个人，但一些变量代表更高层次的特征（如家庭收入、家长的教育和职业、社区发展水平）。分析单位和变量的特征都与变异来源有关，从而影响分析方法的选择。

1.3 生成假定

在提出了研究问题、明确了研究目的、确认了研究内容和全域后，我们就进入了研究周期的第二步：生成假定。假定是对两个变量之间关系的陈述，也就是未经检验的对研究问题的回答。生成假定的依据可以是多元的：现有理论、实际观察、过往研究、个人体验等。因此，假定并不是凭空捏造的，而是建立在理论分析框架及对现存文献的综述之上。换言之，在生成假定之前，我们需要回顾研究背景，构建理论模型。批判性的文献回顾不仅能使研究者熟悉研究现状，了解他人验证过的假定，帮助发现现存研究的不足，而且有助于提出研究问题，发展理论，生成假定。假定虽在理论的指导下生成，但不等于理论。不同的理论可引出同样的假定。这是一个自由度的问题。假定比理论更容易被检验。本节只讨论假定的生成，以及在此过程中需要注意的问题，尤其是因果关系问题。需要指出的是，假定是可以被证伪的；若非如此，则假定不成其为假定。同样，即便数据分析的结果支持假定，也不能说明因素之间一定存在直接的因果关系。

1.3.1 假定的类型

因为尚未经过实证检验或核实，故假定是尝试性的。由于研究的目的是解决问题，因此研究者通常十分关注事物之间的因果关系。比如，研究者也许认为，个人的收入与他们的受教育程度有关。这里涉及两个变量：收入、教育。一个合理的假定是：

受教育程度越高，收入越高。

又如，个人的收入与性别有关。由于男性的职业地位通常高于女性，因而一个合理的假定是：

男性的收入高于女性的收入。

再如，就职场分割的例子而言，一个合理的假定是：

女性占绝大多数的职业的收入水平低于男性占绝大多数的职业的收入水平。

假定关系既可以是正向的，也可以是负向的，还可以是不分方向的。当我们假定一个因素的变化导致另一个因素往同一方向发生相应变化时，这样的假定是正向假定。在社会科学中，经典的例子包括性别与收入的关系、职业与收入的关系、教育与收入的关系、父亲的教育水平与子女的教育水平之间的关系等等。一般而言，受教育程度提高，收入水平随之提高；反之亦然。因此，我们假定，受教育程度的高低影响收入的多寡。

当假设一个因素的变化引起另一个因素往反方向发生变化时，这样的假定是负向假定。在负关联中，两个因素变化的方向相反。常见的呈负相关关系的例子包括年龄与灵活程度、兄弟姊妹数量与教育水平、物品的价格与需求量、血液中的酒精含量与驾驶能力、犯罪的严重程度与保释的可能性等等。在通常情况下，年龄越大，动作就越不灵活；兄弟姊妹越多，受教育程度越低；物品越昂贵，人们的购买力就越差；喝酒越多，驾驶能力越差。

有时，我们的假定并不明确两个因素之间因果关系的方向。然而，这并不意味着它们缺乏联系，而只表明，根据现有资料，我们尚不清楚它们相关的性质。比如，我们也许对刚毕业的社会学和人口学硕士研究生与其他专业刚毕业的硕士研究生的平均收入水平感兴趣。毫无疑问，社会学和人口学专业的应届硕士毕业生的收入会高于部分其他专业的应届硕士毕业生，但低于另外一些专业的应届硕士毕业生。在这种情况下，我们很难判断二者关系的方向。

同一假定可以通过不同的方式来表述。比如，“受教育程度越高，收入越高”。这相当于说，“受教育程度越低，收入越低”，“教育水平与收入水平呈正关联”。另一种说法是“收入越低，受教育程度越低”，虽与前一种表达方式不同，但它也是假定。假定不必是正确的，但必须是可经检验的。

1.3.2 因果关系

假定描述两个变量之间的因果关系。换言之，我们希望了解“是什么引起了什么”。假定的“引起变量”即为因，“被引起变量”即为果。不过，假定的生成只是假设两个或多个因素之间是否存在因果关系的第一步。若要证实一个因素为另一个因素之因，变量之间的关系必须同时满足以下三个条件。

第一，二者同变（co-vary）：一个因素的变化必然导致另一个因素的变化。换言之，两个因素之间存在直接或间接的逻辑关系；将风马牛不相及的事件联系到一起毫无意义；假定的关系在理论上是正确的，在实践中是合理的。因此，在假定生成之前，首先需要根据理论、知识和经验来判断因素（譬如，受教育程度的高低与收入的多寡）之间是否存在关系。然而，同变（co-variation）虽是因果关系的必要条件，但不是充分条件。因果关系的存在还必须满足以下两个前提。

第二，时间顺序（time order）：假定之因必须发生在假定之果前；换言之，原因存在在先，结果生成于后（譬如，职业与收入的关系——先有职业，后有收入）。

第三，真实关系（non-spuriousness）：两个因素之间的关系必须是真实的，而不是由第三个因素造成的，也不能为其他因素所取代。只有在排除因素之间的虚假关系（spuriousness，两个变量之间巧合性的统计关系，实际上是由第三个变量引起的）后，才能真正建立两个因素之间的因果关系。

以性别、教育、职业与收入的关系为例，两个或多个变量之间可能存在以下几种关系（见图 1-2）。需要指出的是，这里仅是借它们来阐述变量之间的关系，而非表明它们之间的关系必然如此：

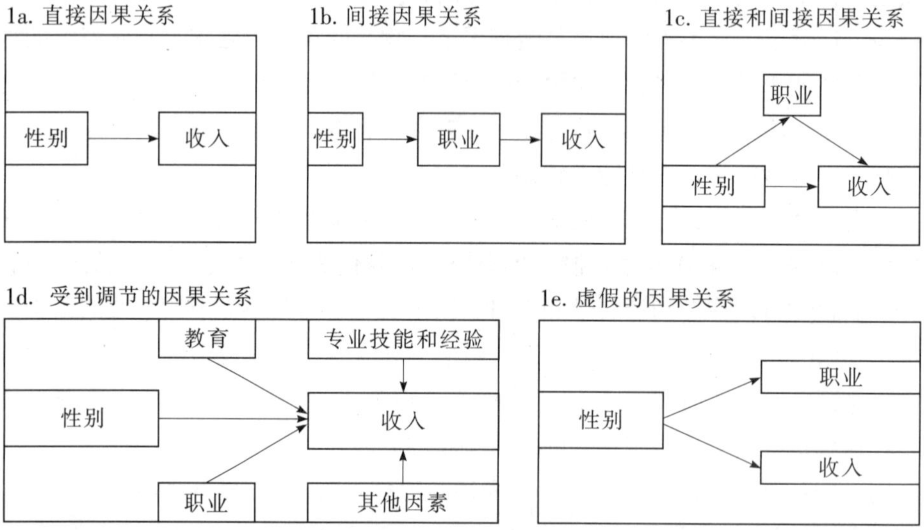

图 1-2 变量之间的关系

其一，直接因果关系（1a）。因素 A 对因素 B 发生直接作用。一种可能性是，性别直接影响收入水平（如男性的收入高于女性）。

其二，间接因果关系（1b）。因素 A 对因素 B 的影响是通过第三个（中间）因素（因素 C）实现的[①]。另一种可能性是，性别对收入没有直接影响；现实中常见的收入的性别差异其实是由职业造成的——性别作用于职业，职业反过来影响收入。由于男性的职业声望好于女性，故他们的收入高于女性。

① 间接关系的经典事例为温度与犯罪之间的关系。一个常见的现象是，温暖月份的犯罪率高于寒冷月份的犯罪率。这里，由于温度的变化与犯罪率的升降相关，故温度似乎是犯罪率之因。但是，从理论上看，温度的变化与犯罪率之间缺乏直接关系。相反，与温度和犯罪率都相关的第三个因素——户外活动时间，才可能是直接的罪魁祸首。在温暖的天气里，人们的户外活动时间延长，犯罪率也相应提高；相反，在严寒季节里，人们多在室内活动，犯罪率降低。因此，温暖季节犯罪率的上升并非直接由温度的上升造成，而是由户外活动时间的延长所致。所以，温度与犯罪率之间仅存在间接关系。

其三，直接和间接因果关系（1c）。因素 A 通过直接和间接的双重路径对因素 B 产生影响。一方面，性别直接影响收入。在其他条件相等的情况下，女性的收入低于男性。另一方面，性别的不同导致职业的差异（因素 B），而职业的差异反过来影响收入的高低。

其四，受到调节的因果关系（1d）。因素 A 与因素 B 之间可能存在因果关系，但关系的程度和性质受到其他因素的干扰或调节。性别对收入的影响或许受到许多其他因素的调节、干扰或制约。除教育成就和职业声望外，还可能包括专业技能和工作经验等。这也就是要进行多元模型分析的原因之一。

其五，虚假的因果关系（1e）。虚假关系所指的是，因素 B 与因素 C 之间巧合性的统计关系实际上是由第三个变量（因素 A）引起的①——因素 A 同时决定因素 B 与因素 C。这与变量之间的内生关联性有些类似（详见下文）。譬如，也许收入与职业毫不相干，它们之间的关系其实是由性别造成的：性别同时决定职业和收入；职业与收入无关。

一般情况下，辨别因果关系并不难；但在另一些情况下，因果关系却很难区分。前者以职业与收入的关系为例。在这个例子中，哪个是因，哪个是果，一清二楚，因为变量的时间顺序十分明确：职业发生在前，收入获得在后。故而从逻辑和时间关系上看，是前者影响后者，而不是相反。

但是，教育与收入之间的先后关系也许并不十分明显。人们通常认为，二者呈正关联：受教育程度的高低影响收入的多寡，反之亦然。因此，教育是因，收入是果。这种看法对大多数人来说是适用的。但对一小部分人而言，因果关系可能恰恰相反：原本教育水平较低但收入丰厚的人群用金钱购买文凭。故对某些人来说，教育与收入之间可能存在双向影响关系。

随着研究问题的深入和研究视野的拓展，双向影响的问题也越来越为人们所认识和重视②。

---

① 一个经典的例子是，出现在火灾现场的消防车的数量与受灾程度之间的正向关系：消防车越多，受灾程度越深。于是，二者之间似乎存在正向因果关系。但是，消防车的数量与受灾程度的深浅缺乏必然的逻辑关联。于是，第三个因素出现了：火灾程度。火灾越大，派出的消防车数量越多；火灾越大，造成的损失越大。若是小火灾，派出的消防车就会较少，损失也不会很大。因此，造成损失大小的原因不是火灾现场消防车的数量，而是由火灾程度决定的派出消防车的数量和受灾面的大小。

② 譬如，生育水平与教育之间的关系或健康与收入之间的关系也是如此。人们通常认为，前一对关系呈负关联——受教育程度越高，生育率越低，反之亦然；后一对关系呈正关联——健康状况越好，收入越高，反之亦然。但哪个是因，哪个是果？一种观点是，过早生儿育女迫使女性离开学校或过多生儿育女使女性无法重返学校，从而降低女性的教育水平，故而受教育程度是果，生育行为是因。但是，一些女性可能为了获得更高的教育水平而有意推迟生育，以便在职场上获得更大的优势。正是推迟生育时间造成她们的生育率偏低。从这个意义上讲，教育是因，生育是果，教育水平决定生育数量。

健康与收入的关系亦然。是良好的健康状态带来丰厚的收入，还是丰厚的收入维持良好的健康状态？有人也许认为，良好的健康状态可以使人更加努力地工作，取得更大、更好的成绩，得到更多的升迁机会，从而为个人带来丰厚的收入；此外，个人早年的健康状况影响他们受教育的程度，并通过教育影响职业和收入，故健康是因，收入是果。但也许有人持不同看法。他们认为，丰厚的收入使个人有能力购买健康的食品，支付昂贵的健身运动所需的费用，保持充分的自信，维系良好的人际关系（尤其是与上司之间的关系），从而有助于维持他们的健康状态。因此，丰厚的收入是因，而健康状况是果。

1.4 收集数据

变量之间的假定关系是否成立，需要通过数据的实证检验。于是，科学研究进入了下一个阶段：数据的收集与初步整理以及样本的选定。作为研究者，我们必须清楚地决定如何选择所需样本，采用什么方法和技术收集数据，以及怎样更好地检验假定。

1.4.1 数据的收集方法

数据的收集方法包括直接观察法、实验法、抽样调查法、二手资料使用法等。具体采用哪种方法收集数据取决于研究问题和研究目的。人类学家多采用直接观察法，深入被调查地区，与当地居民生活在一起，观察他们的日常行为，记录、比较、分析、总结行为模式的潜在社会文化和经济机制。心理学家往往采用实验的方法收集数据，通过将研究对象区分为实验组和对照组，观察、比较他们的行为及结果。社会学家则多用抽样调查的方法，运用问卷调查或个案访谈的方法收集数据。当我们的研究问题是性别、教育、职业对收入的影响时，合适的收集数据的方法是抽样调查。调查问卷应该包含多个直接和间接的有关性别观念、教育成就、职业声望以及收入的问题。同时，为了深化对性别观念与收入关系的认识，最好还有深度访谈材料。

数据有横向和纵向之分。横向数据只涉及某一人群在某一时点的特征，纵向数据包含同一个体在不同时期的特征。若无纵向数据，我们难以知晓变化的动态，也很难确定变量之间的因果关系。

当然，并不是所有的研究都需要研究者亲自进行大规模的社会调查。我们既可以利用现存的高质量的第二手数据分析研究问题，也可以通过对文献资料的检索与整理，回答我们的研究问题。事实上，经济和人力资源的局限常常使我们不得不放弃进行社会调查、收集第一手数据的打算。使用文献资料或第二手数据涉及定性资料的收集、整理和分析。

数据的每一种收集方法都有严格的科学程序和具体步骤，且因学科的不同而异，故这里不再一一说明。

1.4.2 样本的确定

前面我们提到，在提出研究问题的同时，需要认定研究全域。但是，由于研究全域的范围很广，受时间和财力所限，我们很少直接分析研究全城。每一个个体都是调查和分析对象，这样的研究被称为“普查”分析。比如，我国的人口普查每十年一次，耗时耗力。为了节省人力、财力和物力开支，研究者往往选择部分人群，即“样本”（sample），进行调查、分析。样本虽不同于研究全域，但来自研究全域，是研究全域的一部分。如果选择恰当的话，那么样本将具有代表性，其分析结果可以推及全部人群，从样本中发现的规律也就是整个人群的特征和规律。

比如，一位研究者想了解某个大公司职员的性别分布以及男性和女性的平均收入水平，他至少可以通过两种途径获得相关资料：（1）去该公司查阅每个雇员的档案，根据查阅的资料计算性别比例以及男性和女性的平均收入；（2）利用随机抽样方法，抽取一定数量的样本，根据样本推断所有男性和女性雇员的性别比以及各自的收入。又如，一位学者打算检验婚姻市场上“甲女丁男”的说法是否成立。该研究课题的最佳数据是人口普查资料。但普查数据过于庞大，使用时受到诸多条件（如计算机的承载能力）的制约，因此，最方便的途径就是选择部分普查数据作为样本，参照研究问题和目的，合理地选定某个年龄群体（如25～35岁的已婚男女）作为研究对象。虽然根据样本得出的特征不一定完全等同于研究全域的特征，但若样本具有代表性的话，分析结果就可能十分接近研究全域的特征。

1.5　分析数据

在社会调查、小组（或个案）访谈工作结束后，需要对数据进行前期处理。对定量数据而言，我们需要录入数据、对数据进行编码、清理数据。若是第二手数据的话，前期处理多在研究者得到数据之前就已经完成；即便是研究者自己的数据，前期的处理工作也可能由他人完成。就定性数据而言，在访谈工作结束后，也需要对访谈资料进行整理。

在数据分析的整个阶段，我们始终需要根据研究问题和描述性统计的分析结果，不断对数据进行处理和分析。也正是在这一过程中，统计分析在科学研究中扮演十分重要的角色。对数据的处理包括变量的选择、变量的衡量、对原始变量的修改、新变量的生成、数据的整合与转换等等。由于这些内容要求相应的技术，非三言两语能够讲清，故仅对变量的选择和内生关联性问题做进一步阐述。分析方法的选择视研究问题和目的而定，但无论研究目的如何，数据分析都包括两个层次：描述性统计分析（descriptive statistics）和推断性统计分析（inferential statistics）。

1.5.1　变量的选择

按因果关系区分，变量分为自变量和因变量，后者取决或依赖于前者。自变量发生在前，变量的取值被当作给定的，在分析中不受质疑；因变量发生在后，随自变量的变化而变化。二者通过理论假定连接起来。变量的选择依赖并服从于研究问题和研究目的，必须有利于、适于检验理论假定。在性别、教育、职业与收入的关系中，收入是因变量。通常，因变量是明确的，因为它往往就是我们的研究问题。

自变量又可细分为主要自变量（key predictors）和控制变量（control variable）。前者与研究问题密切相关，也是研究的关注点。就收入的性别差异而言，性别是主要自变量。在定义变量、分析数据、陈述和讨论结果的过程中，重点也在于主要自变量对因变量的影响，而无论影响是否显著。然而，事物之间的联系不是单纯的，除了研究者感兴趣的变量外，还有许多其他因素也会作用于因变量。由于其他因素可能会调节、干扰主要自变量对因变量的作用，故它们虽然不是关注的焦点，但也必须同时予以考虑。

自变量的选择基于过往的研究成果、理论假定和数据所能提供的资料。检索、熟悉文献有助于选定自变量。比如，在探讨性别、教育、职业与收入的关系时，我们首先需要了解现有研究使用了哪些因素预测收入。有的研究者可能关注性别的职场分割，有的研究者注重教育成就，有的研究者重视职业声望，有的研究者同时兼顾这几个因素。它们都是主要自变量，是关注的焦点。我们假定它们与收入水平的高低相关，希望通过分析它们与收入的关系，判断每个因素是否、如何、在多大程度上影响个体的经济福利（收入水平）。不过，文献检索的结果也表明，除上述因素外，许多其他因素（如工作经历、专业技能、工作年限）也作用于人们的收入水平，因此，我们的研究必须同时考虑并控制这些因素。只有这样，分析得出的上述主要因素与收入的关系才是独立的、真正的关系。

需要指出的是，变量的选择也受数据的限制。其一，多数情况下，我们只能借助可得的统计数据。由于二手资料是因其他目的而采集的，故其不会包含我们所需的全部资料；其变量的设置、测量水平也未必符合我们研究目的的要求。在这种情况下，即便我们有很好的设想，可能也难以付诸相应的检验。其二，即便数据是我们自己收集的一手资料，但由于我们认识上的局限或客观原因，一些重要资料也可能被遗漏。事实上，数据的限制使任何一个研究者都不可能把所有理论上相关的因素都纳入模型中。因此，我们应该清楚地认识数据的限制可能给分析结果带来的偏误，辨识偏误是表现在分析结果的有效性上，还是表现在分析结果的可靠性上，并尽可能采取措施予以补救。

1.5.2 变量的内生关联性及其应对方法

前面提到的双向因果关系涉及变量之间的内生关联性（endogeneity）问题。内生关联性问题也可能因其他机制而起，如遗漏变量偏误（omitted variable bias）、样本的选择性偏误（sample selection bias）等等。若不对变量之间的内生关联性进行相应处理的话，分析结果可能存在偏差。经济学家对这类问题十分重视，其他社会科学研究领域的学者也越来越多地关注这些问题。

以教育与收入的关系为例。请看下列等式：

$$y=b_1*x_1+b_2*x_2+e \tag{1}$$

其中，y=收入；x_1=教育水平；x_2=其他因素。

这里，x_1与y可能存在内生关联性，因为被忽略的第三者（比如“智力”）可能同时影响教育和收入。换言之，个人的智力同时导致教育水平的高低和收入的多寡，而不是教育影响收入。这是变量之间的内生关联性的一种表现。如果不对该问题进行处理的话，分析结果就可能产生偏误。解决该问题的途径主要包括使用工具变量（instrument variable）和采用固定效果模型（fixed effect models）。使用工具变量就是选定一个与有内生关联的自变量关系密切但与误差项无直接关系的工具变量来预测自变量，并利用预测的数值来预测因变量。因此，工具变量的使用有时与两段最小二乘法（2-stage least squares）相当，虽然后者不全是前者。

假如变量Z代表从家庭到学校的距离。假定Z与教育水平有关，却与收入无关。到学校的距离越近，受教育程度可能越高，但到学校的距离不会影响收入。于是，首先进行下面的模型分析：

$$x_1 = c_1 * Z + u \qquad \text{（阶段 1）} \tag{2}$$

这里的c_1是Z的系数，u代表没有被观察到的其他变量。该等式的意思是，使用变量Z来预测教育水平。

然后，利用预测的x_1数值来预测收入：

$$y = b_1 * x_1 + b_2 * x_2 + e \qquad \text{（阶段 2）} \tag{3}$$

在该等式中，x_1即预测的x_1。基本原理就是利用变量Z随机分布x_1。当然，完美的工具变量是实验。在实验中，将教育水平随机指定到不同个体，然后利用随机指定的教育水平预测收入。换言之，使用工具变量是在创造一个虚假的实验。

固定效果模型的主要优势在于，它可以分析某些理论上十分重要但却无数据检验或难以准确衡量的因素是否会给模型结果带来偏差，即遗漏变量偏误（omitted variable bias）。在纵向数据中，如果假定这些被忽略的因素在被调查期间基本稳定的话，则没有被观察到的变异可以自动并有效地从模型中去掉，从而提供精确的参数估计；参数估计的结果也可以更好地反映模型中包括的自变量对因变量的影响。同时，它可以使我们了解自变量不同时期的变化是否会导致因变量相应的变化。同样，若有匹配的横向数据（比如兄弟姊妹数据），该模型也可以提供无偏差的参数估计：

$$y_{0j} = \alpha_j + \beta\delta_{0j} \tag{4}$$

$$y_{1j} = \alpha_j + \beta\delta_{1j} \tag{5}$$

其中，α_j代表未被观察到和虽被观察到但不因时而变的因素，而δ代表因时而异的变量。因此，用等式（5）减去等式（4），则固定不变的变量自动从模型中删除，得到等式（6）：

$$y_{1j} - y_{0j} = \beta(\delta_{1j} - \delta_{0j}) \tag{6}$$

即预测的：

$$E(y_1) - E(y_0) = \beta(\delta_1 - \delta_0) \tag{7}$$

这意味着，在控制所有观察不到的不变因素后，因变量的变化来自自变量在不同时期的变化。

不过，工具变量和固定效果模型方法也存在一定局限。就工具变量而言，在一般的数据中，很难找到这样的变量；即便找到了工具变量，对其效用也需仔细斟酌。固定效果模型也主要适用于纵向追踪数据和匹配的横向数据。

1.5.3 描述性方法

描述性方法不仅是社会科学实证研究中最常用的方法，也是统计分析过程中必不可少的一步。它帮助研究者熟悉、认识和了解数据的分布特征、规律、趋势以及变量之间的相互关系，从而决定是否有必要对数据做进一步的处理和分析。因此，准确、全面地描述数据是实证分析的基础和前提。若不能清楚地描述数据，或对数据的描述存在偏差，则其后的所有分析都将是值得怀疑的。

描述统计通过一系列的程序组织、归纳、总结样本的基本特征。常见的方法包括一元分析（univariate analysis）和二元分析（bivariate analysis）。前者指单个变量的频数（比例）分布、集中趋势和离散趋势的统计量（包括众数、中位数、均值、标准差、最大值和最小值、四分位差等）；后者指列联分析、相关关系分析等。条形图、饼图、直方图、散点图、线图等图形也可被用来展示单个变量的分布或两三个变量之间的关系。在展示分析结果时，通常展示均值（或比例）和标准差。值得注意的是，对分类数据来说，均值和标准差均毫无意义；适合分类数据的描述性统计量是比例或百分比。

不过，描述性统计分析方法也有很大的局限。单变量分析只能提供某个变量的分布情况；双变量分析虽然可以提供两三个变量之间相互关系的程度和显著性，但其结果无法使研究者判断变量之间的关系是否为独立关系。因此，即便教育与收入之间的相关系数（correlation coefficient）为 0.8[①]，也不能推断教育对收入的独立影响，因为相关分析描述的是两个因素之间的关系，没有考虑其他因素对因变量的作用或对教育与收入关系的干扰与调节。比如，教育与收入之间极高的关联度也可能是由职业、工作经验和专业技能等因素造成的。

此外，描述性的分析结果也不能直接用于揭示整体人群的特征。因此，在分析数据的过程中，尤其是在定量分析的过程中，仅使用描述性方法是不够的，推断性方法可以在一定程度上弥补描述性方法的不足。

1.5.4 推断性方法

该方法应用概率理论，根据观察到的样本特征预测和推断全域特征。如果样本

① 相关系数介于 0 和 1/－1 之间。系数的绝对值越大，变量之间的关联度越高，关系越密切。若相关系数为 0，则两个因素毫不相关；若相关系数为 1，则二者完全重合。在现实生活中，后者的可能性不大。

代表全体人群的话——如同随机抽样理论假定的那样——则总结性的推断也具有很高的可信性，即便不是100%自信。统计上的重要性检验帮助我们判断假定关系实际发生的概率。只有推断性方法才能检验假定是否成立。

推断性方法需要采用分析模型。不同的研究问题、目的和数据结构需要采用不同的模型。如何选择正确的回归模型呢？一个基本的准则是，我们必须明确数据的结构和因变量的属性——因变量是连续变量还是分类变量。其衡量方式是构成模型选择的前提之一。一般情况下，如果因变量是虚拟或其他分类变量，需要采用logistic模型；相反，如果因变量是连续变量，则要求采用线性模型。

基于以上原则，图1-3描述了模型的选择标准。需要说明的两点是：其一，该图并不是一个详尽的模型选择指导，而仅列举了在统计分析中使用较多的、适用于绝大部分数据的模型；其二，该图未纳入包括固定效果模型、多层模型、生命史分析模型在内的许多其他模型。这些模型之所以没有被纳入图1-3中，不是因为它们不重要，而是因为它们适用于不同类型的数据，包括以连续形式和分类方式衡量的因变量。比如，生命史分析模型既可用于线性数据（如cox model），也可用于非线性数据（discrete time model）。

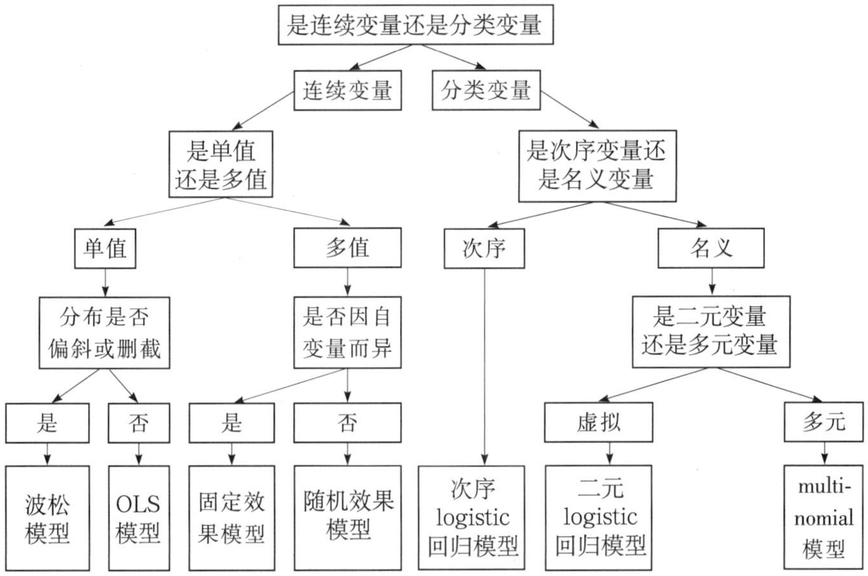

图1-3　基本模型的选择

注：除明确标明的以外，图中所言变量均指因变量。

如图1-3所示，在选择模型时，首先要回答的问题是：因变量是连续变量还是分类变量？然而，虽然以连续形式衡量的因变量往往要求采用线性模型，但该规律也不是绝对的，而是因其他因素而异。比如，变量是单值（一次性衡量，即横向数据）还是多值（多次衡量，即纵向数据）？若是单值，那么变量的分布是否偏斜或删截？若删截为计数数据且因变量的均值小于标准误的话，则需采用波松（Poisson）模型。该模型为非线性模型，其系数类似logistic模型的系数，不能直接解释，只有在转换成发生比后才容易理解。波松分布的一个典型例子是育龄妇女的生育水平。因为很多妇女的生育尚未停止，出现右删截现象，且生育水平是计数数据（count data），故往往需要采用波松模型。相反，若因变量是正态分布，则要求使用线性模型，即 Ordinary Least Square（OLS）模型。OLS 模型是最常用的线性模型之一。

若因变量为多值，则看其属性是否因自变量的变化而变化。如是，则需采用固定效果模型，以此分析某些理论上十分重要，但却无数据检验或难以准确衡量的因素是否会对模型的参数估计带来偏差，也分析自变量在不同时期的变化是否导致因变量相应的变化。如不是，则采用随机效果模型，以纠正由于同一群体内不同个体的相似性而可能引起的参数估计误差。当然，在实际研究过程中，是选择固定效果模型还是选择随机效果模型，情况更为复杂。

若因变量衡量为分类变量，则看是次序变量还是名义变量。若为次序变量，则采用序次 logistic 回归（ordered logistic）模型。若是名义变量，则看是二元变量（是/否）还是多元变量（如工人、农民、白领、自由职业者等）。若是二元虚拟变量，则采用二元 logistic 回归模型——这也是最常用的非线性模型之一；若是多元变量，则使用 multinomial 模型。

由此可见，一般情况下，模型的选择主要基于因变量的衡量方式，而如何衡量因变量则取决于我们的研究问题。研究问题决定模型，而不是相反。故在选择模型的过程中，不必求最新，只求最合适。随着我们对社会现象及事物之间关联方式认识的深入，新的研究方法层出不穷，多层模型的出现和日渐推广就是一例。但这并不意味着原有方法的过时。每一种模型都有自己的适应领域。因此，盲目追求方法的新颖并不是高水平研究的保证，真正需要注意的是使用最合适的方法。而对所用方法的真正了解，是正确运用统计分析的前提。

1.6 检验假定

我们在综述文献、生成理论分析框架时提出理论假定；在统计分析的过程中，根据分析结果检验假定，重新审视理论。传统的策略是，既往知识是正确的，除非有证据对它提出反证。在探索和认识事物原理的过程中，理论的真实性可能受到反驳，从而使我们明了过去的经验或我们的理论哪里不正确，如何不正确；社会知识和对事物之间联系的认识也由此不断积累和丰富。一个设计合理、数据可信、方法得当的研究，无论其分析结果是否支持我们的假定，都是有用的。当分析结果证实现有知识时，我们获得更大的信心去认识和理解事物存在的方式和联系；当分析结果与过去的知识或预期的假设相反时，它促使我们重新审视现有的对事物联系的看法，并为寻找事物之间真正的关联而进一步努力。证反的过程也就是挑战现有理论的过程。理论若能应付挑战，则将处于强势地位。

因此，模型的分析结果不外乎两种：或者支持理论和假定，或者挑战理论和假定。我们往往应用小概率事件的原则来判断假定是得到印证还是被反驳。在进行推断分析时，通过自由设定置信水平来控制冒险和犯错误的程度。通常使用的置信水平包括90%、95%、99%。假如研究问题是女性收入低于男性收入的话，则置信水平的含义是，我们分别有90%、95%或99%的自信说，女性收入低于男性收入。置信水平的选定受到多种因素的影响，包括样本量的大小。通常情况下，样本量越大，置信水平的要求越高（如99%）。若数据的样本量较小，则置信水平可适当放宽。

模型分析结果可以帮助研究者决定数据与指导整个研究工作的理论框架之间的关系，既可能印证假定，支持理论，也可能促使研究者反思、修正理论和假定。比如，“拥有研究生学历的人群比拥有本科学历的人群收入更高”是一个合理的理论假定，二者既满足因果关系的时间要求（在大部分情况下，教育水平的获得先于收入的获得），又存在一定的逻辑关系，因为受教育程度越高，职业可能越好，收入水平也就可能越高。然而，模型的分析结果也许没有显示这两个人群收入不同。数据分析显示的意料之外的规律和趋势挑战我们的传统思维，促使我们思考为什么看似合理的假定却得不到支持。

有多种因素可能造成分析结果不支持我们的假定，包括：（1）样本量过小；（2）因变量和（或）自变量的变异太小；（3）自变量之间存在多重共线性；（4）自变量与因变量之间不存在线性关系；（5）自变量与因变量之间的确不存在显著关联。前面的四种原因都是可以避免和克服的。增加样本量、扩大主要自变量的变异、在方程中减少与主要自变量高度相关的其他变量、添加自变量的非线性衡量等，都有可能改善假定关系中变量的相关程度。但若在做过所有努力之后，假定还是得不到支持的话，就需要考虑假定本身；换言之，理论上的假定关系在实际生活中也可能的确不成立。然而，我们也不必因此沮丧失望，因为这种结果本身也是有意义的。我们要做的事情是重新认识假定，找到导致分析结果不显著的机制，合理解释分析结果。

1.7 陈述分析结果，避免误用分析结果

科学研究的最后一步就是展示研究成果。通过学术论文和（或）研究报告，研究者与他人分享自己的研究成果，实现其意义与价值。

统计分析是赋予数据意义的主要途径，不仅是定量研究过程中不可或缺的一部分，也是架起理论-实证研究关系的桥梁，在定量研究过程中起着至关重要的作用。当然，统计分析结果本身并不是研究的终结，也不是研究的最终目的。统计分析只是科学研究过程中的一个链条，不能取代其他研究步骤的功能；每个环节对研究工作的成功都起着独特的、不可或缺的作用。此外，统计分析的运用也不能降低研究者对问题判断的重要性。即便是最严格的统计程序也不能自己说明问题。如果我们

的研究问题模糊不清、概念不明，我们的数据由于研究设计的不足和量化程序的不当而充斥着系统性和随机错误，那么再严格、科学的模型分析结果也毫无用途，只能误导他人。

当分析结果被清晰地表达出来的时候，往往具有很强的说服力。统计分析结果是通过图表来表现的。图形往往用来展示描述性统计分析结果，包括趋势和规律等；表格既用来陈列描述性统计分析结果，也用来表现模型分析结果。

我们在展示研究成果时，需要力图避免对统计分析结果的误用。有时，误用分析结果并不是有意的，而是由于个人的疏忽或知识的欠缺；而有的误用则是有意的，以引起他人的重视，或支持某种观点。虽然社会科学和行为科学缺乏医生行业的“希波克拉底誓言”，但社会科学家必须遵从学术道德规范。有目的地误用数据或分析结果以支持见不得人的企图，违背了普遍的道德行为法则。不幸的是，道德与非道德行为之间往往缺乏清楚的界限。下面以犯罪率的年增长率为例（见表 1－2）。

表 1－2　2000—2006 年的犯罪率及变化比例

年份	2000	2001	2002	2003	2004	2005	2006
犯罪率	125	135	145	155	165	175	185
变化比例		8.0%	7.4%	6.9%	6.5%	6.1%	5.7%

该数据有两个变量：年份和犯罪率（假定为每 10 万人的年犯罪人数）。显而易见的是，在 2000—2006 年间，该市的犯罪率增长了 48% [即 (185－125)÷125]。然而，当犯罪率表现为历年变化比例时，其意义便完全改变了。的确，虽然犯罪率逐年上升，但上升的速率却呈下降趋势：在 2000—2006 年间，犯罪率的上升速度下降了近 29%。当然，这并不意味着犯罪率下降了——事实恰恰相反。然而，当犯罪的增加被表述为相对前一年犯罪率的变化比例时，由于计算比例的基数越来越大，因而犯罪率的增加速度越来越慢，从 2000—2001 年的 8.0%，降至 2005—2006 年的 5.7%。从技术的角度，可以说犯罪率的增加速度在下降。但这是该市犯罪率的真实情况吗？做出这样的报告符合学者的道德规范吗？这个问题虽然超出了统计分析的范畴，但却是值得科学研究工作者深思的。

上面挂一漏万地介绍了定量分析的研究过程和方法。科学研究是具有明确目的的对事物之间关系严谨、缜密的探索。它具有整体性，通过系统的程序和过程来完成。研究步骤的每个环节（包括问题的提出、假定的生成、数据的收集和分析、假定的检验、分析结果的陈述）都服从于整体研究思路，在理论的指导下进行。每个步骤都只是整个研究链条中的不可缺少的一环；每个环节都具有独特的、其他环节无法替代的作用。但如前所言，每个研究环节都不是孤立的，而是相互依存甚至相互重合的。因此，一个好的研究不仅要有好的研究问题、理论设计，也需要有可以信赖的数据、正确的模型和分析方法、客观的分析结果展示。掌握正确的研究方法将会减少错误，少走弯路，从而产生高质量的研究成果。

本章要点

1. 在社会科学领域，学术研究有其自身的规范性。虽然不同学科的具体规范有所不同，但基本模式具有趋同性和一致性。比如，无论是人口学还是社会学，研究过程都基本包括提出问题、生成假定、收集数据、分析数据、检验假定等等。每一个研究步骤又包括各自具体的内容。

2. 任何一个研究步骤都只是总体规范体系中的一个链条，每一个步骤固然重要，但只有遵循了整个程序，学术论文才能更为规范、科学，也才能更容易被接受和发表。对瞄准国外杂志的师生而言，这一点更为重要。

3. 好的研究问题、理论设计，可以信赖的数据，正确的模型和分析方法，客观的分析结果展示，是构成一项好的研究的必备因素。

基本概念

宏观理论、中观理论、微观分析框架、概念、属性、全域/总体、因果关系、样本、变量、内生关联性

复习思考题

1. 社会科学定量研究有哪些基本步骤？
2. 理论与研究方法之间存在怎样的关联？
3. 如何尽可能避免理论、方法和经验材料分析脱节的现象？
4. 简述概念、变量、属性之间的关系。
5. 什么是假定？因果关系假定的前提条件有哪些？

推荐阅读书目

1. 巴比．社会研究方法（第 13 版）．北京：清华大学出版社，2020.
2. 风笑天．社会研究方法．6 版．北京：中国人民大学出版社，2022.
3. 谢宇．社会学方法与定量研究．北京：社会科学文献出版社，2012.
4. BRYMAN A. Social research methods. Oxford：Oxford University Press，2012.

第二部分

数据处理技术

第二章

Stata 入门

Stata 是一个用于分析和管理数据、功能强大却又小巧玲珑的商业实用统计分析软件，由美国计算机资源中心（Computer Resource Center）在 20 世纪 80 年代中后期开发。从 1985 年至 2022 年的 37 年时间里，已连续推出 17 个版本。37 年来，通过不断更新和扩充，Stata 融汇其他统计软件（如 SAS、SPSS）的优点，克服自己的缺点，内容日趋完善，功能更加强大，操作更为灵活。便捷的使用、完备的功能迅速扩大了它的应用范围和领域。目前，它已经拥有至少 130 多个国家和地区的使用者，被广泛应用于社会科学、行为科学、生物统计、流行病学及其他多种学科领域。

2.1 特点与功能

Stata 是整合性统计分析软件包，利用统计和绘图方式来操作，提供所有类型的数据和图形分析管理，使用接口为 Windows、Mac 和 Unix。该软件占用磁盘空间较小，输出结果简洁，所选方法先进，内容齐全。软件具有超强统计功能，有完整的统计、绘图、数据管理能力，制作图形精美，可被图形处理软件或文字处理软件（如 Word）等直接调用。该软件还有程序设计能力，更可以跨越应用于各平台。除具备基本统计能力外，其高级统计技术更为完备，不必购买额外的模块。Stata 从 9.0 版本开始新增 Internet 功能，使用更为便捷。2021 年 4 月官方推出 Stata 17.0 版本，新增并更新了更多的统计分析功能，如双重差分法（difference in difference，DID）、贝叶斯计量经济学方法等，运行速度也得到了提升。此外，新版本使 Stata 和 Python 软件的调用更加便利。

具体来说，Stata 软件包含以下主要功能：

- 数据管理（data management）
- 统计绘图（graphics）
- 基础统计（basic statistics）
- 方差分析（ANOVA/MANOVA）

- 线性模型（linear models）
- 广义线性模型（generalized linear models，GLM）
- 二元、计数及有限因变量分析（binary，count and limited dependent variables）
- 多层模型（linear mixed，multilevel and hierarchical models）
- 生存分析（survival analysis）
- panel 数据/交叉-组合时间序列（panel data/cross-sectional time-series）
- 时间序列（time series）
- 因子分析（factor analysis）
- 聚类分析（cluster analysis）
- 模拟分析（resampling and simulation methods）
- 模型检验及事后估计量支持分析（model testing and post-estimation support）
- 结构方程模型（SEM）
- 潜在类别分析（LCA）
- 拉索回归（LASSO）
- 元分析（meta）
- 非参数分析（nonparametric methods）
- 抽样调查方法（survey methods）
- 流行病学统计工具（tools for epidemiologists）
- 最大似然估计（maximum likelihood）
- 变换和常态检定（transforms and normality tests）
- 其他统计方法（other statistical methods）
- 矩阵编程（matrix programming）
- 编程语言（programming language）
- 网络功能指令

以上功能可归纳为五大类：数据管理、统计分析、图形制作、矩阵运算和程序设计。当然，由于 Stata 的功能十分强大，完全掌握其各项功能并不是十分容易的事情。而且，对初学者来说，不可能也没有必要掌握其所有功能。事实上，对非统计专业的研究者或工作者而言，Stata 的一些功能并不一定完全适用。因此，本书的目的不在于介绍该软件的所有功能，而是以日常数据分析中经常需要用到的统计功能为目标，通过实例介绍，讲解该软件的应用。随着国际和国内学术交流的不断加强，目前我国国内使用 Stata 的用户越来越多，国内高校运用 Stata 进行统计分析的课程也在逐年增多。该软件在西方的应用也越来越普遍，与其他统计软件分庭抗礼，并有超过其他软件的趋势。因此，掌握该软件可以帮助我们在统计分析方法方面与国际接轨。

作为一个小型统计软件，Stata 的统计分析能力远远超过了 SPSS，在许多方面也超过了 SAS。这是因为，除了刚刚提到的超强功能外，Stata 还具有许多其他统计软件不具备的优势。

其一，界面灵活。Stata 采用窗口编辑和程序交互使用的方式：有一个窗口交互式界面，同时又提供程序窗口，便于初学者学习和掌握。对初学者来说，了解一个新统计软件的过程也就是反复试错的过程，该特点决定了直接应用程序的调试需要额外耗费大量时间和精力。而 Stata 的设计正好考虑到这种需要，提供了一个交互式的窗口，可以直接输入命令，进行调试，同时在得到较大程度的认可时，再将该命令保存为程序，以备将来之用。这一特点是其他统计软件不能比拟的。在使用 Stata 软件时，我们将会清楚地认识到该特点的可贵之处。若以前使用过其他统计软件，则能更深刻地体会 Stata 的这一优势。

其二，速度快。由于 Stata 在分析时是将数据全部读入内存，在计算全部完成后才与磁盘交换数据，因此它计算速度极快。一般来说，SAS 的运算速度要比 SPSS 至少快一个数量级，而 Stata 的某些模块与执行同样功能的 SAS 模块相比，其速度更快。

其三，命令简单。相比其他具有同样功能的编程软件（如 SAS），Stata 更为易学易用。与 SAS 一样，Stata 也可采用命令方式进行操作，但在使用上远比 SAS 简单、直观，便于理解、记忆和学习。其生存分析、纵向追踪数据分析等模块的功能甚至超过了 SAS。Stata 管理数据和处理数据的便利程度也是包括 SAS 在内的其他统计软件难以企及的。比如，在 SAS 中，若需要将一个高层次数据（如社区数据）转换为一个低层次数据（如个人数据），或将一个低层次数据转换为一个高层次数据，需要编写多道程序；而在 Stata 中，只需要输入一个简单的命令。因此，许多原本使用 SAS 的人逐渐转向使用 Stata。当然，这并不是说 SAS 不好。事实上，SAS 具有很多强大的统计功能，而且可能依然是最好的统计软件，只是对大部分非统计专业的人而言使用起来更困难一些。

其四，图形精美。Stata 具有强大的制图功能，且使用方便。SAS 虽也具有类似功能，但不易掌握。因此，对一般人来说，Stata 的制图功能是其他软件所不及的。Stata 所绘之图相当精美，可被图形处理软件或文字处理软件直接调用（详见第七章）。

其五，帮助详尽。Stata 具有十分详尽的帮助系统。即便是初学者，在没有教材的情况下，也可利用 Stata 的在线帮助、软件自身的帮助或其他网络帮助，在较短的时间内通过自学而掌握该软件的使用方法。

其六，记录分析过程。对于一个需要长时间才能完成的研究项目或合作项目，研究者前后的想法、每个研究者的想法可能不完全一致。Stata 能够轻松地将研究思路、想法、做法一一存储起来；研究者也可有选择地存储部分程序命令或分析过程（当然，SAS 也能做到这一点）。这一优势同样十分难能可贵（详见第三章）。

其七，虽然本书不涉及这方面的内容，但 Stata 还有一个特点是它的许多高级统计模块均是编程人员用宏语言写成的程序文件（ado 文件），这些文件可以自行修改、添加和下载。用户可随时到 Stata 网站寻找并下载最新的升级文件。事实上，也正是 Stata 的这一特点使其成为几大统计软件中升级最多、最频繁的一个。

2.2 版本

若以承载能力、容量的大小或功能的多寡区分，Stata 有四种不同的版本：

（1）Stata/SE——标准版本，用于大型数据处理；

（2）Stata/MP——速度最快的版本，用于多核处理器计算机；

（3）Intercooled Stata——用于标准数据处理；

（4）Stata/BE——基础版本，用于小型数据处理，主要供教学使用。

若以功能的多寡区分，Stata 前后有 17 个版本。目前最新的版本是 17.0，于 2021 年成功开发。上面列举的 Stata 的功能是指 17.0 版的功能。本书以 Stata for Windows 17.0 版的 SE 中文版本进行演示、说明和数据分析。为了方便读者使用英文版本，在讲解部分采用中英文对照的方式进行说明。

2.3 运行方式

Stata 适用于 Windows、Mac 和 Unix 等不同的操作系统。目前，多数国内 Stata 用户使用 Windows 系统。在 Windows 系统下，Stata 主要有两种运行方式：

其一，完全窗口方式——这种方式通过选择窗口菜单和对话框完成各种操作。用户无须学会编程，简单易用。但该方式也有其局限，且不如编程方式灵活。

其二，程序运行方式——这种方式分为交互式操作和非交互式操作。交互式操作方式是指在 Stata 中直接键入指令，每输入一个指令，Stata 就执行一个。非交互式操作方式是在命令程序编辑窗口（即新 D-file 编辑器窗口），编写以“do”为扩展名的命令文件，并在此窗口直接运行编写好的程序或脚本。该操作方式要求使用者掌握 Stata 基本的编程语言。虽然与完全窗口方式相比，该方法相对复杂，但其优点在于，它能保存我们所有用过的命令（包括所犯的错误）。这些记录一则可以留作日后再用，二则可以帮助研究者检讨以前对某个研究问题的分析思路和方法，对科学研究十分重要。

可见，就同一功能而言，Stata 既可以通过命令来实现，也可以利用窗口菜单来执行。不过，本书的重点在于讲授命令程序。

2.4 界面

Stata 软件安装完毕后，系统会自动在 Windows 菜单中创建快捷方式。单击 Windows 的“开始”按钮，在程序菜单项中找到并单击 Stata，即可启动 Stata。

2.4.1 Stata 的界面

在打开 Stata 软件时，映入眼帘的主页面如图 2－1 所示。该页面由以下五个小界面组成。

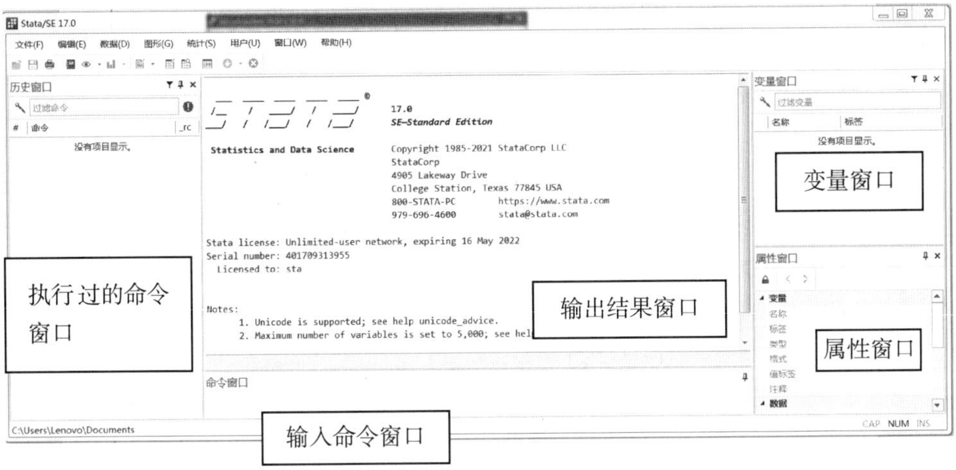

图 2－1 Stata 主页面

命令（Command）：中下方是命令窗口，可在这里输入数据处理或分析的命令。比如，若需要了解某个变量的频数分布，只要在这里输入 tab 指令，加上变量名称即可。在该窗口输入命令进行数据的分析与处理属于程序运行方式中的交互式操作。

结果（Results）：中上方是输出窗口，展示分析结果。在输入命令程序后，命令的结果在这里呈现出来。若该窗口的底端显示“more”的字样，说明还有更多的结果在当前页面外。若需看下面的结果，则按“回车”键或“空格”键；否则按“q”（quit）键或工具栏的⊗图标，表示停止。

历史（Review）：左上方窗口称为历史窗口，记录所有通过窗口菜单和程序方式操作执行过的命令。该窗口与命令窗口的不同之处在于，前者一旦执行就马上消失，而该窗口则将执行过的命令都记录下来，直到关闭 Stata。当程序进行时，点击该窗口的某个命令，该命令就会自动转移到命令窗口，并可再次执行。当关闭 Stata 软件时，这些命令也随之自行消失。所以，这里只是临时的工作记录。若想保存记录，则有两种方法。其一，使用 log 命令（详见第三章）。其二，使用鼠标的右键点击该窗口，选择全部保存，直接将记录在这里的命令保存为扩展名为 do 的文件。

变量（Variables）：右上方窗口是变量窗口，显示当前数据中所有变量的名称和定义。点击某个变量，它就会同时出现在命令窗口中。删除变量也可在此进行——输入删除（drop）命令，点击需要删除的变量并将它移到 drop 命令后，按回车键，该变量就被删除了。

属性（Property）：右下方窗口是属性窗口，显示当前 Stata 所打开的数据中某一指定变量的名称、标签、储存类型、展示格式、值标签和注释等。此外，该窗口的最下面也显示整个数据的变量个数、观测值、文件大小等信息。

上述五个界面的大小可自由调节，也可关闭。若想重新打开某个窗口，可进入窗口（Window）菜单。这几个次界面都在该菜单中。

界面左下角显示的 Stata 的默认路径，即当前窗口数据的路径。

2.4.2 Stata 的菜单

与所有的 Windows 程序一样，Stata 17.0 也有菜单栏和工具栏。此外，在 Stata 的编辑窗口中，还有编辑栏、变量名栏、内容区（下面详细介绍）。菜单栏列出了 Stata 的命令菜单。每个菜单对应一组相应的功能。使用者可利用这些菜单进入软件的各项功能（见表 2-1）。菜单位于主界面的正上方（见图 2-2）。

表 2-1　Stata 菜单的基本功能

菜单	功能
文件（File）	文件操作。打开和存储数据、读入和输出数据、命令文件、结果文件、打印文件、退出 Stata。
编辑（Edit）	文件编辑。复制表格、查找、首选项等。
数据（Data）	数据的基本处理。描述数据、排序数据、改变变量、生成新变量、整合数据、分解数据、对数据进行其他处理等等。只有在存储数据后，对数据的编辑处理才能生效。
图形（Graphics）	图形生成。包括散点图、柱形图、折线图、饼图等等。
统计（Statistics）	数据分析。生成描述性和推断性统计结果。
用户（User）	允许高级用户自定义并扩张 Stata 的容量和功能。
窗口（Window）	窗口切换。将 Stata 的不同窗口调到当前界面、do 文件编辑器、变量管理器等。
帮助（Help）	获得有关 Stata 程序、命令的帮助，并与 Stata 的网络相连接，从而获得更多的帮助；软件更新，等等。

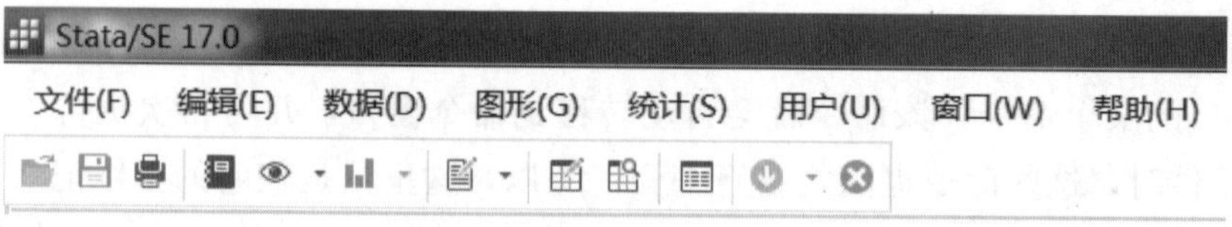

图 2-2　Stata 的菜单

2.4.3 Stata 的快捷工具图标

菜单下面和窗口上方是工具栏，工具栏中列出了一些常用的快捷工具图标。若要查看某个工具的具体功能，只需将鼠标指向该图标即可（见图 2-3）。

图 2-3 Stata 的快捷工具图标

工具栏的图标从左到右依次为打开、保存、打印结果、日志、新浏览器、将图形窗口置于前端、新 Do-file 编辑器、数据编辑器、数据浏览器[①]、变量管理器、显示更多结果、中断。其中有我们熟悉的打开、保存、打印结果（包括图形打印和一般输出结果打印）（见表 2-2）。

表 2-2 Stata 快捷工具图标（部分）的基本功能

图　标	功　能
打开（Open）	打开新文件
新浏览器（Viewer）	新看客（即帮助窗口）
新 Do-file 编辑器（Do-file Editor）	编程窗口
数据编辑器（Data Editor）	数据编辑窗口
数据浏览器（Data Browser）	数据浏览窗口
显示更多结果（Clear-more-condition）	显示更多结果
中断（Break）	不要显示更多结果

其中的新浏览器、新 Do-file 编辑器、数据编辑器等也可在窗口菜单中找到。

新浏览器（👁）：这只类似“大眼睛”的图标代表“帮助”。单击该图标，View（#1）[Advice on Help]（帮助）对话框便被调到当前页面（见图 2-4）。

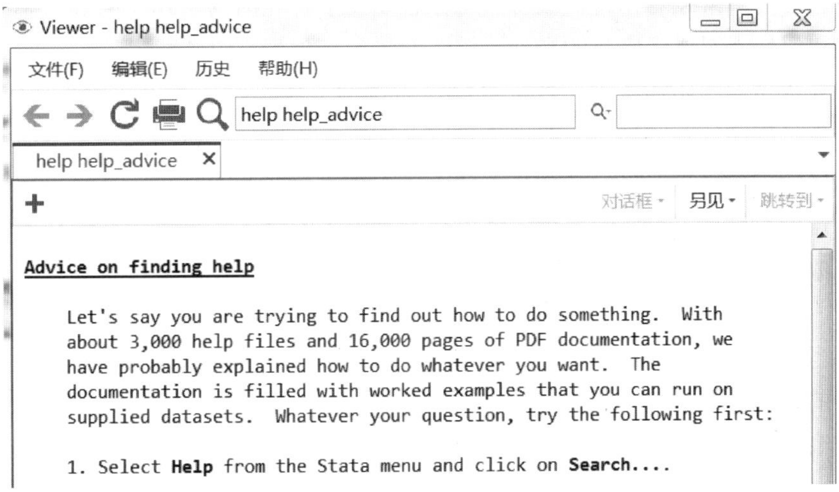

图 2-4 帮助对话框

然后，在 help 的后面直接输入需要帮助的内容即可。Stata 有很强的帮助系统。我们将在下面的“帮助系统”一节中进行详细介绍。

① 本书中提到的数据编辑器指的是 Stata 软件中的数据编辑器（编辑），数据浏览器指的则是 Stata 软件中的数据编辑器（浏览）。后者主要用来浏览数据，无法编辑数据。

新 Do-file 编辑器（）：命令程序编辑窗口图标。当将鼠标指向该图标时，即出现“新 Do-file 编辑器”的文字说明；点击图标就会出现 do 文件的编辑窗口。可以在该窗口直接编写程序，运行编写好的程序或脚本。该方式要求使用者掌握一定的 Stata 编程语言。文件的保存格式是 do 文件（见图 2-5）。

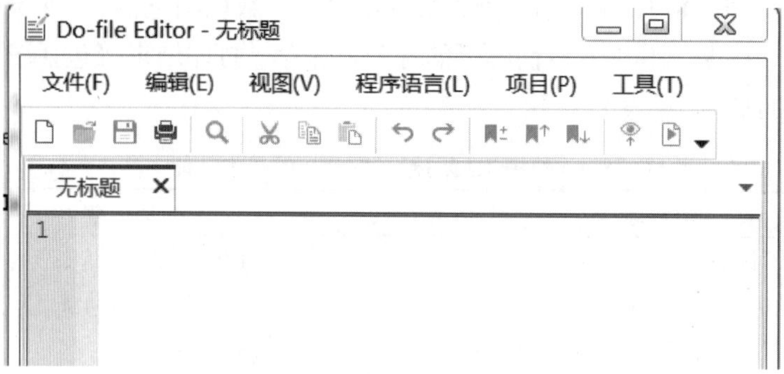

图 2-5　新 Do-file 编辑器文件

虽然使用窗口的方式十分便捷，但有经验的研究者知道：一方面，一项实证研究很难一次完成；相反，数据的分析往往需要经过数周、数月甚至数年的时间才能最后完成。另一方面，有时，数据分析由多人操作，故每个分析者需要知道他人对数据的处理过程。因此，在命令窗口输入命令虽然方便，但不利于保存对数据文件的处理和分析过程，而保存完整的工作记录对于数据的处理和分析工作是非常重要的。相反，使用 do 文件编辑窗口进行编程，记录整个工作过程，是明智的选择。这样，当研究者继续工作时，或者当合作者需要了解此前的工作思路和过程时，该记录能使研究者对已经完成的和需要继续完成的部分都心中有数。

此外，该记录还能使研究者重复以前做过的工作。这一点也非常重要。有时，前后分析过程中的一些细微的差别使我们无法复制原先的分析结果。不少研究者有这样的体会：当提交一篇论文给某个杂志（尤其是英文杂志）时，编辑或审阅者可能要求作者对数据进行重新分析。但令人十分沮丧的是，当再次使用同样的方法分析同一数据时，常常得不到一致的结果。为此，研究者往往需要耗费大量的时间查明原因。然而，如果保存了详细记录当时工作过程的 do 文件，就容易找到问题之所在。当找出问题的症结后，就不必一遍又一遍地试图重现以前的工作了，只需要将保存的命令重新执行一次即可。

在编写 do 文件时，为了增强文件的可读性，使其在当前和以后都清晰易懂，常常需要附加一些必要的注释，解释要做什么、怎么做。注释置于 * 号之后或/ *…… * /中（ * 号的多寡并无关系）。Stata 在运行 do 文件时，会自动跳过注释部分。最好为每一个 do 文件书写详细的注释内容，包括文件名称、计量分析的目的和内容、工作的时间、结果的存放位置等等。如果数据分析或处理的过程中生成并保存了数据文件，那么应写出相应数据文件的名称等。如果对 do 文件进行过修改，那么最好将修改的文件保存为另一个文件，以便于将来对比分析原文件和修改后的文件。下面的几种方式都是对即将输入的命令的注释：

```
*描述 urban 变量的频数分布
****描述 urban 变量的频数分布
/*描述 urban 变量的频数分布*/
```

新 Do-file 编辑器窗口有自己的菜单和工具栏。在工具栏中，靠右边的一个图标（▶）代表“执行 do”功能。点击该图标即可运行整个 do 文件。

点击保存图标可保存 do 文件。此外，前面提到，历史窗口中的命令也可以保存为 do 文件。方法是右键点击历史窗口，选择“全部保存”。

数据编辑器（▦）：数据编辑窗口（见图 2－6）。该窗口既允许手工输入和改变数据，也允许直接将 Excel 或 SPSS 数据剪切复制到该窗口。在运行程序时，该窗口必须是关闭的，否则程序无法运行。若从菜单进入，其路径为：

```
Window—Data Editor
```

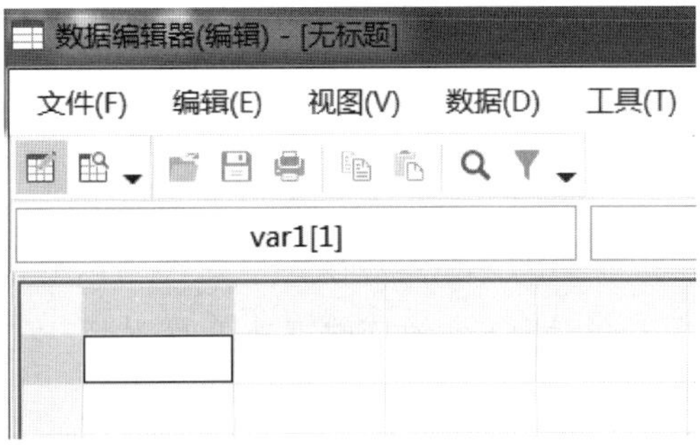

图 2－6　数据编辑器

与 SPSS 和 Excel 类似，数据编辑窗口内容区（即中间的空格部分）的最左边是行的标志。Stata 的每一行（row）表示一个个案（case）［或称观测（observation）、观察值、样本］。在社会调查过程中，每一个受访单位都是一个个案、样本或观察值。每一列（column）表示一个变量，即个案的特征。内容区列出每个个案在变量中的取值。每个单元格（cell）是不同个案和不同变量的交叉，即一个样本的单个变量的取值或属性。数据文件是一张长方形的二维表。文件的范围由个案和变量的数目组成，可以在任意单元格输入数据。详情如图 2－7 所示。

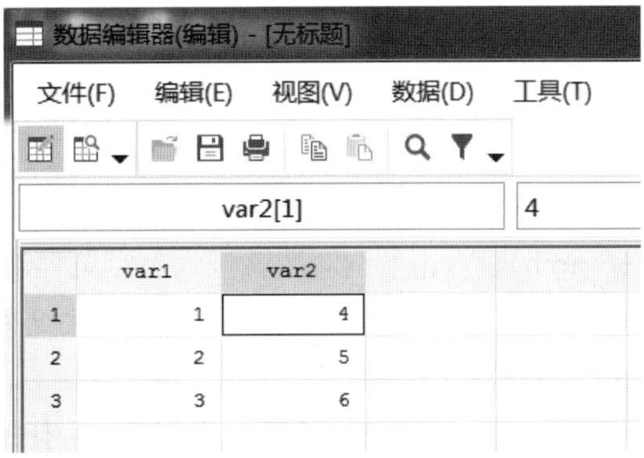

图 2－7　数据编辑窗口内容区

在编辑窗口中，变量名称栏（即 var 1、var 2 栏）列出了该编辑数据文件中的变量名称。当输入新数据时，Stata 自动将变量命名为 var 1、var 2 等。双击 var 1、var 2 弹出另一个对话框变量属性（Variable properties），在此可以给新的变量命名、定义、规定格式等（见图 2－8）。操作完成后，点击按钮“OK”，即可关闭窗口。

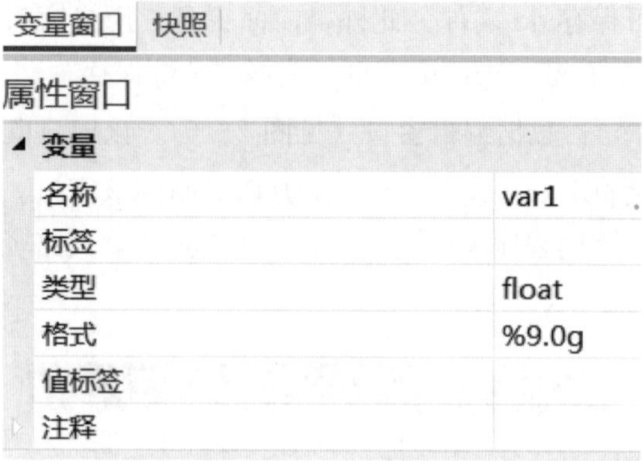

图 2－8　属性窗口

数据浏览器（ ）：数据浏览窗口。该窗口允许浏览数据，但不能更改数据。使用该功能比较安全，不会因为不小心而错误地更改数据。在运行程序的时候，该窗口也必须是关闭的。

2.5　帮助系统

即使是经常使用 Stata 的人也很难记住而且没必要记住 Stata 命令的每一个选项或者每个命令。所以，在遇到困难束手无策时，最好的老师就是 Stata 的帮助系统。一旦熟悉了帮助系统，就能很快获得 Stata 用法的相关信息。

Stata 提供详细的各类形式的帮助，其中常用的是帮助功能和在线帮助。下面介绍几种主要的帮助方式。

2.5.1　帮助菜单

Stata 的帮助（Help）菜单包括很多项内容。其中，最常用的两项是内容（Contents）和搜索（Search）。点击“内容”就进入新浏览器对话框（见图 2－9）；点击“搜索”就进入关键词搜索对话框。二者均为查找帮助文件的命令，其区别在于前者用于精确查找，后者则用于模糊查找。

若需知道某个命令参数，了解其具体用法，在图 2－9 中 help contents 所在之处输入该命令的名称后，对话框的内容区就会显示该命令帮助文件的全部内容。比

图 2-9　新浏览器对话框

如，若需了解 regress 的用法，即可通过帮助菜单，选择内容，进入 Viewer [Help Contents] 对话框，并在命令复选框后输入 regress，然后按回车键。帮助结果如图 2-10 所示。

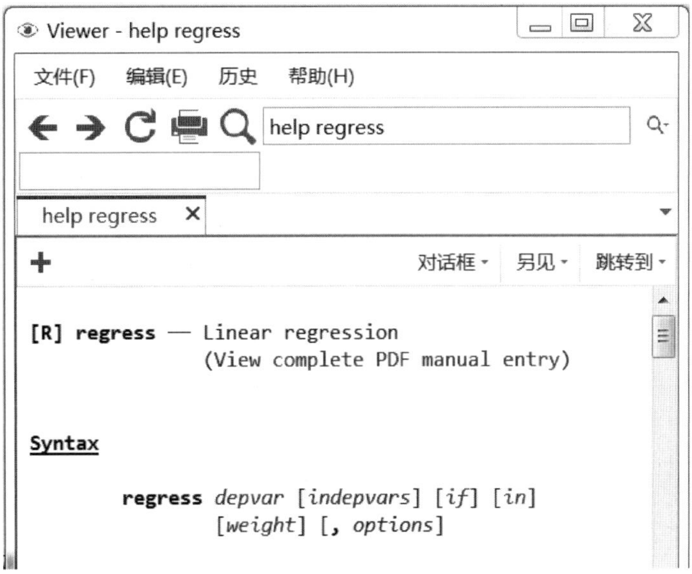

图 2-10　帮助结果

该窗口依次提供 Stata 有关 regress 的全部命令、选项及简单解释。找到相关命令或选项后单击链接，即可得到相应的详细解释。Stata 为对话框中出现的 regress *depvar* [*indepvars*] [*if*] [*in*] [*weight*] 中的斜体内容提供进一步解释。点击其中任何一项都会进入一个新对话框。比如，点击 *if*，则出现一个与 if 有关的帮助对话框，如图 2-11 所示。

图 2-11　与 if 有关的帮助对话框

相反，“搜索”只能模糊查找。当研究者需要利用 Stata 做某个估计或某种计算，却不知该怎么做时，需要利用 search 命令的搜索功能找到相应的帮助链接。其使用方法与“内容”类似，只是将准确的命令参数改成了关键词。图 2-12 是关键词搜索对话框：

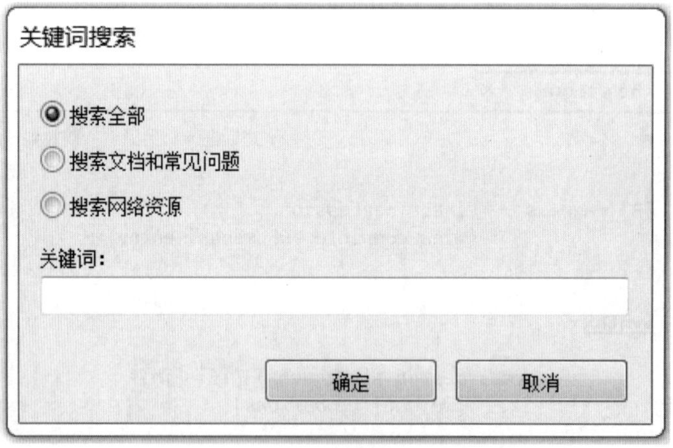

图 2-12　关键词搜索对话框

结果窗口会给出所有与输入的关键词相关的帮助文件名和链接列表；在列表中寻找到并点击最相关的内容，弹出的对话框将给出相关的帮助文件。耐心寻找，反复试验，通常可以较快地找到需要的帮助内容。

比如，若需要了解与交叉频数有关的命令，可在关键词搜索的复选框下输入 tab。弹出的关键词的查询窗口与帮助窗口有所不同（见图 2-13）。

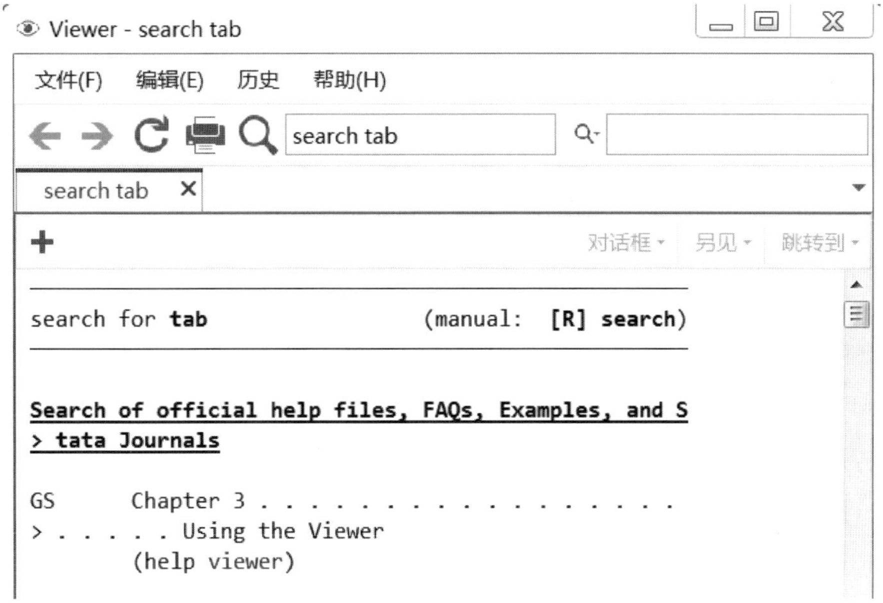

图 2-13 关键词的查询窗口

Stata 会自动搜索与该词相关的所有命令。如图 2-13 所示，这里有大量的输出结果，每一条输出结果都与某个命令相链接。从中查找希望了解的命令，单击该链接，则可得到更详细的信息。比如，若 tabstat 是需要查找的内容，点击 tabstat，则进入该命令的具体帮助界面（见图 2-14）①。

图 2-14 tabstat 的具体帮助界面

2.5.2 窗口命令

帮助功能也可直接在 Stata 的命令窗口中进行操作。比如，在命令窗口中直接输入命令 help regress（见图 2-15）。

① 在 Stata 的帮助界面中，凡是以蓝色字符表示的内容都带有链接。点击该链接，即进入一个新的（往往是具体帮助的）对话框。

图 2-15 输入命令 help regress

2.5.3 网络帮助

除此以外，还可直接登录 Stata 网站获得帮助。Stata 的网络地址是：

www.Stata.com

另外，美国许多大学的网站有免费的 Stata 在线帮助。比如，这是加利福尼亚大学洛杉矶分校（UCLA）的 Stata 网站之一，该网站提供详细的 Stata 帮助：

http：//stats.carc.uclec.edu/stata/

这是普林斯顿大学的 Stata 培训网站，该网站也提供很好的 Stata 帮助：

https：//dss.princeton.edu/training/

同时，在谷歌网站上输入问题，也可找到相应的帮助或获得提供帮助的网址。不过，相对而言，该方法效率较低。

2.6 语法和命令

Stata 的语法十分简单和灵活。一个命令便构成一条可执行的语句，在 Stata 命令窗口中输入后，按回车键就可以运行了。当然，如前所述，最好的方法就是将一组程序编写成 do 文件，按前面介绍的方法运行。每个命令都有各自的格式，只要符合 Stata 规定的格式，语法上就是无误的。如果不了解其具体格式，那么可查询、参考 Stata 的帮助系统或用户手册。这里不再介绍命令的格式。

Stata 命令大体上可分成四大类：帮助命令、记忆空间命令、处理和分析数据命令、数学命令。

2.6.1 帮助命令

前面已经详细介绍过，这里不再重复。

2.6.2 记忆空间命令

记忆空间命令（memory）又称存储空间命令。与记忆空间命令相关的命令包括清空命令（clear）和设置内存容量大小的命令（set memory）。如：

```
. set memory 2m
```

该命令将记忆空间设为 2 兆。现代高级版本的 Stata 不再需要手动设置记忆空间，系统会根据用户所使用数据的大小自动进行设置。

2.6.3 处理和分析数据命令

处理和分析数据命令构成 Stata 命令的主体，也是本书的主要内容。它们可实现各种各样的功能，包括数据的描述、变量的生成和改变、数据的处理、图表的制作、模型的分析等。命令包括两大部分：其一，基本命令部分。这一部分是固定的。比如，若需生成新变量，则必须使用 gen 或 egen 命令；若需查看变量的频数分布，则必须使用 tab 命令；若要获得变量的均值，则输入 sum 等相关命令。这里的 gen 或 egen、tab 和 sum 都属于基本命令，不可缺失或替代。其二，选项部分。不同的命令可能有独特的选项，但许多选项为不同命令所共有。Stata 通过这些选项来限定数据的分析范围，比较组群，获得不同的统计量，等等。

命令的大体格式如下：

特殊选项　关键变量　命令参数,命令选项

如

by 变量 1：Command 变量 2 if in ,Options
　①　　　　②　　　　③ ④　⑤

①：by 为特殊选项，变量 1 为关键变量，告诉 Stata 按其分类，分组描述数据。这是命令的选项部分，可以缺失或替代。它与命令参数之间须用冒号隔开。

比如，在分析按变量城乡居住地（urban）区分受教育年限（edu）时，可输入命令：

```
. by urban: sum edu
```

值得注意的是，在使用 by 选项前，一定要先使用 sort 命令，对 by 后面的变量进行排序，否则，将得到错误的提示。

②：Command 是命令的意思，即主要命令参数，可以是 tab、gen 等，告诉 Stata 对变量 2 进行分析。比如：

```
. sum edu
```

这里的 sum 是基本命令参数，edu 是变量。该命令的含义是，输出 edu 的均值等统计量。

③：只对满足表达式指定的条件的观测个案分析处理数据。其紧接在主要命令之后，不能与主命令隔开。表达式 if 极大地体现了 Stata 的灵活性。其逻辑表达式根据需要，可以有非常复杂的形式，但一般由以下成分构成：变量名＋常用的算术

运算符、字符或表示缺失值的“.”＋关系运算符＋逻辑运算符。

表 2－3 描述了 Stata 的基本运算符及其含义。

表 2－3　　Stata 的基本运算符及其含义

关系符号		算术关系		逻辑关系	
=	使等号左边的值等于等号右边的值；不能用于“if”命令中；可以用于“gen”（生成新变量）命令中；可以用于取代原来的值	＋	加	!	否
==	等于；等号左边的值是否等于等号右边的值	－	减	～	否
!=	不等于，相当于 ～＝	*	乘	|	或
<	小于	/	除	&	和
>	大于	^	平方		
>=	大于或等于				
<=	小于或等于				

例如：

```
. if age > 6 & age <16
```

该命令意为，只对 age 大于 6 且小于 16 的观察值（个案）进行分析。

```
. if place == "beijing" & edu ~= .
```

该命令意为，只对 place 等于 beijing 且 edu 不缺失的观察值（个案）进行分析。

```
. if year == 2002 | year == 2006
```

该命令意为，只对 year 等于 2002 或 2006 的观察值（个案）进行分析。

```
. if (urban! =. & edu! =.)
```

该命令意为，只对二者都不缺失的观察值（个案）进行分析。

④：只对指定范围（range）内的观测个案进行分析，属于命令参数的一部分，接在主命令之后，不能用符号隔开。但与 if 一样，它并不是基本命令成分，而是可以选择的（但不同于“,Options”后面的选项）。比如：

```
. in 5
```

该命令意为，执行的范围是第 5 个观察值（个案）。

```
. in -5
```

该命令意为，执行的范围是倒数第 5 个观察值（个案）。

```
. in 5/12
```

该命令意为，执行的范围是第 5～12 个观察值（个案）。

这里的 in（限定范围）和 if（限定条件）相当于从一个大样本中挑出符合条件的小样本，其用处体现在两个方面：其一，在数据的清理阶段，找出有明显错误或有缺失的观察值（个案）；其二，在数据处理和分析阶段，找出研究者特别感兴趣或有特殊意义的观测项。

⑤：命令特有的一些选项，根据情况和需要而定。Stata 的强大功能主要就体现在这些选项上，选项的使用非常精细和讲究，使用时既要依据个人的经验，也要参看 Stata 的帮助系统或用户手册。值得注意的是，在选项与命令之间，需要有逗号隔开。

2.6.4 数学命令

Stata 的数学命令比较简单，没有很复杂的用法。表 2－4 是一些可能用到的符号及其用途，具体使用时可参阅用户手册。数学运算符也可与前面提到的逻辑和关系符号联合使用。

表 2－4 Stata 数学运算符及其含义

符号	含义
+	加
−	减
*	乘
/	除
^	平方
gen y=abs(x)	x 的绝对值（absolute value ∣x∣）
gen y=exp(x)	指数的，幂数的（exponential，e^x）
gen y=ln(x)	自然对数（natural logarithm）
gen y=log10(x)	基数为 10 的对数（base 10 logarithm）
gen y=sqrt(x)	平方根（square root）
gen y=int(x)	x 的正数（integer part of x. int(5.8)=5）
gen y=round(x，0.25)	进位（round(5.8，0.25)=5.75）
gen y=mod(x_1，x_2)	系数，模数（modulus；the remainder after dividing x_1 by x_2）
gen y=max(x_1，…，x_n)	最大值（maximum value of arguments）
gen y=min(x_1，…，x_n)	最小值（minimum value of arguments）
gen y=sum(x)	从第一个到当前观察值的累积和（cumulative sum across observations，from first to current observations）

2.7 本书的体例

在本书中，所有的命令前面都带一个实心小圆点（.）。Stata 对大写和小写十分敏感，且其所有的命令都是小写的。若不小心将首字母大写的话，Stata 不会执行该命令，反而会给出错误提示。比如，若需获得变量 age 的均值，如输入以下命令，得到的就是错误的提示：

```
. Sum age
unrecognized command: Sum
r(199);
```

点击 r（199），会出现下面的解释：

```
unrecognized command;
Stata failed to recognize the command, program, or ado-file name, probably because of a
typographical or abbreviation error.
```

这句话意为：Stata 不认识 Sum 命令、程序或宏命令，可能是拼写错误或缩写错误。即错误的原因在于，我们将本该小写的 sum 写成了首字母大写的 Sum。

Word 文档往往将句子的第一个英文字母默认为大写。因此，当将 Stata 命令复制到 Word 文档或直接在 Word 文档中书写命令的时候，第一个字母往往变成大写，使命令成为错误的命令。在命令之前添加一个实心小圆点可避免这一现象发生，但要注意，该小圆点不是命令的一部分。

除需要注意命令的大小写外，还要注意变量的大小写。如果将非大写变量的字母大写、将大写变量的字母小写的话，同样也会得到错误提示。比如，在对变量城乡居住地（urban）进行频数分布时，如输入 tab Urban 命令，得到的就是：

```
variable Urban not found
```

这句话意为没有发现变量 Urban。即导致该错误的原因是，数据中的变量名称为 urban，而不是 Urban，首字母不是大写的。

本章要点

1. Stata 是由美国计算机资源中心在 20 世纪 80 年代中后期开发的商业统计软件包。因其使用的简便、功能的完备而迅速被广泛应用。目前该软件拥有来自 130 多个国家和地区的用户，非常适合社会科学、行为科学、生物统计、流行病学及其他多种学科使用。

2. Stata 是一个整合性统计分析软件包，提供所有数据和图形的分析、管理，使用接口为 Windows、Mac 和 Unix。软件具有超强的统计功能，有完整的统计、绘图、数据管理能力，而且有程序设计能力。除基本的统计功能外，高级统计更完备，不必购买额外的模块。

3. 从 9.0 版本开始，Stata 新增了 Internet 功能。17.0 版本增加了双重差分法等更多分析方法。

基本概念

界面、输出结果窗口、输入命令窗口、变量窗口、历史窗口、数据编辑器、数

据浏览器、do 文件、关系符号、算术关系、逻辑关系

复习思考题

1. Stata 每个界面的基本功能是什么？
2. 简要说明 Stata 菜单的基本功能。
3. 每个 Stata 快捷工具图标所代表的意思和功能是什么？

推荐阅读书目

1. 杨维忠 . Stata 统计分析与实验指导 . 北京：清华大学出版社，2020.
2. ACOCK A C. A gentle introduction to Stata. TX：Stata Press，2018.
3. StataCorp. Stata：user's guide. TX：Stata Press，2021.

第三章

Stata 数据的读入与熟悉

处理和分析数据的前提是读入和熟悉数据。本章的主要内容包括数据库的建立、读入数据的方法、数据的存储与修改。在读入数据之前，首先熟悉 log 和 memory 的概念和操作。

本章使用的数据名称为 Chapter3. dta。

3.1 log（记录）文件

Stata 所有的运行过程及结果都可以被记录在 log 文件（日志文件）中。文件类型通常以尾缀 .log 表示。在对数据进行操作处理前创建一个 log 文件，并指定其路径和文件名，在运行结束时，关闭该 log 文件，则 log 将记录 Stata 运行期间的全部内容，包括所有（1）执行过的命令，（2）运行过的步骤，（3）描述或分析结果，（4）错误提示，等等。对初学者而言，其内容对回顾分析思路、发现和认识错误等都很有帮助。

该文件可在处理或分析数据时随时创建和使用，不必一定在数据处理前创建。

3.1.1 创建新的 log 文件或打开现存的 log 文件

Stata 有三种方式可创建新的 log 文件或打开现存的 log 文件。

其一，菜单方式，其指令在文件（File）菜单中。

其二，工具栏的图标。点击图标，打开保存窗口，在“文件名”的复选项下定义 log 文件的名称（见图 3-1）。

其三，在命令窗口或 do 文件窗口输入指令：

```
. log using "文件路径和名称"
      ①           ②
```

①：创建记录文件的基本命令参数。

②：记录文件的路径和名称，需要置于双引号内。

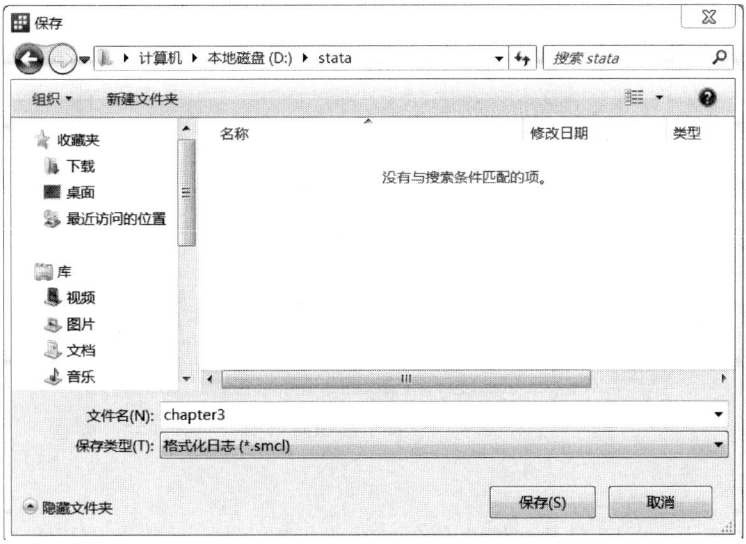

图 3-1 定义 log 文件的名称

比如：

```
. log using "E:\stata\Chapter3. smcl"
```

这里，Chapter3 是 log 文件名；smcl（Stata Markup and Control Language）为 log 文件存盘的默认格式。Chapter3. smcl 将记录从 log using 命令输入到关闭该文件期间 Stata 的所有运行结果。这类文件仅能通过 Stata 软件被阅读和打印，不能被编辑或修改。log 文件也可以被存为文本文件（. txt)。其命令是：

```
. log using "文件路径 . log"
```

此外，还可利用 File \ Log \ Translate 功能，将 smcl 文件转换成文本文件。

3.1.2 暂时关闭、重新打开、关闭 log 文件

若文件已经存在且正在运行中，点击图标，则弹出日志选项的对话框。该对话框有三个选项（见图 3-2)：

（1）查看日志文件的快照；

（2）关闭日志文件；

（3）暂停日志文件。

若无必要记录某一指令的结果，则可在执行命令前使用 log off 暂停记录（相当于 suspend log file)；需要记录时再使用 log on，重新启动记录。输出结果分别如下：

```
. log off
. log on
```

该命令意为，重新开始记录文件的基本命令，接着前面暂停的地方继续记录。

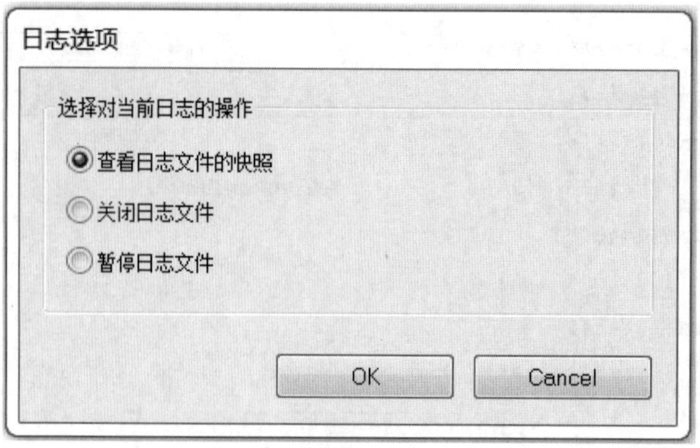

图 3－2　日志选项对话框

```
. log close
```

该命令意为，关闭记录文件的命令参数。当退出 Stata 时，使用 log close 命令关闭 log 文件。

无论是使用窗口操作，还是使用命令操作，对初学者来说，使用 log 文件记录工作过程、步骤和分析结果都是明智之举。

3.1.3　常见错误

首先打开记录文件：

```
. log using "E:\stata\Chapter3.smcl"
```

此时，一个名为 Chapter3.smcl 的 log 文件已经打开。当试图再打开它时，就会得到红色的输出结果（即错误提示）：

```
log file already open
r(604)
```

该命令意为 log 文件已经打开。

3.2　数据的记忆（存储）空间

当数据读入后，Stata 将该数据临时存放在一个叫记忆（存储）空间（memory）的地方。记忆空间可被视为 Stata 的临时工作环境。数据文件只有在读入 memory 后才能被处理。在某一个时点上，memory 中最多只能有一个数据文件。如果在处理一个数据文件的过程中想查看或处理另一个数据文件，就必须先用 clear 命令清空 memory，再打开下一个数据文件（此时，变量窗口的变量将会全部消失）。

对已在 memory 中的数据文件，可点击数据浏览器图标查看其分布，但不能进行修改。若要修改，则需点击数据编辑器图标或菜单。也可以利用命令来查看和修改存放在 memory 中的数据文件。

由于在同一个时点上，memory 中只能容纳一个数据文件，故当 Stata 的窗口已经有数据运行但需要读入另一个数据文件时，便需要清空 memory 中的数据。其命令为：

```
.clear
```

该命令意为，清空记忆空间的命令参数。

输入该命令后，窗口中原有的数据就消失了，便可以读入另一个数据文件了。

3.3　数据的读入

分析数据的第一步是，将数据处理成可为 Stata 所用的格式。输入数据的方式有六种（参见 Stata 用户手册），包括通过键盘输入数据、读入文本文件数据或 ASCII 文件数据、将 SPSS 或 Excel 数据文件直接复制到 Stata 的数据编辑窗口中，或者使用某种计算机软件（如 Stat/Transfer）将非 Stata 数据转换成 Stata 数据，等等；而决定选择使用哪种方式输入数据的原则有八条。一旦 Stata 的记忆空间有了适合其格式的数据，就可以将数据存盘，便于以后使用、更新、分析。

3.3.1　创建新的数据库

输入数据可以直接利用键盘进行。比如，一个数据文件有 6 个变量，每个变量有 10 个观察值。它们的分布如表 3－1 所示。

表 3－1　建立数据库举例

Province	PersonID	HomeSize	Age	Girl	Siblings
21	2106018504	50	5	1	1
35	3505154103	100	18	0	0
32	3205093703	246	8	0	0
37	3708156203	60	9	0	0
44	4452082404	20	6	1	3
35	3501117305	25	13	1	2
45	4526057606	90	10	1	3
32	3209163903	25	2	0	0
37	3702093304	68	7	0	1
37	3704057503	80	20	0	3

使用输入命令，在编程窗口输入该数据（见图 3－3）。

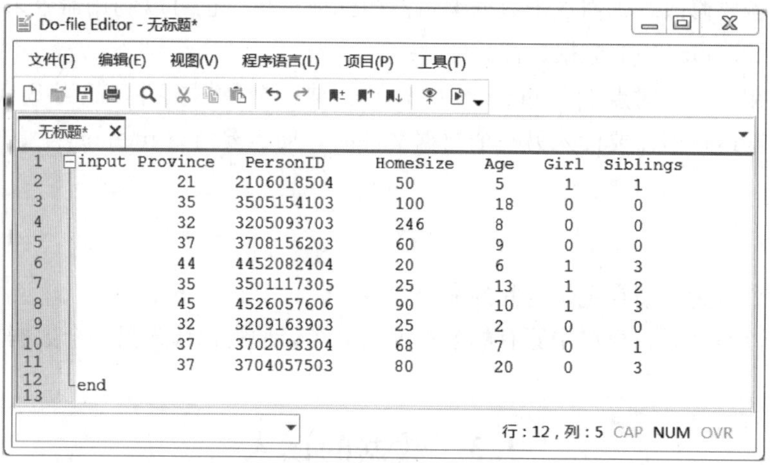

图 3-3 在编程窗口输入数据

在图 3-3 中，input 和 end 都是 Stata 输入数据的固有命令，前者表示将开始输入数据，后者表示结束数据的输入。Province、PersonID、HomeSize、Age、Girl、Siblings 是将要输入的变量的名称；6 列数值分别是这些变量的取值。

该数据也可直接在数据的编辑窗口输入。打开数据编辑器，即可输入数据（见图 3-4）。

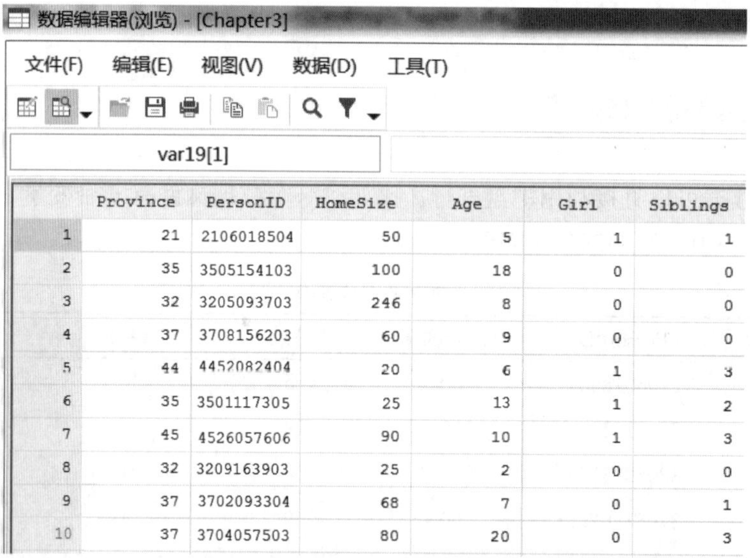

图 3-4 在数据编辑器窗口输入数据

当然，开始在数据编辑器输入数据时，Stata 会自动将变量命名为 var1、var2……我们需要重新指定变量名、标签等。

3.3.2 .dta 数据的读入

前面介绍了如何创建一个新的数据库。若数据已经以某种格式存在，则可输入命令或利用菜单的工具读入数据。Stata 可直接读入下列尾缀形式的数据：

（1）.dta——Stata 格式数据。

（2）.txt——ASCII（文本）格式数据。

（3）.raw——ASCII（文本）格式数据。

（4）.xls ——Excel 格式数据。

读入不同形式数据的命令是不同的。下面介绍几种常见的数据读入方式。

尾缀为 .dta 的数据是 Stata 格式数据，可直接读入。读入方式有两种：一是直接使用窗口工具栏中的打开图标或文件菜单中的打开选项；二是输入命令。前者直截了当，方便快捷，不会出现错误。其不足之处在于，它只能读入数据中的全部内容，包括所有的变量和所有的观察值。相反，命令方式则更富有选择性、更灵活，可只读入部分数据和（或）部分变量。下面将介绍命令方式。

（1）读入全部数据。

读入全部变量和全部观察值：

```
. use "E:\stata\Chapter3.dta"
   ①           ②
```

①：读入文件的命令参数。

②：需要读入的文件的路径和名称。路径因数据的存放位置而异。这里的文件存放在 E：\ stata，要打开的文件名叫 Chapter3. dta。

（2）读入文件中的部分变量。

有时，原始数据的内容丰富，变量很多，但研究工作可能只涉及其中的部分变量。在这种情况下，只需读入对研究有用的变量即可。请看下列命令：

```
. use a b c using "文件路径和名称"
   ①   ②    ③          ④
```

①：读入部分数据命令参数的一部分。

②：需要读入的变量名称。

③：读入部分数据命令参数的另一部分。

④：指定需要读入的数据的文件名和路径。比如：

```
. use age girl height using "E: \stata\Chapter3.dta", clear
```

该命令只读入 Chapter3. dta 数据中的三个变量：age、girl、height。

（3）读入文件中的部分样本。

有时，原始数据的样本量十分庞大。以人口普查数据为例：即便是千分之一的普查数据，其总样本量也超过 100 万人。但如果研究问题只涉及北京市人口的话，则只需要读入北京市的样本就行了。假如其样本介于 X 与 Y 之间，则下面的命令可以达到该目的。

```
. use "文件路径和名称" in X/Y
   ①        ②        ③  ④
```

①②：同上。

③：限定读入样本量的命令参数。

④：限定读入的样本量；只读入 X～Y 的观察量。比如：

```
. use "E:\stata\Chapter3.dta" in 601/1 000
```

该命令意为，只读入 Chapter3. dta 数据中的 601 至 1 000 个样本之间的 400 个样本。

（4）读入文件中具有某些特征的样本。

有时，我们的研究可能只涉及整个样本中的部分次人群，比如男性或女性、少年儿童或成人、教师或学生、城市或农村样本、流动人口或常住人口等等。前面提到过的 if 条件命令可以帮助我们选择次样本：

```
. use "文件路径和名称" if 条件句
   ①        ②           ③
```

①②：同上。

③：条件命令参数，其后接具体条件。该命令告诉软件，只读入满足某种条件的观察值或样本。比如：

```
. use "E:\stata\Chapter3.dta" if urban == 1
```

该命令意为，只读入满足 urban 等于 1 的观察值（若 urban 不等于 1 的话，则不读入）。

读入次样本的命令是千变万化的。比如，可以同时仅读入文件中的部分变量和具有某些特征的样本：

```
. use mothid kidid age girl using "E:\stata\Chapter3.dta" if girl == 0
```

或

```
. use mothid kidid age girl if girl == 0 using "E:\stata\Chapter3.dta"
```

该命令意为，只读入 girl 等于 0 的样本，且仅仅读入 mothid、kidid、age、girl 四个变量。

3.3.3 Excel 数据和 SPSS 数据的读入

Stata 可以通过剪切、复制、粘贴等简单方法读入 Excel 和 SPSS 数据。

读入 Excel 数据最简单的方法是，复制 Excel 文件中的数据，并直接将之粘贴到 Stata 数据编辑窗口的数据框中。此外，也可使用 insheet 命令。同样，若要读入文档中的表格，只需选择、复制其内容，然后粘贴到 Stata 的数据编辑窗口中即可。

同样，SPSS 数据也可以直接复制、粘贴到 Stata 数据编辑窗口的数据框中，还可以通过菜单栏的“文件—导入—SPSS 数据”直接进行导入。

此外，. txt 数据和 Word 数据也可直接复制、粘贴到 Stata 的数据编辑窗口。

这种方法虽然十分简单，但也存在不足。其一，变量标签等信息丢失；其二，不适用于大型数据。

总之，Stata 读入数据的方法并不复杂，根据数据的类型，既可以使用 use、insheet 或其他命令，也可以直接将 Excel 或 SPSS 的数据复制到 Stata 的数据编辑窗口中，或者用菜单中的数据导入命令。另外，许多数据库管理软件具有不同格式数据文件的转换功能。例如，EpiData 可以将其他格式的数据直接转换为 Stata 格式数据；Stat/Transfer 也可便捷地将多种其他类型的数据（如 SAS、DBASE、FoxBase）转换为 .dta 格式，由 Stata 直接调用。这些软件很容易在网络上找到。

3.4　数据的保存

在输入或读入数据后，若想再次使用该数据，则需要予以保存（save）。保存的方法有（1）使用窗口工具栏中的保存图标或文件菜单中的保存选项，（2）输入命令：

```
. save "文件路径和名称"
   ①        ②
```

①：保存文件的基本命令参数。

②：文件路径和名称。

若一个文件已经存在，则需在上述命令后，添加 replace 选项，取代原来的同名文件：

```
. save "文件路径和名称", replace
                          ①
```

①：取代原有数据的选项。注意，该选项与命令参数之间必须用逗号（,）隔开。

由于 replace 选项将更新对数据库的修改，故须谨慎使用。最好另存一个新的数据库，否则将取代原始数据库。

3.5　数据的类型与压缩

有的数据很大，占用空间很多。因此，有时需要压缩（compress）数据的存储空间。在此之前，先要了解数据的类型及其保存方式。

Stata 数据的每个元素要么是数值型的（numeric），要么是字符型的（string）。字符型变量也称为字母数值型（alphanumeric）变量或特性（character）变量。其属性或取值包含字母或（和）特殊的字符。

与数据的类型相对应的是变量的存储格式。字符型数据往往保存为 str# 格式，如 str1、str2、str3……str244。其中，str 后面的数字代表最大的字符长度。比如，str5 可容纳字符 male，却容纳不下字符 female，因为后者有 6 个字母。数值型数据可保存为 byte、int、long、float、double 等格式；默认保存方式是 float。其中，byte、int、long 只能保存整数，故被当作整数类型。

表 3-2 描述了 Stata 数据的保存类型及其基本特点。

表 3-2 数据的保存类型及特点

类型	最小值	最大值	小数点位数	字节	类型
byte	−127	100	2 digits	1	integer
int	−32767	32740	4 digits	2	integer
long	−2147483647	2147483620	9 digits	4	integer
float	−1.70E+38	1.70E+38	1.00E−07	4	real
double	−8.98E+307	8.98E+307	1.00E−15	8	real
str1	1	1		1	character
str80	1	80		80	character
str244	1	244		244	character

可见，double 格式是所有变量类型中占用空间最大的，其次为 float，再依次分别为 long、int、byte。在 Intercooled Stata 版本中，字符型数据最多只能使用 80 个字符，在 Stata/SE 版本中，最多可容纳 244 个字符。

如前所述，Stata 将数据保存在记忆空间中。由于记忆空间的局限，数据应该尽可能地以节约的方式保存。若有一个长度为 6 个字母的字符型变量，但将它保存为 20 个字符的变量，就浪费空间了。同样，一个整数变量被保存为 double 类型变量，也是很浪费的。

在了解变量的保存类型后，再来看如何压缩数据。

其相应命令为：

```
. compress
```

该命令意为，压缩数据的基本命令参数。若不指明具体变量，则 Stata 将压缩所有变量。

```
. compress yr *
```

该命令意为，压缩所有以 yr 开头的变量；* 表示具有相同变量前缀的所有变量。

```
. compress xyz - abc
```

该命令意为，压缩从变量 *xyz* 到变量 abc 之间的所有变量。

命令 compress 不会改变数据，既不会使字符型数据失去精确度，也不会篡改字符，却能在很大程度上缩小数据的占用空间。其工作原理是，通过转换变量的类型来压缩数据：

原数据类型	转换后的类型
double	long、int 或 byte
float	int 或 byte
long	int 或 byte
int	byte
string	短 string

3.6 数据库的描述

在数据读入并存盘后，需要熟悉数据。熟悉数据是数据管理的第一步。数据管理是一个包罗万象的概念，包括描述数据的基本特点［有多少个观察值（样本）和变量及其基本情况等］，生成、编辑、修改变量，改变变量的类型，改正数据中的错误，增加新样本（观察值），数据重构，数据简化，从数据中进行抽样，对数据进行分组，合并数据，等等。当数据的管理工作变得复杂或需要反复进行时，Stata 用户可以自己编程，使该项工作便于进行。

数据的管理功能在 Stata 窗口的数据菜单中。该菜单组成部分见表 3－3。

表 3－3 数据菜单

数据菜单	功能
Describe data	描述数据的基本情况
Data Editor	数据编辑（编辑）、数据编辑（只读）
Create or change variables	生成或改变变量
Variables Manager	变量管理器
Frames Manager	数据框管理器
Data utilities	数据实用程序，包括标签、注释、重命名等功能
Sort	对数据进行排序
Combine datasets	合并数据集
Matrices，Mata language	矩阵，Mata 语言
Matrices，ado language	矩阵，ado 语言
ICD codes	ICD 代码
Other utilities	其他实用程序

Stata 素以分析能力的强大和数据管理功能的完善著称。在第二章，我们已经介绍了数据编辑器和数据浏览器的基本功能，这里介绍描述数据和排序的方法。数据管理的其他功能将在以后的章节中逐步介绍；其中，创建或更改数据的大部分内容将在第四章予以介绍。

3.6.1 描述数据的基本情况（describe，d）

拿到一个数据文件后，首先要做的事情就是了解它一共包含多少个观察值或样本（observations）、多少个变量（variables）、变量的名称（variable name）、存储格式（storage type）、变量的标签（variable label）、变量取值的标签（value label）等。首先打开 Chapter3. dta 数据：

```
. use "E:\stata\Chapter3. dta",clear
```

其一，在命令窗口输入以下命令：

```
. describe, simple
  ①         ②
```

①：描述数据的基本命令参数。

②：只输出数据中的变量名称。

输出结果如下：

```
mothid   kidid      age   girl    enroll   height
hhid     province   yob   yrsch   weight   urban
```

由此可知，该数据共有 12 个变量，分别称为 mothid、kidid、yob、yrsch、weight、urban、hhid、province、age、girl、enroll、height。

其二，输入以下命令：

```
. describe, short
  ①         ②
```

①：同上。

②：只输出数据的样本量、变量的数目、数据的大小等。

输出结果如下：

```
Contains data from E:\stata\Chapter3. dta
  obs:          2 101
 vars:             12                          8 Feb 2006 09: 00
 size:        92 752 (99.6 % of memory free)
Sorted by: age
```

由此可知，该数据一共包含 2 101 个观察值，12 个变量。

其三，输入以下命令：

```
. describe, detail
  ①         ②
. describe
. d
```

①：同上。

②：除提供数据的样本量和变量的数目外，还提供变量的名称、存储格式、表现格式、变量取值的标签、变量的标签等。这是 Stata 默认的输出方式。

输出结果如下：

```
Contains data from E:\stata\Chapter3.dta
  obs:          2 101
 vars:             12                        8 Feb 2006 09:00
---------------------------------------------------------------------------
               storage  display    value
variable name  type     format     label     variable label
---------------------------------------------------------------------------
mothid         double   %10.0g               Mother's id number
hhid           long     %12.0g               Household id number
kidid          double   %10.0g               Children's id number
province       byte     %8.0g                Survey province
age            byte     %8.0g                Age of children
yob            int      %8.0g                Year of birth of children
girl           byte     %8.0g                Sex of children
yrsch          byte     %8.0g                Year of school of children
enroll         byte     %8.0g                Enrollment of children
weight         float    %9.0g                Weight of children
height         float    %9.0g                Height of children
urban          float    %9.0g                Urban residence of children
---------------------------------------------------------------------------
Sorted by: age
     Note: dataset has changed since last saved
```

因此，命令 describe 列出 Stata 记忆空间中的所有变量。输出结果分为三部分：上部分相当于 describe，short 命令的输出结果，提供数据的总观察值和变量，数据占用的是 Stata 指定的空间和剩余空间。中间部分描述数据的变量，共有五列。第一列是变量的名称，其后四列分别为存储格式、表现格式（display format）、变量取值的标签和变量的标签。由于变量的取值没有附加标签，故变量取值的标签一列的下面都是空白的。下部分（Sorted by 等）提供数据的排序变量，也提醒我们数据自上次保存以来是否有所改变（Note：dataset has changed since last saved）。

从存储格式一列可以看出，这里的变量有五种保存格式——double、long、byte、int、float，分别代表变量不同的存储格式。

如果只希望描述部分变量，则可在 Variables 复选框中输入所要描述的变量或输入命令。如：

```
. describe mothid age girl
```

通过对数据基本情况的描述，我们了解到数据有多少观察值、多少变量，以及变量的名称、定义、类型，变量数值的意义，等等。这是分析数据必不可少的第一步。

3.6.2 变量编码簿（codebook）

在对数据的基本情况有了初步了解后，往往需要进一步了解变量的具体信息。codebook 命令相当于编码簿，不仅提供数值型变量的描述性统计，也是获得字符型变量相关信息的便捷途径。

在对话窗口输入以下指令：

```
. codebook
```

该命令意为，描述变量特征的基本命令参数。比如：

```
. codebook age
------------------------------------------------------------------------------
age                                                         Age of Children
------------------------------------------------------------------------------
                  type: numeric (byte)
                 range: [0, 17]                       units: 1
         unique values: 18                         missing. : 0/2101
                  mean: 9.713 47
              std. dev: 5.115 78
           percentiles:        10 %       25 %       50 %       75 %       90 %
                                  2          5         11         14         16
------------------------------------------------------------------------------
```

由此可见，codebook 命令提供以下有用信息：

信息	在本例中的表现
变量的名称	age
标签（定义）	Age of Children
类型（type）	numeric（byte）（数值型变量）
值的区间［最大值、最小值（range）］	0～17
单位（units）	1
独特取值（unique values）	18 个
缺失值（missing）	0 个
均值（mean）	9.713 47
标准差（std. dev）	5.115 78
分位数（percentiles）	十分位，三个四分位，90 分位

如前所述，if 是命令参数的一部分，告诉 Stata 按一定的条件描述数据，只描述符合指定条件的数据。

```
. codebook age if urban == 1 in 1/1000
```

或

```
. codebook age if urban == 1 & _n <= 1000
```

该命令意为，只描述取值介于 1～1 000、urban 等于 1 的样本的 age 变量的基本情况。

```
------------------------------------------------------------------------------
age                                                         Age of Children
------------------------------------------------------------------------------
                  type: numeric (byte)
                 range: [0, 17]                       units: 1
         unique values: 18                          missing. : 0/308
                  mean: 9.704 55
              std. dev: 5.148 01
           percentiles:        10 %       25 %       50 %       75 %       90 %
                                  2          5         10         14         16
------------------------------------------------------------------------------
```

如其所示，由于限定了样本，故该结果与前面 codebook 的结果有所不同。

3.6.3　描述变量的属性（inspect）

基于现有知识，可以进一步使用 inspect 命令加深对数据的了解。当然，要真正了解数据，还需要对其频数分布、集中趋势、离散趋势等进行描述（详见第四章）。

在命令窗口输入命令：

```
. inspect
```

该命令意为，描述变量取值的基本命令参数。若需限定变量，则可在命令参数后纳入变量名称。比如：

```
. inspect age
age: Age of Children                           Number of Observations
__________________                                             Non -
                                       Total    Integers    Integers
|                   #    Negative          -           -           -
|                   #    Zero             89          89           -
|                   #    Positive      2 012       2 012           -
|   #       #   #   #                  _____       _____       _____
|   #   #   #   #   #    Total         2 101       2 101           -
|   #   #   #   #   #    Missing           -
+____________________                  _____
0                  17                  2 101
     (18 unique values)
```

由此可见，inspect 命令提供以下变量信息：

信息	在本例中的表现
变量的独特取值（18 unique values）	有 18 个值，0～17
负值（Negative）	没有任何负值，用“－”表示
0 值（Zero）	有 89 个 0 值
正值（Positive）	有 2 012 个正整数值
总样本（Total）	2 101
缺失值（Missing）	没有任何缺失值，用“－”表示

此外，它还提供一个频数分布的草图。总之，该变量的数值都是整数值（Integers），没有非整数值（Non-Integers）。

如同 codebook 命令一样，对上述命令略做修改即可获得次样本的变量信息。比如，若只想看看变量 age 的第 1 800 到 2 000 个样本的情况，使用以下命令即可：

```
. inspect age in 1800/2000
```

3.6.4　显示数据（list，browse）

显示数据的分布情况可以：(1) 直接使用数据编辑窗口，找到感兴趣的变量进行查看；(2) 使用菜单；(3) 输入 list 命令。

第一种浏览数据的方式是通过数据编辑窗口。Stata 与 SPSS 一样，也有数据窗口。不同的是，该窗口在操作命令时必须是关闭的。前一章刚刚介绍过，在 Stata 主界面上方的工具栏，有两个数据窗口图标：一个是数据的编辑窗口，可在该窗口编辑数据；另一个是数据的只读窗口，在该窗口只能浏览数据，而不能对数据进行编辑修改。点击其中任何一个图标就可进入数据窗口，从而浏览数据。

第二种浏览数据的方式是通过菜单选项。其路径是：数据—描述数据—列表数据。

第三种浏览数据的方式是直接使用 browse 命令或 list 命令。

```
. browse
```

该命令意为，浏览数据的基本命令参数。该命令直接进入数据的浏览窗口。

list 命令不同，其结果出现在输出窗口。如果不特别指出的话，那么 list 命令将列出所有变量和每个样本的观察值，但也可以限定浏览的变量和观察值。比如：

```
. list
```

该命令意为，浏览数据分布的基本命令参数。若不指定变量，则 Stata 将输出数据中所有变量的分布；若只需要输出部分变量的分布，则须指明变量。比如：

```
. list mothid kidid age girl
```

该命令只输出所选变量 (mothid、kidid、age、girl) 的分布。

```
. list mothid kidid age girl yrsch weight height in 601/611
```

该命令只输出上述变量第 601～611 个样本的分布。

```
     +-----------------------------------------------------------------------+
     |      mothid         kidid   age   girl   yrsch   weight   height |
     |-----------------------------------------------------------------------|
601. | 32230406202   32230406203     9      0      13     29.8    130.9 |
602. | 32230500102   32230500103     9      0      13     27.4    128.5 |
603. | 32230500102   32230500104     9      0      13     27.3    133.5 |
604. | 32230500302   32230500303    14      0      21        .        . |
605. | 32230500602   32230500603    12      0       .       57      160 |
     |-----------------------------------------------------------------------|
606. | 32230500802   32230500803    10      0      13     34.7    137.6 |
607. | 32230500902   32230500903    16      0      24     69.8    167.1 |
608. | 32230501102   32230501103    17      1      26       45    158.5 |
609. | 32230502002   32230502003     8      0      13     28.1    132.4 |
610. | 32230506201   32230506281     2      1       .       16     94.5 |
     |-----------------------------------------------------------------------|
611. | 32230508302   32230508303     8      0      12     37.2    142.3 |
     +-----------------------------------------------------------------------+
```

输出结果显示，在该数据中，第 601 个样本 9 岁，是个男孩，受教育年限为 13 年，体重为 29.8kg，身高为 130.9cm。

若仅需要看看某些次人群的分布特征，只需将上述命令稍做修改即可：

```
. list age weight height if girl == 1 in 601/610
```

或

```
. list age weight height if girl == 1 & _n<611 & _n>600
```

该命令将输出第601～610个样本中女孩的age、weight、height的分布情况。

```
. list age weight height if weight>100
```

该命令将输出样本中体重超过100kg的观察值。

3.6.5 排序（sort）

所谓排序，就是要整理文件中的记录，使之按关键变量数值的递增（或递减）次序进行排列。一个数据文件通常由若干变量和观察值组成。根据研究问题的要求，选定其中一个变量作为排序变量。用作排序运算依据的关键变量既可以是数字类型，也可以是字符类型。参与排序的变量既可以只有一个，也可以有两个或多个。

假如在待排序的文件中，存在多个关键变量相同的记录，若经过排序后这些具有相同关键变量的记录之间的相对次序保持不变，则该排序方法是稳定的；若具有相同关键变量的记录之间的相对次序发生变化，则这种排序方法是不稳定的。比如，同一个社区内的家庭、同一个家庭内的个人就属于这种情况。

在数据分析的过程中，对数据进行排序十分关键。一般数据都会包含不同层次的ID变量，分别用来代表社区、家庭和个体的名字等。比如，我们有这样一个数据，该数据包含两个层次：家庭和个体。每个家庭包含不同的个体。现在需要生成一个新变量，以反映一个家庭中个体的数量。若想达到该目的，就需要对家庭的ID进行排序。否则，生成的变量将是错误的。

对数据的排序可以通过三种方式进行。

（1）数据的编辑窗口。如前所述，数据的编辑窗口有一组选项，其中之一就是排序。若需要对某个关键变量进行排序，则只需突出显示该变量，再点击数据框上面的排序选项，数据就会按照选中的变量，以从小到大的默认方式进行排列了。

（2）菜单选项。从数据菜单进入的路径为：数据—排序。

（3）输入命令。

```
. sort a
   ①  ②
```

①：对当前数据进行排序的基本命令参数。其排序方式只能是按照所选变量的数值从小到大排列。用于排序的变量并无限制。缺失值被默认为大于所有其他数值，故而被列在数据的最后。

②：需要进行排序的关键变量。若没有关键变量，则只会看到错误提示。

```
. sort mothid
```

该命令对变量 mothid 进行排序。

```
. sort hhid kidid age
```

该命令对变量 hhid、kidid、age 进行排序。其规则是先考虑 hhid 的顺序，再在同一个 hhid 的范围内对 kidid 从小到大进行排序，最后考虑 age。

命令 sort 既可以对当前数据从小到大排序，也可以对其从大到小排序。变量既可以是数值型变量，也可以是其他类型变量。如果“+”号置于一个变量前或没有任何符号置于一个变量前，则该排序按照从小到大排列；若“-”号置于一个变量前，则排序方式为从大到小进行。

排序变量对比较组群的特征也十分重要。比如，若希望比较城乡孩子的性别(girl)，可使用以下命令：

```
. sort urban
. by urban: inspect girl
```

或

```
. bysort urban: inspect girl
```

这两组命令得出的结果是一样的。前者将命令分为两个步骤；后者通过将 by 和 sort（排序命令）整合起来而将这两个步骤合二为一。该命令生成两组输出结果，一组是城市样本的分析结果，另一组是农村样本的分析结果。大部分的 Stata 命令允许 by 的前缀，要求软件对选定的变量进行分组描述；by 的后面接分类变量。就本例而言，分类变量为 urban。因此，该命令按照城乡居住地分别描述 girl 的基本情况。通常，如果只有 by 命令，则事先必须对所要分组的变量进行排序。但若使用bysort，则可省略独立的排序命令。

3.6.6 排位变量（order）

当数据包含大量变量的时候，与研究问题相关的数据往往湮没其间。此时，既可以删除与研究无关的变量和观察值，只保留有关资料，也可以通过对变量的相对位置进行重新排序将相关变量转移到数据的前面。改变变量在整个数据中相对位置的方式主要有两种。

（1）使用菜单。一共有三种选择，各自的路径分别如下：

数据—数据实用程序—更改变量的顺序；

数据—数据实用程序—更改变量的顺序—按字母顺序排序变量；

数据—数据实用程序—更改变量的顺序—将要重新排序变量放在指定变量之前/将要重新排序的变量放在指定变量后。

（2）输入命令。有三种命令，分别对应三种位置的改变方式：

其一，order：改变当前变量在数据中的位置。被选中的变量被挪到数据的前面。如：

```
. order hhid mothid kidid yob age girl
    ①          ②
```

①：改变变量在变量窗口（Variables）和数据窗口（Data Editor 和 Data Browser）的先后位置。

②：将变量 hhid、mothid、kidid、yob、age、girl 移至数据的最前面。

其二，aorder：若仅使用 aorder 或者 order,alphabetic 命令，后面没有具体的变量名称，Stata 就将数据中所有的变量按字母顺序排序。若在 aorder 后输入一组变量的名称，Stata 则将所选变量移至变量窗口和数据窗口的前面，并对所选变量按照字母顺序排列。如：

```
. aorder hhid mothid kidid yob age girl
    ①          ②
```

①：按变量名称的英文首字母的排序将指定变量挪到数据的前面。

②：排列顺序是 age、girl、hhid、kidid、mothid、yob。

因此，虽然与 order 命令一样，这些变量被挪到数据的前面，但它们的先后顺序却不同于 order 命令的结果：在该命令中，变量的相对位置是由字母决定的。此外，该命令还有 order 命令不具备的一项功能：若没有选定变量，则该命令会将所有变量都按字母的先后顺序排列。

其三，order varilist,before/after（vari)：它也可以改变变量的相对位置，但该命令一次只能有两个变量，且只是交换这两个变量的前后顺序。如：

```
. order hhid, before(mothid)
       ①         ②
```

①：改变两个变量之间相对位置的基本命令。

②：将 hhid 移到 mothid 之前。

本章要点

```
. log using "文件路径"
```

开始使用 log 文件。如：log using aaa,smcl。

```
. log off
```

暂停 log。

```
. log on
```

重新开始 log。

. log using "文件路径",replace

替代原有的log文件。如:log using aaa. smcl,replace。

. log using "文件路径",append

将新log文件添加到原来的log文件中。如:log using aaa. smcl,append。

. log close

关闭log。

. clear

清空Stata的记忆空间。

. input . . . end

输入数据。

. use "文件路径"

读入Stata类型数据(. dta数据)。如:use "E:\stata\Chapter3. dta",clear。

. use 变量名 using "文件路径"

读入部分变量。如:use mothid kidid age using "E:\stata\Chapter3. dta",clear。

. use "文件路径" in. . .

读入部分观察值。如:use "E:\stata\Chapter3. dta" in 1/10。

. use "文件路径" if. . .

读入满足某种条件的观察值。如:use "E:\stata\Chapter3. dta" if age<10。

. use 变量名 if. . . using "文件路径" in. . .

读入满足某种条件的部分变量和部分观察值。如:use kidid mothid age in 1/10 using "E:\stata\Chapter3. dta" if age<10。

. insheet using "文件路径"

读入一个文本文件。如:insheet using "E:\stata\Chapter3. dta"。

. insheet 变量名 using "文件路径" if. . .

读入一个文本文件中的部分变量和部分观察值。如:insheet kidid mothid age using"E:\stata\Chapter3. dta" if age<10。

. save "文件路径"

保存文件。如:save "E:\stata\Chapter3. dta"。

. save "文件路径",replace

保存现有文件,取代原有文件。如:save "E:\stata\Chapter3. dta",replace。

```
. compress "文件路径或变量名"
```

压缩数据。如:compress kidid mothid age。

```
. describe
```

描述整个数据的基本情况:变量、观察值等。如:describe 或 d。

```
. codebook
```

描述数值型变量的集中趋势和离散趋势等。如:codebook edu。

```
. inspect
```

查看变量取值的基本特征。如:inspect edu。

```
. list
```

查看变量的分布情况。如:list commmid hhid mothid kidid yob girl age; list commmid hhid mothid kidid yob girl age in 1800/2000。

```
. sort
```

将选定的变量按变量的数值从小到大排列。如:sort mothid。

```
. order
```

将选定的变量按变量名称排序。如:order mothid kidid age girl。

```
. aorder
```

将所有变量按变量名称首字母的顺序排序。如: aorder。

基本概念

log 文件、记忆空间、个案、观察值、变量、编码簿

复习思考题

1. 创建一个名为“ch3_Child”的 log 文件，并以 . smcl 的格式予以保存。

2. 在“Stata 练习数据”的文件夹中，有一个叫“ch3_Child. txt”的文本文件。请将该文本文件转换为 Stata 文件。

3. 将数据以“ch3_Child. dta”为名保存。

4. 压缩数据，并比较压缩前后数据占用空间的变化。

5. 描述数据的基本情况，了解该数据一共有多少个变量、多少个观察值。

6. 描述变量 weight（体重，单位＝kg）的基本内容，包括：(1) 变量的存储形式；(2) 取值范围；(3) 独特取值的个数；(4) (unit)；(5) 缺失值；(6) 均值；(7) 标准差；(8) 第 10、25、50、75 和 90 百分位情况。解释均值和百分位的

意义。

7. 描述每个变量各有多少个缺失值。

8. 将数据按照变量 age 的取值排序。

9. 将变量按照首字母的顺序排序。

10. 将变量按照 id、age、sex、yrsch、enroll、height、weight 的顺序排序。

11. 浏览数据的基本情况。

12. 关闭记录文件。

13. 查看记录文件。

推荐阅读书目

1. 米歇尔 . Stata 环境下的数据管理实务手册 . 北京：中国人民大学出版社，2016.

2. LONGEST K C. Using Stata for quantitative analysis. CA：Sage Publications，2019.

3. StataCorp. Stata：user's guide. TX：Stata Press，2021.

第四章

变量的生成与处理

Stata 对数据的处理是以变量为前提的。若没有任何需要分析的变量，则 Stata 将毫无用处。因此，熟悉变量的内容和分布、生成新的变量、改变旧的变量、定义变量等是处理数据的第一步，也是本书的重点之一。本章探讨怎样对原有变量进行修改和处理，如何生成各种类型的新变量。

本章主要使用的数据名称为 Chapter4. dta。

4.1　变量的测量水平

在生成变量之前，首先应了解变量的类型和生成变量时需要注意的事项。

变量的测量水平（measurement）包括离散和连续两种方式。前者由定性测量和定序测量组成，属于低层次数据；后者由定距测量和定比测量组成，适用于不同层次的数据。在这四种测量中，层次从低到高的排序依次是：定性测量、定序测量、定距测量和定比测量。

定性测量（nominal measure）　定性变量表达概念特征的名称或标签，描述属性之间的差异，具有完备性和排他性特征，这也是它与定序、定距和定比变量之间的差别。性别、政治党派、民族、宗教派别、出生地等都属于此类数据。

定序测量（ordinal measure）　定序测量描述变量属性的相对程度或排行序列，但数值之间的差别既无法确定，也无意义。比如，编码 1、2、3 分别代表社会经济地位高、中、低三种属性；编码 0、1、2、3、4 分别代表文盲、小学、初中、高中和大学教育程度；对一个观点的态度可能是非常同意、同意、不置可否、不同意或非常不同意，编号分别为 5、4、3、2、1；等等。这些用来表示属性的数值是人为指定的，本身没有意义（比如，用 4 来表示文盲、用 0 来表示大学教育程序不会对数据有任何的改变）。因此，0 与 1 之间、1 与 2 之间不存在数值性意义，它们之间的距离无关紧要。

定距测量（interval measure）　在定距测量中，变量的属性可以按顺序排列，且相邻属性之间的距离是相等的。华氏温度计就是一个例子，因为 30℉与 40℉之间的距离等于50°F与60°F之间的距离。因此，定距测量不同于定序测量之处在于，在定距测量中，属性间的实际距离是有意义的。然而，60°F并不等于30°F的一倍，因为华氏的0°F标准是随意确定的，0°F并不意味着没有温度，零下30°F也不等于比没有热度低30°F。摄氏温度计的原理也是如此。因此，在定序数据中，0并不表示“没有”。

定比测量（ratio measure） 定比测量的数据需要满足两个前提条件：（1）连续测量。如同定距测量，数值之间的距离是连续的、等距离的；（2）数值0是有意义的。这类数据不仅描述前面三种测量提到过的属性，还是以真实的0为基础的。年龄、受教育年限、收入都是定比测量的例子：0岁表示孩子刚刚出生；0年教育表示没有受过任何教育；0收入表示没有任何收入。它与定距测量的主要区别在于0的意义的有无。

区分变量的测量方式有助于对数据的描述与分析。首先，每种统计程序都基于一定的假设和条件。其中，最常见的假设是，被分析的数据必须是通过一种特定的形式测量的。有些统计程序（如百分比或众数）可以分析所有形式的数据。另一些统计程序（如均值、标准差、相关关系）分析的必须是定距或定比数据。不过，有些统计程序十分稳健（robust），因此，即便违反了某些基本的假定，分析结果的意义也不会因此而受到影响。相反，另一些统计程序比较敏感，一旦其基本假定被违反，分析结果就变得毫无意义。例如，对定性数据而言，均值毫无意义。在由100个人组成的群体中，有30个中国人，20个美国人，26个印度人，24个巴西人。其均值等于25，但数值25能告诉我们什么呢？计算人群的比例才是正确的途径：30%是中国人，26%是印度人，24%是巴西人，20%是美国人。

其次，数据形式和变量的测量（尤其是因变量的测量）直接影响到模型的选择。在一般情况下，二分类定性变量需要采用logistic模型，定序变量可采用多元logistic模型，连续因变量要求采用线性回归模型。关于模型的选择标准，第一章已有较为详细的介绍，在后面有关回归分析的章节中还会做进一步介绍。

4.2 新变量的生成、规则及注意事项

以上四种测量水平可被区分为两大类：分类（离散）数据和数值型（连续）数据。如前所说，为节约存储空间，Stata统计软件将变量的类型分为相当于分类变量和数值型变量的两大类、六小类：double、float、long、int、byte、str。其中，前五种保存数值型数据，str为定性和定序测量。

Stata软件生成三类变量：数值型（numeric）变量、字符型（string）变量（相当于定性变量）和日期（date）变量。虽然日期变量以数值型变量的技术记录、保存，但二者的用途却不同，故对它们分别进行解释。

Stata的数值型变量包括定距和定比变量。它们可以是整数、小数、负数和正

数。在 describe 命令的输出结果中，我们已经看到，数值型变量可以有多种存储格式；同样，用 str 类型保存的定性等分类变量也可区分为多种格式，从 str1 到 str244。包括 reg、sum 在内的许多分析命令只适用于数值型变量。当 Stata 的输出窗口出现 type mismatch 的错误时，表明可能是在对一个 str 类型变量进行线性回归分析。

日期变量是数值型变量的一个特例。它通常以字符的形式输入（如 01JAN1992 或 01/01/92），但必须以数值型数据存储才能有用。Stata 有几个命令可以处理日期和时间依赖（time-dependent）数据。简而言之，Stata 将所有的日期保存为以 1960 年 1 月 1 日为起始的时间（天、月、季、年等）。此前的日期是负值，此后的是正值。SAS 使用同样的日期处理方式，但其起始时间是 1582 年 10 月 14 日。Excel 使用 1900 年 1 月 1 日为默认起始日。如果读入 Excel 数据，则以字符型变量输入日期，并重新定义日期格式。

Stata 有四个基本的生成和修改变量的命令：gen、egen、replace 和 recode。其中，gen 和 egen 分别是 generate 和 extended generate 的缩写，它们用于生成新变量；replace 和 recode 用来改变现存变量的属性或数值；replace 往往与 gen 一起使用。

4.2.1　新变量的生成

生成新变量的基本语法是：

```
. gen 新变量名 = 表达式1
   ①     ②          ③
```

或

```
. replace 变量名 = 表达式2 if 条件表达式
     ①      ②        ③          ④
```

二者的不同之处在于，gen 用于生成新变量，replace 用于重新定义已经存在的变量。

①：生成新变量的基本命令，或替代现存变量取值的基本命令。

②：新变量的名称，或其取值将被替换的变量的名称。

③：新变量的取值或被替代的新变量的取值。在 gen 命令中的取值不同于在 replace 命令中的取值。

④：替换原有变量的取值必须满足 if 指定的条件。

无论是字符型变量还是数值型变量，无论是生成新变量还是利用原始变量派生出新变量，变量的生成往往都需要使用 gen、egen、replace…if 这几个命令。其中，gen 和 replace…if 常常在一起使用。同时，在利用原有变量生成新变量时，也经常使用 recode…,gen 联合命令。

4.2.2 变量生成的规则

生成新变量、重新定义旧变量时须遵循一些基本规则：

（1）变量的名称可长达 32 个字符，必须以字母、汉字或字符（@、_、#、$ 等）开头，但不能使用空白字符或“!”“?”等特殊字符。变量最后一个字符不能是句号。

（2）变量的名称必须唯一，不能有两个相同的变量名。

（3）Stata 区分大小写，二者不能混用。比如：Variable 不能写成 variable，反之亦然。

（4）使用描述性的变量名字——变量 a 或变量 1 没有任何意义。调查问题是变量名称的很好选择。

（5）字符型变量的取值属性置于双引号中；其取值在 Intercooled 版本中可达 80 个字符，在 Special Edition 版本中可达 244 个字符。超过该极限的字符都将被自动舍去。

（6）数值型变量的缺失值用一个实心小圆点（.）表示。Stata 还支持延伸（extended）的缺失值，即在 26 个字母前加一个实心小圆点（如 . a、. b……. z）表示缺失。这些延伸的缺失值在对 Refused（拒绝回答）或 Not Applicable（不适用）进行编码时十分有用。注意：缺失不等于 0。

（7）字符型变量的缺失值以双引号表示，引号中什么也没有。但这与空白不是一回事。

（8）在 Stata 中，缺失值被默认为大于正数的最大值（positive infinity）。这在使用 if 条件从句和给数据排序时尤为重要。

4.2.3 变量生成的注意事项

此外，在利用原有变量生成新变量时，需注意以下事项：

（1）尽量避免使用同一变量名称。换言之，不要使用新变量来取代旧变量。保持原始变量有助于检验我们的命令是否正确，以及新变量的取值是否与旧变量相应的取值相符。

（2）充分了解原始变量的分布以及每个数值代表的含义。

（3）遵循不重不漏（exhaustive and mutually exclusive）原则（详见“生成分类变量”一节）。

（4）在变量生成后，将原始变量与新变量的取值进行对比，检查是否有误。

（5）注意原始变量的缺失值。当然，这首先要明确原始变量中的哪些数值是代表缺失的。

下面按变量的类型，分别描述变量的生成和处理。首先介绍系统变量。

4.3 利用系统变量（下划线变量）生成变量

Stata 有几个下划线变量（ _variables，读为“underscore variables”），因包含下划线而得名。这类变量由于并不出现在 Stata 的变量窗口中，故又称系统变量。其中，经常被使用的有 _n 和 _N。 _n 是指当前的观察值，即独一无二的观测序号，从 1 到 _N； _N 是指数据的总观察量（总样本）。系统变量 _n 和 _N 对于数据的管理和处理十分有用，尤其是与特殊选项 by 同时使用时表现更为突出。

_n 是 Stata 系统内部独特的辨识器，标志着从第一个观察值开始直到最后一个观察值（ _N）的序列。其中， _n=1 为第一个观察值， _n=2 为第二个观察值…… _n=_N 为最后一个观察值。这两个系统变量适用于：(1) 指示观察值；(2) 生成新变量；(3) 检查重复样本；等等。

4.3.1 使用系统变量 _n 指示观察值

系统变量 _n 表示每个观察值的位置（numbering observations）。其原则是：

当前观察值：	[_n]
总观察量（最后一个观察值）：	[_N]
第一个观察值：	[1]
最后一个观察值：	[_N]
滞后一个（lag）观察值：	[_n−1]
前移一个（lead）观察值：	[_n+1]
第 27 个观察值：	[27]

因此，系统变量 _n 便于选取或保存数据中的某些样本。比如，当需要从每个家庭中选择一个样本时（这里的关键变量是家庭的标识符，即 hhid），首先需要对数据按 hhid 变量排序，然后从每个家庭中选择一个样本：

```
. use "E:\stata\Chapter4. dta"
. sort hhid
. by hhid:keep if_n == 1
```

或

```
. bysort hhid:keep if_n == 1
```

该命令意为，保存每个家庭中的第一个人。

```
. clear
. use "E:\stata\Chapter4. dta"
. sort hhid
```

```
. by hhid:keep if_n == 2
```

该命令意为，保存每个家庭中的第二个人。

```
. clear
. use "E:\stata\Chapter4.dta"
. sort hhid
. by hhid:keep if_n == _N - 1
```

该命令意为，保存每个家庭中的倒数第二个人。

```
. clear
. use "E:\stata\Chapter4.dta"
. sort hhid
. by hhid:keep if_n == _N
```

该命令意为，保存每个家庭中的最后一个人。

```
. clear
. use "E:\stata\Chapter4.dta"
. sort hhid
. list hhid mothid kidid age girl yrsch enroll if _n<=5
```

该命令意为，描述第 1～5 个观察值。

这里的 if_n<=5 告诉 Stata，输出第 1～5 个观察值的分布。显然，这里的_n 指示观察值：

```
+----------------------------------------------------------------------------+
|      hhid       mothid         kidid    age   girl    yrsch    enroll |
|----------------------------------------------------------------------------|
1. |  211101008  21110100821  21110100861    10      0       14         1 |
2. |  211101014  21110101402  21110101403    17      0       28         1 |
3. |  211101015  21110101502  21110101521    13      0       22         1 |
4. |  211101063  21110106303  21110106381     2      1        .         . |
5. |  211101065  21110106503  21110106581     2      0        .         . |
+----------------------------------------------------------------------------+
```

4.3.2 使用系统变量 _n 生成新变量

当与 by 选项连用时，表示按 by 后面的分类变量，区分各类别中从小到大的每个观察值（如属于同一个体的不同成分），适合于计算群内样本从低到高的个数。比如，若需要利用 Chapter4.dta 数据，生成一个名为 order（孩子的胎次）的变量，从而了解同母子女的先后次序，则 _n 可以很容易地帮助我们达到该目的。步骤如下：

步骤 1 对 by 后的变量进行排序（这里称该变量为“关键变量”）。在使用 _n 按照某一群体的类别生成新变量前，必须对代表该群体的变量进行排序。因此，数据中一定要有一个这样的独特变量。该变量通常是身份号码（ID）。在本例中，由于我们关心的是同一母亲所生孩子的次序，故关键变量是代表母亲身份的变量，即 mothid。母亲的 ID 对自己所有的子女（这里不区分亲生的和收养的，都视为亲生的）而言都是一样的，而对非子女而言则是不同的。换言之，对两个母亲不同的孩子来说，母亲的 ID 必须不同。比如，如果一个母亲有四个孩子在样本中，那么该母亲的 ID 将会出现四次。

```
. use "E:\stata\Chapter4.dta",clear
. sort mothid
```

命令 sort 告诉 Stata，以变量 mothid 为基准，将数据按该变量的取值从低到高进行排序，其他数据的顺序也会发生相应变化。于是，数据的结构如下：

```
. list hhid mothid kidid age girl yrsch enroll if _n< = 10
```

	hhid	mothid	kidid	age	girl	yrsch	enroll
1.	211101008	21110100821	21110100861	10	0	14	1
2.	211101014	21110101402	21110101403	17	0	28	1
3.	211101015	21110101502	21110101521	13	0	22	1
4.	211101063	21110106303	21110106381	2	1	.	.
5.	211101065	21110106503	21110106581	2	0	.	.
6.	211101082	21110108202	21110108203	16	0	24	1
7.	211102009	21110200922	21110200981	9	0	14	1
8.	211102011	21110201105	21110201181	17	0	25	1
9.	211102018	21110201882	21110201883	3	1	.	.
10.	211102068	21110206803	21110206804	12	1	16	1

步骤 2　生成感兴趣的变量。其命令是：

```
. by mothid: gen order = _n
      ①       ②    ③       ④
```

①：按 mothid 的分类进行排序。

②：生成新变量的基本命令。

③：新变量的名称。

④：新变量的取值等于母亲群内观察值的排序。

步骤 1 和步骤 2 可以合并为一个步骤：

```
. drop order
```

删除已经生成的 order。否则，若后面的程序命令使用同名变量的话就会发生错误，程序就将无法运行。同样，在输入 . by mothid,sort: gen order=_n 前，也需要删除该变量，因为前面的程序已经生成了同名变量。

```
. bysort mothid:gen order = _n
```

或

```
. by mothid,sort:gen order = _n
```

步骤 3 使用频数分布，查看新变量的结果：

```
. tab order
  ①   ②
```

①：获得频数分布的基本命令（详见“数据的描述”一章）。

②：需要获得频数的变量。

order	Freq.	Percent	Cum.
1	1 679	79.91	79.91
2	380	18.09	98.00
3	35	1.67	99.67
4	4	0.19	99.86
5	2	0.10	99.95
6	1	0.05	100.00
Total	2 101	100.00	

从频数分布可知[①]，在 2 101 个 0～17 岁的孩子样本中，有 1 679 个孩子属于第一胎，约占全部样本的 80%；有 380 个孩子为第二胎，约占全部样本的 18%；高胎位的孩子约占样本的 2%。

4.3.3 使用系统变量 _N 生成新变量

系统变量 _N 代表样本总数。最后一个样本 _n 也就是 _N。

```
. list hhid mothid kidid age girl yrsch enroll if _n == _N
```

该命令输出整个数据的最后一个观察值：

	hhid	mothid	kidid	age	girl	yrsch	enroll
2101.	522404042	52240404202	52240404204	12	0	15	1

当与 by 选项连用时，它表示按 by 后面变量的分类区分各类别的总观察值，故 _N 适用于计算群内总样本量。下面使用 _N，生成一个名为 sibling（每个孩子的兄弟姊妹数量）的变量。其步骤同 _n。

步骤 1 对 by 后面的关键变量进行排序。如同 _n 的用法一样，在将 _N 与 by 同时使用时，首先也必须对关键变量进行排序。因为我们希望知道每个孩子的兄弟

---

① Stata 软件给出的小数点后两位数字是四舍五入之后的，因此计算得出的累计百分比与实际累计百分比会有些许出入。下同。

姊妹数量，故关键变量也是 mothid。

```
. sort mothid
```

步骤 2 生成感兴趣的变量。其命令是：

```
. by mothid:gen sibling = _N - 1
```

by 选项的意义同上。这里，gen sibling=_N－1 告诉 Stata，按照 mothid 的分类，生成兄弟姊妹数量。由于 _N 将生成每个母亲的总生育数量，则 _N－1 就是每个孩子的兄弟姊妹数量了。

该步骤也可以被分解为两个过程：

```
. drop sibling
. by mothid:gen ceb = _N
```

该命令生成母亲的生育总数变量。

```
. gen sibling = ceb - 1
```

该命令生成兄弟姊妹数量变量。

步骤 3 使用频数分布，查看新变量的结果：

```
. tab sibling

    sibling |      Freq.     Percent        Cum.
------------+-----------------------------------
          0 |      1 299       61.83       61.83
          1 |        690       32.84       94.67
          2 |         93        4.43       99.10
          3 |          8        0.38       99.48
          4 |          5        0.24       99.71
          5 |          6        0.29      100.00
------------+-----------------------------------
      Total |      2 101      100.00
```

频数分布表明，在 2 101 个 0～17 岁的孩子样本中，1 299 个孩子是没有兄弟姊妹的独生子女，约占所有样本的 62%；690 个孩子有一个兄弟姊妹，约占全部样本的 33%；多兄弟姊妹的孩子大约仅占全部样本的 5%。

下面看看生成的 order、ceb、sibling 的分布情况：

```
. sort mothid kidid
. list mothid kidid age girl order ceb sibling in 2010/2019

      +--------------------------------------------------------------------+
      |      mothid         kidid   age   girl   order   ceb   sibling  |
      |--------------------------------------------------------------------|
2010. | 52230203202   52230203204    11      1       2     2         1  |
2011. | 52230204102   52230204103    12      0       1     2         1  |
2012. | 52230204102   52230204104    11      0       2     2         1  |
2013. | 52230204402   52230204403    11      1       1     2         1  |
2014. | 52230204402   52230204404    10      0       2     2         1  |
```

```
      |------------------------------------------------------------------------|
2015. | 52230300181   52230300182    2     1     1     1     0 |
2016. | 52230300381   52230300382    1     0     1     1     0 |
2017. | 52230300821   52230300822   15     1     1     3     2 |
2018. | 52230300821   52230300823   14     1     2     3     2 |
2019. | 52230300821   52230300841   10     0     3     3     2 |
      +------------------------------------------------------------------------+
```

同一原理可以应用于其他场合。比如，若想知道同一社区内有多少个家庭，同一家庭有多少个个体在样本中，同样也可以使用 _N。

```
. by hhid,sort:gen person = _N
```

该命令排序 hhid（家庭 ID）并按家庭 ID 的分类计算同一家庭所包含的个体数量。_N 代表每个家庭包含多少个体在样本中。

4.3.4 使用系统变量 _n 或 _N 生成滞后（lag）变量或移前（lead）变量

在分析某些类型的数据（包括常用的家庭成员数据和纵向数据）的过程中，常常需要根据研究问题将一个样本的取值转移到上一个（或下一个）观察值中。我们的研究问题是夫妻的家务劳动时间，希望了解夫妻的教育、收入和职业对自己和配偶家务行为的影响。现有数据的结构是丈夫和妻子各有一个观察值，且都只有自己的相关信息，除了配偶的身份编码外，缺乏配偶的资料。为了回答研究问题，需要将丈夫的信息附加到妻子的样本中，将妻子的信息添加到丈夫的样本中。这个过程就是生成滞后变量和移前变量的过程。系统变量 _n 和 _N 可以帮助我们达到该目的（在第五章，我们将介绍怎样通过数据的合并来达到该目的）。

```
. gen a  =  b [_n-1]
. gen a  =  b [_n+1]
      ①    ②   ③
```

①：需要生成的新变量的名称。

②：现有变量的名称。

③：将现有变量的取值下移一行（[_n−1]）或上移一行（[_n+1]）的基本命令参数。

假若有这样一个研究问题：兄弟姊妹的年龄和性别结构是否影响孩子的教育。首先输入以下数据：

```
. clear
. input hhid personid age sex edu
1000    1001    16    0    10
1000    1002    18    1     9
1100    1101    12    0     6
                            end
```

可见，数据一共有 3 个观察值和 5 个变量。这是一个家庭成员数据：hhid 代表家庭户编码，personid 代表个人编码，age 代表年龄，sex 代表性别（0＝男性；1＝女性），edu 代表受教育年限。其中，hhid 是高层次变量，有两个取值（1000 和 1100），分别代表两个家庭；第一个家庭有两个成员，成员的名字叫 1001 和 1002。下面是数据的分布：

```
. list hhid personid age sex edu

     +-----------------------------------------+
     |  hhid   personid   age   sex   edu |
     |-----------------------------------------|
  1. |  1000       1001    16     0    10 |
  2. |  1000       1002    18     1     9 |
  3. |  1100       1101    12     0     6 |
     +-----------------------------------------+
```

由此可知，这里的样本 1001 有个姐姐，样本 1002 有个弟弟，且可以根据这几个变量生成兄弟姊妹结构变量。为了回答上面提出的问题，需要将第一个家庭（hhid＝1000）的第一个观察值（_n == 1）的 age 和 sex 的取值下移一行，将第二个观察值（_n == 2）相应变量的取值上移一行，从而使第二个样本有第一个样本的年龄和性别资料，第一个样本有第二个样本的年龄和性别资料。命令如下：

```
. sort hhid
. by hhid:gen leadsex = sex[_n + 1]
(2 missing values generated)
```

该命令生成新变量，名为 leadsex，将 _n == 2 的取值添加到 _n == 1 的样本中。

```
. by hhid:gen lagsex = sex[_n - 1]
(2 missing values generated)
```

该命令生成新变量，名为 lagsex，将 _n == 1 的取值添加到 _n == 2 的样本中。

```
. by hhid:gen leadage = age[_n + 1]
(2 missing values generated)
```

该命令生成新变量，名为 leadage，将 _n == 2 的取值添加到 _n == 1 的样本中。

```
. by hhid:gen lagage = age[_n - 1]
(2 missing values generated)
```

该命令生成新变量，名为 lagage，将 _n == 1 的取值添加到 _n == 2 的样本中。于是，数据增加了四个变量——两个滞后变量、两个移前变量：

```
. list

     +--------------------------------------------------------------------------------+
     | hhid   personid   age   sex   edu   leadsex   lagsex   leadage   lagage |
     |--------------------------------------------------------------------------------|
  1. | 1000       1001    16     0    10         1        .        18        . |
  2. | 1000       1002    18     1     9         .        0         .       16 |
  3. | 1100       1101    12     0     6         .        .         .        . |
     +--------------------------------------------------------------------------------+
```

Stata 既可以将一个变量前移或后置一行，也可以同时移动多行：

```
. gen lagage2 = age[_n-2]
. gen leadage2 = age[_n+2]
```

在生成滞后变量或移前变量时，有时需要满足某种条件。这时可使用 if 表达式：

```
. gen lagage2a = age[_n-2]if x==3
```

该命令意为，当变量 x 等于 3 的时候，生成 age 的滞后变量。

4.3.5 使用系统变量 _n 或 _N 检查重复样本

此外，还可利用系统变量 _n 和 _N 的滞后和移前功能，检查数据中是否存在重复样本。由于种种原因，在录入数据时，一个样本被错误地输入两次；或者在合并数据的时候，一个样本被复制。在横向数据中，一个样本只能有一个记录。如果同一个样本有两（多）个记录，则该样本被重复了。检查重复样本的步骤如下：

第一步，对关键变量（ID）进行排序。

第二步，使用 _n 或 _N 将该 ID 的数值下置一行，如果下置的数值与当前 ID 相等的话，则该样本是重复样本，需要删除。

在纵向数据中，一个样本可以有多个记录。比如，如果调查共进行了四次，则一个样本最多可有四个记录。这时，需要同时以关键变量和调查时间为依据，找到并删除重复样本。

4.4 生成字符型变量

生成变量的窗口路径和对话框前面已有论述。生成字符型变量相应的命令是：

```
. gen boy = "nanhai"
```

在生成字符型变量时，“=”后面的表达式的内容需要置于双引号中。

然而，并不是每个样本都是男孩，故需要替代上述命令的部分结果：

```
. replace boy = "nvhai"if girl==1
```

命令 replace 与 if 条件句相结合，改变变量的取值。当变量 girl 的取值为 1 时，将变量 boy 的取值替换为 nvhai，其他值不变。由于 replace 改变数据，因此该命令不能缩写。

```
. replace boy = "none" if boy==" "
```

该命令定义缺失值。

4.5　生成数值型变量

生成数值型变量的窗口路径如下：只需在数据—创建或更改数据—创建新变量窗口路径的对话框中，在变量类型复选项选择非 str 类型即可。新变量的默认格式是 float。

我们往往在生成变量时就确定变量的类型。如果没有事先指定变量类型的话，则 Stata 以其默认的方式对变量进行定义，即使用 float 类型。使用高效的数据类型可以大大地缩小文件占用的空间，从而节省记忆空间。这一点对庞大的数据（如普查数据）或有限的计算机内存来说十分重要。如第三章所言，compress 命令将会在变量生成后选择最有效的方式保存数据。

在生成新变量时，经常使用一些关系、逻辑表达或算术符号。这一点，我们在第二章已经做了介绍，请参阅。下面通过举例介绍使用命令生成、修改变量的方法。

4.5.1　使用 gen...replace 命令生成新变量

这两个命令的基本用法已如前述。当然，gen 不必一定与 replace 连用，反之亦然。比如，如果不需要将新变量的取值替换为其他数值，就无须使用 replace 命令。同样，如果需要对现存变量进行修正，那么也可以在不使用 gen 命令的情况下使用 replace 命令。

如前所见，在 Chapter4. dta 数据中，有个 yrsch（受教育年限）变量。其分布如下：

```
. tab yrsch, m

    Year of |
  School of |
   Children |      Freq.     Percent        Cum.
------------+-----------------------------------
         -9 |          1        0.05        0.05
          0 |         43        2.05        2.09
         11 |        131        6.24        8.33
         12 |        105        5.00       13.33
         13 |        117        5.57       18.90
         14 |        119        5.66       24.56
         15 |        145        6.90       31.46
         16 |        127        6.04       37.51
         21 |        162        7.71       45.22
         22 |        195        9.28       54.50
         23 |        266       12.66       67.16
         24 |         73        3.47       70.63
         25 |         53        2.52       73.16
         26 |         21        1.00       74.16
         27 |          8        0.38       74.54
         28 |          7        0.33       74.87
```

```
         29 |          9        0.43      75.30
         32 |          2        0.10      75.39
          . |        517       24.61     100.00
------------+-----------------------------------
      Total |      2 101      100.00
```

该变量共有 2 101 个观察值。变量 yrsch 的取值为 0～32，另有一个－9 的取值和 517 个缺失值（.）。显然，这些数值并不反映少年儿童真正的教育水平。从调查数据的文献资料得知，它们是为了其他目的而设定的编码。每个具体数值对应一个受教育年限。其中，0 代表“没有受过教育”，11 代表“受过 1 年的教育”，12 代表“受过 2 年的教育”，等等。为反映样本少年儿童的真正教育水平，需要重新定义该变量。

我们称新变量为 edu [education（教育）的缩写]。通过以下命令，我们生成这个新变量：

```
. gen edu = 0
```

首先将所有少年儿童的 edu 设定为 0。

```
. replace edu = 1 if yrsch == 11
```

如果 yrsch 的取值满足等于 11 这个条件的话，就将 edu 的取值替换（replace）为 1。

```
. replace edu = 2 if yrsch == 12
```

如果 yrsch 的取值满足等于 12 这个条件的话，就将 edu 的取值替换为 2（以下类推）。

```
. replace edu = 3 if yrsch == 13
. replace edu = 4 if yrsch == 14
. replace edu = 5 if yrsch == 15
. replace edu = 6 if yrsch == 16
. replace edu = 7 if yrsch == 21
. replace edu = 8 if yrsch == 22
. replace edu = 9 if yrsch == 23
. replace edu = 10 if yrsch == 24 | yrsch == 27
```

如果 yrsch 的取值满足等于 24 或 27 这两个条件中任何一个的话，就将 edu 的取值替换为 10。从数据的文字资料可了解到，数值 24 代表 10 年级，数值 27 代表第一年职高，大体相当于同一年级，故将它们都定义为 10 年。同样的原则也被应用于下面两类：

```
. replace edu = 11 if yrsch == 25 | yrsch == 28
. replace edu = 12 if yrsch == 26 | yrsch == 29
. replace edu = 13 if yrsch == 31
. replace edu = 14 if yrsch == 32
```

```
. replace edu = . if yrsch == . | yrsch == -9
```

如果 yrsch 的取值等于缺失（.）或等于－9 的话，就将 edu 的取值替换为缺失。

通过比较 yrsch 与 edu 的频数分布，查看新变量的定义是否正确：

```
. tab edu, m

        edu |      Freq.     Percent        Cum.
------------+-----------------------------------
          0 |         43        2.05        2.05
          1 |        131        6.24        8.28
          2 |        105        5.00       13.28
          3 |        117        5.57       18.85
          4 |        119        5.66       24.51
          5 |        145        6.90       31.41
          6 |        127        6.04       37.46
          7 |        162        7.71       45.17
          8 |        195        9.28       54.45
          9 |        266       12.66       67.11
         10 |         81        3.86       70.97
         11 |         60        2.86       73.82
         12 |         30        1.43       75.25
         14 |          2        0.10       75.35
          . |        518       24.65      100.00
------------+-----------------------------------
      Total |      2 101      100.00
```

频数分布结果显示，yrsch 和 edu 的总样本量是一致的（2 101）；缺失值数量一样，共 518 个——在变量 yrsch 中，缺失值包括（.）和－9；相应的数值也相同——与 yrsch 的取值 11 和 12 相对应的 edu 的取值为 1 和 2，数据分别等于 131 和 105。可见，新变量的赋值是正确的。

replace 命令既可以取代原有变量的取值，也可以纠正数据的错误。

有时，我们发现数据某个变量的数值有明显错误。假如数据中有一个孩子在 2000 年出生。当时，母亲 25 岁，父亲 27 岁，但孩子的年龄却是 20 岁，他的名字（kidid）叫 1007。显而易见的是，孩子的年龄是个错误。这时，可以利用 replace 和 if 命令予以改正：

```
. replace age = 4 if _n == 1007
```

该命令意为，将第 1 007 个样本的年龄替换为 4（在调查年份，这个孩子的年龄是 4 岁）。“if” 指某个具体样本。

4.5.2　使用 recode…, gen 命令生成新变量

recode 命令只适用于数值型变量，要改变数值型变量的取值，只要在命令中提供一系列需要改变的数值即可。该命令是合并不同数值为同一个数值的最便捷方式之一。

```
. recode 原变量名 原变量的取值 = 新变量的取值 * = 其他取值, gen (新变量名)
   ①       ②          ③              ④           ⑤        ⑥      ⑦
```

①：给变量重新赋值的命令。

②：现有变量的名称。

③：现有变量的取值。

④：新变量的取值。③和④是一个部分，既可置于括号中，也可不置于括号中。

⑤：*符号表示所有其他没有列出的数值，包括缺失值；recode 与 gen 之间有逗号隔开。

⑥：生成新变量的命令。

⑦：新变量的名称。

命令 recode 的后面接原变量名、原变量的取值、新变量的取值，如此反复，直到最后一个希望改变的取值、其他取值（如果有的话）、逗号、生成新变量的命令和新变量的名称。因此，recode 命令与 gen 命令的不同之处在于：其一，前者将生成新变量的命令置于命令的末端，而后者则置于开始；其二，recode 命令的效率更高。

还是以变量 yrsch 为例。其基本格式是：

```
. drop edu
. recode yrsch 0 = 0 11 = 1 12 = 2 13 = 3 14 = 4 15 = 5 16 = 6 21 = 7 22 = 8 23 = 9 24 27 = 10 25
28 = 11 26 29 = 12 31 = 13 32 = 14 * = ., gen(edu)
```

该命令在原变量 yrsch 的基础上生成一个新变量；新变量对原变量的取值重新编码。这样不会改变原变量的任何取值。

```
. replace edu = . if age<6
```

由于 6 岁以下的孩子的教育多为缺失值（他们尚未上学），故将他们的教育定义为缺失。

recode 命令也不必一定与 gcn 命令连用。当它独立使用时，它行使改变原变量取值的功能，而不能生成新变量。

4.5.3 使用数学表达式生成新变量

任何有效的数学表达式在生成变量时都适用。数学表达式既可以是加、减、乘、除的单独表达式，也可以是混合表达式。如：

```
. gen a = b + c + d
```

加法：将变量 b、c、d 的数值累加起来，生成新变量 a。

```
. gen a = b - c
```

减法：用变量 b 的数值减去变量 c 的数值，得到新变量 a。

```
. gen a2 = a * a
```

乘法：该命令生成新变量 a2；a * a 是 a×a 的表达方式。

```
. gen double a = b/c
```

除法：用变量 b 的数值除以变量 c 的数值，得到新变量 a。该变量被定义为 double 类型。

```
. gen a = b/(c^2)
```

平方：新变量 a 的取值等于变量 b 的取值除以变量 c 取值的平方。

4.6　生成分类变量

在统计分析过程中，往往需要对某个数值型变量进行分组，使其变成离散型的组别变量。比如，对于学生的成绩，可以规定 90 分及以上是 A，80～89 分是 B，70～79 分是 C，60～69 分是 D，60 分以下是 E，等等。这时候就需要将成绩变成离散型的组别变量。

在生成分类变量的时候，尤其要注意遵守不重不漏的原则。不重是指每组之间必须相互排斥（mutually exclusive）。每个观察到的样本必须有且只能有一个编码。比如，如果一个孩子目前是 10 岁，他就不可能同时是 11 岁。又如，在分析样本当前的婚姻状态时，如果他目前“在婚”，就不可能同时又是“未婚”“离婚”或“丧偶”状态，即便他以前经历过这些婚姻状态。“再婚”和“在婚”不是相互排斥的，因为“再婚”属于“在婚”的一类。再如，在一个数据文件中，样本的教育为 0～18 年，我们打算将其分为 4 组：文盲和小学、初中、高中、大学及以上。正确的分组方法是：小于或等于 6 年、7～9 年、10～12 年、13 年及以上。但是，假若将教育划分成了 0～7 年、7～9 年、10～12 年、13 年及以上的话，则受过 7 年教育的样本被同时包括在两个组中，违反了不重的原则。不漏是指详尽分类（exhaustiveness）。新变量的类别应该包括数据中的每个观察（observation）样本。在刚刚提到的教育数据中，若将教育划分为0～5 年、7～9 年、10～12 年、13 年及以上，则受过 6 年教育的样本就被遗漏了。

在 Chapter4. dta 数据中，样本的年龄介于 0～17 岁。下面是其分布情况：

```
. tab age, m

     Age of |
   Children |      Freq.     Percent        Cum.
------------+-----------------------------------
          0 |         89        4.24        4.24
          1 |         93        4.43        8.66
          2 |         69        3.28       11.95
          3 |         88        4.19       16.14
          4 |         81        3.86       19.99
```

5	107	5.09	25.08
6	93	4.43	29.51
7	104	4.95	34.46
8	102	4.85	39.31
9	109	5.19	44.50
10	104	4.95	49.45
11	144	6.85	56.31
12	128	6.09	62.40
13	140	6.66	69.06
14	178	8.47	77.53
15	186	8.85	86.39
16	153	7.28	93.67
17	133	6.33	100.00
Total	2 101	100.00	

据其分布情况和研究问题，将孩子的年龄转换为包括 4 个组群的分类变量，用 agegrp 表示——0～6 岁、7～12 岁、13～15 岁、16 岁及以上，分别相当于学前儿童、小学生、初中生、高中生。命令如下：

```
. gen agegrp = 0
. replace agegrp = 1 if age<7
. replace agegrp = 2 if age> = 7 & age<13
. replace agegrp = 3 if age> = 13 & age<16
. replace agegrp = 4 if age> = 16
. replace agegrp = . if age == .
```

上述命令生成新变量 agegrp（年龄组）。如同前面的例子一样，也需要看看新变量的频数分布，并与原变量比较，以看分类变量是否遵守了不重不漏原则及其他需要注意的事项。下面的输出结果显示，我们的命令是正确的。

```
. tab agegrp
```

agegrp	Freq.	Percent	Cum.
1	620	29.51	29.51
2	691	32.89	62.40
3	504	23.99	86.39
4	286	13.61	100.00
Total	2 101	100.00	

在使用上开口（open end）的选择生成变量时，需要特别注意 Stata 处理缺失值的方式。如前所述，Stata 将缺失值默认为无限正数。因此，“replace agegrp=4 if age>=16”的表达式自动但错误地将缺失值指定为 4。此外，“replace agegrp=. if age==.”的表达式将原变量中的缺失值仍保留为缺失值。另外一种方式是，将“replace agegrp=4 if age>=16”改为：

```
. replace agegrp = 4 if age> = 16 & age! = . & age! = -9
```

一般情况下，－9、－99、－999、－9999 等数值常常被用来表示缺失。不过，由频数分布可知，变量 age 并无缺失，故不必输入该命令。

命令 egen 提供更为简单的生成分类变量的方式，详见“egen 命令”一节。

4.7　生成虚拟变量

虚拟变量（dichotomous variable）是进行数据分析时常常需要用到的一类派生变量。如果需要生成的虚拟变量个数不多，那么可以有三种方法生成。

方法 1：三步骤法　第一步，定义新变量的取值为 1；第二步，当原有变量满足某个条件时，将新变量的取值替代为 0；第三步，替代新变量的缺失值。若原变量没有缺失，则第三步可省略。

```
. gen 新变量名 = 1 if 旧变量的限定条件
       ①            ②
```

①：需要生成的新变量名称。

②：当旧变量满足某种条件时，将新变量的取值赋值为 1。这里暗含的逻辑是，当旧变量不满足该条件时，新变量的取值全部为缺失。

```
. replace 新变量名 = 0 if 旧变量不同于上述条件的限定条件
```

该命令意为，当旧变量满足另外的条件时，将新变量的取值赋值为 0。

```
. replace 新变量名 = . if 旧变量的取值等于缺失
```

该命令意为，当旧变量的取值缺失时，将新变量的取值也定义为缺失（.）。

现在，我们利用 Chapter4. dta 数据中的 edu 变量，通过上面的三步骤法，生成一个名为 xiaoxue（小学）的虚拟变量。第一步，生成变量 xiaoxue：

```
. gen xiaoxue = 1 if edu<7
```

该命令意为，若 edu 小于 7，则 xiaoxue 等于 1；或

```
. gen xiaoxue = 1 if edu< = 6
. gen byte xiaoxue = 1 if edu<7
. gen byte xiaoxue = 1 if edu< = 6
```

上面的四个命令表达同样的意思：根据现有变量 edu，生成新变量 xiaoxue。生成新变量的条件是，当 edu 小于 7 或小于等于 6 时，给新变量赋值为 1。虽然上面几个命令的意义相同，但前两种方式生成的变量类型与后两种不同。前两个命令没有定义变量的类型，故 Stata 自动将其定义为 float 类型；byte 事先定义了变量的类型，故在后两个命令中，变量被定义成 byte 类型。

对于新生成的变量 xiaoxue，只有部分样本是有效的——当 edu＞＝6 时，该变量的取值都是缺失的，故需要重新定义这些缺失值。于是，第二步就是替代 xiaoxue的缺失值：

```
. replace xiaoxue = 0 if edu> = 7
```

该命令意为，若 edu 大于或等于 7，则 xiaoxue 等于 0；或

```
. replace xiaoxue = 0 if edu>6
. replace xiaoxue = 0 if edu> = 7
```

上面的三个命令表达同样的意思：根据现有变量 edu，替代新变量的取值。替代的条件是，当 edu 大于等于 7 或大于 6 时，给新变量赋值为 0。

第三步，定义 xiaoxue 的真正缺失值：

```
. replace xiaoxue = . if edu == .
```

该命令意为，若 edu 等于 .，则 xiaoxue 等于缺失（.）。

方法 2：二步骤法 我们可以将方法 1 的第一步和第二步合并为一个步骤：

```
. gen 新变量名 = 旧变量的限制条件
```

该命令意为，当旧变量满足某种条件时，生成新变量。比如，我们使用同样的数据，生成同样的变量：

```
. drop xiaoxue
. gen xiaoxue = edu<7
```

或

```
. gen xiaoxue = edu< = 6
. gen byte xiaoxue = edu<7
. gen byte xiaoxue = edu< = 6
```

上面的四个命令表达同一个意思：根据现有变量 edu，生成新变量 xiaoxue。生成新变量的条件是，当 edu 小于 7 或小于等于 6 时，给新变量赋值为 1，否则为 0。这是个逻辑等式，该等式的成立必须满足等号后面的限定条件（edu<=6 或 edu<7）。逻辑关系既可以是“是”，也可以是“否”。“0”代表“否”，其他所有数据（包括缺失值）都被当作“是”。这意味着，所有 edu 大于 6 的取值都会取值为 1，包括缺失值。

频数分布显示，新变量没有任何缺失值（这与实际情况不符；前面的分析结果显示，edu 有 518 个缺失值）：

```
. tab xiaoxue, m

    xiaoxue |      Freq.     Percent        Cum.
------------+-----------------------------------
          0 |      1 314       62.54       62.54
          1 |        787       37.46      100.00
------------+-----------------------------------
      Total |      2 101      100.00
```

其原因在于，Stata 将缺失值默认为比所有有效值的取值都大，故需要将原变

量中的缺失值还原为缺失。

```
. replace xiaoxue = . if edu == .
```

该命令意为，根据原变量的缺失值，将新变量也定义为缺失。

方法 3：一步骤法　我们也可以一步生成新变量且定义缺失值：

```
. drop xiaoxue
. gen xiaoxue = (edu< = 6) if edu ! = .
```

该命令的意思是，当变量 edu 不缺失且小于等于 6 的时候，将 xiaoxue 定义为 1，这样就避免了将缺失值定义为 0 的错误。频数分布显示，该命令的结果是正确的：

```
. tab xiaoxue, m
```

xiaoxue	Freq.	Percent	Cum.
0	796	37.89	37.89
1	787	37.46	75.35
.	518	24.65	100.00
Total	2 101	100.00	

虚拟变量往往是根据某（几）个已知变量的取值生成的。比如，我们在分析兄弟姊妹数量对孩子教育水平的影响时，需要将兄弟姊妹数量（siblings）区分为独生子女、有一个兄弟姊妹、有两个或多个兄弟姊妹的虚拟变量，从而比较独生子女与非独生子女、有一个兄弟姊妹的孩子与有两个或多个兄弟姊妹的孩子之间教育水平的差异。在 Chapter4. dta 数据中，兄弟姊妹数量变量（sibs）包含 6 个取值——0～5，但有多个兄弟姊妹的孩子的数量很少，故可与有两个兄弟姊妹的孩子进行合并；合并后的 sibs 只有三个取值——0、1、2。现在需要生成三个虚拟变量，分别代表独生子女、有一个兄弟姊妹和有两个或多个兄弟姊妹，我们可以使用上述三种方法一步一步地生成这几个虚拟变量，但 Stata 还有一种非常方便的生成虚拟变量的方式，可以同时生成多个虚拟变量。

先将变量 siblings（sibs）的分类进行合并。

```
. tab sibs
```

sibs	Freq.	Percent	Cum.
0	1 299	61.83	61.83
1	690	32.84	94.67
2	112	5.33	100.00
Total	2 101	100.00	

变量 sibs 有三个取值（0、1、2），分别代表独生子女、有一个兄弟姊妹、有两个或多个兄弟姊妹。

```
. tab 旧变量名, gen 新变量名
```

基于某个已知变量，生成一组虚拟变量。虚拟变量的数目因已知变量的分类而异。若现存变量有两个取值，则生成两个虚拟变量；若现存变量有三个取值，则生成三个虚拟变量；若现存变量有 n 个取值，则生成 n 个虚拟变量。新生成的虚拟变量有相同的前缀，也就是新变量名，但尾缀相异，由已知变量名的取值决定：

```
. tab sibs, gen(sibdum)
```

命令 tab 后面的变量为已知变量，代表兄弟姊妹数量。命令 gen 后面的变量是将要生成的虚拟变量的共同前缀，名称是自定的。新生成的虚拟变量的多寡因前一个变量的取值而异。变量 sibs 有 3 个取值，于是将生成 3 个虚拟变量。现有变量 sibs 的分布如下：

```
       sibs |      Freq.     Percent        Cum.
------------+-----------------------------------
          0 |      1 299       61.83       61.83
          1 |        690       32.84       94.67
          2 |        112        5.33      100.00
------------+-----------------------------------
      Total |      2 101      100.00
```

新生成的虚拟变量分别被称为 sibdum1、sibdum2、sibdum3（数值 1、2、3 是 Stata 默认的），分别相当于独生子女、有一个兄弟姊妹、有两个或多个兄弟姊妹。其分布如下：

```
. tab1 sibdum1 sibdum2 sibdum3,m

 ->tabulation of sibdum1

    sibs == |
    0.000 0 |   Freq.     Percent      Cum
------------+-----------------------------
          0 |     802       38.17    38.17
          1 |   1 299       61.83   100.00
------------+-----------------------------
      Total |   2 101      100.00

 ->tabulation of sibdum2

    sibs == |
    1.000 0 |   Freq.     Percent      Cum.
------------+-----------------------------
          0 |   1 411       67.16    67.16
          1 |     690       32.84   100.00
------------+-----------------------------
      Total |   2 101      100.00

 ->tabulation of sibdum3

    sibs == |
    2.000 0 |   Freq.     Percent      Cum.
```

```
------------+------------------------------
          0 |  1 989      94.67     94.67
          1 |    112       5.33    100.00
------------+------------------------------
      Total |  2 101     100.00
```

4.8 egen 命令

egen（extended generate）命令是 Stata 最强大、最有用的命令之一。与 gen 命令一样，该命令用于生成新变量，但其功能远不止于此。其特点之一是拥有强大的函数功能。虽然 gen 命令也可以支持一些函数，但 egen 命令支持更多更复杂的函数。很多时候，gen 命令无法生成需要的变量，但 egen 命令可以轻而易举地帮助我们达到目的。

比如，egen 命令新生成的变量的取值是另一个变量每个类别的均值（如男性和女性的收入均值）；egen 命令还可以通过计算另一个变量符合某种特征的数值或某些观察值生成新变量。下面，我们通过实例来了解 egen 命令超强的功能。

4.8.1 生成分类变量

egen 命令便于对年龄等数值型变量进行分组：

. egen 新变量名 = cut (旧变量名), at (取值的下限)

①　②　③　④　③　⑤

①：生成新变量的命令。

②：生成的新变量名称。

③：按照指定的取值下限分割旧变量。函数 cut 在将数值型数据分解成分类变量的时候非常有用，可将一个连续变量的数值按照选项 at( ) 的具体值分成几类。at( ) 指明每个组群的最小值。

④：旧变量名。

⑤：现有变量取值的下限。

. egen 新变量名 = cut (旧变量名), group (#)

①

①：新变量的分组数目。#指定具体数目。

在生成分类变量时，可仅使用 group( ) 命令，指明需要分组的数量。选项 group( ) 通常以 5 年为一组进行划分，故适用于以 5 为一组的数据。

前面使用 gen...replace 命令对年龄进行了分组，生成了一个新的分类变量。命

令虽然并不复杂，但比较烦琐。现在使用 egen 命令，再次生成该变量，以比较这两个命令的差异。首先，

```
. egen agegrp1 = cut(age),at(0,7,13,16,20)
```

这里将年龄分为 4 组，0、7、13、16、20 分别为四组的最小值：0～6 岁，7～12 岁，13～15 岁，16 岁及以上。任何小于 0 的数值在新变量中都将被当成缺失值。任何大于 20 的数值都将被当作 20。下面是其结果：

```
. tab agegrp1

    agegrp1 |      Freq.     Percent        Cum.
------------+-----------------------------------
          0 |        620       29.51       29.51
          7 |        691       32.89       62.40
         13 |        504       23.99       86.39
         16 |        286       13.61      100.00
------------+-----------------------------------
      Total |      2 101      100.00
```

```
. egen agegrp2 = cut(age),group(4)
```

该命令将年龄分为 4 组。由于选项 group() 通常以 5 年为一组进行划分，故该命令并不适合这里的年龄分组，因为这里每个组距之间的间隔不是均等的。

4.8.2 计算描述性统计量

使用 egen 命令，计算不同种类的统计量：

```
. egen a_mean  =  mean(a),by(b)
         ①          ②      ③
```

①：生成一个均值的变量。

②：生成均值的命令之一。

③：按照变量 b 的分类生成均值。

该命令生成的变量（a_mean）是按变量 b 的分类计算的均值。

```
. egen avg = rmean(b c)
```

这里，rmean 告诉 Stata，生成一个变量 b 和 c 的行均值变量（avg），忽视缺失值。这里 egen 不可与选项 by 连用。比如，若在 rmean 的后面指定两个变量，而其中一个变量有缺失值的话，则 Stata 按照没有缺失值的样本计算均值。

```
. egen zweight = std(weight)
```

该命令生成体重的标准数值。

```
. egen numobs = count(personid),by(personid year)
```

该命令计算每一年观察（observation）的样本，从而了解在每年的调查中，有

多少相同的样本（或相同的个体）。

除上述描述性统计量外，egen 命令还可以生成其他统计量，包括 min（最小值）、max（最大值）、sd（标准差）、median（中位数）、kurt（峰度）、iqr（四分位差）等。在计算统计量时，egen 可以与 by 选项连用。

4.8.3 其他功能

egen 命令还有许多其他选项功能，这些选项基本都不可与 by 选项连用。本部分介绍其中几项功能，其他请见 Stata 用户帮助。

（1）生成指示变量（diff）。

diff 命令生成一个指示变量，其取值因 diff( ) 选项中的变量取值而异——当它们的取值一致时，新变量的取值为 0，否则为 1（表示几个变量的取值不同）。

假如我们有一个包括三个样本收入变量的数据，并希望据此生成一个新变量，判断每个样本的三个收入是否相同。假设现有以下数据：

```
        income1   income2   income3

  1.     12 000    12 000    13 000
  2.     24 000    50 000    60 000
  3.     10 000    10 000    10 000
```

```
. egen byte differ = diff (income * )
                      ①       ②
```

①：生成异同变量的命令之一。

②：income * 表示，将所有以 income 为词根的变量进行比较，看看它们的取值是否相同。

结果如下：

```
. list

     +------------------------------------------+
     |  income1   income2   income3    differ |
     |------------------------------------------|
  1. |   12 000    12 000    13 000         1 |
  2. |   24 000    50 000    60 000         1 |
  3. |   10 000    10 000    10 000         0 |
     +------------------------------------------+
```

可见，就这三个变量而言，第一、第二个样本的三个收入的取值不同，但第三个样本的取值相同。

（2）生成规律变量（fill）。

fill 命令后接一组数值（numlist）——必须至少有两个数值，生成一个按升序或降序或某种规律重复排序的数值型变量。

```
. clear
. set obs 10
obs was 0, now 10
. egen x = fill(1 2)
. egen y = fill(100 99)
. egen z = fill(40 35)
. egen a = fill(1 1 2 2)
. egen b = fill(8 8 7 7 6 6 5 5)
. list

     +--------------------------------+
     |  x      y     z     a     b    |
     |--------------------------------|
  1. |  1    100    40     1     8    |
  2. |  2     99    35     1     8    |
  3. |  3     98    30     2     7    |
  4. |  4     97    25     2     7    |
  5. |  5     96    20     3     6    |
     |--------------------------------|
  6. |  6     95    15     3     6    |
  7. |  7     94    10     4     5    |
  8. |  8     93     5     4     5    |
  9. |  9     92     0     5     4    |
 10. | 10     91    -5     5     4    |
     +--------------------------------+
```

（3）计算分类变量。

当 egen 与 group 连用时，Stata 按照 group 后面的变量进行交叉分类，形成一个组群变量。现存变量既可以是数值型的、字符型的，也可以是二者的结合，但多是分类变量。新组群以连续的方法分类——1，2，…，n，故便于分析使用。

```
. egen 新变量名 = group (原变量 1 原变量 2) , missing label lname (name) truncate (num)
                  ①                           ②       ③     ④             ⑤
```

①：计算分类变量的命令，括号中接两个（分类）变量，新变量的分类取值因现存变量数据的排序而异。

②：②～⑤均为选项。其中，missing 告诉 Stata，在指定组群时，将变量中的缺失值（无论是数值型变量中的 . 还是字符型变量中的""）与其他数值同样对待，而非将其作为缺失值处理。

③：选项 label 按变量独特组群的排序给 1 以上的数值指定标签。如果原变量的取值有标签的话，那么在新变量中也使用标签。

④：选项 lname( ) 给变量的取值指定标签。lname( ) 暗含 label。

⑤：选项 truncate( ) 删截贡献标签的取值。若没有指定标签的话，则不能使用该选项。该选项不会改变已经形成的组群，而仅仅会改变标签。

比如，我们有以下 Stata 格式的数据：

```
urban   girl
0       0
0       1
```

```
0        1
0        1
1        0
1        0
1        1
.        1
```

下面，我们按照上面介绍的原则，将城乡和性别这两个变量合并为一个四分类的变量：农村男孩、农村女孩、城市男孩和城市女孩。新变量格式是数值型的。结果如下：

```
. egen urbgirl = group (urban girl), missing label lname (ur)
. list

     +-----------------------------+
     |  urban   girl  |  urbgirl   |
     |----------------------------|
  1. |    0       0   |      0 0   |  (农村男孩)
  2. |    0       1   |      0 1   |  
  3. |    0       1   |      0 1   |  } (农村女孩)
  4. |    0       1   |      0 1   |
  5. |    1       0   |      1 0   |
     |----------------------------|  } (城市男孩)
  6. |    1       0   |      1 0   |
  7. |    1       1   |      1 1   |  (城市女孩)
  8. |    .       1   |      . 1   |  (女孩，但城乡居住地不明)
     +-----------------------------+
```

（4）合并变量。

当打算将两个或多个变量合并为一个变量，但使用加法或乘法得出的结果没有任何意义时，可将 egen 与 concat 连用达到该目的。现有变量既可以是字符型的，也可以是数值型的。该命令将生成字符型变量。在合并的过程中，字符型变量的取值不变，但数值型变量的取值会变成字符格式。Stata 的默认格式是，将一个变量接在另一个变量的后面，但变量之间允许有空格或符号，如 p(" ") 或 p(,)。使用上面的数据，合并变量：

```
. egen ugirl = concat (urban girl), decode p (/)
               ①                     ②      ③
```

①：合并变量的命令。

②：改变现有变量格式的选项。

③：选项 p() 允许在数值之间加入分隔符［p 代表 punctuation（标点符号）］。

```
. list urban girl urbgirl ugirl

     +-----------------------------------+
     |  urban   girl   urbgirl   ugirl   |
     |-----------------------------------|
  1. |    0       0       0 0     0/0    |
  2. |    0       1       0 1     0/1    |
  3. |    0       1       0 1     0/1    |
  4. |    0       1       0 1     0/1    |
```

```
5. |    1      0      1 0    1/0 |
   |-----------------------------|
6. |    1      0      1 0    1/0 |
7. |    1      1      1 1    1/1 |
8. |    .      1      . 1    ./1 |
   +-----------------------------+
```

（5）平均移动变量（ma）。

该功能主要适用于时间序列数据，可获得某个变量几个观察值的移动均值。选项 ma 假定，数据是按时间顺序排列的。其用于计算均值的观察值个数为奇数，如 3、5、7 等。Stata 的默认方式是计算三个观察值的均值。假如我们有以下 Stata 格式数据：

year	income
2001	20 000
2002	25 000
2003	26 000
2004	30 000
2005	35 000
2006	50 000

下面使用 egen 命令，生成变量 income3 和 income5：

```
. egen income3 = ma(income)
```

该命令意为，按 3 个数据为一组，计算均值。

```
. egen income5 = ma(income),t(5)
```

该命令意为，按 5 个数据为一组，计算均值。

```
. list year income income3 income5

   +-----------------------------------------+
   | year    income    income3     income5   |
   |-----------------------------------------|
1. | 2001    20 000          .           .   |
2. | 2002    25 000  23 666.67           .   |
3. | 2003    26 000     27 000      27 200   |
4. | 2004    30 000  30 333.33      33 200   |
5. | 2005    35 000  38 333.33           .   |
   |-----------------------------------------|
6. | 2006    50 000          .           .   |
   +-----------------------------------------+
```

4.9 日期变量

Stata 的日期变量是数值型变量的一个特例。Stata 的日期表现为以 1960 年 1 月 1 日为起始的时间（天、月、季、年等）。将日期处理成这样的方式易于计算两个日期之间的时间。Stata 可以用于日期的功能很多，也有许多不同的格式。我们仅仅讨论最常用的一些功能和格式，其余的请参见 Stata 用户手册或帮助系统。

日期（如出生年、月、日）通常以字符的形式输入数据，如“01JAN1958”“Feb. 25，1990”或“19/5/93”。分析数据时，我们需要将它们转换为数值型数据。但将日期转换成数值型数据不像将“＄”等货币符号转换或数据型数据那样直截了当（后者只需使用 ignore(＄) 命令即可）。不过，Stata 的日期转换也十分容易。值得注意的是，一般情况下，Stata 是将年份当作 4 个数字来处理的。

依据原始数据的格式，Stata 有两种方式生成过去的总天数（elapsed dates）：(1) 如果有日、月、年的独立变量，采用 mdy() 功能就可以生成过去的日子的变量。(2) 如果数据包含一个日、月、年的日期变量，那么可使用 date() 功能。生成日期变量后，再将其格式化。当日期被作为一个单独的字符型变量输入的时候，可以与 gen 一起使用 date 功能，将其转换成数值型变量。字符型变量必须拥有某种类型的分隔符，来分隔月、日和年。通常，日、月、年是很容易辨识的。

```
. gen 新变量名 = date (string_date, "MDY")
                  ①        ②          ③
```

①：根据日期变量生成新变量命令的一部分，与 gen 连用。

②：将要生成的数值型变量基于字符型的日期变量。

③：读入数据的格式，即按月、日、年的顺序读入数据，需要大写。

因此，date(string_date,"MDY") 完整的意思是，将基于字符型的日期变量转换成数值型变量，且新变量的日期按照原字符型变量的月、日、年的顺序排列。

假若有以下数据，其变量 olddate 是字符型格式：

```
11 - 25 - 03
05 - 11 - 04
12 - 10 - 05
09 - 30 - 06
```

使用以下命令，生成新变量 newdate：

```
. gen newdate = date(olddate,"MD20Y")
```

这里，newdate 是新生成的变量的名称，date() 是 Stata 的一项功能；olddate 是现有变量，包含日期。由于数据中日期的年份只有两位，MD20Y 告知 Stata 年份是 2000 年之后，也可以数据实际情况改为 MD19Y。

Stata 还允许其他读入日期的格式，包括 dmy 和 ymd。无论使用哪种格式，都必须与原始数据本身的顺序相吻合。一次只允许一种读入方式，因为在输入某个日期变量时，年、月、日的顺序必须是一致的。当然，在输入数据时，日期变量的表现方式可以不一样：

```
Novenmber 30, 2006
Nov 29, 2006
11/28/2006
```

11.27.2006

这些数据虽表现方式不一样，但年、月、日的顺序是相同的，故可用 date() 功能读入。如果年份只有两个数字，且都属于同一世纪，那么可以在“Y”前指明世纪：

```
. gen newdate = date(string_date19,"MD19Y")
```

相反，如果年份不属于同一世纪，则需要指明最近的年份。

```
. gen datevar = date(string_date00,"MDY",2010)
```

当数据包含数值型的月、日、年的单独变量时，也可使用 mdy() 功能将它们转换为日期变量。该功能可以将三个变量放在一起，生成一个新变量。新变量无须称为月日年，但其顺序应该如此。值得注意的是，在使用该功能时，年份的格式必须是四位数；因为 Stata 不会判断是哪个世纪。当原始变量的年份只有两位数的时候，必须先将其转换为四位数。其前提是，月、日、年必须是数值型变量。假如我们有以下数据：

month	day	year	birth_month	birth_day	birth_year	intv_month	intv_day
7	11	2002	8	5	1948	5	16
1	21	2003	5	9	1952	2	13
11	2	2004	1	10	1953	8	5
8	12	2003	3	5	1952	4	2

```
. gen birthdate = mdy(birth_month,birth_day,birth_year)
. gen intvdate = mdy(intv_month,intv_day,1999)
```

该命令生成月、日、年的新变量。intvdate 代表受访日期。

Stata 具有提取原日期变量不同部分的功能。

```
. gen yearvar = year(birthdate)
```

该命令分出年。

```
. gen monthvar = month(birthdate)
```

该命令分出月。

```
. gen dayvar = day(birthdate)
```

该命令分出日。

```
. gen age_intv = (intvdate-birthdate)/365.25
```

既然有了两个日期变量，我们就可以比较调查结果中每个人的年龄了。

```
. gen calendardate = ym(year,month)
. gen age_calendar = (calendardate-ym(birth_year,birth_month))/12
```

有时，数据的日期仅有月份。请记住，在月份数据中，“12”指 1960 年 1 月 1

日后的 12 个月。

现在，我们可以计算日历中任何时间的长度了。

```
. format birthdate %d
```

Stata 提供多种格式。“%d”将使变量的取值表现为如“09SEP2002”。

```
. format calendardate %tmmcy
```

对于月份数据，我们可以使用“%tmmcy”格式。

4.10　变量类型的转换

了解如何将字符型变量转换成数值型变量、将数值型变量转换成字符型变量是十分有用的。因为由于种种原因，有时一个数字被以字符的形式输入数据库中，在对其进行任何分析前，必须将其转换成数字；有时，我们又需要将数值型变量（比如身份证号或其他证件号码）按字符型变量来处理。

有五个命令允许改变变量的类型：destring、decode、encode、real 和 string。它们和 gen 一起，共同实现变量类型转换的功能。

4.10.1　将字符型变量转换为数值型变量

destring 命令将字符型变量转换为数值型变量，特别适用于包含特殊字符（如货币单位￥、$或%）的数据。命令的基本形式就是指定字符型变量，生成数值型变量，删除需要删除的字符。

某个数据文件中有一个名为“inc_dollar”的变量。该变量虽属性是数值，但带有“$”字符。若研究的目的要求将其转换为数字，则可使用以下命令：

```
. destring incdollar,gen(incpctnum) ignore("$")
    ①        ②            ③           ④     ⑤
```

①：将字符转换为数字的命令。

②：需要转换的变量。

③：生成一个名为“inc_pct_num”的数值型变量。

④⑤：新变量忽视原变量中的“$”符号。

如果数据中有名为 inc_pct 的变量，该变量带有“%”字符，那么现需要将其转换为数字。其方式如下：

```
. destring inc_pct,gen(incpctnum) percent
                                     ①
```

①：选项 percent 行使 ignore("%") 的功能，并将结果乘以 100。其余命令的

解释同上。

```
.destring inc_pct, gen (incpctnum) percent force
                                           ①
```

①：选项 force 告诉 Stata，如果不能进行合适的转换，则新变量应该具有一个缺失值。

```
.gen 新变量 = real (旧变量)
              ①
```

①：命令 real 告诉 Stata 将原变量的所有字符都转换为数值型数据。任何非数字的表达都会被处理成缺失值。仅当数据没有特殊字符的时候，才使用该功能。命令 gen...real 将基于 real 后面括号中的变量生成一个新变量。

当原始数据为真正的字符型变量（比如编号为“男”或“女”的性别、编号为“城市”或“农村”的城乡等）时，在分析中，需要将字符转换为数值。该命令指定一个独特的数值以区别原变量中的不同类别——比如，指定城市为 1、农村为 0，指定男性为 1、女性为 0。于是，原来的定性变量被替换为数值型变量。其优势是原变量中字符的取值将自动被用来作为新的数值型变量取值的标签。

```
. encode 原变量名, gen (新变量名)
    ①       ②              ③
```

①：将定性的字符型数据转换为数值型数据的基本命令。

②：需要转换的变量名称，现为字符型变量。

③：生成新的数值型变量。

```
.encode gender,gen(sex)
```

4.10.2 将数值型变量转换为字符型变量

将数值型变量转换为字符型变量的命令为 decode 或 gen...string。值得注意的是，使用 decode 命令时，数值型变量的取值必须附有标签。

```
. decode 原变量名,gen (新变量名)
    ①       ②            ③
```

①：将数值型数据转换为定性的字符型数据的基本命令。

②：需要转换的变量名称，现为数值型变量。

③：生成新的字符型变量。

```
.gen city_str = string(city_num)
```

如果数值型变量有太多的取值，那么给每个取值都附上标签十分麻烦。在这种情况下，使用 gen...string 命令同样可以将该变量转换为字符型变量。

4.11　给数据、变量和变量的属性贴标签

原始数据的名称、变量的名称和变量的属性往往都比较抽象或数字化。为了便于文件管理，最好是给数据、变量和变量的属性贴标签（label data、label variable、label values）予以说明。

4.11.1　对数据库进行说明

对数据库进行说明的方法很简单。

相应的命令为 label data，如：

```
. label data "Chapter4;创建于 2006 年 9 月,最近的修改日期为 2007 年 1 月"
```

或

```
. label data "Chapter4 file,first created in Sep,2006,modified in January 2007"
```

当打开数据或描述（describe）数据时，数据的说明也会展示出来。

```
. use "E:\stata\Chapter4.dta",clear
(Stata sample file,first created in Sep,2006,modified in January 2007)
. describe,short
Contains data from E:\stata\Chapter4.dta
  obs:          2 101                          Stata sample file, first
                                                  created in Sep, 2006, modified
                                                  in January 2007
 vars:             13                            11 Jan 2008 17: 38
 size:         115 555 (89.0% of memory free)
Sorted by: mothid
     Note: dataset has changed since last saved
```

4.11.2　给变量下定义

原始数据的变量往往都是用字母表示的，如 a1、a2、a3 等。在实际分析资料时，往往用能更明确地反映变量内容的名称替代原变量的名称，如 age、sex、urban。但当变量较多时，可能难以分辨每个变量的含义。即便我们知道变量的意思，其他使用该数据的人也未必知道。为了工作的便利，需要给变量贴上标签。变量标签是对变量名的进一步描述，可以区分大小写。需要时可用变量标签对变量名的含义加以解释，从而使变量的内涵更加一目了然，也使数据的管理更为便捷。

在给变量下定义时，可使用 label variable 命令，或利用数据窗口给变量贴上标签。其相应的命令是：

```
. label variable 变量名 "标签"
        ①          ②     ③
```

①：给变量贴标签的命令。

②：需要贴上标签的变量。

③：变量的标签紧接其后，置于引号里。若标签不在引号内，则会出现 invalid syntax（无效命令）的错误提示。比如：

```
. label variable age age of children
```

在对变量进行了说明之后，在任何时候都可以通过 describe 命令查看每个变量的含义。

```
. label variable age
```

若再次输入该命令（不加标签项），变量的标签就被自动删除了。

4.11.3 给变量的属性下定义

变量取值的标签是对变量的每个属性做进一步的描述。当变量是定性或定序变量时，给变量的取值贴上标签是非常有用的。在建立数据库时，为便于数据输入和统计分析，常常用数值表示分类变量的各个类别。比如，前面章节中提到的 girl 和 urban 等都是分类变量，但却都是以数值输入的。若要在数据库中明确各数值所代表的类别，常常要对其取值加以说明。否则，有时难以知晓每个取值（如 0、1、2）表示的意思。

在对变量的取值做说明并显示相应的标签时，可用两个 label 组合命令完成：首先定义变量的取值标签，然后将标签与相应的取值贴在一起。

基本步骤如下。

步骤 1 给取值贴标签或修改现有标签（define or modify value labels）。

基本命令是：

```
. label define 变量名 变量取值 "标签" … 变量取值 "标签", add
       ①         ②      ③       ④          ③      ④     ⑤
```

①：给变量的取值贴标签的基本命令。

②：需要贴标签的变量。

③：变量的取值。

④：给变量的取值贴标签，标签置于引号里。中间可以有 n 个取值。

⑤：添加取值的标签。

前面已经介绍过，变量 urban 有 0 和 1 两个取值，分别代表农村、城市。为了使数据更一目了然，使用 label define 命令，给每个取值贴上标签：

```
. label define urban 0 "rural" 1 "urban",add
```

若想改变变量现有的定义，将 add 替换为 modify 即可：

```
. label define 变量名 变量取值 "标签",modify
```

假若标签贴错了或需要替换标签，比如，错将 0 的标签 rural 贴在了城市样本上，而将 1 的标签 urban 贴在了农村样本上，则可通过 modify 来纠正：

```
. label define urban 0 "rural" 1 "urban",modify
```

步骤 1 只是给每个取值指定了标签，但指定的标签并没有被贴到变量的取值上：

```
. tab urban

   1 = urban, |
    0 = rural |      Freq.     Percent        Cum.
--------------+-----------------------------------
            0 |      1 509       71.82       71.82
            1 |        592       28.18      100.00
--------------+-----------------------------------
        Total |      2 101      100.00
```

这里，0 还是 0，1 还是 1。

步骤 2 将取值标签指定给变量（assign value labels to variable）。

```
. label values 变量名 指定取值标签的变量
       ①         ②          ③
```

①：指定变量取值标签的命令。

②：需要贴标签的变量。

③：将刚刚指定的取值标签贴到②指示的变量上。

```
. label values urban urban
. tab urban

   1 = urban, |
    0 = rural |      Freq.     Percent        Cum.
--------------+-----------------------------------
        rural |      1 509       71.82       71.82
        urban |        592       28.18      100.00
--------------+-----------------------------------
        Total |      2 101      100.00
```

于是，输出变量的取值表现为变量的标签。

步骤 3 数值与标签（prepend values to value labels）。

如果我们希望数据的输出结果既有数值，又有标签，则可使用 numlabel 命令。该命令将变量的取值置于标签之前。就变量 urban 而言，目前的数据展示的是标签，而不是数值。若希望将 rural 变成 0. Rural，将 urban 变成 1. Urban，则可使用以下命令：

```
. numlabel 变量名 , add mask ("#.")
     ①        ②      ③     ④
```

①：同时展示变量的取值和标签的固定命令。

②：需要展示取值和标签的变量。

③：将数值作为数值标签的前缀而同时展示。若想删除数值，则可使用 remove 选项。

④：mask 选项指定数值标签的格式。在 mask 中，#被替换为数值标签。默认的格式是"#."，故数值 3 就表现为"3."。值得注意的是，这里的空格是有意义的。若是"[#]"形式，则数值 3 被表现为"[3]"，而不是"3."。

```
. numlabel urban,add mask("#.")

. tab urban

   1 = urban, |
    0 = rural |      Freq.     Percent        Cum.
--------------+-----------------------------------
     0. Rural |      1 509       71.82       71.82
     1. Urban |        592       28.18      100.00
--------------+-----------------------------------
        Total |      2 101      100.00
```

于是，在输出数据和数据窗口中，同时包括变量的取值和取值的标签。

步骤 4 删除标签。

```
. label drop 变量
      ①       ②
```

①：删除变量取值标签的固有命令。

②：需要删除取值标签的变量。

```
. label drop urban
```

于是，urban 取值的标签被删除了。

```
. tab urban

   1 = urban, |
    0 = rural |      Freq.     Percent        Cum.
--------------+-----------------------------------
            0 |      1 509       71.82       71.82
            1 |        592       28.18      100.00
--------------+-----------------------------------
        Total |      2 101      100.00
```

4.12 重新命名变量

在分析数据的过程中，有时会涉及在不改变数据内容的情况下对已有数据库中的变量进行重新命名。

相应的命令为：

```
. rename 旧变量名 新变量名
     ①       ②       ③
```

①：更换变量名的基本命令。

②：现有的变量名称。

③：更换的名称。

```
. rename yrsch yrsch1
```

将变量 yrsch 的名称替换为 yrsch1。

本章要点

```
. keep if _n == 1
```

保留数据中的第一个样本。

```
. by a:keep if _n == 1
```

保留按变量 a 的分类区分的每个组群的第一个样本。

```
. by a:gen b = _n if c~ = .
```

按照变量 a 的分类，当变量 c 的取值不等于缺失时，生成组内序列变量 b。

```
. by a:gen b = _N
```

按变量 a 的分组分类，生成表示组内总观察值的变量 b。

```
. gen laga = a[_n - 1]
```

生成变量 a 的滞后变量 laga。

```
. gen leada = a[_n + 1]
```

生成变量 a 的移前变量 leada。

```
. gen str a = b
```

生成字符型变量 a，其取值等于 b。

```
. replace a = "none" if b == ""
```

若变量 b 的取值缺失的话，则将变量 a 的取值替换为 none。

```
. gen byte a = b
```

生成变量 a，其数据格式为 byte。

```
. replace a = . if b == .
```

若变量 b 等于缺失，则变量 a 也等于缺失。

```
. recode a 原变量的数值 = 另一个数值 ... * = . ,gen(b)
```

根据变量 a，生成变量 b。

```
. gen a = b + c + d
```

生成变量 a，其取值等于变量 b、c、d 之和。

```
. gen a = 0
```

生成新变量 a，取值为 0。

```
. replace a = 1 if b<7
```

若变量 b 的取值小于 7，则将变量 a 的取值替换为 1。

```
. gen a = b 限制条件
```

当变量 b 满足某种条件时，生成新的虚拟变量 a。

```
. tab a,gen(b)
```

按照变量 a 的分类，生成一组虚拟变量。

```
. destring a,gen(b)
. encode a,gen(b)
```

将字符型变量 a 转换为数值型变量 b。

```
. decode a,gen(b)
. gen a,gen(b)
```

根据数值型变量 a，生成字符型变量 b。

```
. gen newdate = date(olddate,"mdy")
```

根据旧的日期变量 olddate，生成新的日期变量 newdate，格式为月、日、年。

```
. egen agroup = cut(a),at(数值)
```

按照变量 a 的分类，生成分类变量 agroup，取值依 at 后面的划分而定。

```
. egen agroup = cut(a),group(4)
```

按照变量 a 的分类，生成分类变量 agroup，取值分为以 5 分割的四组。

```
. egen a_mean = mean(a),by(b)
```

按照变量 b 的分类，生成变量 a 的均值。

```
. egen avg = rmean(b c)
```

生成一个变量 b 和 c 的行均值变量 avg。

```
. egen byte differ = diff(b c d)
```

生成一个 byte 类型的变量 differ，指明变量 b、c、d 的取值是否相同。

```
. set obs 10
. egen a = fill(1 2)
```

生成变量 a，其数值为 1、2……10。

```
. egen a = group(b c)
```

按变量 b 和 c，生成变量 a。

```
. egen a = concat(b c),decode p(/)
```

合并变量 b 和 c，生成新变量 a。若 b 和（或）c 为数值型变量，则将其转换为字符型变量。变量内允许空格等。

```
. egen a3 = ma(a)
```

生成移动均值变量。

```
. label variable a xyz
```

给变量 a 贴上 xyz 的标签。

```
. label define a 变量取值 “标签”... 变量取值 “标签”,add
```

给变量的取值指定标签。

```
. label variable a 变量取值 “标签”,modify
```

修改变量取值的标签。

```
. label values a 指定了取值标签的变量
```

将指定的取值标签贴到变量上。

```
. numlabel a,add mask("#.")
```

同时展示变量的取值和取值的标签。

```
. label drop a
```

删除变量 a 的标签。

```
. rename a b
```

将变量 a 重新定名为变量 b。

基本概念

变量的测量水平、定性测量、定序测量、定距测量、定比测量、系统变量、字符型变量、数值型变量、连续变量、分类变量、虚拟变量、变量格式

复习思考题

本章复习思考题的数据来源是 ch4 _ Child. dta。

变量	变量的定义
localid	local id
hhid	household id
fumuid	parental id
fathid	father id
mothid	mother id
kidid	children id
line	id number
a3a	age of children
aa2a	sex of children（1=男孩；2=女孩）
a5b	father's line number in household
a5d	mother's line number in household
a11	years of schooling of children
a12	highest level of education of children
a13	school enrollment of children
u3	height of children（cm）
u2	weight of children（kg）
t1	province
t2	urban residence
t3	strata
t4	strata in detail

这是一个儿童数据，包括儿童的年龄、性别、身高、体重、受教育情况、城乡居住和地区等。儿童寓于家庭户中，故数据也包含家庭户 ID、母亲的 ID 和孩子的 ID 等。如果一个母亲只有一个孩子在样本中，那么该母亲的 ID 只出现一次；若一个母亲有两个孩子在样本中，则其 ID 会出现两次，以此类推。利用该数据，回答以下问题：

1. 掌握生成变量的窗口路径。

2. 在生成变量的过程中，需要把握哪些原则？需要注意哪些事项？

3. 在利用系统变量 _n 和 _N 生成新变量时，有哪几个基本步骤？

4. 在“ch4 _ Child. dta”数据中，变量 fumuid、fathid、mothid 各有多少个缺失值？

5. 生成 order 变量，表示同一母亲所生的孩子的胎次。请解释 order 变量是否有缺失值？为什么？样本中有多少孩子是第一胎？有多少孩子是第二胎？一个母亲最多生了几个孩子？

6. 生成 ceb 变量，表示每个母亲所生的孩子总数。请解释 ceb 变量是否有缺失值？为什么？有多少母亲只有一个孩子？有多少母亲有两个孩子？有多少母亲有两个以上孩子？

7. 生成 sibs 变量，表示每个孩子拥有的兄弟姊妹数量。请解释 sibs 变量是否有缺失值？为什么？有多少孩子为独生子女？有多少孩子有一个兄弟姊妹？有多少孩子有两个或多个兄弟姊妹？

8. 对于样本中只有一个兄弟姊妹的孩子，拥有兄弟的孩子和拥有姊妹的孩子各有多少？

9. 查看变量 a11 的分布情况。按照下面的原则重新定义该变量，并与原数据进行比较：

原有数据	新数据	原有数据	新数据	原有数据	新数据
a11	yrsch	a11	yrsch	a11	yrsch
0	0	21	7	26	12
11	1	22	8	29	12
12	2	23	9	31	13
13	3			32	14
14	4	24	10	33	15
15	5	27	10	34	16
16	6	25	11	35	17
		28	11	−9	.

10. 在变量 yrsch 的基础上，使用两种方法生成一组教育程度（edulevel）的分类变量。该变量有四个取值 1、2、3、4，分别代表<＝小学（0～6 年）、初中（7～9 年）、高中（10～12 年）、大学及以上（13 年及以上）。通过频数分布，与原数据进行比较，检查分类是否满足了不重不漏原则（提示：注意缺失值）。

11. 根据变量 edulevel 的四个分类，生成一组虚拟变量，分别代表<＝小学、初中、高中、大学及以上。通过频数分布，与原数据进行对照，检查分类是否正确，并回答样本中的孩子在每个教育层级所占的比例。

12. 对该数据库进行说明。

13. 给数据中的每一个变量按照前面给出的变量的定义贴上标签。

14. 请按下表提供的信息，重新命名数据库中的下列变量，并给它们贴上标签。

原变量名	新变量名	原变量名	新变量名	原变量名	新变量名
a5b	fqline	a11	jiaoyu	t1	province
a5d	mqline	a12	edulevel	t2	urban
a3a	age	a13	enroll	t3	strata
aa2a	sex	u3	height	t4	strata1
		u2	weight		

15. 请按照下面的资料给变量 sex、edulevel、urban、strata 等变量的取值贴上标签。

```
sex:1 = boy,2 = girl
edulevel:1 = ps,2 = ms,3 = hs,4 = college
urban:1 = urban,2 = rural
```

strata:1 = city,2 = suburb,3 = town,4 = village

16. 请将数据保存为名为“ch4 _ Child 1. dta”的文件。

推荐阅读书目

1. 米歇尔 . Stata 环境下的数据管理实务手册 . 北京：中国人民大学出版社，2016.

2. 汉密尔顿 . 应用 STATA 做统计分析 . 北京：清华大学出版社，2017.

3. 隆恩 . 基于 Stata 的数据分析流程 . 北京：中国人民大学出版社，2019.

4. StataCorp. Stata：user's guide. TX：Stata Press，2021.

第五章

数据的合并、转换与集合

到目前为止，我们已经知道了如何使用 Stata 描述数据的基本特征、生成和修改变量。但是，前面的章节都是对单个数据库的简单操作，而有时我们需要改变数据的结构，或者将两个或多个数据文件整合在一起，从而使数据更符合研究的目的。因此，本章将介绍整个数据文件的处理方法。这涉及增加观察值、增加变量、将长数据转换成宽数据、将宽数据转换成长数据、将个体数据集合为群体特征等。前二者属于数据的合并，后三者均属于数据的转换，只是转换的形式和方法不同而已。

数据的转换是出于实现研究目的的需要。在进行科学研究时，研究者不可能只分析自己收集的数据。更多的时候，我们只能使用二手资料。由于研究目的不同，他人收集的数据的内容和结构往往不能直接回答我们的研究问题，故需要对其进行重构和转换。

比如，一个内容相同或类似的调查分别在城市和农村进行，或在男性和女性间进行，数据也在不同地方由不同人员录入。若需比较城乡之间、不同性别之间在某些方面的差异，最好的方法之一就是将城乡样本合二为一，将男性和女性样本合二为一。这就涉及数据的纵向合并（top to bottom）。

又如，研究者逐渐认识到，个体居住的社会环境可能影响他们的日常生活和行为。这一认识也使社会调查设计发生了相应变化。越来越多的社会调查除了关注个体本身的差异外，也开始关注他们的生存环境，包括家庭和社区背景等。于是，有些社会调查规模庞大，内容广泛，涉及不同的层面和不同的内容，包括社区调查、家庭户调查、个体调查等。家庭寓于社区中，个人寓于家庭中。在数据录入的过程中，研究者经常将一份较大的数据文件分割成不同部分，分别录入——比如，社区调查作为社区数据录入，家庭调查作为家庭数据录入，个人调查作为个人数据录入。有时，使用某个数据文件可以满足研究的需求，但更多的时候，我们需要同时使用不同层次的调查数据或同一层次不同内容的数据。比如在探索家庭因素对个人收入的影响时，就需要将家庭数据与个人数据整合到一起。在这种情况下，需要采用横向合并（side by side）方法，对分别录入的数据进行整合，生成包括不同层次、不同内容的数据。注意，这样的合并要求家庭与社区、家庭与个人相关联，存在嵌套关系。

再如，作为社会科学研究者，我们常常会遇到社区、家庭、个人数据。在一个社区层次的数据中，每个社区有一个观察值（样本），每个观察值包括几个居民的基本特征和社区特征。这是一个横向数据，分析单位为社区。若希望将社区数据转换为居民数据，则需要对数据进行转换。转换后的数据为纵向数据，分析单位为居民：每个居民有一个观察值，而同一社区则有多个观察值，其观察值的具体数目因社区居民的数量而异。相反，若原数据是居民个人数据，而研究的分析单位是社区，则需要通过数据的横向转换将其变为以社区为单位的横向数据。同样，假若数据的分析单位是母亲，每个母亲有且只能有一个观察值，该数据包含研究所需的内容，但我们的研究对象是儿童。于是，我们需要将以母亲为分析单位的数据转换成以儿童为分析单位的数据，反之亦然。

最后，假若我们有一组 0～5 岁儿童的数据，其中包括他们的性别和年龄。这些儿童来自不同的社区。数据一共覆盖 300 个社区，每个社区至少有 10 名儿童，数据中还有其他相关的儿童、家庭和社区资料。现在我们的研究问题是：每个社区的平均出生性别比是多少？哪些因素影响这些社区的出生性别比？于是，我们要做的第一件事情就是将儿童数据集合成社区数据。

那么，如何进行数据的合并、转换和集合呢？本章首先介绍数据的合并，然后介绍数据的转换，最后介绍数据的集合。在 Stata 中，这三部分内容都在数据菜单下。

本章使用多种数据。

5.1 数据合并中的几个主要概念

为便于了解和理解下面的内容，首先介绍几个合并数据时必须使用的主要概念。

（1）主要数据（master dataset）：指当前在 Stata 界面的数据，又称当前数据（current dataset）、窗口数据或记忆空间数据。

（2）使用数据（using dataset）：也称盘符数据（dataset on disk）或辅助数据，指当前不在 Stata 界面但保存在某个盘符中，行将被合并到当前数据的数据。

（3）关键变量（key variables）：也称标识符（identifiers）或合并变量（match variables），是横向合并的专有词汇，用来合并两个数据文件的变量。该变量必须同时存在于主要数据和使用数据中，且使用前必须排序（见 sort）。关键变量既可以是一个，也可以是两个或多个。

虽然有几种合并数据库的方式，但它们基本可以归并为两类：

（1）增加观察值（即样本量），称为“纵向合并”；

（2）增加变量，称为“横向合并”。

5.2 纵向合并——增加观察值

5.2.1 原理

纵向合并就是将保存在某个盘符中（即目前不在记忆空间中）的 Stata 数据文件的内容追加到当前数据窗口的下面，生成一组新数据。在绝大部分的纵向合并中，用于两个数据库的格式和变量基本类似，但观察值却未必一样。观察值既可能是独立的，来自同一调查（如城乡调查）的不同样本；也可能不是完全独立的，来自不同调查时间（如 2002 年的基线调查和 2004 年的追踪调查）的相同样本。合并后，数据的变量基本不变，但观测个案明显增加（这正是我们进行纵向合并的原因）。该方法可以将两个或多个数据文件进行上下对接，简单明了，不容易发生错误。

下面有两个数据文件：one. dta 和 two. dta。其中，one. dta 有两个观察值和三个变量；two. dta 有三个观察值和三个变量。因此，合并后的数据应该有五个观察值，如图 5－1 所示。

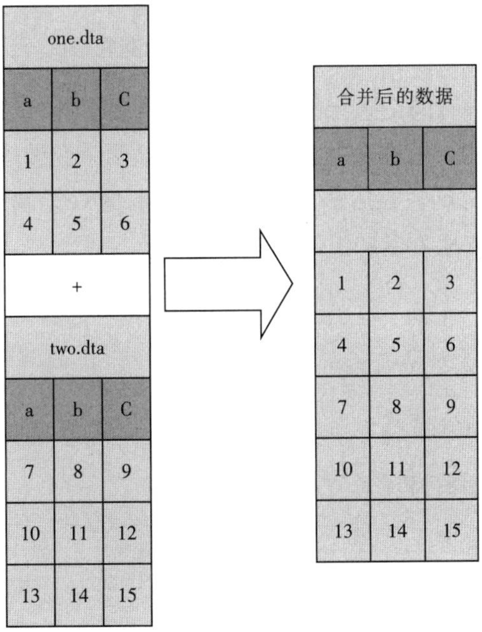

图 5－1 合并后数据的观察值

在这个例子中，两个数据文件变量的数目和名称是一样的。但纵向合并并不要求这一点。在纵向合并中，如果一个文件的某些变量与另一个文件的某些变量不同，则其中一个文件中变量的数值将会是缺失的，但变量的数值不会相互取代。比如，我们有数据文件 three. dta 和 four. dta，前者包含变量 a、b、C，后者有变量 a、b、D。在这两个数据文件中，变量 a 和 b 是相同的，但变量 C 和 D 却都是独一无二的。这两个数据文件依然会被合并，且合并后的数据文件将有四个变量——a、b、C 和 D，如图 5-2 所示。

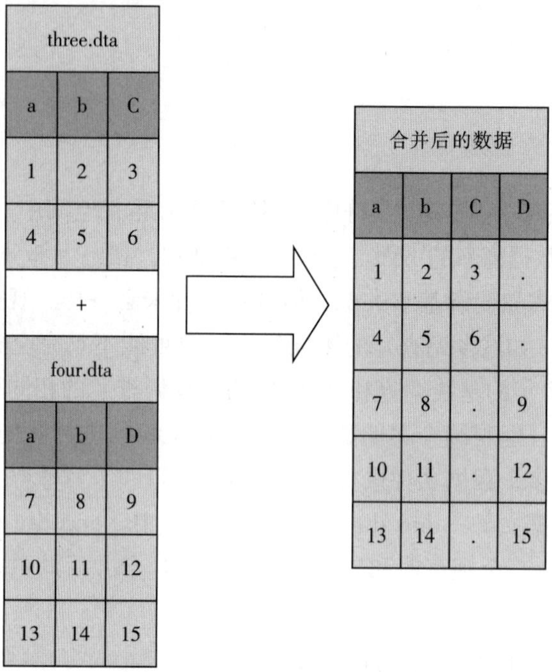

图 5-2　合并后数据的变量

合并后的数据文件有两个独特的变量 C 和 D。由于前者仅出现在 three. dta 中，后者仅见于 four. dta 中，故在合并后的新数据中这两个变量均有缺失：在前两个观察值中，变量 D 是缺失的，在后三个观察值中，变量 C 是缺失的。Stata 解决该问题的方式是，在适当的地方以缺失值填充。

5.2.2　方法

纵向合并的程序命令直截了当：

```
. append using "文件路径和名称"
   ①     ②        ②
```

①：纵向合并的基本命令。

②：使用数据的路径和名称。

如果行将被添加到主要数据的使用数据有多个与研究目的不相关的变量，则可使用 keep 选项，在合并时限定需要读入的变量。以上面的数据为例：

```
. append using 文件路径和名称, keep 变量名
                              ①
```

①：保存某些变量的选项。它相当于窗口选项 Options 复选框中的 Variables to

be kept from appending dataset 选项。Stata 的默认方式是 Keep all variables from appending dataset。

下面通过实例演示纵向合并的方法。

5.2.3　举例

数据库中有一个名为 Chapter5 _ umerge. dta（城市）的数据和一个名为 Chapter5 _ rmerge. dta（乡村）的数据；二者均来自 Chapter5. dta。两个数据文件的变量大致一样，但样本不同。一方面，我们可以对这两个独立的数据文件分别进行分析。另一方面，若研究目的是比较在其他条件同等的情况下城乡儿童的教育差异的话，则需要将城乡儿童数据整合为整体样本后进行分析。其步骤如下：

(1) 读入全部变量的合并。

步骤 1　了解使用数据。使用数据名为 Chapter5 _ umerge. dta，其基本分布如下：

```
. use "E:\stata\Chapter5_umerge.dta",clear
. describe

    Contains data from E:\stata\Chapter5_umerge.dta
      obs:            5
     vars:            8                                  19 Nov 2006 06:18
     size:           85 (99.9% of memory free)
    -------------------------------------------------------------------------------
                   storage  display    value
    variable name   type    format     label      variable label
    -------------------------------------------------------------------------------
    kidid           long    %12.0g
    mothid          int     %8.0g
    age             byte    %8.0g
    sex             byte    %8.0g
    height          int     %8.0g
    weight          byte    %8.0g
    edu             byte    %8.0g
    urban           byte    %8.0g
    -------------------------------------------------------------------------------
    Sorted by:
```

Sorted by 表示该数据按某个变量排序。由于这里没有对数据进行排序，故其后没有接变量。若进行了排序，则其后接排序的变量名（如 Sorted by：kidid）。

该数据一共有 8 个变量、5 个观察值。它们的定义分别是：

kidid：儿童的身份标识符，即儿童的身份号码或名字，该号码必须是独一无二的。

mothid：母亲的身份标识符，即母亲的身份号码或名字，该号码不必是独一无二的。

age：儿童的年龄。

sex：儿童的性别。0=男孩（boy）；1=女孩（girl）。

height：儿童的身高。

weight：儿童的体重。

edu：儿童的受教育年限。

urban：城乡居住地。0=农村（rural）；1=城市（urban）。这里的取值应该全部为 1。

步骤 2 了解主要数据。这里的主要数据是 Chapter5 _ rmerge. dta，其基本情况如下：

```
. use "E:\stata\Chapter5_rmerge. dta",clear
. describe

   Contains data from E:\stata\Chapter5_rmerge. dta
       obs:          9
      vars:          7                                 19 Nov 2006 06:23
      size:        162 (99.9% of memory free)
   ------------------------------------------------------------------------------
                 storage  display    value
   variable name   type   format     label      variable label
   ------------------------------------------------------------------------------
   kidid           long   %12.0g
   mothid          long   %12.0g
   age             byte   %8.0g
   sex             byte   %8.0g
   height          int    %8.0g
   weight          byte   %8.0g
   urban           byte   %8.0g
   ------------------------------------------------------------------------------
   Sorted by:
```

该数据一共有 7 个变量（定义如前）、9 个观察值，比使用数据多 4 个观察值，少一个变量 edu。其中，变量 urban 的取值应该全部为 0。

步骤 3 将使用数据合并到主要数据中。由于这两个数据文件拥有不完全相同的变量和观察值，故合并后的数据除观察值增加外，变量也会与原数据中的任何一个都不同：

```
. append using "E:\stata\Chapter_umerge. dta"
```

合并后的数据应该有 8 个变量和 14（9+5）个观察值。下面的合并结果看起来是正确的：

```
. describe

   Contains data from E:\Stata\Chapter5_rmerge. dta
       obs:         14
      vars:          8                                 19 Nov 2006 06:15
      size:        204 (99.9% of memory free)
   ------------------------------------------------------------------------------
                 storage  display    value
   variable name   type   format     label      variable label
   ------------------------------------------------------------------------------
   kidid           long   %12.0g
   mothid          int    %8.0g
   age             byte   %8.0g
   sex             byte   %8.0g
   height          int    %8.0g
   weight          byte   %8.0g
   urban           byte   %8.0g
   edu             byte   %8.0g
   ------------------------------------------------------------------------------
   Sorted by:
        Note:dataset has changed since last saved
```

最后一行意为“注释：自上次保存以来，数据被改变”。若自上次保存以来，没有对数据进行任何处理，则不会有该输出结果。

合并后的数据多了 5 个观察值和 1 个变量 edu。新的观察值和变量来自城市样本（Chapter5 _ umerge. dta）。合并后的数据结构是这样的：

```
. list

     +---------------------------------------------------------------------------+
     |  kidid    mothid     age    sex    height    weight    urban    edu |
     |---------------------------------------------------------------------|
  1. | 100103    100102       5      0       120        20        0      . |
  2. | 100104    100102       3      1        70         9        0      . |
  3. | 100203    100202      10      1       130        35        0      . |
  4. | 100303    100302       2      0        70         9        0      . |
  5. | 100403    100402      15      1       160        50        0      . |
     |---------------------------------------------------------------------|
  6. | 100404    100402      13      1       161        45        0      . |
  7. | 100405    100402      10      0       140        37        0      . |
  8. | 300103         .      18      1       158        45        0      . |
  9. | 300104         .      16      0       160        50        0      . |
 10. | 200103    200102       4      1       100        15        1     .a |
     |---------------------------------------------------------------------|
 11. | 200104    200102       0      1        70         9        1     .a |
 12. | 200203    200202      11      0       140        35        1      4 |
 13. | 200303    200302       2      0        70         9        1     .a |
 14. | 200403    200401      15      1       165        45        1      9 |
     +---------------------------------------------------------------------------+
```

如上所示，在合并后的数据中，有 2 个农村样本缺失 mothid 的有效值，且农村样本的 edu 变量全部缺失，这是因为农村样本数据没有包含该变量。城市样本的 edu 变量也有不少缺失，但其原因与前者不同，主要是由于样本中的孩子尚未达到上学年龄（4 岁、0 岁和 2 岁），故用 . a 表示，以区别于农村样本的缺失值。

```
. save "E:\stata\Chapter5_rumerge. dta"
file E:\stata\Chapter5_rumerge. dta saved
```

将合并后的数据保存起来，定名为 Chapter5 _ rumerge. dta。这是一个城乡儿童数据，包括母亲的身份标识符和儿童特征。

（2）读入部分变量的合并。

由于变量 edu 有太多的缺失值，无法对其进行比较分析，故在合并数据的过程中，不必读入 edu 变量：

```
. use "E:\stata\Chapter5_rmerge. dta"
. append using "E:\stata\Chapter5_umerge. dta",keep(kidid mothid age sex height weight urban)
```

如前所言，keep 选项只保留对研究有用的变量。该选项没有保留 edu，故合并后的数据也没有包含该变量。

```
. describe

    Contains data from E:\stata\Chapter5_rmerge. dta
        obs:            14
```

```
   vars:          7                                      19 Nov 2006 06:15
   size:        192 (99.9% of memory free)
-----------------------------------------------------------------------------
                storage   display     value
variable name     type    format      label      variable label
-----------------------------------------------------------------------------
kidid             long    %12.0g
mothid            int     %8.0g
age               byte    %8.0g
sex               byte    %8.0g
height            int     %8.0g
weight            byte    %8.0g
urban             byte    %8.0g
-----------------------------------------------------------------------------
Sorted by:
     Note:dataset has changed since last saved
```

可见，合并后的数据依然有 14 个观察值，但只有 7 个变量（edu 消失了）。

5.2.4 关于纵向合并的几点说明

以下几种情况可能涉及数据的纵向合并。其一，在数据输入阶段，如果同一调查数据由不同人员分样本输入，则需要将多人输入的数据整合在一起；其二，在纵向追踪调查中，有时需要将后期的调查数据整合到早期的调查数据中；其三，内容相同的调查在不同地区由不同人群完成（比如湖北调查、北京调查等），最后需要对各地区调查的数据进行汇总。

在使用 append 命令时，有几点需要说明。

其一，与下面将要介绍的 merge 命令不同，使用 append 命令时，不必将数据排序（sort）。这是因为，纵向合并无须按照任何标识符进行合并，而只须将两个数据文件上下对接到一起。在通常情况下，整合在一起的数据往往具有类似的变量和内容。但即便两个数据文件的内容不完全相同，也可以将它们合并到一起，只是对其中一个数据文件而言，某些变量没什么意义而已（全部缺失）。

其二，在进行纵向合并时，Stata 的 log 文件有时提示说，标签已经定义了。该提示并不是说 append 命令的结果不正确；它仅仅表示，在记忆空间的文件（当前正在使用的文件）中，有些（或全部）变量的标签与即将合并的文件中的变量的标签定义相同。这正是我们所期望的，因为这表明，合并的两个文件拥有相同的变量，故用同样的标签定义它们的取值。

其三，在使用 append 命令时，不同数据文件中内容相同的变量需要有同样的名称，否则就会表现为不同的变量。如何查明一个文件的变量名称与另一个文件的变量名称不同呢？方法之一是，在合并以前，分别描述这两个数据文件，了解它们是否拥有同样的变量以及变量的名称。我们可能遇到以下三种情况：

（1）若两个文件的变量相同，名称也相同，合并后的新文件的变量数应该与合并前任何一个文件的变量数一致（见 one. dta 和 two. dta 合并的例子）。

（2）若每个文件都有自己独有的变量，但相同变量的名称是一样的，则合并后的新文件的变量数应该多于合并前任何一个文件的变量数（见 three. dta 和

four. dta 的合并）（当然，若使用 keep 选项，则新数据的变量因选项而异）。

（3）若每个文件的变量数相同、变量包含的内容也相同，但变量的名称却不同，合并后，变量数也会变多。这就需要给内容相同但名称不同的变量更名。

此外，熟悉数据的文字资料（如调查问卷等）有助于发现两个数据文件中的变量是否相同。

5.3 横向合并——增加变量

下面举例说明需要进行横向合并的情况：

（1）将一组母亲（或家庭、社区）数据合并到一组儿童数据中，从而使儿童数据包含母亲（或家庭、社区）信息。其前提是，母亲是儿童的母亲（家庭是儿童的家庭，社区是儿童居住的社区）。或者，将家庭数据整合到社区数据中。这类合并涉及不同层次的数据，低层次数据（如儿童数据）寓于高层次数据（如母亲、家庭或社区数据）中。

（2）将妻子的数据合并到丈夫的数据中，反之亦然，从而使夫妻双方的数据都包含配偶资料；或将兄弟姊妹的数据整合到一起。这类合并属于同层数据合并。

（3）将纵向追踪调查中不同时期的调查数据整合到一起。其前提是，大部分不同时期的调查对象是相同的（当然，可能有些人失去追踪，也可能有新的受访者替代失去追踪的人，但至少大部分的调查对象在不同时期的调查中应该是一样的，否则也就失去了追踪调查的意义）。这类合并既可以是单层次的，也可以是多层次的，因调查的内容而异。

（4）其他场合。还有许多其他场合需要横向合并数据，在此不一一列举。

5.3.1 原理

横向合并从一个数据库中提取一些变量到另一个数据库中，故横向合并也就是变量的合并。利用横向合并方法，可以将两个或多个数据文件整合在一起，也即将盘符数据文件的内容连接到当前数据编辑窗口的右边，形成一个新数据。因此，横向合并实际上是将两个数据文件，按照个案对应进行左右对接（observation by observation）。新数据的变量一定会增加（这也是进行横向合并的原因），但观察个案是否改变则因行将合并的数据而异。若主要数据与使用数据的样本一样，且完全匹配，则合并后数据的样本是一样的，否则不同。

实现数据文件横向合并的前提是，主要数据和使用数据必须有一个（或多个）相同的关键变量（该变量也称配对变量或标识符，是两个数据文件进行横向对接的依据）。然而，横向合并与纵向合并不同的是，在横向合并中，除关键变量外，其他的变量名称都不能相同。按照默认方式时，Stata 不会改变主要数据中的任何数值，但会改变使用数据的数值。如果两个数据文件包含除关键变量以外的其他同名变量的话，则使用数据中的变量数值将被主要数据中的同名变量数值取代。此外，使用数据与主要数据不匹配的所有观察值（样本）将会被添加到主要数据的末尾，而主要数据的这些观察值是缺失的。同样，如果主要数据有与使用数据不同的观察值，则在使用数据中，这些观察值也都是缺失的。

横向合并的基本命令是 merge。利用该命令，将新变量添加到当前数据中。与 append 命令一样，在合并数据前，首先需要有足够的记忆空间，承载新增加的内容。此外，十分重要的是，主要数据和使用数据都必须按照主要变量进行排序，否则合并不仅无法进行，还会得到错误提示。许多人往往容易混淆 merge 命令和 append 命令。但如前所言，append 命令是将两个变量类似（不一定完全相同）但观察值（样本）完全不同的数据上下对接在一起；而 merge 命令是将观察值相关（也不一定完全相同）但变量不同的两个数据文件左右整合在一起。

横向合并比纵向合并复杂。在合并的菜单栏——横向合并两个数据集中主要有五种选择：

（1）关键变量 1∶1 匹配：利用使用数据和主要数据中的关键变量进行一对一的合并。

（2）关键变量 1∶m 匹配：利用主要数据中的关键变量进行一对多的合并，关键变量在主要数据中是唯一的。

（3）关键变量 m∶1 匹配：利用使用数据中的关键变量进行一对多的合并，关键变量在使用数据中是唯一的。

（4）关键变量 m∶m 匹配：主要数据和使用数据中关键变量均不是唯一的。

（5）观测 1∶1 匹配：不使用关键变量进行一对一观察值的合并。

下面介绍 merge 的程序命令及具体用法。

5.3.2 使用 merge 命令的基本步骤

步骤 1 先看使用数据。

```
. use “文件路径和名称”
```

该命令打开使用数据库。

```
. sort 关键变量名
```

该命令对关键变量进行排序，该变量是两个数据库共有的标识符。

```
. save “文件路径和名称”, replace
```

该命令保存并关闭已经按关键变量排序的使用数据库。

步骤 2 再看主要数据。

```
. use “文件路径和名称”
```

该命令打开主要数据库。

```
.sort 关键变量名
```

该命令对关键变量进行排序。

步骤 3　合并数据。

```
. merge   合并形式   关键变量名   using   "文件路径和名称", keepusing  (变量)
    ①        ②          ③          ④           ④               ⑤         ⑥
```

①：数据横向合并的基本命令。

②：数据合并形式。如 1∶1、1∶m、m∶1 等。

③：用于合并两（多）个数据的关键变量。

④⑤：使用数据（盘符数据）的路径和名称。

⑥：需要保留的变量。

横向合并通常需要利用关键变量匹配数据。关键变量即为 sort 后面的变量。文件名是盘符数据库的名字。如同 append 命令一样，merge 命令也有 keep 选项，只要在其后输入需保留的变量名即可。若需保留所有变量，就不必输入该选项。

5.3.3　merge 命令的基本选项

除上面的常规性命令外，merge 命令还有一些选项。下面略举几例。

（1）除了使用一个关键变量进行数据的合并外，还可同时使用两个或多个关键变量合并数据。

```
.merge  合并形式  关键变量 A  关键变量 B  using  "文件路径和名称"
```

利用关键变量 A 和关键变量 B 将使用数据合并到主要数据中。其前提是，主要数据和使用数据同时包含这两个关键变量，且都已排序。

（2）update。

```
.merge  合并形式  关键变量 A  关键变量 B  using  "文件路径和名称", update
```

选项 update 告诉 Stata，利用使用数据中的有效数值，替代主要数据中相应变量的缺失值。它相当于窗口菜单选项中的 Replace missing data in memory with data from file。

（3）update 和 replace。

```
.merge  合并形式  关键变量 A  关键变量 B  using  "文件路径和名称", update replace
```

通过将选项 replace 纳入命令中，Stata 利用使用数据中的数值取代所有主要数据中的数值，除非使用数据的数值是缺失的，相当于窗口选项中的 Replace nonmissing data in memory with data from file。选项 replace 必须与选项 update 同时使用。

5.3.4　系统变量_merge

当 Stata 合并两个（或多个）文件时，软件自动生成系统变量_merge。该变量帮助我们了解合并的结果。它最多可能有五个不同的数值。如果不使用 update 或 replace 选项，_merge 只会有三个数值：

1=观察值仅来自主要数据，使用数据没有匹配的样本。

2=观察值仅来自使用数据，主要数据没有匹配的样本。

3=观察值来自主要数据和使用数据。

若使用 update 选项，则会有五个数值：

1=观察值仅来自主要数据，使用数据没有匹配的样本。

2=观察值仅来自使用数据，主要数据没有匹配的样本。

3=观察值来自主要数据和使用数据，且匹配。

4=观察值来自主要数据和使用数据，且主要数据的缺失值得到更新。

5=观察值来自主要数据和使用数据，但两个数据的数值不匹配。

总之，merge 命令虽然简单，但也伴随着大量的陷阱。我们在实践的过程中经常会遇到错误提示，也会得到与我们的预期不符的结果。但是，只要多加练习，就能熟练地掌握它。

5.3.5 merge 命令的几种形式

在介绍具体方法前，先看看下面的例子（见图 5-3）。

```
. use five,clear
. merge 1 : 1 id using six
```

five.dta

id	a	B
1	10	11
2	12	13
3	14	15
5	16	17

master data
_merge==1

\+

six.dta

id	d
1	18
3	19
4	20

using data
_merge==2

=

合并结果

id	a	B	d	_merge
1	10	11	18	3
2	12	13	.	1
3	14	15	19	3
4	.	.	20	2
5	16	17	.	1

_merge==3 （主要数据和使用数据）
_merge==1 （仅见于主要数据）
_merge==2 （仅见于使用数据）

图 5-3　横向合并示例 1

这里的关键变量是 id。数据 five. dta 和 six. dta 的合并是按照 id 变量来进行的。

主要数据有四个观察值，分别是 1、2、3、5；使用数据有三个观察值，分别是 1、3、4。当有关键变量的时候，Stata 不是胡乱地将一个数据的第一个观察值与另一个数据的第一个观察值匹配，而是很聪明地将 id 相同的观察值配对，且知道 id=4 的观察值在数据 five. dta 中是不存在的，故合并后，变量 a、B 的取值在第 4 个观察值中均为缺失；同样，在数据 six. dta 中，id 的取值在第 2 个观察值和第 5 个观察值中是缺失的，故合并后，变量 d 的第 2 个和第 5 个观察值也都是缺失的。

数据的合并到此完成。下面的几个步骤是合并后的后续工作：

```
. tab_merge
```

该命令显示变量 _ merge 的取值情况。该变量是在数据合并过程中生成的系统变量。

```
. drop if_merge = = 2
```

该命令删除仅仅来自盘符数据库的观察值。

```
. drop_merge
```

该命令删除 _ merge 变量。

```
. save "文件路径和名称",replace
```

该命令将合并后的文件保存起来。在通常情况下，使用不同的名称保存。

下面介绍 merge 命令的四种主要形式：

(1) 一对一合并 (one-to-one on key variables) ——每个文件中同样的观察值合并 (same observations in each file being merged)。

假如研究问题是夫妻之间的家务分工，比较夫妻绝对资源和相对资源对家务劳动时间的影响。现在有两个数据文件，一个是妻子的数据文件 (Chapter5_merge_wife. dta)，另一个是丈夫的数据文件 (Chapter5_merge_husb. dta)。当前的窗口文件 (current dataset) ——Stata 记忆空间的文件 (data in memory) ——是妻子的数据文件。该数据文件除丈夫的身份标识符 (husbid) 外，没有丈夫的其他资料。为获得丈夫的教育、职业和收入资料，需要将丈夫的数据文件整合到妻子的数据文件中，生成一个包括自己和配偶的绝对资源和相对资源在内的新数据文件。由于在这两个数据文件中，每个妻子都有且仅有一个丈夫的身份标识符，因而我们可以利用丈夫的身份标识符配对数据，将丈夫的信息添加到妻子的数据文件中。这样的合并是一对一合并。

妻子的数据文件包含妻子的标识符，丈夫的标识符，妻子的年龄、教育、职业等资料。丈夫的数据文件包括丈夫的标识符，妻子的标识符，丈夫的年龄、教育、职业等资料。现在，利用丈夫的标识符 (husbid) 作为关键变量，将丈夫的数据文件整合到妻子的数据文件中，形成一个包含夫妻双方资料的数据文件。

下面的步骤和命令帮助我们达到整合这两个数据文件的目的。

步骤 1 熟悉丈夫的数据 (使用数据)，并对其中的关键变量 (husbid) 进行排序。

```
clear
. use "E:\stata\Chapter5_merge_husb.dta",clear
```

该命令读入丈夫的数据。

```
. sort husbid
```

该命令对丈夫的标识符（husbid）进行排序。该标识符同时见于妻子和丈夫的数据中。

```
. save "E:\stata\Chapter5_merge_husb.dta"
```

该命令将排序后的丈夫的数据保存起来，并关闭丈夫的数据。

步骤 2 熟悉妻子的数据（主要数据）的内容，并对其中的关键变量 husbid 进行排序。

```
clear
. use "E:\stata\Chapter5_merge_wife.dta"
```

该命令读入妻子的数据。

```
. sort husbid
```

该命令对妻子的数据中丈夫的标识符进行排序。

步骤 3 将丈夫的数据文件整合到妻子的数据文件中。

```
. merge 1:1 husbid using "E:\stata\Chapter5_merge_husb.dta",clear
```

步骤 4 显示变量_merge 的取值，检查合并是否正确。_merge 可能有三个取值：等于 1 的观察值是仅存于主要数据的，等于 2 的观察值是仅存于使用数据的，等于 3 的观察值是在两个数据文件中都存在的。因为这里的每个妻子都对应一个丈夫，而每个丈夫也对应一个妻子，故是严格的一对一合并。若合并正确，则_merge 变量应该只等于 3。否则，合并存在问题。

```
. tab _merge

     _merge |      Freq.     Percent        Cum.
------------+-----------------------------------
Matched (3) |      2 851      100.00      100.00
------------+-----------------------------------
      Total |      2 851      100.00
```

_merge 变量的确只有一个取值 3，可见，上面的一对一合并是成功的。

在排序主要数据和使用数据后，将它们分别保存在某个盘符中。当合并成功后，如果不再需要它们，就使用 erase 命令，将它们从盘符中删除，以节省空间：

```
. erase  "数据的路径和名称"
   ①
```

①：删除数据的基本命令。

一旦合并成功，_merge 变量也就可以删除了。

```
. drop _merge
```

需要指出的是，上面的命令是1：1合并形式。该合并在一对一的匹配中是适用的。但是，若一个数据文件的配对变量有重复值的话，则不可使用1：1合并，否则，将得到以下错误提示：

```
variable husbid does not uniquely identify observations in the master datar(459)。
```

该提示意为，在主要数据中，变量husbid的取值不是独一无二的。

换言之，某个数据文件（或两个数据文件）的关键变量一定有重复值。这在使用1：1合并进行一对一的配对合并中是不被允许的。在这类合并中，两个数据文件的关键变量的取值可以不完全相同，但不能不唯一，否则合并将无法进行。当遇到这类数据的时候，可以使用以下类型的合并。

（2）一对多合并［one-to-many on key variables（unique key for data in memory）］。

这样的合并要求主要数据和使用数据具有等级层次（hierarchical data）——其中的一个数据文件是高层次数据（比如社区或家庭数据），另一个数据文件为低层次数据（如家庭或个人数据）。数据分析在低层次进行，即分析单位是社区中的家庭或家庭中的个人。但也可能将低层次数据集合成高层次数据进行分析，如分析社区的人均收入水平。本例使用Chapter5_rumerge.dta和Chapter5_mqmerge.dta两个数据文件。前者是刚刚介绍的纵向合并后生成的数据，是低层次的儿童数据，本例以此为使用数据；后者是高层次的母亲数据，本例以此为主要数据。合并的步骤同上，合并的关键变量是mothid。

步骤1 了解使用数据的分布情况。

```
. use "E:\stata\Chapter5_rumerge.dta",clear
. sort mothid kidid
. describe
```

```
Contains data from E:\ru_merge.dta
   obs:          14
  vars:           8                          19 Nov 2006 09:07
  size:         266 (99.9% of memory free)
-------------------------------------------------------------------------
                storage   display    value
variable name     type    format     label      variable label
-------------------------------------------------------------------------
kidid             long    %12.0g
mothid            long    %12.0g
age               byte    %8.0g
sex               byte    %8.0g
height            int     %8.0g
weight            byte    %8.0g
urban             byte    %8.0g
edu               byte    %8.0g
-------------------------------------------------------------------------
Sorted by:mothid
```

(该数据已按mothid排了序)

该数据共有 14 个观察值、8 个变量。其分布如下：

```
. list

        kidid    mothid    age   sex   height   weight   urban   edu
    +-----------------------------------------------------------------+
 1. | 100103   100102      5     0      120       20       0     . |
 2. | 100104   100102      3     1       70        9       0     . |
 3. | 100203   100202     10     1      130       35       0     . |
 4. | 100303   100302      2     0       70        9       0     . |
 5. | 100403   100402     15     1      160       50       0     . |
    |-----------------------------------------------------------------|
 6. | 100404   100402     13     1      161       45       0     . |
 7. | 100405   100402     10     0      140       37       0     . |
 8. | 200103   200102      4     1      100       15       1    .a |
 9. | 200104   200102      0     1       70        9       1    .a |
10. | 200203   200202     11     0      140       35       1     4 |
    |-----------------------------------------------------------------|
11. | 200303   200302      2     0       70        9       1    .a |
12. | 200403   200401     15     1      165       45       1     9 |
13. | 300103        .     18     1      158       45       0     . |
14. | 300104        .     16     0      160       50       0     . |
    +-----------------------------------------------------------------+
```

儿童数据中的 14 个孩子各有一个独立的观察值，一个只属于他个人的、独一无二的身份号码（kidid），没有重复的。他们分别属于 8 个母亲。母亲的身份号码（mothid）分别是 100102、100202、100302、100402、200102、200202、200302、200401。其中，300103 和 300104 两个孩子的母亲的身份号码缺失。

这些孩子有的是独生子女，有的拥有兄弟姊妹。对独生子女来说，母亲的身份号码是唯一的（mothid 只出现一次）；但对有兄弟姊妹的孩子来说，母亲的身份号码是重复的，有几个孩子就会重复几次——换言之，当一个母亲有两个或多个孩子在样本中的时候，该母亲的身份号码出现两次或多次，因孩子的多寡而异。其中，100203、100303、200203、200303 和 200403 均为独生子女；100103 和 100104 是兄弟或姊妹，拥有同一个母亲；100403、100404、100405 也是兄弟或姊妹，其母亲的身份号码为 100402；同样，200103 和 200104 也来自同一个母亲。这也就是为什么除了两个 mothid 缺失的样本外，其余 12 个孩子只有 8 个不同的 mothid。

步骤 2　了解主要数据。

```
. use "E:\stata\Chapter5_mqmerge.dta",clear
. sort mothid
. describe

    Contains data from E:\mq_merge.dta
        obs:          9
       vars:          6                        19 Nov 2006 09:25
```

```
  size:          135 (99.9% of memory free)
-----------------------------------------------------------------------
                    storage   display    value
variable name        type     format     label      variable label
-----------------------------------------------------------------------
mothid               long     %12.0g
mage                 byte     %8.0g
mheight              int      %8.0g
mweight              byte     %8.0g
medu                 byte     %8.0g
mincome              int      %8.0g
-----------------------------------------------------------------------
Sorted by:mothid
(该数据已经按 mothid 排序)
```

该数据共有 9 个观察值、6 个变量，变量的定义分别为：

mothid：母亲的身份标识符，即母亲的身份号码或名字。

mage：母亲的年龄。

mheight：母亲的身高。

mweight：母亲的体重。

medu：母亲的受教育年限。

mincome：母亲的月收入。

数据的分布情况如下：

```
. list

     +------------------------------------------------------------------+
     |   mothid   mage   mheight   mweight        medu         mincome |
     |------------------------------------------------------------------|
  1. |   100102     28       160        50           9             200 |
  2. |   100302     22       165        51           8           1 500 |
  3. |   100402     33       160        50          12           1 600 |
  4. |   100502     18       160        50           9           1 000 |
  5. |   200102     34       158        60          12           1 000 |
     |------------------------------------------------------------------|
  6. |   200202     38       159        61          12           1 200 |
  7. |   200302     29       162        53          17           8 000 |
  8. |   200401     42       165        52          16           5 000 |
  9. |   200601     20       170        55          12           2 000 |
     +------------------------------------------------------------------+
```

变量 mothid 显示，每个身份号码都是独一无二（unique）的，表明数据中的每个母亲都有且仅有一个观察值。这里一共有 9 个母亲，她们分别是 100102、100302、100402、100502、200102、200202、200302、200401、200601。

现在，我们想了解儿童的身高是否受到母亲的身高、受教育程度和收入的影响。于是，我们需要将母亲数据合并到儿童数据中。这里，母亲数据属高层次数据，儿童数据属低层次数据。一个母亲的标识符可能对应几个儿童，如果她有几个孩子在样本中的话。新生成的儿童数据将包括儿童和母亲的特征。

步骤 3　合并数据。

在熟悉了数据的分布情况后，将儿童数据整合到母亲数据中。这是一对多合并：在主要数据（母亲数据）中，每个母亲只出现一次，只有一个观察值和一个身份号码；在使用数据（儿童数据）中，有的儿童共有一个母亲，故母亲的身份号码可能出现两次或多次。相反，若是将母亲数据整合到儿童数据中，则是多对一合并。这里的配对变量为 mothid：

```
. merge 1:m mothid using "E:\stata\Chapter5_rumerge.dta"
```

合并后的数据共有 16 个观察值、14 个变量，包括两个原始数据中包含的所有变量和一个在数据合并过程中新生成的系统变量。

```
. describe

Contains data from E:\stata\Chapter5_mqmerge.dta
  obs:          16
 vars:          14                                19 Nov 2006 09:52
 size:         432 (99.9% of memory free)
--------------------------------------------------------------------------------
              storage   display    value
variable name   type    format     label      variable label
--------------------------------------------------------------------------------
mothid          long    %12.0g
mage            byte    %8.0g
mheight         int     %8.0g
mweight         byte    %8.0g
medu            byte    %8.0g
mincome         int     %8.0g
kidid           long    %12.0g
age             byte    %8.0g
sex             byte    %8.0g
height          int     %8.0g
weight          byte    %8.0g
urban           byte    %8.0g
edu             byte    %8.0g
_merge          byte    %8.0g
--------------------------------------------------------------------------------
Sorted by:mothid
     Note:dataset has changed since last saved
```

部分数据的分布情况如下：

```
. sort mothid kidid
. list mothid kidid mage age mheight height medu mincome_merge

     +------------------------------------------------------------------------------+
     | mothid    kidid    mage  age   mheight   height  medu   mincome      _merge |
     |------------------------------------------------------------------------------|
  1. | 100102    100103     28    5       160      120     9       200           3 |
  2. | 100102    100104     28    3       160       70     9       200           3 |
  3. | 100202    100203      .   10         .      130     .         .           2 |
  4. | 100302    100303     22    2       165       70     8     1 500           3 |
```

```
 5. | 100402   100403    33   15      160     160    12    1 600        3 |
    |--------------------------------------------------------------------|
 6. | 100402   100404    33   13      160     161    12    1 600        3 |
 7. | 100402   100405    33   10      160     140    12    1 600        3 |
 8. | 100502        .    18    .      160       .     9    1 000        1 |
 9. | 200102   200103    34    4      158     100    12    1 000        3 |
10. | 200102   200104    34    0      158      70    12    1 000        3 |
    |--------------------------------------------------------------------|
11. | 200202   200203    38   11      159     140    12    1 200        3 |
12. | 200302   200303    29    2      162      70    17    8 000        3 |
13. | 200401   200403    42   15      165     165    16    5 000        3 |
14. | 200601        .    20    .      170       .    12    2 000        1 |
15. |      .   300103     .   18        .     158     .        .        2 |
    |--------------------------------------------------------------------|
16. |      .   300104     .   16        .     160     .        .        2 |
    +--------------------------------------------------------------------+
```

的确，数据的分布显示，与前面的例子不同，在本例中，_merge 变量有三个取值：1、2 和 3。如前所述，_merge 等于 1 的观察值为主要数据（母亲数据）所独有（有 2 个样本）；_merge 等于 2 的观察值为使用数据（儿童数据）所独有（有 3 个样本）；_merge 等于 3 的观察值为主要数据（母亲数据）和使用数据（儿童数据）所共有（有 11 个样本）。频数分布清楚地显示出变量_merge 的取值：

```
. tab_merge

     _merge |      Freq.     Percent        Cum.
------------+-----------------------------------
          1 |          2       12.50       12.50
          2 |          3       18.75       31.25
          3 |         11       68.75      100.00
------------+-----------------------------------
      Total |         16      100.00
```

如其所示，12.50%的母亲没有匹配的儿童数据，18.75%的儿童没有匹配的母亲数据；其余 68.75%的数据包含亲子数据。比如，对孩子 100203 来说，他的母亲是 100202；但这个母亲不在主要数据（母亲数据）中。因而，在数据合并后，该儿童的母亲资料是缺失的。同样，第 15 个和第 16 个儿童（他们分别是 300103 和 300104）也都没有母亲的资料，且他们的母亲既不在儿童数据也不在母亲数据中，故合并后，其母亲的身份号码和其他资料均为缺失。同样，母亲 100502 和母亲 200601 都缺乏孩子的资料。

根据_merge 的频数分布，能否确认合并后的数据是正确的呢（换言之，能否判断得到的母亲的资料是正确的呢）？_merge 的分布显示，有 11 个观察值为两个数据所共有，有 3 个观察值为儿童数据所独有，有 2 个观察值为母亲数据所独有。三者之和等于 16，超过了母亲数据的总观察量。这是理所当然的，因为这是一对多合并。原始的母亲数据有 9 个观察值，其中的 7 个可以与儿童数据匹配。7 个匹配的数据对应 11 个观察值，再加上儿童数据中的 3 个无法与母亲数据匹配、母亲数据中的 2 个无法与儿童数据匹配的观察值，共有 16 个观察值。通过将合并后的数据与原数据进行比较，证实合并的结果是正确的。

（3）多对一合并［many-to-one on key variables（unique key for data on disk)］。

同样使用 Chapter5_rumerge. dta 和 Chapter5_mqmerge. dta 两个数据文件，但以儿童数据为主要数据、母亲数据为使用数据进行合并，配对变量还是 mothid。这类合并是多对一合并，因为在儿童数据中，有的儿童共有一个母亲，故部分母亲的身份号码是重复的。

合并的步骤同上。首先必须熟悉数据，并对数据进行排序。到现在为止，我们已经很熟悉该怎么做了。下面直接进入合并步骤：

```
. use "E:\stata\Chapter5_rumerge. dta",clear
. merge m : 1 mothid using "E:\stata\Chapter5_mqmerge. dta"
. list kidid mothid age mage height mheight medu mincome _merge
```

	kidid	mothid	age	mage	height	mheight	medu	mincome	_merge
1.	100103	100102	5	28	120	160	9	200	3
2.	100104	100102	3	28	70	160	9	200	3
3.	100203	100202	10	.	130	.	.	.	1
4.	100303	100302	2	22	70	165	8	1 500	3
5.	100403	100402	15	33	160	160	12	1 600	3
6.	100404	100402	13	33	161	160	12	1 600	3
7.	100405	100402	10	33	140	160	12	1 600	3
8.	200103	200102	4	34	100	158	12	1 000	3
9.	200104	200102	0	34	70	158	12	1 000	3
10.	200203	200202	11	38	140	159	12	1 200	3
11.	200303	200302	2	29	70	162	17	8 000	3
12.	200403	200401	15	42	165	165	16	5 000	3
13.	300103	.	18	.	158	.	.	.	1
14.	300104	.	16	.	160	.	.	.	1
15.	.	100502	.	18	.	160	9	1 000	2
16.	.	200601	.	20	.	170	12	2 000	2

```
. tab _merge
```

_merge	Freq.	Percent	Cum.
1	3	18.75	18.75
2	2	12.50	31.25
3	11	68.75	100.00
Total	16	100.00	

从多个变量的分布结果和_merge 变量的频数分布可以看出，这类合并的结果与一对多合并的结果类似。但_merge == 1 和_merge == 2 的频数正好相反。

（4）一对一观察值的合并（one-to-one by observation)。

以上三类合并都属于配对合并（match merging）——通过一个共同变量将两个数据文件整合在一起。若不指定读入的变量和观察值，则 Stata 自动地将不配对的观察值和与它们相关的变量置于数据的后面。

一对一观察值的合并不是按照某个关键变量进行的配对合并。

假如我们有以下两个数据文件 seven. dta 和 eight. dta。它们各有两个观察值；主要数据（seven. dta）有三个变量，使用数据（eight. dta）有一个变量。这两个数据文件没有一个共同的身份号码将它们一一配对。相反，该合并只能按照每个观察值所对应的编号进行一对一合并（如图 5－4 所示）：

```
. use seven,clear
. merge 1 : 1_n using eight
```

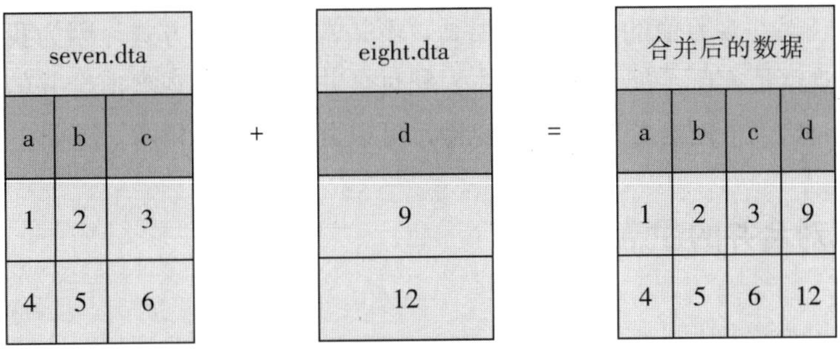

图 5－4　横向合并示例 2

请注意，上面的合并命令没有使用关键变量；事实上，这两个数据文件并无相同的变量；合并命令也没有使用任何类似 unique、uniqmaster、uniqsuing 之类的选项，因为这些选项对这类合并来说是没有意义的。将二者合二为一，合并后的数据文件观察值未变，但变量增加了。

又如，我们有数据文件 nine. dta 和 ten. dta，前者有两个变量——a 和 b，后者也有两个变量——a 和 c。虽然这两个数据文件共有一个同名变量即变量 a，但变量的内容却不同，故也只能进行一对一合并：

```
. use nine, clear
. merge 1 : 1 _ n using ten
```

结果如下：

nine. dta		ten. dta		合并后的数据			
a	b	a	c	a	b	c	_merge
1	2	100	.	1	2	.	3
3	4	.	12	3	4	12	3
5	6	.	.	5	6		1
.	.	.	200	.	.	200	2

合并的结果如同一团乱麻。虽然有 50%的数据合并了，但它们的意义是什么？我们并不能肯定 nine. dta 和 ten. dta 的第一个观察值就属于同一个体。

合并的结果进一步表明，当两个数据文件中有相同变量或观察值的时候，只有主要数据的数值被保存下来。看看变量 a 的第一个观察值，合并后的数据只有 1，而不是 100；同样，就变量 a 的第三个观察值而言，合并后的数据取值为 5，而不是缺失值。再看合并后的数据的第四个观察值，变量 a 和变量 b 在合并后的数据中都是缺失值，而 _merge 的取值则为 2，因为 nine.dta 没有第四个观察值，而 ten.dta 却有第四个观察值。

当进行一对一观察值的合并时，如果满足三个条件，则这类合并是没有问题的。这三个条件是：(1) 两个数据文件拥有同样数量的观察值；(2) 一个数据文件的观察值所对应的另一个数据文件的观察值均为同一个体；(3) 每个观察值的顺序是一致的。然而，正如我们已经看到的那样，只要不满足其中一个条件，合并结果就毫无意义。

因此，一对一观察值的合并风险很高，不是常用的合并方式，因为我们不能肯定配在一起的观察值实际上属于同一个体。配对合并是一对一观察值合并的发展，且是更好的选择，因为配对合并利用关键变量，可以避免将苹果和橘子混杂在一起。

5.3.6 配对合并的注意事项

(1) 同名变量问题。

如前所述，除标识符外，两个数据文件中的变量名称不能相同；不然，使用数据变量的数值将被主要数据中同名变量的数值取代。这样不仅达不到增加变量的目的，还会使数据混乱。下面就是一个例子（见图 5-5）：

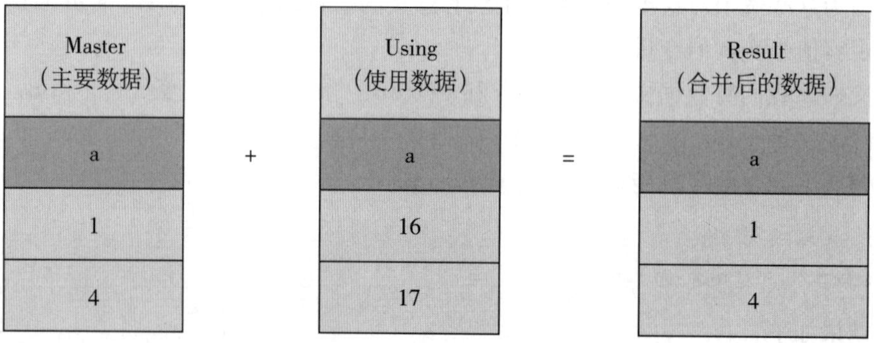

图 5-5 横向合并示例 3

因此，在行将合并的两个数据文件中，同样内容的变量需要取不同的名字。换言之，在横向合并之前，如果一个数据文件的变量与主要数据的变量同名的话，那么一定要重新命名。在前面我们已经看到，妻子数据（Chapter5_merge_wife.dta）中的年龄、教育和职业分别被称为 agew、yrschw、occupw；在丈夫数据（Chapter5_merge_husb.dta）中，它们分别被称为 ageinyrs、yrsch、occup。于是，合并后，我们不仅能看到妻子的年龄、教育和职业（agew、yrschw、occupw），也能看到丈夫的年龄、教育和职业（ageinyrs、yrsch、occup）。相反，如果妻子的年龄也被称为 ageinyrs 的话，则合并后的数据只保留妻子的年龄，而丈夫的年龄将全部丢失。

如何知道两个数据文件是否有重名的变量呢？首先需要熟悉主要数据和使用数据。当数据文件包含的变量很少时，容易发现行将合并的数据文件中是否有除关键变量以外的其他与主要数据中的变量同名的变量。若有，则新生成的数据文件的变量比两个数据文件加起来的变量少（除去一个关键变量外）。所以，熟悉、了解数据文件是解决该问题的最主要方法。在这个问题上，Stata 不会给予任何提示，因为它假定我们的命令是正确的。

（2）合并后变量的数目问题。

数据文件合并后，新数据文件的变量数目必须增加，这是我们进行横向合并的目的。新数据文件具体有多少变量不仅因两个原始数据文件中变量的数目而异，也因合并数据过程中读入的变量数目而异，但有一点是肯定的：合并后的数据文件无疑会有比主要数据和使用数据各自更多的变量。若主要数据和使用数据都有 5 个变量，同时在合并数据的过程中，没有限定读入的变量，且关键变量只有一个，则新数据文件将有 10 个变量（5＋5＋1－1）：主要数据中的 5 个变量，加上使用数据中的 5 个变量，加上新生成的系统变量_merge，减去一个关键变量（因为两个数据文件中的关键变量是相同的）。一个良好的习惯是，在合并以前，想一想合并后的变量数目应该是多少。一旦合并完成，比较预期的数值和实际得出的数值，就能马上知道合并是否与预期一致。

（3）合并后的样本量问题。

在一对一合并中，合并后的数据文件的样本量既因原始数据文件样本量的多寡而异，也因合并方式而异，但通常不会少于主要数据的样本量。在家务分工的例子中，主要数据是妻子数据，包含 2 851 个样本，故合并后的数据文件应该至少包含同样多的样本。但如果使用数据的样本多于主要数据，或使用数据中的一些观察值与主要数据不完全匹配的话，则会出现多余的样本量。当然，样本的多寡也与合并过程中的选择有关：假如只保留在两个数据文件中都匹配的样本，则合并后数据文件的样本可能少于任何一个合并前的数据文件的样本。

（4）关于_merge 变量。

一般情况下，在数据文件合并完成后，会删除 _ merge 变量。原因之一是，该变量已经没什么用处了；原因之二是，我们可能将新生成的数据文件与另一个数据文件合并。在新一轮合并的过程中，Stata 又会产生一个新的_merge 变量。若现有的_merge 变量没有被删除的话，则 Stata 会拒绝执行新的合并命令，并终止合并，且输出一个错误提示，说明_merge 已经存在：

```
_merge already defined
r(110)
```

解决该问题的最简单的方法是，在检查核对合并成功与否后，删除_merge 变量。若需要保留该变量，则给它一个新的名字。

（5）样本的取舍问题。

若只想保留_merge 等于 3（同时见于使用数据和主要数据）的样本，则可使用以下命令：

```
. keep if _merge == 3
```

或

```
. drop if _merge == 1 | _merge == 2
```

该命令可以删除两个原始数据文件中不匹配的观察值，保留其共有的观察值。

（6）重复值的问题。

有时，合并后的数据文件会产生多余的、不该重复的观察值。在一对一合并中，妻子观察值是否有重复的现象——同一个妻子有两个或多个观察值；在儿童数据中，是否有重复的儿童观察值。注意：在儿童数据中，一定会有母亲的重复值：对兄弟姊妹来说，母亲的资料是一样的。换言之，若数据合并涉及不同层次，则在合并后的数据文件中，高层次数据资料可能是重复的。

如何发现合并后的数据文件是否有重复值呢？下面以数据文件 Chapter5_repeat. dta 为例进行演示。

```
. use "E:\stata\Chapter5_repeat.dta", clear
```

方法一　利用儿童标识符（kidid），使用 list...[_n－1]命令进行检查。

```
. sort kidid
. list kidid if kidid == kidid[_n - 1]
```

若有输出结果，则表明有多余的重复值。若无输出结果，则合并后的数据文件没有出现多余的观察值。需要注意的是，若 kidid 有一个以上缺失值的话，则从第二个缺失值开始会被当作是重复的。该数据文件就有这样一个重复值：

```
    +--------+
    | kidid  |
    |--------|
16  |   .    |
    +--------+
```

结果告诉我们，第 16 个观察值是重复的。因为第 15 个、第 16 个观察值的 kidid 均为缺失，故出现上面的结果。此外，我们也要注意，在进行合并前，就应该检查行将合并的数据是否有多余的、不该重复的重复观察值。

方法二　使用 assert 命令进行检查。

```
. by kidid: assert  _N == 1
            ①       ②
```

①：检查是否有重复样本的基本命令。

②：被检查的命题。

按 kidid 的分类，检查_N == 1 的命题是否正确——对于每个 kidid，必须有且只能有一个观察值。

在使用 by kidid 之前，先要对该变量进行排序。以上面的数据为例说明其用法：

```
. by kidid:assert _N==1
not sorted
r(5);
(kidid没有排序)
. sort kidid
. by kidid:assert _N==1
1 contradiction in 15 by-groups
assertion is false
r(9);
```

该提示意为，在15个by分类中，有一个与命题［_N==1］不符的情况。命题不正确。

命题哪里不正确呢？原来是由kidid的缺失值造成的。

```
. list mothid kidid

     +-------------------+
     |  mothid    kidid  |
     |-------------------|
  1. |  100102   100103  |
  2. |  100102   100104  |
  3. |  100202   100203  |
  4. |  100302   100303  |
  5. |  100402   100403  |
     |-------------------|
  6. |  100402   100404  |
  7. |  100402   100405  |
  8. |  200102   200103  |
  9. |  200102   200104  |
 10. |  200202   200203  |
     |-------------------|
 11. |  200302   200303  |
 12. |  200401   200403  |
 13. |       .   300103  |
 14. |       .   300104  |
 15. |  100502        .  |
     |-------------------|
 16. |  200601        .  |
     +-------------------+
```

方法三 使用duplicates report命令。该命令提供一个表格，描述观察值出现的次数，提供数据是否有重复值的信息。

```
. duplicates report kidid

Duplicates in terms of kidid
--------------------------------------
   copies | observations       surplus
----------+---------------------------
        1 |           14             0
        2 |            2             1
--------------------------------------
```

如上所示，有14个kidid仅出现一次，故surplus等于0；有1个kidid出现两次，故重复一次。

方法四 使用 isid 命令。该命令检查关键变量是否独一无二地区分每个观察值。

```
. isid kidid
variable kidid should never be missing
r(459);
```

该提示意为，变量 kidid 永远不应该是缺失的。

这是一个错误提示。当该变量既没有缺失值也没有重复观察值时，该命令不会产生任何输出结果。相反，当数据文件中存在重复观察值时，得到的是：

```
variable id does not uniquely identify the observations
r (459);
```

方法五 使用 tab 命令。

```
. tab kidid,m
```

kidid	Freq.	Percent	Cum.
100103	1	6.25	6.25
100104	1	6.25	12.50
100203	1	6.25	18.75
100303	1	6.25	25.00
100403	1	6.25	31.25
100404	1	6.25	37.50
100405	1	6.25	43.75
200103	1	6.25	50.00
200104	1	6.25	56.25
200203	1	6.25	62.50
200303	1	6.25	68.75
200403	1	6.25	75.00
300103	1	6.25	81.25
300104	1	6.25	87.50
.	2	12.50	100.00
Total	16	100.00	

如上所示，除了两个缺失值外，没有其他的重复值。该方法如同 list... [n−1] 命令一样，当数据文件的观察值不多时，很好使用；但若观察值太多，即便不是毫无结果，也耗时耗力。

(7) 两个或多个关键变量问题。

在一般情况下，一个标识符就可代表一个观察值，但有时需要两个甚至多个标识符才能代表一个观察值。比如，有一个来自不同社区的个体数据。各个社区都有一个独一无二的社区标识符（commid），每个个体也都有一个身份标识符（personid）；但个体的身份标识符不是独一无二的，相反，它们在不同社区可能是相同的。在这种情况下，要使用 commid 和 personid 一起表示独一无二的个体观察值，故合并数据时需要同时使用个人和社区两个关键变量，且使用数据和主要数据都必须按照两个关键变量进行排序。此外，sort 后面变量的顺序与 merge 后面变量的顺序应该是一样的：

```
. sort commid personid
. merge commid personid using "使用数据的路径和名称"
```

同样，我们可以检查 commid 与 personid 一起，是否表示同一个观察值：

```
. by commid personid:assert _N==1
```

5.3.7　多个数据的合并

从 8.0 版本开始，Stata 一次可以合并两个或多个数据文件。其基本步骤如下。

数据 1（主要数据）：

```
. use ds1
. sort id
. save ds1,replace
```

数据 2：

```
. use ds2
. sort id
. save ds2,replace
```

数据 3：

```
. use ds3
. sort id
. save ds3,replace
```

数据 4：

```
. use ds4
. sort id
. save ds4,replace
```

主要数据（数据 1）：

```
. use ds1
. sort id
. merge 1:1 id using ds2 ds3 ds4
. tabulate _merge
. list id _merge*
```

_merge* 中的符号 * 表示，列出所有_merge 变量的频数分布。

这是因为，在合并多个数据文件时，Stata 会自动生成一组描述性变量。这组变量都以 _ merge 命名，分别称为_merge1、_merge2、_merge3 等。它们分别与第一个using 数据、第二个 using 数据、第三个 using 数据等有关。

_mergek == 0:相应的使用数据没有的观察值

_mergek == 1:相应的使用数据拥有的观察值

可以选择 nosummary 选项，不列出这组变量。

5.4 数据的转换（reshape）

社会科学多以人为研究对象。由于个体寓于家庭等群体中，也由于家庭环境对个体行为有深刻影响，故大部分的社会调查会收集家庭成员资料。调查问卷的设计往往采用不同的格式，有时每个个体都作为一个独立的样本出现（如普查数据），有时一些个体的特征以变量的形式出现在其他样本中。

当抽样调查结束后，数据被录入计算机中。基于调查问卷的格式或数据录入的格式，有两类不同的数据结构：一类被称为宽数据（wide format），另一类被称为长数据（long format）。虽然相异的录入方式不会使数据的内容产生任何差异，但对不同结构的数据而言，研究对象、分析单位、研究内容是不同的。又如，纵向调查数据来自不同的年份。当将每期调查数据整合在一起的时候，其结构同样可以表现为长格式或宽格式。

这两种格式记录的是同样的内容，只是表现形式不同而已。如果有其中任何一种格式的数据，那么 Stata 既可以将它转换为另一种格式，也可以将它再转换回来。转换数据结构是出于研究的需要。比如，当我们的研究问题是家庭、分析单位也是家庭时，数据结构必须是以家庭为单位的，每个家庭有且只能有一个观察值。相反，如果研究问题是儿童、分析单位也是儿童的话，数据的结构就必须是以儿童为单位的。每个儿童有一个独立的观察值，但同一个家庭可能有多个观察值，因孩子的数目而异。同样，在纵向数据的宽格式中，每年的家庭消费水平都表现为一个独立的变量。我们可以比较每年消费均值和标准差的变化；但是，就这样的数据结构来说，很难描绘一幅年份与消费水平的图形，且不能分析不同地区消费水平的相关关系。虽然所有需要的信息都包含在数据中，但这些分析需要不同的数据结构。

5.4.1 数据的结构

（1）宽数据。

假如调查单位是家庭，个人资料寓于家庭户中，这样的数据就是宽数据。其特点是，一个家庭只有一个观察值；每个家庭成员的资料都以变量的形式出现在该观察值中。比如，第一个家庭成员的年龄被称为 age01，第二个家庭成员的年龄被称为 age02；同样，第一个家庭成员的性别被称为 sex01，第二个家庭成员的性别被称为 sex02，以此类推。请看表 5-1 的例子。

表 5-1 宽数据格式

hhid	pid01	pid02	pid03	pid04	age01	age02	age03	age04
1001	1	2	3	4	55	53	30	28
1002	1	2			29	26	.	.
1003	1	2	3		35	32	6	.
1004	1				18	.	.	.

第一列是变量 hhid（家庭户的标识符；对每个家庭来说，它是独一无二的），其后几列分别为变量 pid01～pid04、age01～age04（家庭中第一到第四个成员的身份标识符和年龄）。这里一共有四个家庭户，分别被称为 1001、1002、1003、1004。每个家庭成员的数量为 1～4 不等。当家庭只有 1 个成员在样本中时，pid02～pid04 和 age02～age04 的数据均缺失；当有 2 个成员时，pid03～pid04 和 age03～age04 的数据缺失；当有 3 个成员时，则 pid04 和 age04 的数据缺失。在这样的数据格式中，即便一个家庭有 10 个成员，也只有 1 个观察值（或样本）；同样，如果一个家庭仅有 1 个成员，那么它也有 1 个观察值。这类数据被称为宽数据。

因此，宽数据是多变量数据，“多变量的宽数据”概念仅用于长数据与宽数据之间的转换。多个变量可能反映的是同一属性，只是所代表的个体不同。

表 5-2 是一个以家庭为调查对象的纵向数据。该调查始于 2000 年，每两年追踪一次，故表中共有四期数据。调查内容是城市家庭的日平均消费水平。这里列举了 7 个家庭的数据。如其所示，日平均消费水平由四个变量表示——日消费 2000、日消费 2002、日消费 2004、日消费 2006，分别代表不同调查年份城市家庭的日平均消费水平（元），故其数据格式如表 5-1 所示。

表 5-2 纵向调查的宽数据格式

hhid	日消费 2000	日消费 2002	日消费 2004	日消费 2006
1001	100	105	120	122
1002	200	220	240	260
1003	80	95	95	100
1004	220	240	260	280
1005	160	170	180	200
1006	170	160	180	190
1007	200	205	210	211

（2）长数据。

一个家庭有多个观察值，具体观察值的个数因被调查的家庭成员的多寡而异。若一个家庭有 10 个成员被调查，则该家庭有 10 个观察值；若一个家庭只有 1 个成员被调查，则该家庭仅有 1 个观察值。因此，表 5-1 展示的数据内容可以以另一种格式表现出来（见表 5-3）。

表 5-3 **长数据格式**

hhid	Age	PID
1001	55	1
1001	53	2
1001	30	3
1001	28	4
1002	29	1
1002	26	2
1003	35	1
1003	32	2
1003	6	3
1004	18	1

这类数据被称为长数据。每个被调查者都有一个独立的观察值；来自同一个家庭的成员拥有相同的家庭户标识符。一个有 8 个观察值的家庭反映在数据中会有 8 个同样的 hhid；相反，如果一个家庭只有 1 个成员，则只有 1 个观察值，也只有 1 个 hhid。所以，与宽数据格式刚好相反，长数据的特点是少变量、多观察值。同样，若将表 5-2 的数据以长数据格式表现的话，则会有 3 个变量和 28 个观察值——观察值增加了 3 倍，而变量却从 5 个减少到 3 个（见表 5-4）。

表 5-4 **纵向调查的长数据格式**

hhid	日消费	年份
1001	100	2000
1001	105	2002
1001	120	2004
1001	122	2006
1002	200	2000
1002	220	2002
1002	240	2004
1002	260	2006
……	……	……
……	……	……
1007	200	2000
1007	205	2002
1007	210	2004
1007	211	2006

值得注意的是，这里需要一个新的变量表示年份。

(3) 熟悉数据的结构。

下面以数据文件 Chapter5_reshape.dta 为例，介绍数据转换的方法。先了解数据的基本情况：

```
. use "E:\stata\Chapter5_reshape.dta",clear
```

```
. aorder

. describe

    Contains data from E:\stata\Chapter5_reshape.dta
        obs:        2,101
       vars:        5                                22 Nov 2006 16:58
       size:       65,072 (93.8% of memory free)
    ---------------------------------------------------------------------------
                   storage   display     value
    variable name    type    format      label       variable label
    ---------------------------------------------------------------------------
    age            byte      %8.0g                   age of children
    girl           byte      %8.0g                   girl,0 = boy—1 = girl
    kidid          double    %13.0g                  children id
    mothid         double    %13.0g                  mother id
    yob            int       %8.0g                   year of birth
    ---------------------------------------------------------------------------
    Sorted by:mothid
```

如其所示，该数据共有 2 101 个观察值和 5 个变量。5 个变量分别为母亲的标识符（mothid），儿童的标识符（kidid），儿童的年龄（age）、性别（girl）、出生年（yob）。

再看数据的结构：

```
. sort mothid kidid

. list mothid kidid age yob girl in 2090/2099

          +-------------------------------------------------+
          |      mothid         kidid   age    yob    girl |
          |-------------------------------------------------|
    2090. | 52240301781   52240301782     0   2004       0 |
    2091. | 52240306202   52240306281     3   2001       0 |
    2092. | 52240308102   52240308103     8   1996       0 |
    2093. | 52240308102   52240308104     3   2001       0 |
    2094. | 52240400502   52240400506    17   1987       0 |
          |-------------------------------------------------|
    2095. | 52240401302   52240401307    15   1988       1 |
    2096. | 52240401581   52240401582     0   2003       0 |
    2097. | 52240404102   52240404103     9   1995       0 |
    2098. | 52240404102   52240404104     7   1997       1 |
    2099. | 52240404102   52240404161     4   2000       1 |
          +-------------------------------------------------+
```

由此可见，这是一个儿童数据，每个儿童都有一个独立的观察值和独一无二的标识符；相反，母亲的标识符却有重复，出现的频次因孩子的多寡而异。那么，样本中一共有多少个母亲呢？每个母亲最多有几个孩子在样本中呢？掌握这两个信息将有助于我们判断数据转换的结果是否正确。下面的命令程序可回答第一个问题：

```
. by mothid:keep if _n == 1
(422 observations deleted)
```

按母亲的身份号码分群（by mothid）；保留每个母亲的第一个观察值（keep if_n==1），即可得到数据中母亲的数量。输出结果提示说，有 422 个观察值被删除。

故该数据中共有 1 679（2 101－422）个母亲。

同样的结果也可通过另一种方式获得。

```
. use "E:\stata\Chapter5_reshape.dta",clear
. bysort mothid:gen mothnum = (_n = = 1)
. tab mothnum
```

这里的 mothnum 是代表母亲总数的变量。频数分布的结果显示，mothnum＝1 679，表明数据中共有 1 679 个母亲。

回答第二个问题的方法之一就是使用以下命令：

```
. by mothid:gen ceb = _N
```

该命令是按 mothid 的分类，生成一个名为 ceb 的变量，即母亲的总生育数量。变量的取值依赖于 mothid 出现的总次数，用_N 表示（其用法参见第四章“变量的生成与处理”）。

```
. tab ceb
```

ceb	Freq.	Percent	Cum.
1	1 299	61.83	61.83
2	690	32.84	94.67
3	93	4.43	99.10
4	8	0.38	99.48
5	5	0.24	99.71
6	6	0.29	100.00
Total	2 101	100.00	

结果显示，样本中的母亲最多有 6 个孩子。

假设研究问题是，母亲的生育水平是否影响她们的职业成就。由于现存数据是以儿童为单位的长数据，而我们关心的对象是母亲，于是，我们需要将数据转换成以母亲为单位、包含子女信息的宽数据，每个母亲只有 1 个观察值。前面的数据描述结果提示，当数据转换为宽数据后，应有 1 679 个观察值，且分别有 6 个变量表示儿童的标识符、年龄、性别。

5.4.2 将长数据转换成宽数据

将长数据转换为宽数据的基本命令是：

```
. reshape wide 变量名, i(观察值的标识符) j(次标识符)
        ①          ②           ③                ④
```

①：将长数据转换为宽数据的基本命令。

②：一组表示同样内容的变量的共同前缀，即 X_ij 中的 X，指定希望转换的变量名称。

③：选项 i 及括号内的变量一起，指定观察值的标识符，或表示取值独一无二、代表每个逻辑观察值的变量。

④：选项 j 及括号内的变量一起，指定观察值的次标识符，或表示在每个逻辑观察值中，其独一无二的取值代表每个次观察的变量。它也告诉 Stata，在生成新变量的时候，使用哪个原有变量的取值作为宽数据变量的尾缀。

请看下面的例子：

```
. use "E:\stata\Chapter5_reshape.dta", clear
. format mothid kidid %13.0g
. gsort mothid-age
. by mothid:gen order = _n
. reshape wide kidid age girl yob, i(mothid) j(order)
       ①              ②             ③        ④
(note: j = 1 2 3 4 5 6)
```

①：将长数据转换为宽数据的基本命令。

②：变量 kidid、age、girl 和 yob 即需要转换的变量（即 X_ij）。

③：以 mothid（母亲的标识符）为标准进行转换。命令 reshape 需要一个共同的标识符（ID），利用该标识符将每个孩子指定给他的母亲，将兄弟姊妹指定给同一母亲。在本例中，该标识符就是 mothid。

④：在将长数据转换为宽数据的过程中，需要另一个标识符，表明转换后变量尾缀的取值，也就是给每个新的母亲层次的变量指定一个相应的尾缀。在本例中，它是由 j( ) 来表示的。该命令告诉 Stata，按照变量 order 的取值给变量 kidid、age、girl 和 yob 指定尾缀。假若一个母亲有六个孩子，孩子的顺序（order）为 1、2、3、4、5、6，则在宽数据中，age 将会变成 age1 age2…age6；同样的规律也适用于变量 kidid、girl 和 yob。变量后面的尾缀代表每个孩子与兄弟姊妹之间的长幼顺序关系。在横向数据转换的过程中，变量 j 自动消失，变成了其他变量（kidid、age、girl、yob）的尾缀。

下面是转换后的数据结果：

```
Data                              long    ->   wide
-----------------------------------------------------------------
Number of obs.                   2 101    ->   1 679
Number of variables                  6    ->   25
j variable(6 values)             order    ->   (dropped)
xij variables:
                                 kidid    ->   kidid1 kidid2...kidid6
                                   age    ->   age1 age2...age6
                                  girl    ->   girl1 girl2...girl6
                                   yob    ->   yob1 yob2...yob6
-----------------------------------------------------------------
```

输出结果显示，原有的长数据共有 2 101 个观察值，转换后的宽数据只有 1 679 个观察值。观察值的数量与前面通过“by mothid: keep if_n == 1”命令得到的结果是一致的，可见转换结果是正确的。观察值减少的原因在于，以儿童为分析单位的长数据变成了以母亲为分析单位的宽数据，每个母亲只有 1 个观察值，孩子的资料都转换成了母亲的特征。因此，虽然长数据只有 5 个变量，但在宽数据中，变量的数目从 6 个增加到 25 个：除 mothid 外，kidid、age、girl 和 yob 都被分解为 6 个变量，分别为 kidid1～kidid6、age1～age6、girl1～girl6 和 yob1～yob6；变量 order 自动消失。即便 1 个母亲只有 1 个孩子，在她的观察值行，age1～age6 等变量名称也同样存在，只是 kidid2～kidid6、age2～age6、girl2～girl6 及 yob2～yob6 都是缺失的；同样，如果 1 个母亲有 2 个孩子在样本中，则 kidid3～kidid6、age3～age6、girl3～girl6 及 yob3～yob6 都是缺失的，以此类推。

将转换后的数据予以保存：

```
. save "E:\stata\Chapter5_reshape_wide.dta"
```

下面是转换后数据的基本情况：

```
. describe

    Contains data
        obs:            1 679
       vars:               25
       size:          141 456 (86.5 % of memory free)
    ----------------------------------------------------------------------
                     storage  display    value
    variable name     type    format     label      variable label
    ----------------------------------------------------------------------
    mothid           double   %13.0g                mother id
    age1             byte     %8.0g                 1 age
    girl1            byte     %8.0g                 1 girl
    kidid1           double   %13.0g                1 kidid
    yob1             int      %8.0g                 1 yob
    age2             byte     %8.0g                 2 age
    girl2            byte     %8.0g                 2 girl
    kidid2           double   %13.0g                2 kidid
    yob2             int      %8.0g                 2 yob
    age3             byte     %8.0g                 3 age
    girl3            byte     %8.0g                 3 girl
    kidid3           double   %13.0g                3 kidid
    yob3             int      %8.0g                 3 yob
    age4             byte     %8.0g                 4 age
    girl4            byte     %8.0g                 4 girl
    kidid4           double   %13.0g                4 kidid
    yob4             int      %8.0g                 4 yob
    age5             byte     %8.0g                 5 age
    girl5            byte     %8.0g                 5 girl
    kidid5           double   %13.0g                5 kidid
    yob5             int      %8.0g                 5 yob
    age6             byte     %8.0g                 6 age
    girl6            byte     %8.0g                 6 girl
    kidid6           double   %13.0g                6 kidid
    yob6             int      %8.0g                 6 yob
    ----------------------------------------------------------------------
    Sorted by: mothid
```

虽然变量的数目增加了，但变量名称的主干不变，age 还是叫 age，girl 还是叫 girl，kidid 还是叫 kidid，yob 还是叫 yob。不同的是，在原变量的后面，增加了 1～6 的数字尾缀。尾缀 1 表示第 1 个孩子，尾缀 2 表示第 2 个孩子，以此类推。尾缀的取值取决于代表孩子长幼序列的变量 j(order)；该变量在生成宽数据的过程中消失了，取而代之的是新变量的尾缀。下面是部分数据的分布情况：

```
. list mothid kidid1 age1 age2 age3 age4 age5 age6 if mothid == 21110100821 | mothid
== 21210300731 | mothid == 45220306202 | mothid == 45230300541 | mothid ==
45230204302 | mothid == 52230301802,sep(0)

     +-------------------------------------------------------------------+
     |      mothid        kidid1      age1 age2 age3 age4 age5 age6 |
     |-------------------------------------------------------------------|
  1. | 21110100821   21110100861        10    .    .    .    .    . |
 65. | 21210300731   21210300732        12    6    .    .    .    . |
1384. | 45220306202   45220306203       14   13   11    .    .    . |
1410. | 45230204302   45230204303       12    9    6    5    4    . |
1413. | 45230300541   45230300542       10    6    1    1    .    . |
1629. | 52230301802   52230301803       17   16   13    9    8    5 |
     +-------------------------------------------------------------------+
```

由此可见：

第 1 个母亲（21110100821）只有 1 个 10 岁的孩子。

第 2 个母亲（21210300731）有 2 个孩子，分别为 12 岁和 6 岁。

第 3 个母亲（45220306202）有 3 个孩子，分别为 14 岁、13 岁、11 岁。

第 4 个母亲（45230204302）有 5 个孩子，分别为 12 岁、9 岁、6 岁、5 岁、4 岁。

第 5 个母亲（45230300541）有 4 个孩子，分别为 10 岁、6 岁、1 岁、1 岁。

第 6 个母亲（52230301802）有 6 个孩子，分别为 17 岁、16 岁、13 岁、9 岁、8 岁、5 岁。

值得注意的是，在数据转换的过程中，我们难免会遇到以下两类错误：

（1）缺失值错误。

标识符变量不能有缺失值。否则，Stata 将停止工作，并显示错误。比如，当变量 j 有缺失值时，Stata 就会提示说：

```
order contains missing values
r(498);
```

该提示意为，变量 order 有缺失值。

（2）非常数错误。

Stata 按照我们指明的变量进行转换，并假定数据中其他未指明的变量在同一组群中仅有一个取值，即常数。当该假定不成立时，软件就会停止工作，并输出错误提示。假若我们输入以下命令，也会得到错误提示：

```
. reshape wide kidid age girl,i(mothid) j(order)
```

```
(note:j = 1 2 3 4 5 6)
yob not constant within mothid
Type "reshape error" for a listing of the problem observations.
r(9);
```

该提示意为，在同一个 mothid 组群内，yob 不是常数；在帮助窗口中输入“reshape error”命令查一查错误的原因是什么。

按照输出结果的提示，我们输入 help reshape error，得到以下提示：

```
(note:j = 1 2 3 4 5 6)
i(mothid) indicates the top-level grouping such as subject id.
```

该提示意为，i 变量表示高层分群，比如个体标识符。

```
j(order) indicates the subgrouping such as time.
```

该提示意为，j 变量表示次分群，比如序列数据中的时间。

```
xij variables are kidid age girl.
```

该提示意为，xij 变量表示 kidid、age、girl。

```
Thus,the following variable(s) should be constant within i:
  yob
```

该提示意为，变量 yob 在同一个母亲的组群内应该是一致的。

由于变量 yob（出生年）在以母亲为标准划分的组群中不是恒定的（每个孩子的出生年不同），违反了 Stata 的假定，故 Stata 就拒绝工作了。

5.4.3 将宽数据转换成长数据

将宽数据转换成长数据的命令如下：

```
. reshape long 变量名, i(观察值的标识符) j(次标识符)
      ①         ②            ③            ④
```

①：将宽数据转换为长数据的基本命令。

②：根据次标识符指定的、有共同主干但尾缀不同的一组变量，生成一（多）个新变量。

③：选项 i 指定观察值的标识符，具有独一无二的取值，是代表每个逻辑观察值的变量。

④：选项 j 代表次标识符，在数据中已经存在，是生成新变量的依据。

以数据文件 Chapter5_reshape_wide. dta 为例进行演示。

```
. use "E:\stata\Chapter5_reshape_wide.dta",clear
. reshape long kidid age girl yob, i(mothid) j(order)
      ①              ②             ③         ④
```

①：将宽数据转换为长数据的基本命令。

②：变量 kidid、age、girl、yob 都是横向数据变量名的主干部分，其后都有 1～6 的尾缀。尾缀相当于每个孩子的胎次，第一个孩子的年龄为 age1，以此类推；尾缀也是每个孩子长幼次序的标识符。如果数据中的变量不是"主干＋数字"的格式，那么最好在使用 reshape 命令之前，重新定义变量，将其转换为这类格式。

③：按照 mothid 给每个孩子分组。

④：j（order）告诉 Stata，按 reshape long 后面变量的尾缀，生成名为 order 的新变量。变量 j 有 6 个取值。若原变量的尾缀是 1，则 order 的取值为 1；若原变量的尾缀是 2，则 order 的取值为 2，以此类推。变量 order 代表每个孩子与兄弟姊妹的长幼关系，该变量的命名是任意的。这与 reshape wide 不同，因为在 reshape wide 命令中，我们必须使用明确标识同一个母亲的每个孩子顺序的标识符——换言之，在长数据中，该变量实际上是存在的。

数据的转换结果如下：

```
Data                                      wide   ->      long
-----------------------------------------------------------------
Number of obs.                            1 679  ->      10 074
Number of variables                          25  ->       6
j variable (6 values)                            ->      order
xij variables:
                        kidid1 kidid2...kidid6   ->      kidid
                              age1 age2...age6   ->      age
                           girl1 girl2...girl6   ->      girl
                              yob1 yob2...yob6   ->      yob
-----------------------------------------------------------------
```

该输出结果显示，数据从原来的 1 679 个观察值变成了 10 074 个观察值；从原来的 25 个变量减少到了 6 个变量；在转换的过程中，生成了一个名为 order 的新变量；原来的 xij 变量（kidid1 kidid2...kidid6，age1 age2...age6，等等）都失去了尾缀，成了 kidid、age、girl、yob。新数据的基本情况如下：

```
. describe

  Contains data
     obs:          10 074
    vars:               6
    size:          252 600 (75.9% of memory free)
-------------------------------------------------------------------------
                  storage   display    value
variable name       type    format     label     variable label
-------------------------------------------------------------------------
mothid            double    %13.0g               mother id
order             byte      %9.0g
age               byte      %8.0g
girl              byte      %8.0g
kidid             double    %13.0g
yob               int       %8.0g
-------------------------------------------------------------------------
Sorted by: mothid order
     Note: dataset has changed since last saved
```

可见，在数据转换的过程中，经过转换的变量的标签都丢失了。更为重要的是，宽数据只有 1 679 个观察值，而长数据却出现了 10 074 个观察值。这是为什么呢？在宽数据中，1 个母亲最多有 6 个孩子。于是，Stata 假定，每个母亲都有 6 个孩子；reshape long 命令不论母亲有几个孩子，都以 6 为基准，给每组 mothid 各生成 6 个观察值。因此，新数据的观察值等于 1 679 乘以 6 即 10 074 个。

```
. list mothid order kidid age yob girl if_n>10060

       +-----------------------------------------------------------------+
       |      mothid   order         kidid   age    yob   girl |
       |-----------------------------------------------------------------|
10061. | 52240401581       5             .     .      .      . |
10062. | 52240401581       6             .     .      .      . |
10063. | 52240404102       1   52240404103     9   1995      0 |
10064. | 52240404102       2   52240404104     7   1997      1 |
10065. | 52240404102       3   52240404161     4   2000      1 |
       |-----------------------------------------------------------------|
10066. | 52240404102       4             .     .      .      . |
10067. | 52240404102       5             .     .      .      . |
10068. | 52240404102       6             .     .      .      . |
10069. | 52240404202       1   52240404204    12   1992      0 |
10070. | 52240404202       2   52240404203    16   1988      0 |
       |-----------------------------------------------------------------|
10071. | 52240404202       3             .     .      .      . |
10072. | 52240404202       4             .     .      .      . |
10073. | 52240404202       5             .     .      .      . |
10074. | 52240404202       6             .     .      .      . |
       +-----------------------------------------------------------------+
```

由此可见，每个母亲都有 6 个观察值。然而，并不是每个母亲都有 6 个孩子；相反，大部分母亲只有 1 个或 2 个孩子。母亲 52240404102 有 3 个孩子；母亲 52240404202 有 2 个孩子。对绝大部分观察值来说，孩子的数据是缺失的。这样的样本属于无效样本，需要从数据中删除：

```
. keep if kidid! =.
```

或

```
. drop if kidid==.
(7973 observations deleted)
```

该命令告诉 Stata，只保存 kidid 为有效值的样本；共有 7 973 个观察值被删除。

```
. describe

Contains data
  obs:          2 101                          Stata sample file,first Cre-
 vars:              6                          ated in Sep, 2006, modified
 size:         52 700 (95.0% of memory free)   in January 2007
------------------------------------------------------------------------------
                storage   display    value
variable name     type    format     label      variable label
```

```
mothid          double   %13.0g          mother id
order           byte     %9.0g
age             byte     %8.0g
girl            byte     %8.0g
kidid           double   %13.0g
yob             int      %8.0g
Sorted by:mothid order
     Note:dataset has changed since last saved
```

在转换数据的过程中，我们无须转换所有变量。比如，无论分析单位是母亲还是儿童，家庭层次的变量都是一样的。假若 assets 代表家庭耐用消费品的拥有量，在转换数据时，只要我们不将该变量置于 reshape wide 或 reshape long 命令后的变量名中，其数值对于每个来自同一母亲的孩子就都是一样的。

在从宽数据转换为长数据的过程中，有一点值得注意：宽数据变量的尾缀不能以 0 开头。如果以 0 开头，那么虽然 Stata 依旧工作，但其结果却是有问题的。以表 5-1 的数据为例。假若该数据已经被保存为 Stata 格式数据，现在需要将其转变为如表 5-3 所示的长数据，我们输入以下命令，并得到下面的结果：

```
. reshape long age,i(hhid) j(pid)
(note:j = 1 2 3 4)
```

该注释意为，新生成的变量 j 有 4 个取值。

```
(note:age1 not found)
(note:age2 not found)
(note:age3 not found)
(note:age4 not found)
```

上面四条注释意为，没有发现变量 age1～age4。

输出结果与预期相符：数据的观察值增加了，从 4 个变成了 16 个；生成了一个新变量 pid；原始的 age1、age2、age3、age4 转换为变量 age。与预期不符的是，变量的数目也增加了，从 9 个增加到了 11 个。

```
Data                                  wide   ->      long
-----------------------------------------------------------
Number of obs.                           4   ->        16
Number of variables                      9   ->        11
j variable (4 values)                        ->       pid
xij variables:
                          age1 age2...age4   ->       age
-----------------------------------------------------------
```

这个结果是错误的。正确的情况是，在新数据中，变量的数目应该是 3 个（hhid、pid、age）。为什么会是 11 个呢？在检查数据的基本情况后可知，原有的 age01、age02、age03、age04 等变量都还存在：

```
. describe

  Contains data
     obs:            16
    vars:            11
    size:           192 (99.9 % of memory free)
  ---------------------------------------------------------------------------------
                   storage   display     value
  variable name      type    format      label       variable label
  ---------------------------------------------------------------------------------
  hhid             int       %8.0g
  pid              byte      %9.0g
  pid01            byte      %8.0g
  pid02            byte      %8.0g
  pid03            byte      %8.0g
  pid04            byte      %8.0g
  age01            byte      %8.0g
  age02            byte      %8.0g
  age03            byte      %8.0g
  age04            byte      %8.0g
  age              byte      %8.0g
  ---------------------------------------------------------------------------------
  Sorted by: hhid pid
      Note: dataset has changed since last saved
```

更有甚者，数据的结构分布显示，新变量 age 的取值全部缺失：

```
. list hhid pid age01 age02 age03 age04 age

      +------------------------------------------------------------+
      |  hhid    pid   age01   age02   age03     age04   age |
      |------------------------------------------------------------|
   1. |  1001      1      55      53      30        28     . |
   2. |  1001      2      55      53      30        28     . |
   3. |  1001      3      55      53      30        28     . |
   4. |  1001      4      55      53      30        28     . |
   5. |  1002      1      29      26       .         .     . |
      |------------------------------------------------------------|
   6. |  1002      2      29      26       .         .     . |
   7. |  1002      3      29      26       .         .     . |
   8. |  1002      4      29      26       .         .     . |
   9. |  1003      1      35      32       6         .     . |
  10. |  1003      2      35      32       6         .     . |
      |------------------------------------------------------------|
  11. |  1003      3      35      32       6         .     . |
  12. |  1003      4      35      32       6         .     . |
  13. |  1004      1      18       .       .         .     . |
  14. |  1004      2      18       .       .         .     . |
  15. |  1004      3      18       .       .         .     . |
      |------------------------------------------------------------|
  16. |  1004      4      18       .       .         .     . |
      +------------------------------------------------------------+
```

导致这些问题的原因在于，原始数据 age 变量的尾缀以 0 开头。由于 j 变量的默认排序从 1 开始，故在生成变量 age 时，Stata 寻找尾缀为 1、2、3、4 的变量。然而，在原数据中，age 的尾缀分别为 01、02、03、04，Stata 在进行合并时找不到相应的数据，故 reshape long 命令的输出结果中提示说：(note：age1 not found)……(note：age4 not found)。

解决该问题的方法有两种。一是事前预防：在数据转换前，将原数据 age 变量的尾缀替换为 1、2、3、4。这是比较省事的方法。二是事后弥补：在数据转换后，使用 replace 命令，替换 age 的缺失值，然后再删除变量 age01～age04，得到期望的结果。

```
. replace age = age01 if pid == 1
(4 real changes made)
. replace age = age02 if pid == 2
(3 real changes made)
. replace age = age03 if pid == 3
(2 real changes made)
. replace age = age04 if pid == 4
(1 real change made)
. drop age01-age04
```

在这两种方法中，第一种方法更好。

5.5　数据的分组（group）

社会科学研究经常分析比较不同人群的特征及其差异、产生差异的原因以及这些特征对社会行为和结果的影响。比如，有人希望探讨地区或城乡之间经济发展的异同，有人分析男性与女性收入的差异，还有人探究不同年龄的妇女对儿子和女儿的看法……同时，研究者还希望分析种种因素对不同人群行为影响的异同。在这种情况下，我们往往根据研究问题的需要，对群体（城乡、地区、性别、年龄等）进行分组，并进行比较分析。该分组由于是在系统内定义的，因而在数据管理器中并不明确体现。比如，

```
. sort urban
. by urban:sum x y z
```

该命令意为，按城乡计算变量 x、y、z 的统计量。

```
. sort urban girl
. by urban girl:sum x y z
```

该命令意为，按城乡和性别计算变量 x、y、z 的统计量。

```
. sort urban girl region
. by urban girl region:sum x y z
```

该命令意为，按城乡、性别和地区计算变量 x、y、z 的统计量。

```
. sort urban girl region age
```

```
. by urban girl region agegrp:sum x y z
```

该命令意为，按城乡、性别、地区和年龄群计算变量 x、y、z 的统计量。

```
. sort urban
. by urban:tab x1 x2
```

该命令意为，按城乡对变量 x_1 和 x_2 进行列联分析。

```
. sort urban
. by urban:ttest x1,by(x2)
```

该命令意为，比较城乡样本，检验 x_1 的均值是否因 x_2 的分类而异。

```
. sort urban
. by urban:corr y x1 x2 x3
```

该命令意为，按城乡进行相关关系分析。

```
. sort urban
. by urban:regress y x1 x2 x3
```

该命令意为，按城乡进行回归分析。

对 Stata 的这项功能，我们已经比较熟悉，故不再重复。

5.6 数据的集合（collapse 和 contract）

collapse 命令和 contract 命令用来对记忆空间的数据进行集合，生成一个新的高层次数据。前者用于生成均值、中位数等统计量的数据；后者用于生成频数或比例的数据。特别需要注意的是，新生成的数据将会取代记忆空间的数据。因此，若不想取代原数据的话，则在执行该命令之后，应该使用 save as 命令。

5.6.1 均值等统计量的集合

某高科技生产企业研制出一种新型手机。手机（cph）的颜色共有四种：橘黄色、粉色、绿色和银灰色。这四种手机的容量、价格、包装等可能影响销售量的因素全部相同。现从地理位置相似、经营规模相仿的电子超市收集了该种手机的销售情况。该手机在七家超市的销售情况如下：

```
. use "E:\stata\Chapter5_collapse.dta",clear
. sort group
. by group:list cph
-> group = 1     -> group = 2     -> group = 3     -> group = 4
```

```
   +-------+        +-------+        +-------+        +-------+
   |  cph  |        |  cph  |        |  cph  |        |  cph  |
   |-------|        |-------|        |-------|        |-------|
1. |  28   |     1. |  27   |     1. |  25   |     1. |  32   |
2. |  29   |     2. |   .   |     2. |  24   |     2. |  29   |
3. |  27   |     3. |  30   |     3. |  26   |     3. |   .   |
4. |  25   |     4. |  29   |     4. |  28   |     4. |   .   |
5. |   .   |     5. |  28   |     5. |  27   |     5. |  32   |
   |-------|        |-------|        |-------|        |-------|
6. |  26   |     6. |  31   |     6. |  28   |     6. |  30   |
7. |   .   |     7. |  29   |     7. |  24   |     7. |  31   |
   +-------+        +-------+        +-------+        +-------+
```

每组的销售均值分别为：

```
. table group,stat(mean cph)

-----------------------------
  group  |     mean(cph)
---------+-------------------
    1    |            27
    2    |            29
    3    |            26
    4    |          30.8
-----------------------------
```

```
. collapse cph
     ①      ②
```

①：集合数据的基本命令。

②：需要集合的变量名称。

```
. describe

Contains data
    obs:              1
   vars:              1
---------------------------------------------------------------------------
               storage   display     value
variable name   type     format      label      variable label
---------------------------------------------------------------------------
cph             float    %8.0g                  (mean)cph
---------------------------------------------------------------------------
Sorted by:
```

由于上面的命令没有任何选项或指定统计量，因而 Stata 生成只有一个观察值、一个变量的数据，该观察值为 cph 的均值，仍旧称为 cph。Stata 的默认方式是，集合后数据的变量名称与原数据的变量名称是一样的。

不过，我们可以利用 by 选项，按照组群计算均值等统计量。

```
. use "E:\stata\Chapter5_collapse.dta", clear

. sort group

. collapse cph,by(group)
```

按照变量 group 的分类，生成分组均值数据。

```
. describe
```

```
Contains data
   obs:            4
  vars:            2
--------------------------------------------------------------------------------
                  storage   display     value
variable name      type     format      label       variable label
--------------------------------------------------------------------------------
group              byte     %9.0g
cph                float    %8.0g                   (mean)cph
--------------------------------------------------------------------------------
Sorted by:group
     Note:dataset has changed since last saved
```

由于原数据被分为四组（四种手机颜色），故新数据共有四个观察值、两个变量（group 和 cph）。四组的平均销售均值分别为 27、29、26、30.8：

```
. list

     +--------------+
     | group    cph |
     |--------------|
  1. |     1     27 |
  2. |     2     29 |
  3. |     3     26 |
  4. |     4   30.8 |
     +--------------+
```

在计算统计量时，Stata 的默认方式是使用所有的观察值，无论其缺失与否。其结果是，由于缺失值等原因，计算一个变量均值的观察值与计算另一个变量的观察值不同，这可能不是我们希望看到的结果。不过，cw（case-wise）选项能够帮助我们克服这一不足。该选项告诉 Stata，在计算统计量时，删除缺失数据。比如，若变量 a 的观察值有缺失，那么即便其他变量没有缺失值，变量 a 缺失的观察值也将被排除在计算之外。

```
. collapse(mean)cph,by(group)cw
```

如果希望某个变量有一个以上的统计量，则必须提供一个新变量名称：new name= original name。比如：

```
. collapse(mean)cph(max)max_cph = cph,by(group)
```

5.6.2 频数等统计量的集合

```
. contract x  y  z
    ①       ②
```

①：利用现存数据，按照某个（些）变量生成一个频数分布数据的命令。

②：生成频数分布数据的变量。

```
. contract x y z,zero
```

选项 zero 告诉 Stata，包括任何与 0 相关的频数。

```
. contract x y z,nomiss
```

选项 nomiss 告诉 Stata，对命令中列出的变量，不要使用任何具有缺失值的观察值。比如：

```
. contract cph, nomiss
```

按变量 cph 的分布，生成一个频数分布数据，新数据排除 cph 的缺失值。变量 cph 原有的分布情况如下：

```
. tab cph,m

        cph |      Freq.     Percent        Cum.
------------+-----------------------------------
         24 |          1       11.11       11.11
         25 |          1       11.11       22.22
         26 |          1       11.11       33.33
         27 |          1       11.11       44.44
         28 |          1       11.11       55.56
         29 |          1       11.11       66.67
         30 |          1       11.11       77.78
         31 |          1       11.11       88.89
         32 |          1       11.11      100.00
------------+-----------------------------------
      Total |          9      100.00
```

经过排除缺失值的集合后，其分布情况变成：

```
list

     +--------------+
     |  cph   _freq |
     |--------------|
  1. |   24       2 |
  2. |   25       2 |
  3. |   26       2 |
  4. |   27       3 |
  5. |   28       4 |
     |--------------|
  6. |   29       4 |
  7. |   29       4 |
  8. |   30       2 |
  9. |   31       2 |
 10. |   32       2 |
     +--------------+
```

本章要点

```
. append using "使用数据的路径和名称"
```

纵向合并数据。如:append using "E:\u_merge"。

```
. append using "使用数据的路径和名称",keep(x y z)
```

纵向合并数据，只保存使用数据中的变量 x、y、z。如：append using "E:\u_merge",keep(age edu girl)。

```
. merge 合并形式 关键变量 using "文件名"
```

利用关键变量进行两个数据的横向合并。

```
. merge 合并形式 关键变量 A  关键变量 B using "文件名"
```

利用两个关键变量将使用数据合并到主要数据中。如：merge hhid kidid using "E:\u_merge"。

```
. merge 合并形式 关键变量 using "文件名",update
```

选项 update 告诉 Stata，利用使用文件中的有效数值替代主要数据中相应变量的缺失值。

```
. merge 合并形式 关键变量 using "文件名",update replace
```

选项 replace 告诉 Stata，利用使用文件中的数据取代主要数据中的相关数据，使用数据的数值缺失的情况除外。选项 replace 必须与选项 update 同时使用。

```
. merge 合并形式 关键变量 using "文件名",nokeep
```

选项 nokeep 告诉 Stata，不保留使用数据与主要数据不匹配的样本。

```
. reshape wide x y z,i(a) j(b)
```

将长数据转换为宽数据；x、y、z 即需要转换的变量；以 a 为标准进行转换；按 b 的取值给变量 x、y、z 指定尾缀。

```
. reshape long x y z,i(a) j(b)
```

将数据从宽数据转换为长数据；变量 x、y、z 都是横向数据变量的主干部分，其后都有尾缀；以 a 为标准进行转换；按变量的尾缀，生成名为 b 的新变量。变量 b 的取值由 x、y、z 的尾缀决定。

```
. collapse x
```

生成一个 x 均值的数据。

```
. contract x y z
```

计算变量 x、y、z 的频数分布数据。

基本概念

纵向合并、横向合并、盘符数据/使用数据、主要数据、关键变量、系统变

量_merge、配对合并、长数据、宽数据

复习思考题

1. 请将下面两个文件纵向合并在一起，并回答以下问题：

（1）新生成的数据一共有多少个观察值、多少个变量？

（2）其中，来自文件1和文件2的观察值各有多少？

（3）哪些变量是两个文件共有的，哪些是特殊的？

文件1：

a3a	aa2a	a11	t1	t2	t3	kid
32	2	34	21	1	1	21110106503
14	1	16	43	1	1	43110200921
30	2	33	32	1	2	32120600503
23	1	23	45	1	2	45120408203
26	1	23	21	1	2	21120401705
10	1	14	23	1	1	23110401304

文件2：

mothid	a3a	aa2a	a11	a13	u3	t1	t2	kid
43240300102	3	1			100	43	2	43240300181
42240401802	12	2	15	1	135.5	42	2	42240401805
45220208102	2	2			83.4	45	2	45220208103
52220306102	8	1	12	1		52	2	52220306103
37220301341	5	1			112	37	2	37220301361
23210300602	29	1	23	0	166	23	2	23210300603
43220204202	12	1	21	1	152	43	2	43220204205
	34	1	26	0	167	42	2	42210301402
43240201002	32	1	16	0	160.8	43	2	43240201005
41240404102	15	2	23	1		41	2	41240404103
	9	2	12	1	124.7	52	2	52230200141
32210500902	13	2	21	1	140	32	2	32210500904
43230401702	14	1	23	1	167	43	2	43230401721

2. 请使用fumuid作为关键变量，利用parents.dta为主要数据横向合并“Stata练习数据”文件夹中的parents.dta文件和ch4_Child.dta文件，并回答以下问题：

（1）有多少观察值分别来自主要数据、使用数据以及同时来自两个数据文件？

（2）新数据文件增加了多少个变量？

（3）合并后的数据是否有重复值？有多少重复值？为什么有重复值？

（4）删除重复值。

（5）删除fumuid缺失的个案。

（6）将新数据文件的相关变量分别与两个原数据文件进行比较，检查合并的结果是否正确。

（7）保存该数据文件，并命名为“ch5. dta”。

3. 请使用 hhid 作为关键变量，横向合并 ch5_Child. dta（主要数据）和“Stata 练习数据”文件夹中的数据文件 hhwealth. dta（仅保留该数据文件中 year 为 2004 年的个案；保留 hhid04 和 goods1 两个变量；将 hhid04 重新命名为 hhid），并回答以下问题：

（1）有多少观察值分别来自主要数据、使用数据以及同时来自两个数据文件？

（2）新数据文件增加了多少个变量？

（3）合并后的数据是否有重复值？有多少重复值？为什么有重复值？

（4）删除重复值。

（5）删除 hhid 缺失的个案。

（6）将新数据文件的相关变量分别与两个原数据文件进行比较，检查合并是否成功。

（7）保存该数据文件，并命名为“ch5_Child. dta”。

4. 请以 hhid 为关键变量，将下列数据转换为宽数据，检验转换的结果是否正确（提示：需要先生成一个表示同一 hhid 先后顺序的变量），并回答以下问题：

（1）转换后的数据有多少个观察值？

（2）转换后的数据有多少个变量？

hhid	year	goods
3712409	2000	10
3712409	1993	5
3712409	1989	9
3724210	1993	3
3724210	1997	2
3724210	1989	3
3724210	2000	6
4312208	1989	5
4312208	1997	8
4312208	2000	12
4511408	1993	0
4511408	2000	3
4524313	1993	7
4524313	1989	3
4524313	1997	6
4524313	2000	8

5. 请将下列宽数据转换为长数据，并检验转换的结果是否正确。注意新数据与原数据中变量和观察值的变化，解释变化的原因：

hhid	year1	goods1	year2	goods2	year3	goods3	year4	goods4
3712409	1989	9	1993	5			2000	10
3724210	1989	3	1993	3	1997	2	2000	6

4312208	1989	5			1997	8	2000	12
4511408			1993	0			2000	3
4524313	1989	3	1993	7	1997	6	2000	8

推荐阅读书目

1. 汉密尔顿．应用STATA做统计分析．北京：清华大学出版社，2017.
2. 许琪．Stata数据管理教程．北京：北京大学出版社，2021.
3. 杨维忠．Stata统计分析与实验指导．北京：清华大学出版社，2020.
4. StataCorp. Stata：user's guide. TX：Stata Press，2021.

第三部分

描述性统计分析

第六章

数据的描述

处理数据是为了在对数据进行描述和分析后，回答研究问题。数据分析的第一步就是描述变量的基本特征。只有在熟悉、了解数据的基本特征和变量分布的基础上，才能决定如何对数据做进一步处理。

本章介绍描述性统计方法。描述性统计通过一系列的程序帮助组织、归纳、总结样本的基本特征。常见的方法包括频数分布、百分比、分位数、均值、标准差、中位数、众数、最大值、最小值、二元或多元交叉表、二元相关关系分析等等。除后两者外，其余的描述性统计分析大多属于单变量分析（univariate analysis），一次只考察一个变量的分布情形，尤其是属性的分布。

本章使用的数据为 Chapter6. dta。

本章介绍总结性分析和频数分布；第八章介绍假定检验。本书不涉及非参数假定检验与分布图形和检验。

6.1 频数分布

频数（frequency）与比例（proportion）、百分比（percentage）和比率（ratio）等描述性统计方法适用于所有类型的数据，包括定性、定序、定距、定比数据。频数也称次数，是指分布在各个类别中的数据个数。频数分布就是对样本中变量的不同属性出现次数的描述。比如，在某个班级中（假如这个班级中所有的人都被选作样本的话），60%的同学是女生，40%的同学是男生；又如，2000 年人口普查数据显示，中国 7%的人口年龄在 65 岁以上。其中，60%和 40%分别代表女生和男生在该班级所占的比例；7%是中国老年人口在总人口中所占的比例。我们通常使用统计表来描述频数分布。

Tables 的一些选项可以获取频数分布，另一些选项可以生成均值和标准差，还有一些选项可以同时生成频数分布和描述数据的中央与离散趋势。它们相应的功能和命令如表 6 - 1 所示。

表 6 - 1　　频数分布的命令及功能

命令	功能
. table	计算、展示多种统计量
. tabstat	计算、展示多种统计量
. tabulate…, sum (…)	提供均值、标准差、频数
. tabulate…, subpop (…)	单变量的频数分布
. tab1	多个变量的频数分布
. tab	两个变量的交叉表
. tab2	多个两两变量的交叉表
. tabi	利用指定的数值计算

6.1.1 单变量频数分布

单变量频数分布是指一次只获得一个变量的频数分布。

在命令窗口输入命令：

```
. tabulate a
    ①     ②
```

①：获得频数分布的基本命令。

②：需要描述分布的变量。

主窗口下还有几个选项：

```
Treat missing values like other values
```

该选项意为将缺失值与其他数值同等对待。

```
. tabulate a,missing
```

该命令描述变量 a 的频数分布，将 missing（缺失值，或简化为 m）与其他数值同样对待（显示缺失值的频数分布）。

```
Do not display frequencies
```

该选项意为不要展示频数。

```
. tabulate a,nofreq
```

该命令不输出频数。

```
Display numeric code rather than value labels
```

该选项意为展示数值编码而不是数值的标签。

```
. tabulate a,nolabel
```

该命令不展示变量的标签。

```
Produce a bar chart of the relative frequencies
```

该选项意为生成相对频数的分布图。

```
. tabulate a,plot
```

该命令生成变量 a 的频数分布，且同时生成一个简单的分布图形。

```
Display the table in descending order of frequency
```

该选项意为按频数从小到大展示分布。

(1) 限定对话框（by/if/in）：限定数据（只描述次样本的频数分布）。

分组计算频数：

```
. by b:tabulate a
```

该命令按变量 b 的分类计算变量 a 的频数。

在 if 表达式下按某个变量的取值限定样本：

```
. tabulate a if b == 1
```

该命令描述当 b 等于 1 时，变量 a 的频数。

在 Use a range of observations 下指定具体的观察值：

```
. tabulate a in 101/200
```

该命令描述从第 101 到第 200 个观察值之间的频数。

(2) 应用举例。

在获得频数分布时，需要注意以下几个问题：

其一，当命令中只有一个变量时，tabulate 相当于 tab 或 tab1——换言之，命令 tab、tab1 同样可以生成单变量频数分布。

其二，当 tabulate 的后面接两个变量时，则生成它们之间的交叉表，相当于 tab2。

其三，若 tabulate 的后面接多个变量，则得到“too many variables specified”（指定了太多的变量）的错误提示。

下面看看该命令的具体用法：

```
. use "E:\stata\Chapter6.dta"
. tabulate urban
```

或

```
. tab urban
. tab1 urban
```

因为只有一个变量，故这三个命令的输出结果相同（下同）：

urban	Freq.	Percent	Cum.
0	1 509	71.82	71.82
1	592	28.18	100.00
Total	2 101	100.00	

该命令描述 urban 变量的频数分布。如其所示，农村的样本数为 1 509，占总样本的 71.82%，城市的样本数为 592，占总样本的 28.18%。

```
. tabulate girl,subpop(urban)
```

选项 subpop（相当于 sub population）告诉 Stata，描述选项后接变量的取值不等于 0 分类的频数分布，即本例中城市孩子的样本分布为（农村孩子的取值为 0）：

girl	Freq.	Percent	Cum.
0	309	52.20	52.20
1	283	47.80	100.00
Total	592	100.00	

可见，在城市样本中，男孩比例高出女孩比例 4.4 个百分点。

```
. tabulate girl if urban == 1
```

girl	Freq.	Percent	Cum.
0	309	52.20	52.20
1	283	47.80	100.00
Total	592	100.00	

以上命令得出的结论与命令 tabulate girl,subpop(urban) 是相同的。若需要比较不同人群的频数分布，则使用 by 选项：

```
. by urban,sort:tabulate girl
```

或

```
. bysort urban:tabulate girl
```

或

```
. sort urban
. by urban:tabulate girl
```

by 选项告诉 Stata，按照其后的变量分类，分别描述 tabulate 后面变量的频数分布；sort 选项告诉 Stata，在描述频数分布前，对 by 后的变量进行分类。

-> urban = 0

girl	Freq.	Percent	Cum.
0	816	54.08	54.08
1	693	45.92	100.00
Total	1 509	100.00	

-> urban = 1

girl	Freq.	Percent	Cum.
0	309	52.20	52.20
1	283	47.80	100.00
Total	592	100.00	

这里，当 urban=0 时为农村样本；当 urban=1 时为城市样本。当 girl=0 时为男孩样本；当 girl=1 时为女孩样本。

```
. by urban:tabulate edu if edu<.
```

该命令意为，当 edu 不缺失时，分别描述城乡样本教育水平的分布情况。

```
. tabulate age if province == 32 | (province> = 45 & province< = 52),missing
```

该命令意为，输出当 province 等于 32 或大于等于 45 和小于等于 52 时，样本的年龄分布，且将缺失值作为一类，与其他数值一起考虑。

6.1.2 多变量频数分布

多变量频数分布是指使用一个命令，生成多个变量的频数分布。

多变量频数分布的命令为：

```
. tab1 a b c d
   ①    ②
```

①：同时获得多个变量的频数分布的基本命令。与 tab 或 tabulate 不同的是，它的后面可接多个变量。

②：获得频数分布的变量。

```
. tab1 age girl urban
```

该命令告诉 Stata，给 age、girl、urban 等变量各自生成一张频数分布表。

```
-> tabulation of age
```

age	Freq.	Percent	Cum.
0	89	4.24	4.24
1	93	4.43	8.66
2	69	3.28	11.95
3	88	4.19	16.14
4	81	3.86	19.99
5	107	5.09	25.08
6	93	4.43	29.51
7	104	4.95	34.46
8	102	4.85	39.31
9	109	5.19	44.50
10	104	4.95	49.45
11	144	6.85	56.31

```
         12 |        128        6.09       62.40
         13 |        140        6.66       69.06
         14 |        178        8.47       77.53
         15 |        186        8.85       86.39
         16 |        153        7.28       93.67
         17 |        133        6.33      100.00
------------+-----------------------------------
      Total |      2 101      100.00

-> tabulation of girl

       girl |      Freq.     Percent        Cum.
------------+-----------------------------------
          0 |      1 125       53.55       53.55
          1 |        976       46.45      100.00
------------+-----------------------------------
      Total |      2 101      100.00

-> tabulation of urban

      urban |      Freq.     Percent        Cum.
------------+-----------------------------------
          0 |      1 509       71.82       71.82
          1 |        592       28.18      100.00
------------+-----------------------------------
      Total |      2 101      100.00
. tab1 age,nolabel missing plot
```

该命令增添了几个选项——nolabel、missing、plot，要求 Stata 提供除标准信息以外的额外信息。其中，nolabel 告诉 Stata 只展示变量的数值，不展示数值的标签；missing 展示变量的缺失值（Stata 的默认方式是在计算频数分布时，不考虑缺失值）；plot 提供一个频数分布图形。因此，该命令将给变量 age（1）生成频数分布，（2）不要标签（nolabel），（3）将缺失值（missing）作为数据的一部分处理，（4）同时生成一个图形（plot）：

```
    age |  Freq.
--------+-----------+---------------------------------------------------------------------
      0 |        89 | *************************
      1 |        93 | ***************************
      2 |        69 | ********************
      3 |        88 | *************************
      4 |        81 | ***********************
      5 |       107 | ******************************
      6 |        93 | ***************************
      7 |       104 | ******************************
      8 |       102 | *****************************
      9 |       109 | *******************************
     10 |       104 | ******************************
     11 |       144 | *****************************************
     12 |       128 | ************************************
     13 |       140 | ****************************************
```

```
   14 |        178  | *****************************************************
   15 |        186  | *******************************************************
   16 |        153  | **********************************************
   17 |        133  | ****************************************
--------+--------------+--------------------------------------------------------------
Total |      2 101
```

6.2 条件频数分布

条件频数分布也称交叉频数表或列联表，同时生成两个变量之间关系的频数分布，属于相关分析中的一种。我们将在本章的最后一节对列联表做详细介绍。这里简单介绍其基本用法。

tab 命令提供且只能提供双变量的交叉分析，生成二者之间的交叉频数分布，相当于 tabulate 命令。若命令后面仅有一个变量，则 Stata 输出该变量的频数分布；若命令后面变量多于两个，则会出现错误提示。Stata 的默认方法是，tab 后面的第一个变量被当成行变量，第二个变量被当成列变量。

与 tab 命令一样，tab2 命令也可以提供双变量的交叉分析表。二者的主要区别在于，tab 命令只能用于两个变量的交叉分析（tab 后面最多只能有两个变量），而 tab2 命令可同时生成多个两两变量之间的交互频数分布表。因此，tab2 命令不仅包含 tab 命令的功能，而且功能更强。

```
. tab girl enroll
```

该命令告诉 Stata，给变量 girl 和变量 enroll 生成一张交叉频数分布表。结果如下：

```
        girl |        enroll
             |         0          1 |     Total
-------------+----------------------+----------
           0 |        96        735 |       831
           1 |        65        681 |       746
-------------+----------------------+----------
       Total |       161      1 416 |     1 577
```

如其所示，这两个变量的有效样本数为 1 577。其中，男孩数量为 831，女孩数量为 746；不在学样本数为 161，在学样本数为 1 416。男孩不在学人数为 96，在学人数为 735；女孩不在学人数为 65，在学人数为 681。该表格提供了每个单元格的频数分布和边缘分布。利用这些分布，我们可以计算出在学样本和不在学样本的比例、男孩和女孩的比例等，但简单的方法是使用以下选项获得相关信息（更多的选项及其功能请参见本章的最后一节）：

```
. tab girl enroll,chi2 column row miss nokey
                  ①     ②     ③   ④    ⑤
```

①：提供两个变量关系的卡方（即它们之间是相互独立还是相互关联的）。

②：提供列变量的百分比。

③：提供行变量的百分比。

④：提供缺失变量的比例。

⑤：压缩单元格内容的提示。

girl	enroll 0	1	.	Total
0	96	735	294	1 125
	8.53	65.33	26.13	100.00
	59.63	51.91	56.11	53.55
1	65	681	230	976
	6.66	69.77	23.57	100.00
	40.37	48.09	43.89	46.45
Total	161	1 416	524	2 101
	7.66	67.40	24.94	100.00
	100.00	100.00	100.00	100.00

Pearson chi2(2) = 5.304 9   Pr = 0.070

结果显示，数据的总样本数为 2 101，但是否在学变量有 524 个缺失值，占全部样本的近 25％（这主要是由于年龄小的孩子尚未达到上学年龄）。总体来看，男孩占总样本的 53.55％，女孩占总样本的 46.45％；7.66％的孩子不在学，67.40％的孩子在学。其中，男孩不在学的比例为 8.53％，在学的比例为 65.33％，其余 26.13％的男孩是否在学为缺失值；女孩不在学的比例为 6.66％，在学的比例为 69.77％，其余 23.57％的女孩是否在学为缺失值。

```
. tab2 girl enroll urban
```

该命令告诉 Stata，给三个变量创建三个交互分析表。它们分别是：(1) girl 与 enroll 交叉表；(2) girl 与 urban 交叉表；(3) enroll 与 urban 交叉表。结果如下：

-> tabulation of girl by enroll

girl	enroll 0	1	Total
0	96	735	831
1	65	681	746
Total	161	1 416	1 577

-> tabulation of girl by urban

girl	urban 0	1	Total
0	816	309	1 125
1	693	283	976

```
     Total |     1 509        592 |     2 101

-> tabulation of enroll by urban

           |
    enroll |      urban
           |         0          1 |     Total
-----------+----------------------+-----------
         0 |       138         23 |       161
         1 |       984        432 |     1 416
-----------+----------------------+-----------
     Total |     1 122        455 |     1 577
```

与 tab 命令一样，tab2 命令也有很多选项。正是通过这些选项（包括卡方检验和独立性检验等），我们对两两变量之间的关系有了更深入的认识和了解（详见本章的最后一节）。

6.3　频数分布的常见错误分析及解决方法

在使用 Stata 进行频数分布分析时，常常会遇到以下错误：

（1）too many variables specified。

错误的原因在于，混淆了 tab、tab1、tab2 的用法。如前所述，tab 既可用于生成单个变量的频数分布，其后只能接一个变量，也可用来描述两个变量的交叉分布，其后只能接两个变量；tab1 后面可接多个变量，但只能分别生成单个变量的频数分布，而不能生成交叉表；tab2 则可生成多个双变量的交叉表。因此，如果使用下列命令，则会遇到（1）类错误：

```
. tab girl urban age
```

试图使用 tab 命令，生成 3 个变量的交叉表，从而得到（1）的错误提示。

（2）too many values。

错误的原因在于，在试图生成两个变量的交叉表时，每个变量都包含太多的取值。比如：

```
. tab age weight
too many values
```

这里，变量 age 和 weight 均为连续变量，且都有很多的取值，尤其是 weight，不适合交叉表分析，故 Stata 拒绝工作。若需要生成二者之间关系的交叉表，可以限制其中一个或两个变量的取值。比如：

```
. tab2 age weight if weight < = 10
. tab2 age weight if age = = 11 & weight < = 50
```

或者，将 age 或（和）weight 转换成分类变量。

6.4 变量的集中趋势和离散趋势

6.4.1 基本概念

对于数值型变量（尤其是取值很多的变量），除频数分布外，往往还需要了解其集中趋势和离散趋势。集中趋势（central tendency）是指数据分布的一种表现形式。频数最多的组段代表了中心位置（平均水平），从两侧到中心，频数分布是逐渐增加的。集中趋势包括变量的均值（比例）、中位数、众数、最大值、最小值等；离散趋势（tendency of dispersion）也是数据分布的一种表现形式。从中心到两侧，频数分布是逐渐减少的。离散趋势反映了数据的离散程度或变异程度。其主要测量方法包括方差、极差、标准差等。

众数（mode）是一组数据中最常出现的观察值或属性。如果在全班 30 个学生中，有 20 个 18 岁的学生、5 个 19 岁的学生、5 个 20 岁的学生，则 18 是众数。众数适用于所有类型的数据，但主要用于测度分类数据的集中趋势。一个数据可以有两个或多个众数，故众数具有不唯一性的特点。

均值（mean，average）是加总多个观察值，用总和除以观察值的数量后得到的数值，适用于正态分布或者近似正态分布的数据。全域（总体）均值称为 μ；样本均值称为 $\bar{x}$。

中位数（median）是指将一组数值从小到大排列后，位于“中间”的那个数值。中位数将全部数据等分为两部分，每部分都包含 50%数据，一部分比中位数大，另一部分比中位数小。它是一个位置代表值，适用于描述除分类数据以外的所有类型数据的集中趋势。比如，如果 5 个人的年龄分别为 1、3、6、8、32，则中位数为 6（均值为 10）。该度量方式适用于正态和偏态分布数据。

对于偏态分布数据，中位数不受特大值和特小值的影响，只与位置居中的观察值有关。而均值受特大值和特小值的影响，会偏大或者偏小。所以，对于偏态分布数据，均值的代表性差，不适用于描述偏态分布的集中趋势。对于正态分布数据，中位数（理论上）等于均值。

分位数与中位数类似，包括四分位数（quartiles）、百分位数（percentile）、十分位数（decile）等 。将所有数据由小到大排序后，排在四分之一位置的数被称为第一个四分位数（也是下四分位数），记为 $Q1$；$Q1$ 也可被视为前半资料的中位数。排在四分之三位置的数，被称为第三个四分位数（也是上四分位数），记为 $Q3$；$Q3$ 也可被视为后半资料的中位数。中间的四分位数即中位数。四分位间距（interquartile range）等于 $Q3-Q1$。

极差或者全距（range，R）表示一组变量值中的最大值与最小值之差。它适用于任何分布类型的资料，且计算简单：R＝最大值－最小值。但极差不能反映所有变量值的变异程度，易受最大值和最小值的影响，不稳定。

上面提及的五个重要的描述性统计量（最小值、第一个四分位数、中位数、第三个四分位数及最大值）又被称为五数总结（five-number summary）。Stata 可以计算出五数总结的数据；同时，箱线图（boxplot）可将数据的五数总结以图形呈现出来（见图 6-1）。

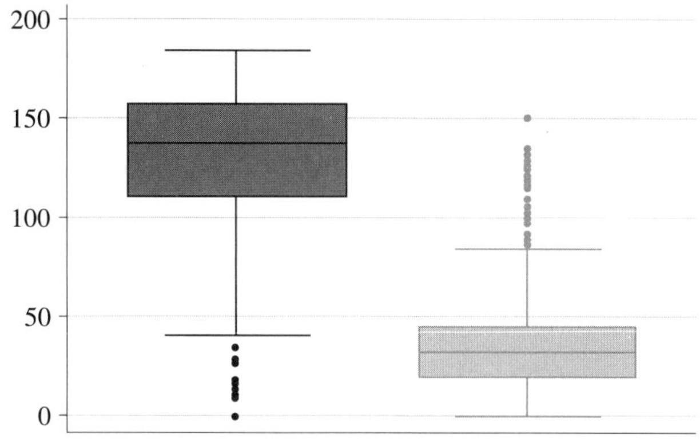

图 6-1　箱线图

该图形描述了两个变量的五个统计量（该图形的制作和详细解释请参见第七章 7.6）。在该图形中，最下的横线表示数据的最小值；最上的横线表示数据的最大值；中间矩形的下线表示第一个四分位数，矩形中间的横线表示中位数，矩形的上线表示第三个四分位数；线条外的实心小圆点表示离散值。

方差（variance）表示一组变量值的平均离散程度。方差越大，样本离散或变异程度越大。方差适用于描述近似正态分布的数据的离散趋势。

标准差（standard deviation）是方差的开方，与均值的单位一致，也是对数据波动性的一种度量，即对围绕均值的离散趋势的测量。标准差和方差是在实际中应用最广的离散程度测量值。如果一个变量具有正态分布，则 68%的个案将会位于离均值加减一个标准差的范围内，95%的个案将会位于离均值加减两个标准差的范围内，99.9%的个案将会位于离均值加减三个标准差的范围内。比如，若某个群体的平均年龄是 30 岁，标准差为 10，则 68%的人的年龄为 20～40 岁。标准差越小，数据的分布就越围绕均值聚集；标准差越大，数据的分布就越分散。

方差或标准差是根据全部数据计算的，反映了每个数据与其均值相比平均相差的程度，因此能准确地反映数据的离散程度；二者适用于描述近似正态分布的数据的离散趋势。

6.4.2　描述数据的统计量

本章介绍 Summary statistics。其他部分的某些内容将在后面的章节中陆续介绍。

在命令窗口输入以下命令：

```
. summarize 变量名
      ①       ②
```

①：提供统计量的基本命令。

②：需要描述统计量的变量。

在 Options 之下，选择输出的具体内容。其中，Standard display 是默认的，包括样本量、均值、标准差、最小值和最大值。

比如：

```
. summarize age weight height
```

或

```
. sum age weight height
```

① Variable	② Obs	③ Mean	④ Std. Dev.	⑤ Min	⑥ Max
age	2 101	9.713 47	5.115 779	0	17
weight	1 886	34.629 96	18.405 8	.4	151
height	1 883	131.876 9	31.471 26	0	184.4

①：变量的名称。

②：变量的样本量或观察值。由于每个变量的缺失值不一样，故用于计算各自均值的样本量也不同。

③：变量的均值。

④：变量的标准差。

⑤：最小值。

⑥：最大值。

选项 Display additional statistics 能提供更多信息，相当于“summarize 变量名,detail”命令。如：

```
. summarize age,detail
```

除上述基本统计量外，detail 选项可以提供更详细的信息（相当于 Display additional statistics），包括一系列的分位数、数据的偏离程度等。其输出结果如下：

```
                              age
-------------------------------------------------------------
      Percentiles      Smallest
 1%            0              0
 5%            1              0
10%            2              0       Obs                2 101
25%            5              0       Sum of Wgt.        2 101

50%           11                      Mean             9.713 47
```

```
                          Largest   Std. Dev.      5.115 779
75%              14            17
90%              16            17   Variance        26.171 19
95%              17            17   Skewness      -.346 204 4
99%              17            17   Kurtosis       1.915 777
```

这里的1%～99%都属于分位数。其中，25%表示的意思是，25%的样本年龄在5岁及以下；99%表示的意思是，99%的样本年龄在17岁及以下。Variance、Skewness和Kurtosis分别表示年龄的方差、偏移度和年龄分布的峰度。

集中趋势和离散趋势也可分群计算：

```
. sort urban
. by urban:sum height
```

该命令意为，按变量urban排序，且按它的分类计算变量height的统计量：

```
-> urban = 0
    Variable |   Obs        Mean    Std. Dev.     Min    Max
-------------+---------------------------------------------------
      height | 1 343   130.631 8    31.179 79       0  184.4
-> urban = 1
    Variable |   Obs        Mean    Std. Dev.     Min    Max
-------------+---------------------------------------------------
      height |   540   134.973 5    32.004 29    16.3  181.5
```

分析结果表明，城市和农村孩子的身高存在一定的差异：城市孩子的身高比农村孩子的身高约高4.3cm。

6.5　描述数值型数据统计量的其他方法

对多个连续变量的分析可以考虑使用table、tabstat、tab…，sum( ) 等命令。其中，table命令的功能尤其强大，可以处理多层条件变量。下面将逐一介绍。

6.5.1　使用table命令描述数据

该命令的基本功能是，按照一（多）个变量的分类，计算另一（多）个变量的统计量。统计量有很多选项，包括均值、标准差、频数、分位数、最大值、最小值等。如：

```
. table 变量名, statistic (mean 变量 b) statistic (sd 变量 b)
   ①     ②        ③         ④     ⑤                ④    ⑤
```

①：区分变量组群的基本命令。

②：分类变量。按照其分类描述集中趋势或离散趋势的统计量。

③：需要输出的统计量。后面括号内列出要描述的统计量和需要计算统计量的变量名称。

④：均值或标准差。

⑤：需要计算均值或标准差的连续（数值型）变量。

```
. table a b,statistic(mean c)
```

该命令意为，按照变量 a 和 b 的分类，计算变量 c 的均值。

若没有逗号后面的内容，则会生成一个没有百分比的频数分布：

```
. table girl

    girl      Freq.
  --------+------------
     0    |   1 125
     1    |    976
  ---------------------
```

若添加逗号后面的内容，则会按另一个变量的分类，计算统计量。比如，比较城乡孩子的平均身高：

```
. table urban,statistic(mean height)statistic(sd height)

  ------------------------------------------------
  urban  |            Mean      Stand Deviation
  -------+      ----------------------------------
      0  |       130.631 8            31.179 79
      1  |       134.973 8            32.004 29
  Total  |       131.876 9            31.471 26
  ------------------------------------------------
```

可见，城市孩子的平均身高约为 134.97cm，农村孩子的平均身高约为 130.63cm。

这里的结果与下列命令得出的结果是一致的，但效率更高：

```
. sort urban
. by urban:sum height
```

或

```
. by urban, sort: sum height
```

或

```
. bysort urban: sum height

  ----------------------------------------------------------------------
   -> urban = 0
          Variable |  Obs         Mean     Std. Dev.     Min     Max
  -----------------+----------------------------------------------------
            height | 1 343    130.631 8    31.179 79       0   184.4
  ----------------------------------------------------------------------
   -> urban = 1
          Variable |  Obs         Mean     Std. Dev.     Min     Max
  -----------------+----------------------------------------------------
```

```
height |   540     134.973 5     32.004 29   16.3  181.5
```

table 命令可以按两个或多个分类变量计算第三个数值型变量的统计量。例如，假如需要按照城乡和孩子的性别计算他们的平均身高：

```
. table urban girl,statistic(mean height)
```

urban	girl		
	0	1	Total
0	131.926	129.140 5	130.631 8
1	136.439 9	133.382 6	134.973 5
Total	133.194 4	130.384 8	131.876 9

如其所示，农村女孩的平均身高最低（约为 129.14cm），其次为农村男孩（约为 131.93cm）。相反，城市孩子的平均身高普遍高于农村孩子，尤以城市男孩的平均身高最高。

6.5.2　使用 tabstat 命令描述数据

tabstat 命令既可以在一个表格中描述一系列连续变量的集中趋势和离散趋势的统计量，还可以比较不同组群的统计量（通过 by 后面变量的类别进行分群）。若没有 by 选项，则 tabstat 命令可以更好地行使 sum 命令的功能，因为它允许选择统计量（如前所见，sum 命令的选择性较差，输出格式基本是固定的）；若有 by 选项，则 tabstat 命令的作用与 tab…，sum( ) 的组合命令（见 6.5.3）相似。因此，tabstat 命令在描述数据的集中趋势和离散趋势方面具有更大的弹性。不过，tabstat 命令会加宽表格。需要的时候，可以格式化输出结果。

```
. tabstat a b c d
    ①      ②
```

①：展示一个或多个数值型变量的描述性统计的命令。

②：为变量 a、b、c、d 提供均值统计量。

输出的统计量是可选择的，默认值为均值。其主要选项包括：

```
. tabstat a b c d,by(e) statistics( x y z ) columns (statistics)
                  ①       ②                  ③         ④
```

①：选项 by 告诉 Stata，按照 by 后面变量的类别，分组计算统计量（比如按性别区分儿童教育水平等）；by 后面的变量一般是分类变量，也可以是取值不多的连续变量。

②：选项 statistics（或 stats）后面的括号里指定想要得到的统计量。统计量可多选，但不同统计量之间须用空格隔开（如：mean sd）。

③：选项 columns 可选择输出结果的格式。

④：选择 columns(statistics) 格式，则竖列表现的是统计量，横行表现的是变量。若选择 columns(variables) 格式，则反之。因此，就统计量的展示和输出结果的格式而言，tabstat 的适应性更强。

```
. tabstat age edu weight height,stats(mean sd skewness median) columns(variables)
```

stats	age	edu	weight	height
mean	9.713 47	6.065 066	34.629 96	131.876 9
sd	5.115 779	3.131 171	18.405 8	31.471 26
skewness	-.346 204 4	-.217 817	1.061 906	-.834 809 2
p50	11	7	33	138

若将上述命令的 column 选项从 variable 改为 statistics，则输出结果如下：

```
. tabstat age edu height weight,statistics(mean sd iqr) columns(statistics)
```

variable	mean	sd	iqr
age	9.713 47	5.115 779	9
edu	6.065 066	3.131 171	6
height	131.876 9	31.471 26	47.2
weight	34.629 96	18.405 8	26.7

6.5.3 使用 tab...，sum（）命令描述数据

联合命令 tab...,sum() 可生成单向或双向均值和标准差。虽然该命令不如 table 命令的适应性强，功能选择也不如 table 命令的多，但它更为快捷。

```
. tab a b,sum (c)
  ①  ②   ③  ④
```

①：区分分类变量组群的基本命令。

②：分类变量。

③：计算统计量的基本命令。

④：需要计算统计量的连续/数值型变量。

在描述数据以前，先给变量城乡居住地（urban）贴上标签。

```
. label define urban 0 "rural" 1 "urban",modify
. label value urban urban
. tab urban,sum(height)
```

输出结果显示，农村孩子身高（height）的均值低于城市孩子身高，分别约为

130.63cm 和 134.97cm：

Summary of Height of Children

urban	Mean	Std. Dev.	Freq.
rural	130.631 79	31.179 789	1 343
urban	134.973 52	32.004 294	540
Total	131.876 9	31.471 263	1 883

```
. tab urban girl,sum(height)
```

命令后接两个分类变量。这两个变量将生成一个 2×2 的交叉表，单元格的内容是 sum 后面变量的统计量。默认的统计量有三类，从上到下分别为均值、标准差和频数。表格还同时输出边缘均值、标准差和频数。输出结果如下：

Means, Standard Deviations and Frequencies of Height of Children

	girl		
urban	0	1	Total
rural	131.926 01	129.140 54	130.631 79
	31.690 973	30.537 517	31.179 789
	719	624	1 343
urban	136.439 86	133.382 63	134.973 52
	34.264 511	29.339 537	32.004 294
	281	259	540
Total	133.194 4	130.384 82	131.876 9
	32.480 88	30.236 307	31.471 263
	1 000	883	1 883

输出结果显示，就孩子的身高来看，城乡之间、性别之间存在明显差异。城市孩子的平均身高普遍高于农村孩子的平均身高（分别约为 134.97cm 和 130.63cm）；男孩的平均身高高于女孩的平均身高（分别约为 133.19cm 和 130.38cm）。其中，农村女孩的身高均值最低（约为 129.14cm），城市男孩的身高均值最高（约为 136.44cm），二者相差 7cm 多，城乡男孩、城乡女孩身高之间也各有约 4～5cm 之差。

6.6 列联表

上面介绍的频数分布和统计量都是描述性统计的一部分，基本上都属于单变量的一元分析。然而，描述性统计还包括对两个或两个以上变量之间的相关关系进行分析。变量之间的关系是社会科学研究的重点；不同的关系往往能决定事物发展的方式和规律。认识现象之间的联系对人们认识事物的原理有着至关重要的作用。因此，如同在社会生活中一样，统计分析每时每刻都在关心事物之间的关系。

事物之间的关系有不同类型，它们的相关关系可以通过多种方式来描述和表现，其中，最简单的是两个变量间的关系，列联表（contingency table）是其中的一种。它是分析多变量关系的基础；多个变量之间的关系往往可以简化为若干两个变量的关系，并在此基础上进行处理。在回归分析中，我们还会介绍另一种相关分析方法。

前面在介绍频数分布时提到过交叉表。交叉表是列联表的一种表现形式。本节详细介绍列联表的生成、功能和解释。

两个变量间是否有关系及关系的紧密程度在统计上用“相关系数”来进行测量，被称为统计相关。相关系数的取值在 0 到 ±1 之间，刻画出两个变量之间关系的有无、强弱和方向。由于相关系数对变量关系的描述是高度概括的，因而要了解变量关系的具体形式和内容，就需要采用列联表。

6.6.1 数据类型与列联表

列联表是由两个或两个以上变量进行交叉分类的频数分布表，主要用于定性（分类）和定序数据。定性和定序数据均属于分类数据，其共同特征是，虽然调查结果可以用数值来表示，但在这类数据中，数值本身是没有意义的，因为它并不表示某种数量关系，而是代表调查对象的不同特征。例如，研究性别与社会分层之间的关系时，性别和社会分层都是分类变量。前者包括男性和女性，分别用 0 和 1 表示；后者包括上等阶层、中等阶层和下等阶层，分别用数值 1、2、3 来表示。这里的 0 和 1，1、2 和 3 本身都没有数量意义，只是一些编码，代表样本的属性和特征。

对这类问题的分析是在对数据进行汇总的基础上进行的。例如，样本中有多少男性和女性，有多少来自上等阶层、中等阶层和下等阶层。又如，城乡居住地与青少年受教育机会（在学或不在学）之间的关系也是如此。分析这些数据的第一步往往是采用交叉表的形式，并将处理结果用交叉表描述出来。这种表格被称为列联表，其分析方法被称为列联分析。

列联分析可以描述两个变量之间的关系。比如，父母的教育与孩子的教育之间的关系、教育与生育之间的关系、政府投入与经济增长之间的关系、经济增长与人们的福利之间的关系、治疗手段与治愈率之间的关系等等。这些都是两个变量的关系。列联表也可以描述更加复杂的诸多变量之间的相互关系，比如，父母的教育和孩子的性别与孩子的教育之间的关系，性别和职业类型与收入之间的关系，教育、职业、性别与收入之间的关系，等等。这些因素的关系是难以用单个的二元关系来描述的，需要使用更为复杂的列联表。

列联表主要适合于定性和定序变量，但如果数值型变量的取值不多，那么也可以使用列联表。三种变量的组合可能形成二维数据：

（1）两个变量都是分类（属性）变量。

（2）一个变量是分类变量，而另一个变量是定量（数值）变量；当二维数据由一个定性变量和一个定量变量构成时，定量值被当成一些分离的样本，每个集合用定性变量的水平来测量。比如，在比较男孩和女孩的受教育年限时，性别属于定性变量，而受教育年限则属于定量变量。

（3）两个变量都是定量（数值）变量。

6.6.2 列联表的构成

在列联表中，一般将横向变量的类别视为 R（行），将纵向变量的类别视为 C（列），构成 R×C 列联表。列联表中的每个变量都有两个或更多的取值。这些取值也被称为水平。城乡居住地（有“城市”和“农村”两个取值）与受教育机会（有“在学”或“不在学”两个取值）之间的关系即为一个 2×2 的列联表。性别与社会分层的关系是一个 2×3 的列联表。

列联表由单元格和边缘频数构成。边缘频数包括行边缘频数和列边缘频数。以下列数据为例进行解释：

```
. tab urban enroll,row col nokey
```

(1)	(2)	(3)	(4)	
	enroll			
urban	0	1	Total	
rural	138	984	1 122	(1)
	12.30	87.70	100.00	(2)
	85.71	69.49	71.15	(3)
urban	23	432	455	(4)
	5.05	94.95	100.00	(5)
	14.29	30.51	28.85	(6)
Total	161	1 416	1 577	(7)
	10.21	89.79	100.00	(8)
	100.00	100.00	100.00	

如何解读该表呢？首先，列（4）和行（7）分别表示行边缘频数和列边缘频数。行边缘频数显示城乡变量的总数和百分比；其中，1 122 和 455 表示行边缘频数，分别代表农村和城市孩子的样本量。列边缘频数显示在学和不在学变量的总数和百分比；其中，共有 161 个不在学的孩子，1 416 个在学的孩子。这样，列联表所表现的就是在变量 X 条件下变量 Y 的分布，或在变量 Y 条件下变量 X 的分布。故而列联表中的频数分布又被称为条件分布，每个单元格的数值就是条

件频数。

比如，农村不在学的孩子 138 人就是一个条件频数。但需要指出的是，条件频数反映的是数据的分布，但不适合进行直接对比。城市不在学的孩子 23 人并不一定意味着城市不在学孩子的比例一定低于农村不在学孩子的比例，因为农村接受调查的孩子的数量远远超过城市孩子，故而二者的基数不同。为了能在相同的基数上进行比较，使列联表中的数据提供更多的信息，需要计算相应的百分比，使用百分比进行比较。

每个单元格（每行和每列）的具体意义如下：

行（1）列（2）：农村不在学孩子的条件频数（138）。

行（1）列（3）：农村在学孩子的条件频数（984）。

行（2）列（2）：农村不在学孩子的百分比（12.30%）。

行（2）列（3）：农村在学孩子的百分比（87.70%）。

行（1）列（4）：样本中全部农村孩子的条件频数（1 122）。

行（3）列（4）：样本中全部农村孩子在总样本中的百分比（71.15%）。

行（4）列（2）：城市不在学孩子的条件频数（23）。

行（4）列（3）：城市在学孩子的条件频数（432）。

行（5）列（2）：城市不在学孩子的百分比（5.05%）。

行（5）列（3）：城市在学孩子的百分比（94.95%）。

行（4）列（4）：样本中全部城市孩子的条件频数（455）。

行（6）列（4）：样本中全部城市孩子在总样本中的百分比（28.85%）。

行（7）列（2）：所有不在学孩子的条件频数（161）。

行（7）列（3）：所有在学孩子的条件频数（1 416）。

行（7）列（4）：总样本量（1 577）。

行（8）列（2）：所有不在学孩子的百分比（10.21%）。

行（8）列（3）：所有在学孩子的百分比（89.79%）。

总体来看，这两个变量的有效样本量为 1 577。这其中，农村孩子占绝大多数（1 122 个，占 71.15%）。在农村孩子中，12.30%的孩子不在学，其余 87.70%的孩子在学。在 455 个城市孩子中，仅有 5.05%的孩子不在学。因此，城乡之间孩子的在学比例有所不同，城市孩子的在学率高于农村孩子。

6.6.3 观察值（observed frequency）与期望值（expected frequency）

前面的输出结果是个简单的频数分布表，共有 1 122 个农村孩子和 455 个城市孩子（行边缘频数）；其中，161 个孩子不在学，1 416 个孩子在学（列边缘频数）。通过比较频数分布和百分比，我们知道，城市孩子的在学率明显高于农村孩子。然而，仅仅依赖这些信息，我们并不知道城乡孩子受教育机会的差异是否显著。为了对数据展开进一步深入分析，需要引入期望分布等概念。

列联表有两类分布：一类是观察值的分布，另一类是期望值的分布。从逻辑上讲，如果城乡孩子的受教育机会相同，则：

农村不在学的孩子应为：161 人×71.15%=114.6 人。

城市不在学的孩子应为：161 人×28.85%=46.4 人。

农村在学的孩子应为：1 416 人×71.15%=1 007.5 人。

城市在学的孩子应为：1 416 人×28.85%=408.5 人。

这 114.6（在 Stata 软件中呈现为 114.5）、46.4（在 Stata 软件中呈现为 46.5）、1 007.5、408.5 人就是本例的期望值。观察值和期望值频数分布如下：

```
. tabulate urban enroll,expected

+--------------------+
|        Key         |
|--------------------|
|     frequency      |
| expected frequency |
+--------------------+

                   enroll
   urban |         0          1 |     Total
---------+----------------------+----------
   rural |       138        984 |     1 122
         |     114.5    1 007.5 |   1 122.0
---------+----------------------+----------
   urban |        23        432 |       455
         |      46.5      408.5 |     455.0
---------+----------------------+----------
   Total |       161      1 416 |     1 577
         |     161.0    1 416.0 |   1 577.0
```

若城乡孩子的受教育机会相同，则城市、农村孩子在学和不在学的比例相同。但上面的表格显示，比例之间是有差距的。那么，这些差距是否显著呢？这就涉及另一个概念：卡方［chi square（chi2）］检验（χ^2 检验）。

6.6.4 卡方统计量与独立性检验

卡方（χ^2）统计量可用于变量间拟合优度检验和独立性检验，用于测量两个变量之间是否独立。若用 f_o 和 f_e 分别表示观察值与期望值，则 χ^2 统计量可以通过下列公式来表示和计算：

$$\chi^2 = \sum \frac{(f_o - f_e)^2}{f_e}$$

其步骤是：

（1）用观察值 f_o 减去期望值 f_e。

(2) 将 (f_o-f_e) 之差平方。

(3) 用 $(f_o-f_e)^2$ 的结果除以 f_e。

(4) 将步骤 (3) 的结果加总。

将 χ^2 统计量的计算结果表现在表 6-2 中。

表 6-2　　列联表的观察值和期望值

f_o	f_e	步骤 1 (f_o-f_e)	步骤 2 $(f_o-f_e)^2$	步骤 3 $(f_o-f_e)^2/f_e$
148	127.8	20.2	408.0	3.19
1 104	1 124	−20.0	400.0	0.36
30	50.5	−20.5	420.3	8.32
462	441.8	20.2	408.0	0.92
				12.79

因此，

$$\chi^2=\sum\frac{(f_o-f_e)^2}{f_e}=12.79$$

χ^2 统计量具有以下特征：

(1) $\chi^2\geqslant 0$，因为它是对平方值汇总的结果。

(2) χ^2 值的大小与观察值和期望值的配对数 (R×C) 的多少有关。R×C 越多，若分布不变，则 χ^2 的数值越大。因此，χ^2 统计量的分布与自由度有关（在频数分布中，自由度是指数据中可以自由取值的单元格）。

(3) χ^2 统计量描述了观察值与期望值的接近程度。两者越接近，f_o-f_e 的绝对值越小，计算出的 χ^2 值越小；相反，f_o-f_e 的绝对值越大，计算出的 χ^2 值越大。χ^2 检验是运用 χ^2 的计算结果与 χ^2 分布中的临界值进行比较，做出对原假定进行检验的统计决策。若 χ^2 检验的数值大于 χ^2 的临界值，则证明两个变量是不独立的。关于临界值的概念和假定检验的原理及应用，我们将在第八章的“假定检验”一节中进一步解释。

因此，列联表中的卡方是用来进行独立性检验（test of independence）的。若交叉表中的两个变量没有关系，即表明二者相互独立，不能拒绝原假定；否则二者相互关联，可以拒绝原假定，表明二者之间是不独立的。

还是以城乡居住地和儿童在学与否为例。若二者没有关系——换言之，若城乡居住地对儿童是否在学没有显著影响——则 χ^2 检验的数值小于 χ^2 的临界值，不能拒绝原假定；相反，若 χ^2 检验的数值大于 χ^2 的临界值，则拒绝原假定，得出“居住在城市还是农村显著影响孩子是否在学”的结论。需要指出的是，与其他统计软件一样，Stata 提供根据数据计算出来的卡方统计量以及与此相应的 P 值。

```
. tab urban enroll,chi2 nokey

           |   enroll
           |
```

urban	0	1	Total
rural	138	984	1 122
urban	23	432	455
Total	161	1 416	1 577

Pearson chi2(1) = 18.533 9   Pr = 0.000

这是个简单的、没有百分比的 urban 与 enroll 之间的交叉表。单元格中的数值是条件频数；Total 中的数值是边缘频数分布。选项 nokey 告诉 Stata，不要输出提示部分。选项 chi2 告诉 Stata，对两个变量之间的关系进行独立性检验，输出卡方统计量和显著性水平。输出结果显示，在只有一个自由度的情况下，根据数据计算出的卡方统计量为 18.533 9（Pearson chi2(1) ＝18.533 9），显著性水平为 0.000（Pr=0.000）。由此可知，城乡居住地与是否在学不是各自独立的，而是显著相关的。

除卡方检验外，还有其他检验统计量的方式，包括 Fisher 精确检验（Fisher's exact）和似然比卡方检验（likelihood-ratio chi2）。Fisher 精确检验在假定每列和每行的合计数都是常数的情况下，计算相应概率；包括单侧检验和双侧检验。前者只假定一种情况大于或小于另一种情况，后者只假定两种现象不同，但不涉及关系的方向。对不满足每列或每行的合计数都是常数假定的数据而言，Fisher 精确检验也是一种近似检验（非精确检验）。

似然比卡方检验是另一种检验变量之间是否独立的方法。数学上已经证明，当样本规模够大的时候，卡方检验与似然比卡方检验的结果趋于一致。

```
. tabulate urban enroll,exact lrchi2 nokey
```

	enroll		
urban	0	1	Total
rural	138	984	1 122
urban	23	432	455
Total	161	1 416	1 577

```
likelihood-ratio chi2(1) = 20.944 7   Pr = 0.000
             Fisher's exact =              0.000
     1-sided Fisher's exact =              0.000
```

在上述命令中，exact 选项代表 Fisher 精确检验，其有两个输出结果：Fisher's exact ＝0.000，1-sided Fisher's exact ＝0.000。前者是双侧检验结果，后者是单侧检验结果（详见第八章“假定检验”一节中的单尾检验和双尾检验）。具体而言，前者检验城乡居住地是否影响在学与否，后者检验住在城市的孩子的在学率是否高于住在农村的孩子，或反之。它们的结果与 χ^2 的结果是一致的：Pr 都等于 0.000。

选项 lrchi2 代表似然比卡方检验。其数值（20.944 7）比卡方检验的数值（18.533 9）略大，但显著程度相当。

6.6.5 相关度测量

在对列联表中变量之间的相互关系进行检验之后，如果结果拒绝原假定，则表明变量之间存在联系。那么，接下来的问题就是分析它们之间的相关程度有多大。Stata 的列联表中的相关测量统计量包括 Goodman and Kruskal's gamma、Kedall's tau-b、Cramer's V。

gamma 的数值介于 0 和 1 之间。当所有观察实际数集中于左上角和右下角时，其值为 1，表明两个变量之间的相关关系很强；相反，当取值为 0 时，表明两个变量之间不相关。

Kendall's tau-b 考虑次序变量或等级变量关联性的非参数检验。相同的观察值被选入计算中，取值的范围介于－1 和 1 之间。

Cramer's V 的计算是以 χ^2 值为基础的。V 的取值介于 0 和 1 之间。当两个变量相互独立时，$V=0$；当两个变量完全相关时，$V=1$。

```
. tabulate urban enroll,chi2 exact expected gamma lrchi2 taub V nokey

           | enroll
           |
     urban |          0          1 |     Total
-----------+-----------------------+-----------
     rural |        138        984 |     1 122
           |      114.5    1 007.5 |   1 122.0
-----------+-----------------------+-----------
     urban |         23        432 |       455
           |       46.5      408.5 |     455.0
-----------+-----------------------+-----------
     Total |        161      1 416 |     1 577
           |      161.0    1 416.0 |   1 577.0

          Pearson chi2(1) = 18.533 9    Pr = 0.000
 likelihood-ratio chi2(1) = 20.944 7    Pr = 0.000
               Cramér's V = 0.108 4
                    gamma = 0.449 7    ASE = 0.093
          Kendall's tau-b = 0.108 4    ASE = 0.020
           Fisher's exact =                 0.000
   1-sided Fisher's exact =                 0.000
```

分析结果表明，变量 urban 与 enroll 之间存在一定的关联，但相关程度并不很强。

6.6.6 列联表的选项

列联表命令的选项及其功能如表 6－3 所示。

表 6-3 列联表命令的选项及其功能

选项	Stata 命令及功能
统计量的检验	
Pearson's chi-squared	chi2。计算并输出 Pearson 卡方值，检验交叉表中的行与列变量是否独立。不能用于加权(aweights、iweights)数据。
Fisher's exact test	exact。展示 Fisher 精确检验的显著性水平，可用于 2×2 或 R×C 交叉表。
Goodman and Kruskal's gamma	gamma。展示 Goodman 和 Kruskal 的 gamma 值和其渐近线的标准误；适用于定序数据；不能与加权数据连用。
likelihood-ratio chi-squared	lrchi2。展示似然比卡方。若任何一个单元格的频数为 0，则该选项无法执行。不能与加权数据连用。
Kendall's tau-b	taub。展示 Kendall 的 tau-b 值及其渐近线的标准误。适用于定序数据；不能与加权数据连用。
Cramer's *V*	V。注意大写。展示 Cramer 的 *V*。不能与加权数据连用。
单元格	
Pearson's chi-squared	cchi2。展示每个单元格对 Pearson 卡方的贡献。
Within-column relative frequencies	column。提供每个单元格在所在列的百分比。
Within-row relative frequencies	row。提供每个单元格在所在行的百分比。
likelihood-ratio chi-squared	clrchi2。展示每个单元格对似然比卡方的贡献。
Relative frequencies	cell。提供每个单元格在总样本中所占比例。
Expected frequencies	expected。提供每个单元格的期望频数。
Suppress frequencies	nofreq。不显示具体表格，直接显示交叉列联表分析过程中的统计量，若没有指定任何统计量，则无任何输出结果。
其他选项(输出结果选项)	
Treat missing values like other value	missing。在计算频数和统计量时，将缺失值与有效值同样对待。
Do not wrap wide tables	wrap。不自动换行宽表。
Suppress the cell contents key	nokey。不显示单元格提示。
Suppress displaying the value labels	nolabel。不使用数值标签。

比如：

```
. tabulate urban enroll,expected row col cell cchi2 clrchi2

  +-----------------------------------+
  | Key                               |
  |-----------------------------------|
```

```
|          frequency          |
|     expected frequency      |
|      chi2 contribution      |
|    LR chi2 contribution     |
|       row percentage        |
|     column percentage       |
|       cell percentage       |
|-----------------------------|
```

urban	enroll 0	enroll 1	Total	
rural	138	984	1 122	①
	114.5	1 007.5	1 122.0	②
	4.8	0.5	5.3	③
	51.4	− 46.4	5.1	④
	12.30	87.70	100.00	⑤
	85.71	69.49	71.15	⑥
	8.75	62.40	71.15	⑦
urban	23	432	455	①
	46.5	408.5	455.0	②
	11.8	1.3	13.2	③
	− 32.3	48.2	15.9	④
	5.05	94.95	100.00	⑤
	14.29	30.51	28.85	⑥
	1.46	27.39	28.85	⑦
Total	161	1 416	1 577	
	161.0	1 416.0	1 577.0	
	16.6	1.9	18.5	
	19.1	1.9	20.9	
	10.21	89.79	100.00	
	100.00	100.00	100.00	
	10.21	89.79	100.00	

Key 提示我们每行的内容：

①：观察值（observed frequencies）。

②：期望值（expected frequencies）。

③：每个单元格对 Pearson 卡方的贡献（chi2 contribution）。

④：每个单元格对似然比卡方的贡献（LR chi2 contribution）。

⑤：行百分比（row percentage）。

⑥：列百分比（column percentage）。

⑦：每个单元格在总样本中所占比例（cell percentage）。

上述频数、均值和标准差等描述性统计量都属于单元分析（univariate analysis），即对单个变量特征的描述分析；交叉表探讨两（多）个变量之间的关系。除列联分析外，其余的都属于最简单、最初步的统计分析，是数据分析的第一步，也是必不可少的一步。如第一章所述，描述性统计分析帮助研究者熟悉、认识和了解数据的分布、特征、变量之间的关系，从而决定是否有必要对数据做进一步的分析处理。然而，单变量分析不能提供变量之间的关系。在社会生活中，我们每时每刻都在关心事物之间的关系。事物之间的相关关系可以通过多种方式来描述和表现。除列联分析外，我们还将在后面的一些章节陆续介绍其他方法。

本章要点

```
. tabulate a
```

描述变量 a 的频数分布。

```
. tabulate a,subpop(b)
```

描述当变量 b 的取值不等于 0 时变量 a 的频数分布。

```
. tabulate a,missing
```

描述变量 a 的频数分布，将 missing（缺失值）与其他数值一样对待；missing 可以简写为 m。

```
. tabulate a,plot
```

生成变量 a 的频数分布，且同时生成一个简单的分布图形。

```
. by b:tabulate a
```

按变量 b 的分类计算变量 a 的频数。

```
. tabulate a if b==1
```

描述当变量 b 等于 1 时，变量 a 的频数。

```
. tabulate a in 101/200
```

描述从 101 到 200 个观察值之间变量 a 的频数。

```
. tab1 a b c d
```

分别描述变量 a、b、c、d 的频数分布。

```
. sum a b c d e
```

描述变量 a、b、c、d、e 的基本总结性统计量（均值、标准差、最大值和最小值）。

```
. sum a,detail
```

描述变量 a 的详细总结性统计量。

```
. by b,sort:sum a
```

按变量 b 的分类，计算变量 a 的总结性统计量。

```
. table a,statistic(mean b)
```

按变量 a 的分类，计算变量 b 的均值。

```
. table a b,statistic(mean c)
```

按变量 a 和 b 的分类，计算变量 c 的均值。

```
. tabstat a b c d
```

描述变量 a、b、c、d 的均值统计量。

```
. tabstat a b c d,by(e)statistic(x y z)columns(statistics)
```

按照变量 e 的分类，计算变量 a、b、c、d 的统计量 x、y、z（如均值、标准差、中位数、偏离程度等）；横行表现为变量，纵列表现为统计量。

```
. tabstat a b c d,by(e)statistic(x y z)columns(variables)
```

同上，但横行表现为统计量，纵列表现为变量。

```
. tab a,sum(b)
```

按变量 a 的分类，计算变量 b 的均值和标准差。

```
. tab a b,sum(c)
```

按变量 a、b 的分类，计算变量 c 的统计量。

```
. tab a b
```

描述变量 a 和 b 的条件频数分布（生成二者的交叉表）。

```
. tab2 a b c
```

描述变量 a 和 b、b 和 c、a 和 c 的两两条件频数分布。

```
. tab a b,row col cell
```

描述变量 a 和 b 的条件频数分布，并显示行、列和单元格百分比。

```
. tab a b,row col chi2 nokey
```

同上，此外还显示卡方检验，不显示提示。

```
. tab a b,row col chi2 exact lrchi2 nokey
```

同上，此外还显示 Fisher 精确检验和似然比卡方检验。

```
. tab a b,chi2 exact expected gamma lrchi2 taub V nokey
```

提供变量 a、b 之间的独立性检验和相关关系程度。

```
. tab a b,expected row col cell cchi2 clrchi2
```

提供变量 a、b 之间的观察值和期望值，行百分比、列百分比和总百分比，以及每个单元格对卡方检验的贡献。

基本概念

统计量、频数、比例、百分比、比率、频数分布、条件频数分布、众数、中位数、分位数、极差、集中趋势、均值、离散趋势、标准差、列联表、观察值、期望值、独立性检验

复习思考题

本章使用的数据为 ch6_Child.dta。这里的 b2、b4、yrschfm 和 goods1 分别代表父母亲是否在业、父母亲的具体职业、父母亲的受教育年限、家庭耐用消费品拥有量。在进行数据描述之前，先给这几个变量贴上标签，并将 yrschfm 定义为一个分类变量，包括<=小学（0～6 年)、初中（7～9 年)、高中（10～12 年)、大学及以上（13～17 年)（提示：注意缺失值)。

1. 了解数据的基本情况：该数据一共有多少个变量、多少个观察值。

2. 重新定义变量 sex 和 urban：

(1) 将 sex 命名为 girl。将 sex 原有的取值 1 替换为 0，代表男孩；原有的取值 2 替换为 1，代表女孩。

(2) 变量 urban 的名称不变，但将其原有的取值 2 替换为 0，代表农村；原有的取值 1 保持不变，代表城镇。

(3) 分别给这两个变量的取值贴上标签。

3. 给变量 age、girl、urban 生成各自的频数分布表。并回答以下问题：

(1) 样本中孩子的年龄分布情况如何?

(2) 男孩和女孩在样本中所占的比例如何?

(3) 城市样本和农村样本比例如何?

(4) 上述比例反映了哪些特征、规律和趋势?

4. 在 7 岁及以上的人群中，给变量 yrsch、edulevel、enroll 生成各自的频数分布表，并回答以下问题（注意各自的缺失值)：

(1) 受教育年限情况如何?

(2) 受教育程度的分布情况如何?（提示：受过小学、初中、高中和大学及以上教育的孩子分别占多少比例?）将大学及以上作为一个独立分类是否有意义? 为什么?

(3) 在学和不在学的孩子分别占多大比例?

5. 给 13 岁及以上的孩子生成 urban 和 enroll 的交叉分布表，需要有行百分比、列百分比和卡方检验，并解释分析结果。

6. 给 13 岁及以上的孩子生成 urban 和 edulevel 的交叉分布表，需要有行百分

比、列百分比和卡方检验，并解释分析结果。

7. 根据第 5、6 题的分析结果，比较城乡青少年受教育程度和受教育机会的异同，回答：

(1) 城乡青少年在受教育程度和受教育机会方面是否存在显著差异?

(2) 受教育程度和受教育机会是否独立于城乡居住地?

8. 给 13 岁及以上的孩子生成 girl 和 edulevel、girl 和 enroll 的交叉分布表，需要有行百分比、列百分比和卡方检验，并解释分析结果。

9. 根据第 8 题的分析结果，比较男孩与女孩之间受教育程度和受教育机会方面的异同，回答：

(1) 受教育程度和受教育机会方面是否存在显著的性别差异?

(2) 受教育程度和受教育机会是否独立于孩子的性别?

(3) 与性别相比，城乡居住地与受教育机会和受教育程度之间的关系是更显著还是更不显著?

10. 考虑 13 岁及以上孩子的在学率与父母教育之间的关系。

(1) 计算卡方统计量。

(2) 这两个变量之间的关系是独立的还是不独立的?

(3) 卡方统计量的取值是否提供二者之间的关系强度?

(4) 如果样本量增加三倍，那么卡方统计量的取值将会如何变化?

(5) 你认为卡方统计量对该表来说是否合适? 请解释原因。

11. 给 age、yrsch、weight、height 生成集中趋势和离散趋势的描述性统计，并计算：

(1) 每个变量的总观察值。

(2) 每个变量的均值。

(3) 每个变量的标准差。

(4) 每个变量的最大值。

(5) 每个变量的最小值。

12. 给 age、yrsch、weight、height 生成详细的集中趋势和离散趋势的描述性统计，并回答以下问题：

(1) 大约 50%的孩子年龄在多少岁以下?

(2) 大约 75%的孩子受了几年的教育?

(3) 大约 25%的孩子体重在多少公斤以下?

(4) 大约 90%的孩子身高在多少厘米以下?

13. 按照城乡居住地和性别，比较 height 的均值，并解释分析结果。

14. 使用三种方法，比较城乡孩子之间的身高。每种方法的输出内容是否有所不同? 你认为哪种方法更简洁明了?

推荐阅读书目

1. 贾俊平，何晓群，金勇进．统计学．8版．北京：中国人民大学出版社，2021.

2. 汉密尔顿．应用STATA做统计分析．北京：清华大学出版社，2017.

3. 梅赫梅托，雅各布森．Stata统计分析：社会科学应用指南．北京：清华大学出版社，2021.

4. StataCorp. Stata：user's guide. TX：Stata Press，2021.

第七章

图形的制作与数据的描述

数据往往使人眼花缭乱。虽然我们可以通过前面介绍的描述性统计等方法对数据形成一些初步印象，但没有人能记住那些规模巨大的数据中的所有数值。不过，大略了解一下某些特征就可以得到这些数据的大致范围：是定性数据还是定量数据，有多少变量，收集数据的目的，等等。各种类型的频数分布表格也使我们可以初步看出数据分布的一些基本特征和规律。若用图形来表示频数分布，则更形象和直观。

统计图形利用点的位置、线段的升降、线条的长短或面积的大小等方法来表现数据的内容，包括统计资料反映的变化趋势、数量的多少、分布状态和相互关系等。通过图形描述出来的数据便于阅读、比较和分析。一张好的统计图表，胜过冗长的文字表述。

本章使用的数据为 Chapter7. dta。

Stata 的制图能力很强，既可通过命令制作图形，也可直接使用图形菜单的菜单功能来实现。Stata 的作图模块主要提供 18 种基本图形的制作——散点图（scatter plot）、线图（line graph）、面积图（area）、条形图（bar chart）、点图（dot plot）、圆形图/饼图（pie chart）、直方图（histogram）、箱线图（boxplot）、矩阵图（matrix diagram）、回归线图（regression fit），还有时间序列图和生存分析图等等，可以满足绝大多数用户的统计作图要求。

此外，Stata 的某些非绘图命令也具有绘制图形的功能。比如，在频数分布命令中有制作简单茎叶图的选项，事件史分析提供生存曲线图，回归分析提供回归线或残差图，等等。

数据结构和变量属性的不同要求采用不同的图形。如前所述，变量分为字符型变量和数值型变量两大类。字符型变量主要反映现象的属性，数值型变量主要反映现象数值的大小，它们需要采用不同的图形。图形选择的标准依赖于变量的性质。

本章主要介绍生成散点图、线图、条形图、直方图、圆形图/饼图、箱线图和矩阵图的命令方式，让读者掌握将数据转化为一些常用图形的方法，以及利用简单的图表和少量文字来概括数据基本特征的方法。

Stata 的制图功能并不像前面刚刚介绍过的获得频数分布和集中趋势、离散趋势的统计量那样简单和容易掌握。相反，在学习生成图形的过程中，往往会遇到大量的错误。有时，命令中一个不恰当的空格、一个不正确的标点符号（这一点我们需要特别注意，因为 Stata 往往不识别中文常用的标点符号）等都将使程序不能正常运行。因此，对不熟悉 Stata 作图方法的人来说，从窗口菜单入手会更容易一些。不过，虽然 Stata 的图形种类和每种图形的选项很多，但许多基本命令却十分类似甚至相同，可举一反三。

7.1 散点图

scatter 可描绘散点图，且是双向关系图形（twoway plottypes）（如 line、lfit）之母，适用于 y 轴（即纵轴）为数值型数据、x 轴（即横轴）为数值型数据或种类较多的分类数据的数据。这类图形用于反映两个或多个变量之间的关系。y 轴往往被假定为因变量，x 轴往往被当作自变量。其图形反映 y 轴的数值是否随 x 轴数值的变化而发生相应变化。

scatter 既是一个命令，也是双向关系图形中的一种。

7.1.1 基本命令

```
. graph twoway scatter y  x
      ①          ②    ③ ④
```

①：生成双向关系图的基本命令。

②：表示图形类型（散点图）。

③：代表纵轴的变量。

④：代表横轴的变量。

由于没有指定其他的限定条件，因此散点为默认的实心圆圈（下同）。

```
. twoway scatter y x
    ①      ②
```

①：生成双向关系图的基本命令。

②：表示图形类型（散点图）。

```
. scatter y x
    ①
```

①：既表示图形类型（散点图），也是命令。

在简单的图形中，上述三个命令生成的图形是一样的：描述一张最基本的二元散点图。该图形有两个变量，一个称 x，另一个称 y。需要注意的是，x 变量置于 y 变量之后。以数据 Chapter7. dta 中的 height（身高）和 age（年龄）为例，分别使用上面三种命令生成如图 7 - 1 所示的图形。

```
. graph twoway scatter height age, ytitle ("") xtitle ("")
. twoway scatter height age, ytitle ("") xtitle ("")
. scatter height age, ytitle ("") xtitle ("")
```

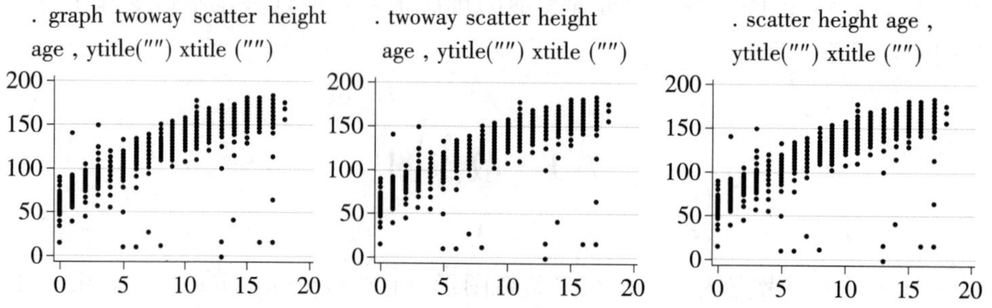

图 7 - 1　散点图示例 1

上面的命令选项 ytitle ("") xtitle ("") 告诉 Stata，不要标出 y 轴和 x 轴的标题。

7.1.2　主要选项

散点图有很多选项，且每个选项下还有许多次选项，极其复杂。这里不一一列举和解释，需要时可参阅 Stata 的用户手册或在当前窗口的帮助次窗口中，输入 scatter 或 twoway graph 以获得帮助。下面仅介绍几类选项，且每类选项中只列举部分次选项。

（1）scheme（总体外观）。

散点图的总体外观是通过 scheme( ) 选项来控制的，利用该选项可决定使用哪一种方案输出图形。上面我们已经看到 scatter height age 命令的默认输出结果，现在添加 scheme(economist) 选项，定义图形的外观，括号内的 economist 告诉 Stata 输出一个经济型的图形。

```
. scatter height age,title("Height of Children") subtitle("stata example") note("1")
caption("Source:Chapter7") scheme(economist)
```

该命令生成的图形如图 7 - 2 所示。

显而易见的是，在使用选项 scheme(economist) 后，图形的风格和格式都发生了明显的变化，占用的记忆空间也变得小得多。

（2）size（绘图区域的大小）。

绘图区格式的比例通过 region _ options ysize(#) 和 xsize(#) 选项控制。该选项指明绘图区的高度和宽度（单位：英寸[①]）。比如：

① 1 英寸约等于 2.54 厘米。

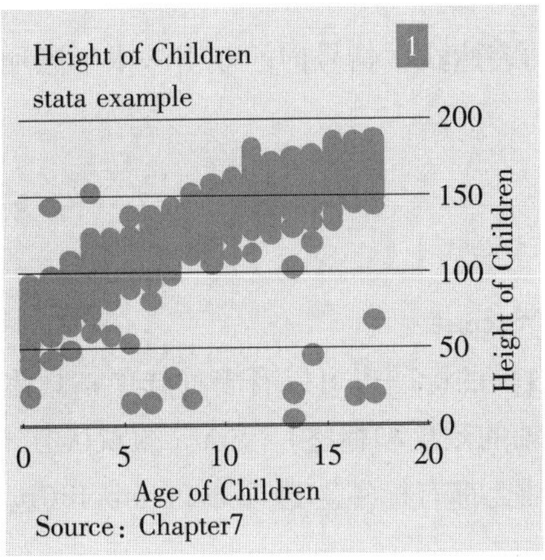

图 7－2　散点图示例 2

```
. scatter y x, xsize (4)  ysize (4)
               ①     ②     ③     ④
```

①：横轴（宽度）的选项。

②：横轴的宽度；这里将其定义为 4 英寸。

③：纵轴（高度）的选项。

④：纵轴的高度；这里将其定义为 4 英寸。

该命令将生成一个 4 英寸 × 4 英寸的图形。

（3）title（标题）。

虽然 Stata 的默认方式不提供标题，但 title( )、subtitle( )、note( )、caption( ) 和 legend( ) 选项都可以在指定的地方添加标题，并同时控制它们的位置和大小。比如：

```
. scatter y x, title ("My title")
                 ①        ②
```

①：给图形添加标题的选项。

②：标题的名称，须置于括号内的引号中。这里将 My title 作为标题添加到图形中。

标题可以分行。比如：

```
. scatter y x,title("My title" "My title 2")
```

该图形有两个标题，分两行出现，相当于下列命令（下面的命令更为常用）：

```
. scatter y x,title("My title") subtitle("My title 2")
```

（4）axis（标题）。

ytitle 和 xtitle（数轴标题）　Stata 的默认方式是，利用变量的名称或变量标签的名称作为数轴的标题，但数轴的标题是可以更换或删除的：

```
. scatter y x, ytitle ("")
                 ①     ②
```

①：纵轴标题的选项。

②：删除纵轴标题的表达式，括号内的双引号中不添加文字就会使 y 轴上的标题消失。

相反，

```
. scatter y x,ytitle("Percent")
```

则 y 轴上的标题为 Percent。

如同总标题一样，数轴的标题也可以有多种选项，具体方法同上。

ylabel 和 xlabel（数轴的刻度和标签） Stata 的默认方式是为数轴提供大约 5 个主要刻度，且 x 轴和 y 轴上都有标签。选项 axis_label（包括 ylabel( )和 xlabel( )）是用以控制数轴标签的选项。

```
. scatter y x,ylabel (#10)
              ①      ②
```

①：纵轴标签的选项。

②：数轴的刻度，#表示数字，其后的数值表示具体有几个（等分的）刻度；数值和刻度置于 y 轴旁边。

下面的命令能产生同样的效果：

```
. scatter y x,ylabel (0(1)9)
                       ①
```

①：表示数轴刻度的另一种方法。0 表示刻度从 0 开始（最小值为 0），1 表示刻度的间隔为 1，9 表示刻度的最大值为 9。

数轴的标签 ylabel( ) 和 xlabel( ) 还有许多其他特征，可参见 axis_label 选项。

数轴的范围选项也属于数轴标签的次选项，选择的内容应置于标签的选项内。Stata 的默认方式是，数轴的范围以变量的取值而定。就上面的例子而言，age 的取值为 0～17，height 的取值为 0～184（数据存在一定的问题，因为任何一个孩子都不可能没有高度），于是，Stata 将自动生成 0～20 的 x 轴（大于 19）、0～200 的 y 轴（大于 184），因为 20 和 200 分别在图形上标明了。但若不想数轴延长的话，则可使用以下选项，也可以直接指明数轴的起始点和刻度间隔。

```
. scatter height age,ylabel (minmax) xlabel(minmax)
                               ①
```

①：表示最大值和最小值。数轴上只有最大值和最小值两个数值。

```
. scatter height age,ylabel(0(20)180) xlabel(0(2)18)
```

这里的 y 轴上有 10 个刻度，间隔为 20；x 轴上也有 10 个刻度，间隔为 2。

```
. scatter height age,yscale(range(50 100 150 180))xlabel(0(2)19)
                        ①      ②
```

①：纵轴范围的选项。

②：范围的选项，具体由其后括号内的数值表示。

选项 yxscale(range(50 100 150 180)) 是另一种加宽数轴刻度的方法。选项 range 也可以缩写为 r。

grid（网络线格式） 网络线是刻度的一个延伸，且为 axis_label 选项中 ylabel() 和 xlabel()的次选项，故它们在命令中的位置是在 ylabel()和 xlabel()的括号中的。假如我们使用的是 s2 家族的格式，则 Stata 的默认方式是，y 轴的网络线在图形中显示出来，而 x 轴的则没有。通过定义 xlabel(,grid)选项，添加 x 轴的网络线。同样，也可以利用以下选项删除 y 轴的网络线：ylabel(,nogrid)。选项 grid 可缩写为 g。比如：

```
. scatter height age,xlabel (,grid)scheme(economist)ytitle("") xtitle("")
                      ①       ②
```

①：横轴标签的选项。

②：数轴（这里是横轴）的次选项；grid 表示给横轴添加网络线。

该命令生成图形如图 7－3 所示。

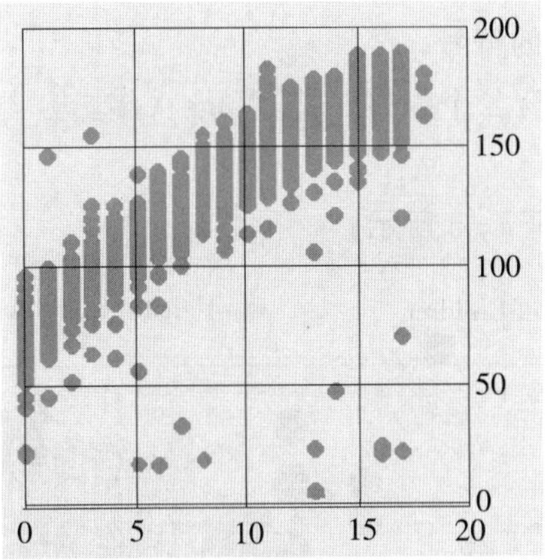

图 7－3　散点图示例 3

yline 和 xline（添加线条） 使用 added_line 中的 yline()和 xline()选项，可以在图形中添加强调线条。

```
. scatter height age,ylabel(0(20)180) xlabel(0(2)18)yline(131.87)xline(9.71)
                                                    ①            ②
```

①：给纵轴添加线条的选项，强调某个统计量（比如，均值或中位数）。

②：给横轴添加线条的选项，强调某个统计量（比如，均值或中位数）。

该命令生成图形如图 7－4 所示。

yaxis(2)和 xaxis(2)（多重数轴） 在两种情况下，有必要设置多重数轴：其一，当数轴的分类太多时，多一个数轴可以有足够的空间容纳变量的分类或刻度；其二，在不同的数轴上设置不同的变量。Stata 图形可以有两个或多个 y 轴或 x 轴。比如：

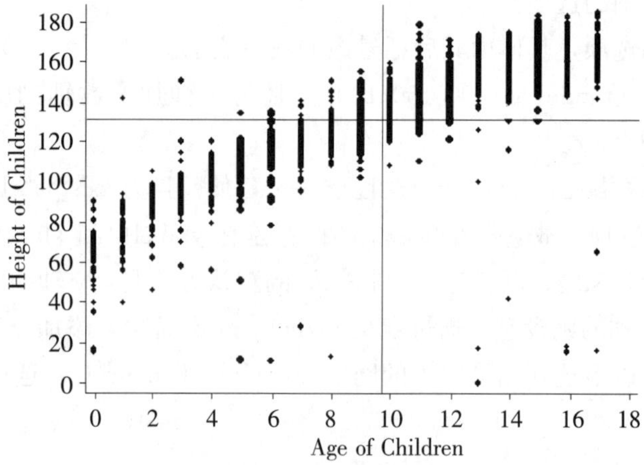

图 7－4　散点图示例 4

```
. scatter weight age,yaxis (1) || scatter height age,yaxis (2) || ,scheme (economist) xtitle
("") xlabe ("")         ①     ②                        ③
```

①：yaxis(1) 表示第一个纵轴，描述 age（年龄）与 weight（体重）之间的关系。

②：|| 是区分数轴的符号。

③：yaxis(2) 表示第二个纵轴，描述 age（年龄）与 height（身高）之间的关系。

该命令生成图形如图 7－5 所示。

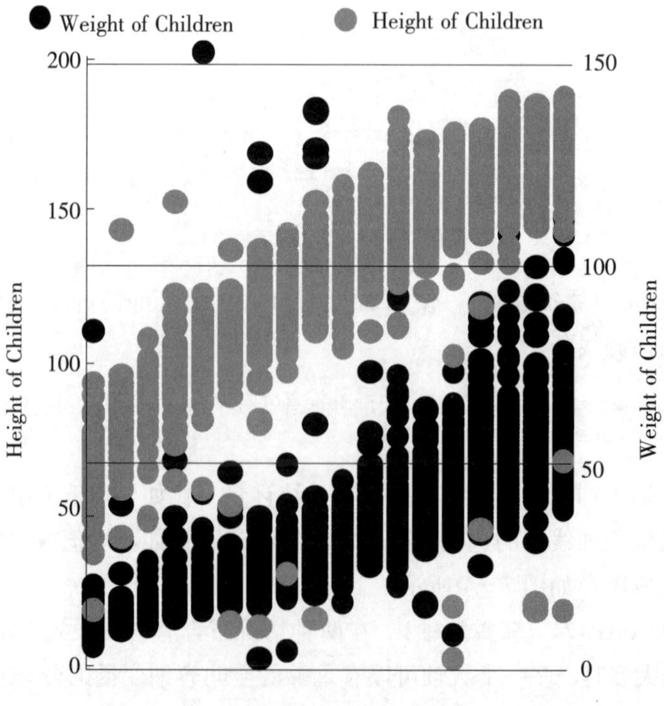

图 7－5　散点图示例 5

（5）msymbol、mcolor 和 msize（数据标记）。

散点标记是数据在图形中的表现。散点既包括形状（如圆点、菱形），也包括颜色和大小。标记的形状是由 msymbol()选项决定的，mcolor()选项决定标记的颜色，msize()选项决定标记的大小。

Stata 的默认规则是，使用实心圆点表示第一个 y 变量，使用实心菱形表示第二个 y 变量，使用实心方形表示第三个 y 变量，等等。

```
. scatter y x
```

以上命令没有定义标记的形状、颜色和大小，输出的是默认值，相当于 msymbol(0)。

```
. scatter height age,mcolor(red)msize(5)msymbol(oh)
                      ①          ②       ③
```

①：标记的颜色（mcolor=marker color），这里将散点的颜色定义为红色。

②：标记的大小（msize=marker size），这里将散点的大小定义为 5。

③：标记的形状（msymbol=marker symbol，可简写为 ms），这里将散点的形状定义为空心圆。

除了标记外，还可以在标记的旁边附上标签。标签可以是数值或文字。比如，下面的数据有 10 个观察值和 3 个变量，分别称为 age、height 和 school。数据的分布情况如下：

```
. use "E:\stata\Chapter7_mlabel.dta",clear
. list

     +------------------------+
     | age   height    school |
  1. |  13      135   school1 |
  2. |  15      165   school2 |
  3. |  16      165   school2 |
  4. |  18      184   school3 |
  5. |  12      132   school1 |
  6. |  15      155   school2 |
  7. |  17      172   school1 |
  8. |  14      156   school3 |
  9. |  16      160   school2 |
 10. |  18      176   school1 |
     |------------------------|

. graph twoway scatter height age,mlabel (school)mlabposition(11)ysize(3)xsize(4)
                                        ①               ②
```

①：在散点旁附上散点所代表的变量的标签（即 school）。

②：标签的位置。其规则是按时钟指针的位置确定的，11 表示在 11 点钟的位置。

该命令生成图形如图 7-6 所示。

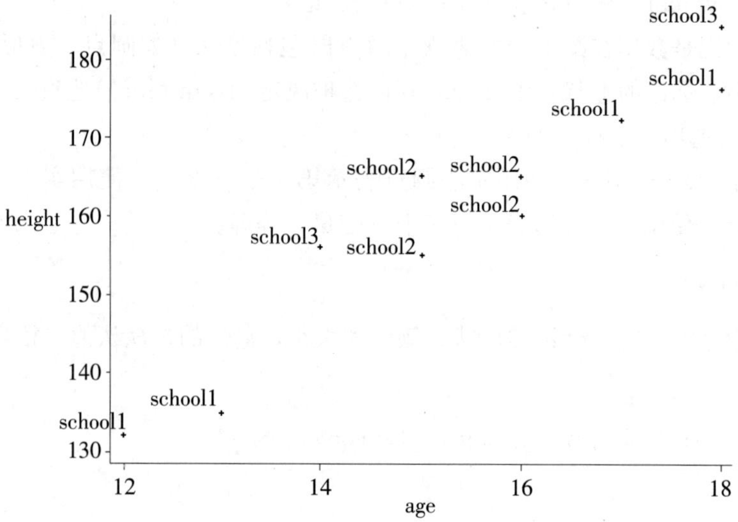

图 7-6　散点图示例 6

(6) 添加文字。

图形中的文字主要包括标题、数轴的标题、注释和资料来源。下面是一个比较完整的、包括各类文字的命令选项总汇：

```
. use "E:\stata\Chapter7.dta",clear
. sort age
. by age:egen weightm = mean(weight)
```

该命令意为，按照年龄计算 weight（体重）的均值。

```
. scatter height age||line weightm age,          ①
yaxis(1 2)xaxis(1 2)                             ②
title(This is the Title)                         ③
subtitle(This is the Subtitle)                   ④
caption(This is the caption)                     ⑤
note(This is the Note)                           ⑥
ytitle(Height of Children)                       ⑦
ytitle(Average Weight of Children,axis(2))       ⑦
xtitle(Age of Children)                          ⑧
xtitle(Child Age,axis(2))                        ⑧
ysize(4)xsize(5)                                 ⑨
legend                                           ⑩
```

①：生成一个散点图和线图（详下）相结合的图形。

②：表示有两个纵轴和两个横轴。

③：图形的主标题。

④：图形的次标题。

⑤：图形的注释。

⑥：图形的注释。

⑦：第一个纵轴的标题和第二个纵轴的标题。

⑧：第一个横轴的标题和第二个横轴的标题。

⑨：图形的大小。

⑩：图例。

值得注意的是，这里命令的表现形式是为了便于对每个选项功能进行解释。其正确的格式是不能间断的，应为：

```
. scatter height age||line weightm age,yaxis(1 2) xaxis(1 2) title(This is the Title)subtitle(This is the Subtitle) caption(This is the caption)note(This is the Note)ytitle(Height of Children)ytitle(Average Weight of Children,axis(2))xtitle(Age of Children)xtitle(Child Age,axis(2))ysize(4)xsize(5)
```

该命令生成如图 7－7 所示的图形。

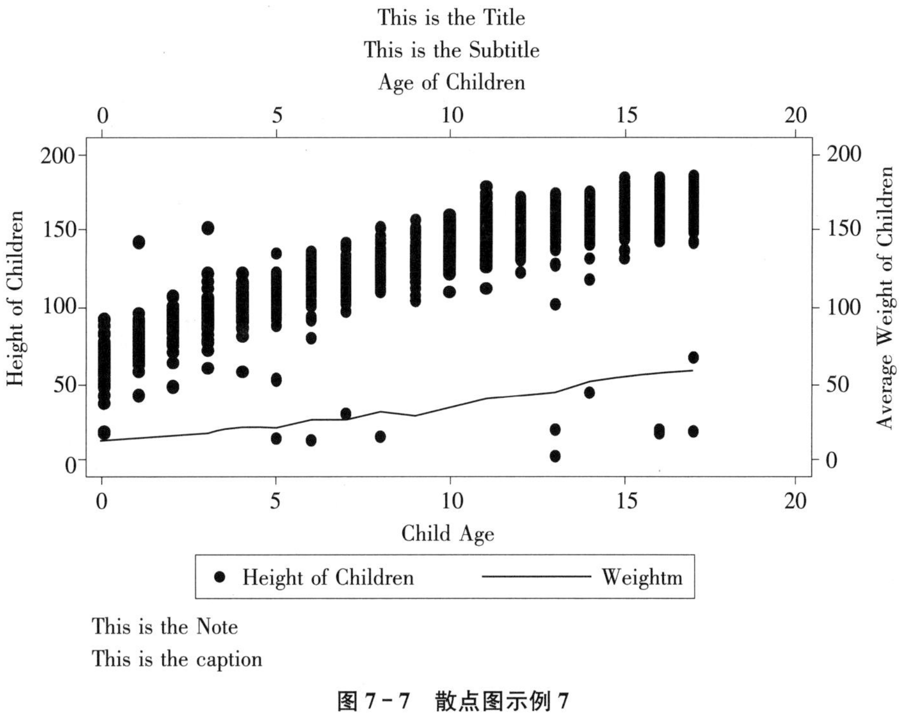

图 7－7　散点图示例 7

这是一个比较完整的图形，几乎包括了一个图形中可能出现的所有类型的文字，且这些文字几乎在所有类型的图形中都是适用的。

（7）by（区分组群）。

Stata 的 by()选项指明图形将通过哪个变量的分类来区分，by 变量的每个分类都将有一个独立的图形。如：

```
. scatter height age,by(urban)
```

变量 urban 是个分类变量，取值有 0 和 1。该命令给 urban 的每个取值各生成一个图形（见图 7-8），分别命名为 0 和 1，相当于农村和城市。

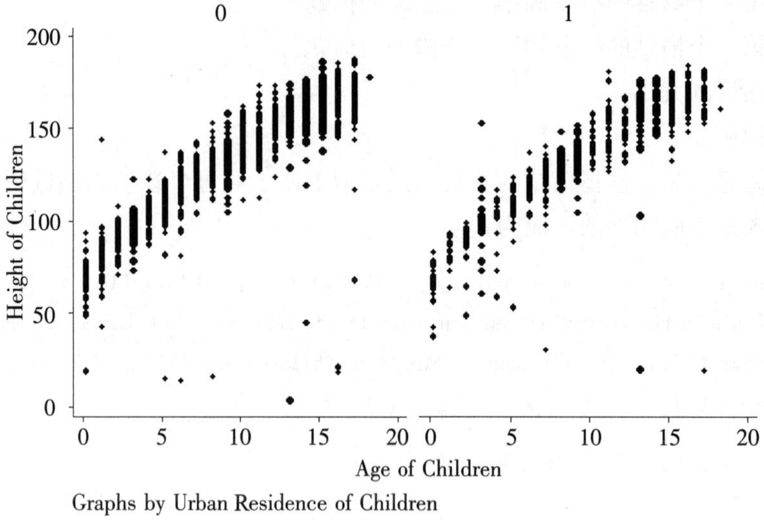

图 7-8　散点图示例 8

（8）save（保存图形）。

使用 saving()选项可以将图形保存起来，以备将来之用：

```
. scatter...,... saving 文件路径和名称
```

相当于：

```
. scatter...
. graph save 文件路径和名称
```

比如：

```
. graph save a
(file a. gph saved)
```

该命令将一个名为 a 的图形保存起来。图形的保存将在后面详细介绍。

7.1.3　多重图形

一个图形可以描绘多重二元关系，作图的命令不变，反映在 y 轴上的变量列在关键词 scatter 之后，最后一个变量始终是横轴的变量。多重图形的变化在于选项。若要比较城乡孩子按年龄对应的平均身高、体重或教育水平，则首先需要生成相应的变量：

```
. egen heightm = mean(height),by(age)
```

该命令意为，按照年龄计算 height（身高）的均值。

```
. egen edum = mean(edu),by(age)
```

该命令意为，按照年龄计算 edu（教育）的均值。

```
. replace edum = . if age<6
```

由于 6 岁以下的孩子的教育多为缺失值（他们尚未上学），故将他们定义为缺失。

```
. egen edumr = mean(edu) if urban == 0,by(age)
. egen edumu = mean(edu) if urban == 1,by(age)
```

分别生成乡村和城市孩子按年龄对应的平均教育水平。

比如：

```
. scatter edumr age||scatter edumu age,ms(T)msize(2) legend (position(10) ring(0))
                                                      ①          ②           ③
```

①：图例。

②：图例的位置，position(10) 即将图例置于 10 点钟的位置。

③：绘图区；ring(0) 表示将图例置于绘图区内。若无该选项，则图例将被置于绘图区外。

这里将 urban 样本的散点定义为三角形，由（T）表示，将其大小定义为 2 号。

该命令生成图形如图 7－9 所示。

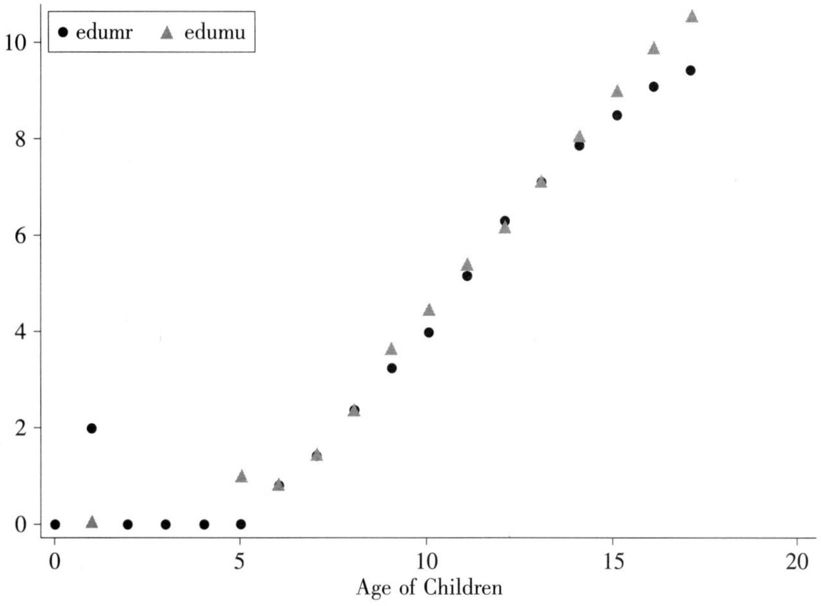

图 7－9　散点图示例 9

```
. scatter weightm age,yaxis(1)||scatter heightm age,ms(T) msize(2) yaxis(2) legend(po-
sition(5)ring(0))
```

该命令使用两个 y 轴：第一个 y 轴为 weightm，第二个 y 轴为 heightm，生成的图形如图 7-10 所示。

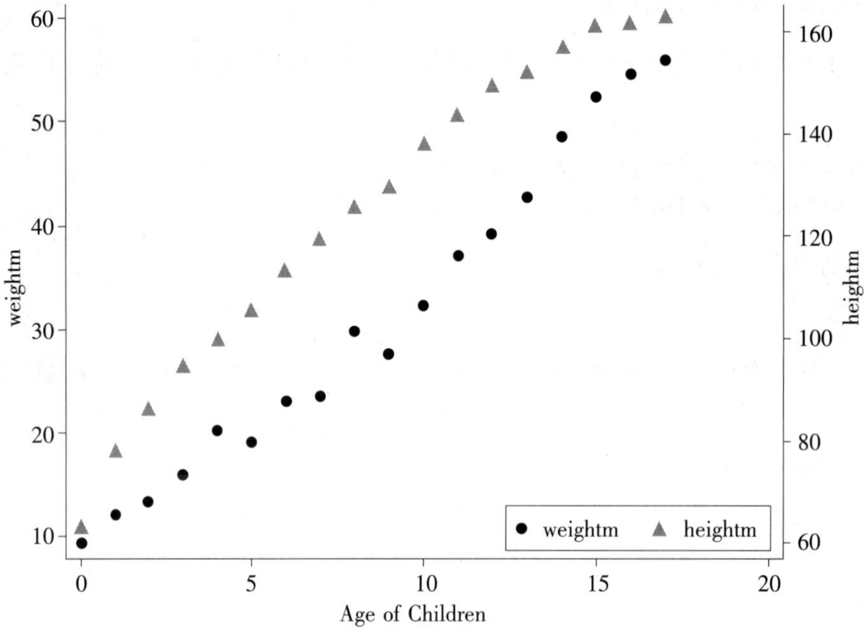

图 7-10　散点图示例 10

作为一种图形，scatter 还可以与其他双向关系图形家族中的命令结合起来：

```
. twoway (scatter...)(line...)(lfit...)...
```

该命令相当于：

```
. scatter... || line... || lfit... || ...
```

如：

```
. graph twoway lfit height age | scatter height age, title(Height of Children: Stata Example, size(medium)) xtitle(Age of Children) xlabel(0(2)18) ytitle(Height[cm]) ylabel(0(20)180) legend(off) ysize(3) xsize(4)
```

这里大部分的命令选项在前面已经介绍过，新出现的选项包括：（1）lfit，即 linear fit，告诉 Stata 附加一条 y 轴的回归线（height 回归于 age），若想显示 95%的置信区间，则可将“lfit”改为“lfitci”（这些内容将在后面陆续讲到）；（2）size，即题目字体的大小，位于 title 的选项内。

生成的图形如图 7-11 所示。

关于散点图与线图的整合，我们将在线图部分做进一步介绍。

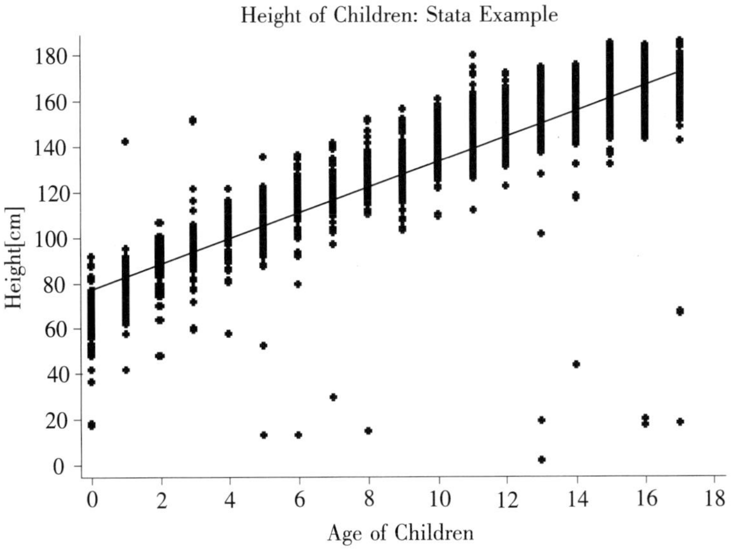

图 7-11　散点图示例 11

7.2　线图

线图又称曲线图，是用线段的升降来说明现象变动情况的一种统计图，主要用于显示现象在时间上的变化趋势、现象的分配情况和现象间的依存关系。与 scatter 图形一样，该图适用于数值型与连续型的时间序列数据。当它用于这种功能的时候，实际上是将散点连接起来。但线图的适用范围广于 scatter 图形，因为它还可以用于描述预测的数值、置信区间和回归线。

line 既是命令，也是一种图形。

7.2.1　基本命令

```
. graph twoway line y  x
          ①     ② ③ ④
```

①：生成双向关系图的基本命令。

②：表示图形类型（线图）。

③：代表纵轴的变量。

④：代表横轴的变量。

```
. twoway line y x
   ①     ②
```

①：生成双向关系图的基本命令。

②：表示图形类型（线图）。

```
. line y x
  ①
```

①：既表示图形类型（线图），也是命令。

7.2.2 注意事项

特别要注意的是，当数据没有按 x 变量排序的时候，在生成线图前一定要将数据排序。否则，图形看起来就像小孩的涂鸦一样。以儿童的身高（height）与年龄（age）的关系为例：

```
. sort kidid
. line height age,ysize(3) xsize(4)
```

该命令生成的图形如图 7 - 12 所示。

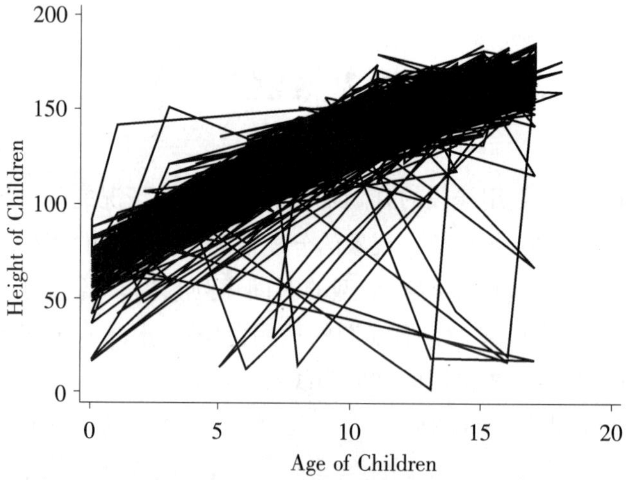

图 7 - 12 线图示例 1

由于没有排序 age，故图形看起来杂乱无章。若按 x 变量排序，图形是否就有意义了呢？

```
. sort age
```

该命令意为，对 age 进行排序。

```
. line height age,ysize(3) xsize(4)
```

以上命令生成的图形如图 7 - 13 所示。

可见，即便对 x 变量进行了排序，也依旧没有得到我们期望的图形。但该图形却是有意义的：每个年龄对应的竖线代表处于这一年龄段的孩子身高的数值；其下端为最小值，上端为最大值。比如，样本中 5 岁孩子身高的最小值为 11.4cm，最大值为 134cm。而且，该图形很直观地告诉我们，至少在 5～8 岁、13～14 岁和 16～17

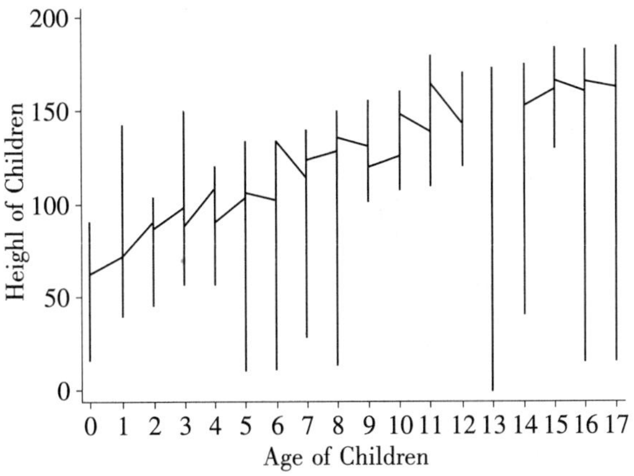

图 7-13 线图示例 2

岁的孩子中，一些孩子的身高数据可能存在问题，因为部分孩子的身高最小值低于 50cm。

但预期的图形应该只有一个线条，因为这里是一个双向关系线图。造成上面这两种图形结果的主要原因是，age（年龄）的每个取值有太多相应的 height（身高）取值。相反，如果算出身高、体重或受教育年限的均值，再使用均值生成图形，上述的涂鸦问题就解决了。在前面的散点图部分，我们已经生成了一组均值变量，包括按年龄对应的身高、体重、教育的均值。

```
. line heightm age,ysize(3)xsize(4)
```

生成的图形如图 7-14 所示。

图 7-14 线图示例 3

若 y 轴的变量是均值，但没有对变量 x 进行排序，则得到的图形如图 7-15 所示。

```
. sort kidid
. line heightm age,ysize(3)xsize(4)
```

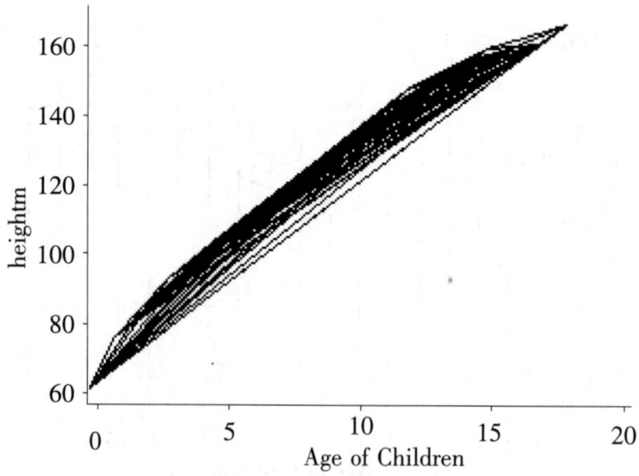

图 7-15 线图示例 4

7.2.3 主要选项

由于 line 的功能与 scatter 的功能十分类似，线图的选项也与 scatter 的选项基本一样（除 marker_options、marker_placement_option 和 marker_label_options 选项外），故不再逐项解释。通常，可以使用 scatter 取代 line，但不用 line 取代 scatter。若在下面的命令中出现新选项的话，再分别予以解释。

7.2.4 应用举例

```
. sort age
. graph twoway line heightm age||line weightm age||line edum age if edum~=., yaxis(2)
legend(row(3) position(10)ring(0)) ytitle(Height and Weight) ytitle(Average Year of
Schooling,axis(2)) ysize(3)xsize(4)
```

该命令生成一个完整的图形（见图 7-16）。

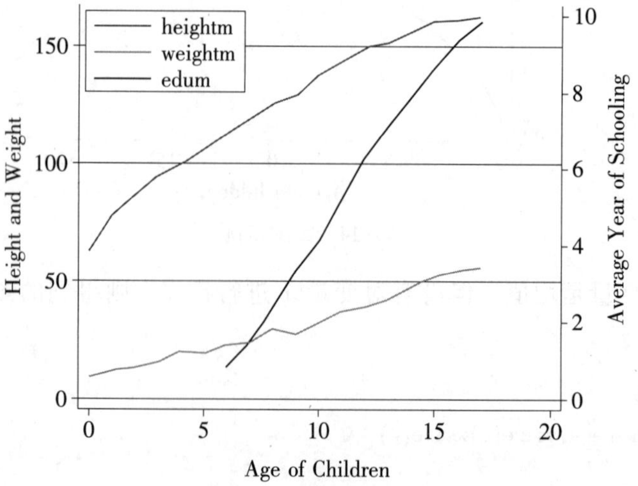

图 7-16 线图示例 5

第一个 || 之前的命令部分（line heightm age）将生成一个年龄与 heightm（平均身高）的线图；第一个与第二个 || 之间的命令部分（line weightm age）将生成一个年龄与 weightm（平均体重）的线图；第二个 || 之后的命令部分（line edum age）将生成一个年龄与 edum（平均教育水平）的线图，但该线图只包括 edum 具有有效数值的个案（if edum～=.），且将变量 edum 定义为第二个 y 轴（yaxis(2))；legend(row(3) position(10) ring(0))将图例分为三排（通过 row(3)表示），置于 10 点钟的位置，且置于绘图区之内。

同样，线条的颜色、格式、粗细等都可以重新定义。比如：

```
. graph twoway line heightm weightm edum age,
connect(line line stairsteps)                    ①
clpattern(longdash solid dash)                   ②
lcolor(grey blue red)                            ③
lwidth(0.5 0.5 0.5 )                             ④
legend(row(3) position(3) ring(0))               ⑤
xtitle("")                                       ⑥
```

①：线条的连接方式，第 1、2 条线均为普通线条，第 3 条线为台阶式的线条。

②：线条连接方式的格式。第 1 条线为断断续续的长线，第 2 条线为连续线条，第 3 条线为不连贯的短线条。

③：将第 1、2、3 条线分别定义为灰色、蓝色和红色。

④：定义线条的粗细，默认值为 0。

⑤：定义图例的格式，将图例的位置挪到 3 点钟的位置。

⑥：删除数轴的标题。

命令的前部分 graph twoway line heightm weightm edum age 告诉 Stata 生成一个以 age 为 x 轴，以 heightm、weightm、edum 为 y 轴的线图。将命令部分和选项部分整合起来就是：

```
. graph twoway line heightm weightm edum age,connect(line line stairsteps)
clpattern(longdash solid dash)lcolor(grey blue red)lwidth(0.5 0.5 0.5)legend(row(3)
position(3) ring(0))
```

该命令生成图形如图 7-17 所示。

命令 graph twoway 反映的是两个变量之间的关系，因此可以通过许多不同类别的图形来生成和表现。比如：

```
. graph twoway scatter heightm weightm edum age,connect(line line stairsteps)
clpattern(longdash solid dash) legend(row(3) position(3) ring(0))
lwidth(0.5 0.5 0.5) lcolor(grey blue red)
```

该命令与上述命令唯一的不同之处在于将 line 替换成了 scatter。其生成图形如图 7-18 所示。

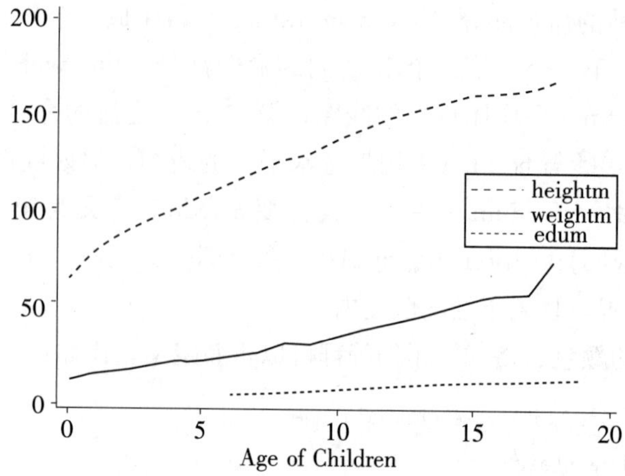

图 7－17　线图示例 6

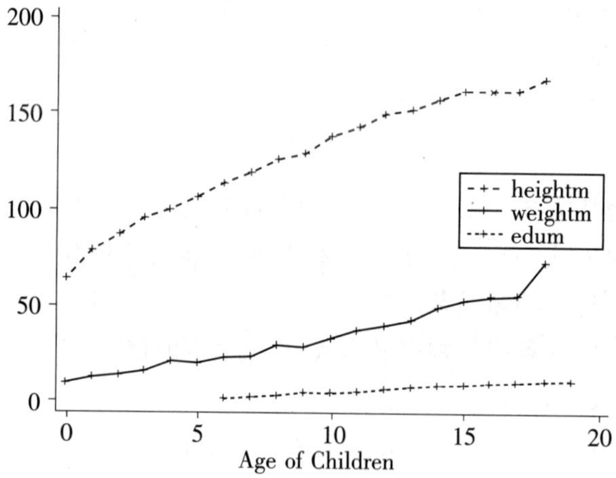

图 7－18　线图示例 7

若将 line 替换成 dot，则命令为：

```
. graph twoway dot heightm weightm edum age,connect(line line stairsteps)
clpattern(longdash solid dash) legend(row(3) position(3) ring(0))
lwidth(0.5 0.5 0.5)lcolor(grey blue red)
```

其生成图形如图 7－19 所示。

若将 line 替换成 bar，则命令为：

```
. graph twoway bar heightm weightm edum age,legend(row(3) position(10) ring(0))
lwidth(0.5 0.5 0.5)lcolor(grey blue red) ysize(3) xsize(4)
```

其生成图形如图 7－20 所示。

若将 line 替换成 area，则命令为：

```
. graph twoway area heightm weightm edum age,legend(row(3) position(10) ring(0)) lwidth
(0.5 0.5 0.5) lcolor(grey blue red)ysize(3) xsize(4)
```

其生成图形如图 7－21 所示。

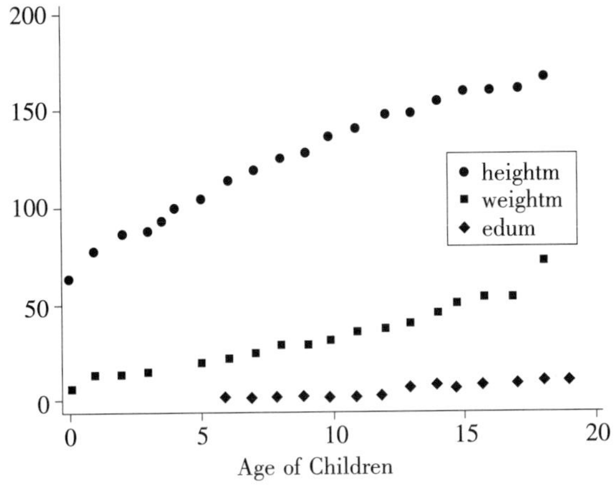

图 7-19　线图示例 8

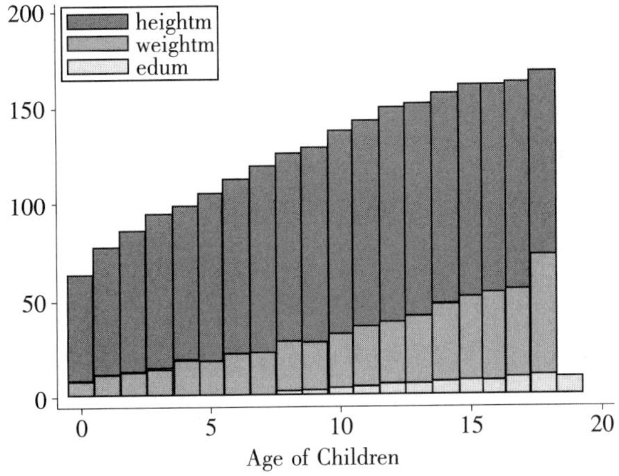

图 7-20　线图示例 9

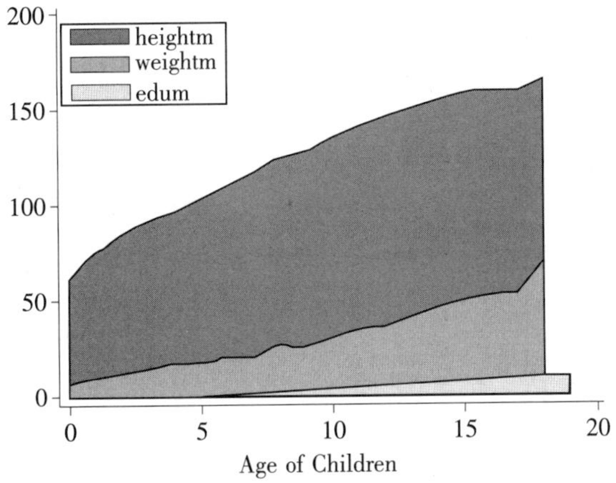

图 7-21　线图示例 10

7.3 条形图

条形图以等宽直条的长短来表示相互独立的变量取值的大小。虽然这种图形提供的信息不如箱线图(详见下文)提供的信息多,但该图形简单、灵活、易于使用,可用来比较一系列的统计量,包括均值、算术和、计数等等。

条形图分为纵向和横向条形图。其中,graph bar 生成纵向条形图,即柱形图,在这类柱形图中,y 轴是连续变量,x 轴既可以是分类变量,也可以是连续变量。

7.3.1 基本命令

```
. graph bar y,over(x)
      ①    ②  ③
```

①:生成条形图的基本命令。

②:生成图形的变量。

③:按 x 变量的分类,描述 y 变量的统计量。Stata 默认的统计量是均值,但统计量的类型是可以选择的。

该命令为变量 y 和 x 生成纵向条形图。y 为纵轴,属于数值型变量;x 为横轴,主要为分类变量,但也可以是取值不多的连续变量;Stata 将按照 x 变量的分类计算 y 变量的统计量;在一个 graph bar 命令中,至多可以有三个分组命令。

```
. graph bar edu if age>6 & edu~ = . ,over(age) ytitle(Average Year of Schooling) ysize
(3) xsize(4) yline(6.11)
```

该命令生成按年龄(大于 6 岁且教育变量没有缺失的儿童——if age>6 & edu~=.)区分的受教育年限图(见图 7 - 22)。

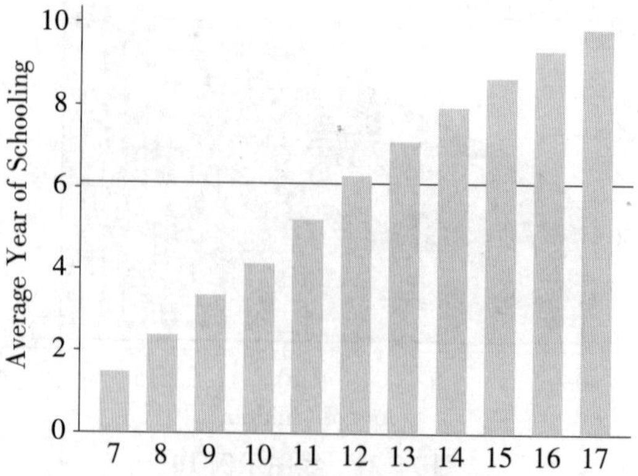

图 7 - 22 条形图示例 1

若条形图命令中没有 over 选项,将会出现什么结果呢?请看下例:

```
. graph bar edu if age>6 & edu~=.,ytitle(Average Year of Schooling) ysize(3) xsize(4)
yline(6.34)
```

该命令生成的图形如图 7－23 所示。

图 7－23　条形图示例 2

该命令的结果只提供 edu 的均值。这是我们在刚开始使用 Stata 时经常会遇到的问题。所以，在生成条形图时，不能忽略 over 选项或 by 选项。当 graph bar 命令中没有任何选项时，其功能相当于求均值的命令：

```
. sum edu if age>6 & edu~=.

    Variable |    Obs        Mean    Std. Dev.       Min      Max
-------------+---------------------------------------------------------
         edu |  1 480   6.434 459   2.891 039          0       14
```

横向条形图的基本命令为 graph hbar。在这类图中，y 轴是连续变量，且是横向的；x 轴可以是分类或连续变量，且是纵向的。因此，纵向和横向条形图的命令基本相同，唯一的差异在于将“bar”转变成“hbar”或将“hbar”转变成“bar”。生成横向条形图的基本命令为：

```
. graph hbar y,over(x)
```

比如：

```
. graph hbar edu if age>6 & edu~=.,over(age) ytitle(Average Year of Schooling) ysize
(3) xsize(4) yline(6.11)
```

其生成图形如图 7－24 所示。

7.3.2　统计量的选择

Stata 的默认统计量是 mean(均值)。若不指定具体统计量(同上面的例子)，则图形表现的就是均值。其他的统计量的主要内容如表 7－1 所示。

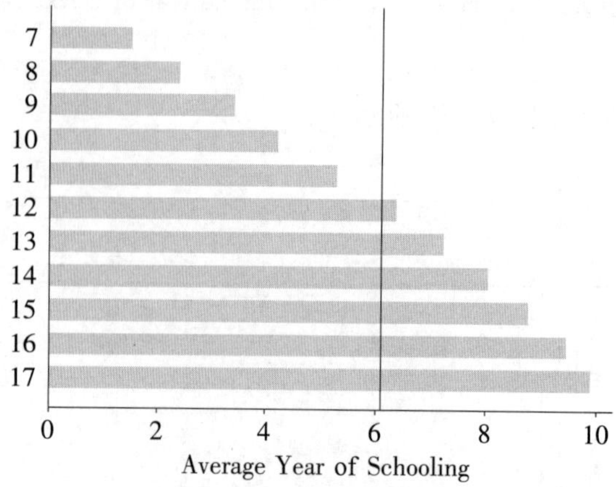

图 7-24 条形图示例 3

表 7-1 条形图统计量的选项及功能

选项	功能
median	中位数
sd	标准差
sum	算术和
p	四分位数、十分位数、百分位数、其他分位数等
iqr	四分位差
count	计数
minimum	最大值
maximum	最小值

```
. graph bar (sd) edu if age>6 & edu~=., over(age) ytitle(SD of Schooling) ysize(3)
xsize(4)
```

这里的统计量是 sd（即标准差）。它告诉 Stata，在 y 轴上提供变量的标准差。生成图形如图 7-25 所示。

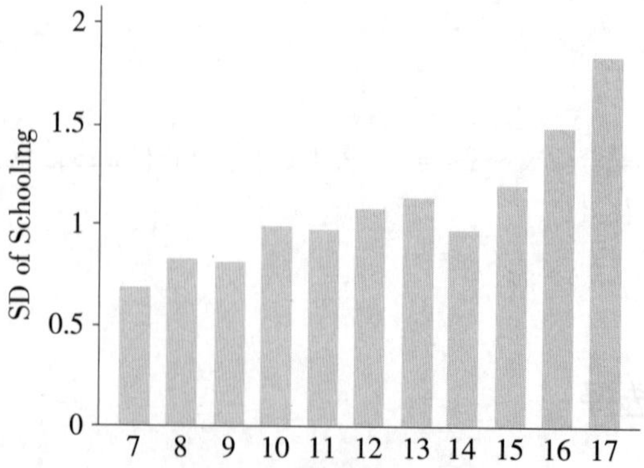

图 7-25 条形图示例 4

可见，变量 age 的标准差随年龄的增长而呈上升趋势；17 岁的孩子之间存在更大的变异。

7.3.3　条形图的选项

（1）over（分组）。

该选项下又有不少次选项，内容如表 7－2 所示。

表 7－2　　条形图 over 选项及功能

选项	功能
relabel(# "text")	改变数轴标签
label(cat_axis_label_options)	定义数轴标签，包括 angle()、alternate、labcolor()和 labsize()（即角度、替换方式、色彩和字体的大小）
axis(cat_axis_line_options)	提供数轴标线
gap([*]#)	条柱之间的间隔
sort(varname)	条柱按名称分类
sort(#)	条柱按高度分类
descending	改变条柱的高低顺序（从高到低）
reverse	转换数值，从最大到最小

以下列命令为例：

```
. graph bar (mean) edu,over(urban,relabel(1 Rural 2 Urban)label(labsize( * 1.2)
                                   ①                     ②       ③
labcolor(red))descending reverse)ytitle(Mean Year of Schooling)ysize(3)xsize(4)
     ④               ⑤          ⑥
```

①～⑥都是 over 选项下的次选项。它们都必须置于 over 后面的括号里，注意括号一定要对称，否则将会出现红色的错误提示（parentheses do not balance）。其中：

①：给变量的取值贴标签，否则图形中的城乡都由数值（0，1）表示。

②：指定标签的字号和颜色。

③：将标签的字号扩大 1.2 倍。

④：将标签的颜色设定为红色。

⑤～⑥：条柱的排列顺序。若 descending 与 reverse 同时使用的话，则等于没有使用任何一个选项；若只使用一个，则 bar 将会从高到低排列。

其生成图形如图 7－26 所示。

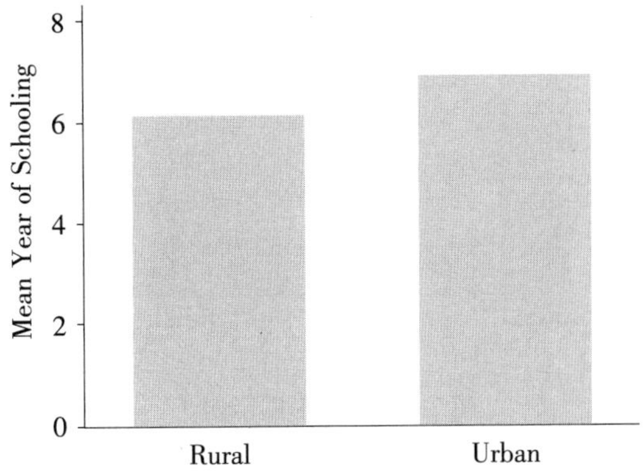

图 7－26　条形图示例 5

（2）by（重复组群）。

```
. graph bar (mean) edu if age>6 & edu~ = . ,over(urban,relabel(1 Rural 2
Urban) label(labsize( * 1.2) labcolor(red)) descending reverse) ytitle(Mean Year of
Schooling) ysize(3) xsize(4) by(girl)
```

这里新增加的选项是 by(girl)。其生成图形如图 7 - 27 所示。

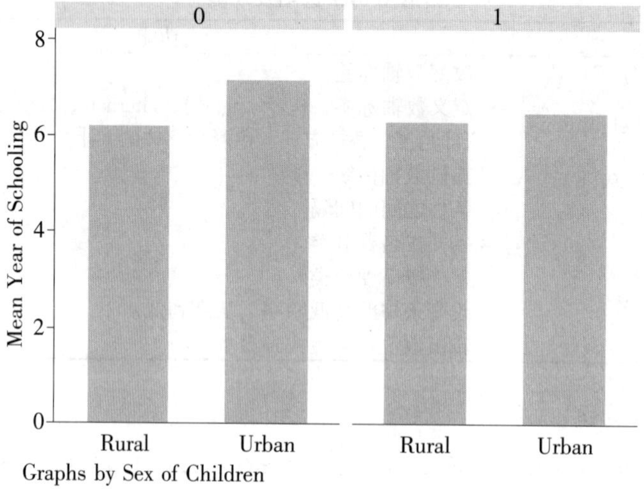

图 7 - 27　条形图示例 6

该命令生成的图形与两个 over 选项生成的图形在表现形式上略有不同，虽然二者实质上并无差别（请与图 7 - 28 进行比较）。

```
. graph bar (mean) edu if age>6 & edu~ = . ,over(urban,relabel(1 Rural 2
Urban) label(labsize( * 1.2) labcolor(red)) descending reverse) ytitle(Mean Year of
Schooling) ysize(3) xsize(4) over(girl,relabel(1 Boy 2 Girl) label(labsize( * 1.2) lab-
color(blue)) descending)
```

这里新添加了一个 over 选项。其生成图形如图 7 - 28 所示。

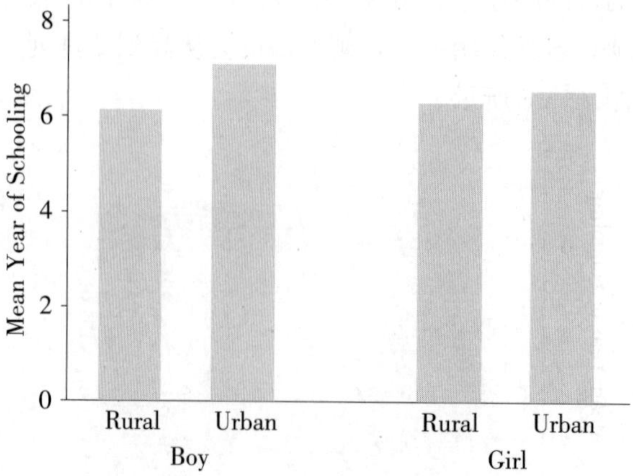

图 7 - 28　条形图示例 7

（3）stack（堆积图）。

stack 将多个 y 变量的统计量上下堆积，而不是并排（默认方式为并排）。stack 常常与 percentage 连用，纵轴的统计量默认为比例。值得注意的是，在这类图形中，y 轴的多个变量通常是由同一个变量派生出来的，故 y 轴每个变量的百分比之和等于 100%。当然，stack 并不是一定要与 percentage 连用；当二者不连用时，纵轴无须等于 100%。

```
. gen sib0 = sibs == 0
. gen sib1 = sibs == 1
. gen sib2 = sibs == 2
. graph bar (mean) sib0 sib1 sib2,over(urban,relabel(1 Rural 2 Urban)) stack
legend(row(1)) blabel(bar,position(base) format( % 4.2f)) percentages
ysize(3) xsize(4) ytitle(Percent) over(girl,relabel(1 Boy 2 Girl))
```

在该命令生成的条形图（见图 7-29）中，每个条柱有上、中、下三部分，分别代表在每个分类中 sib0、sib1 和 sib2 所占的百分比。三个比例之和必须等于 100%。因此，每个部分代表总数的相对份额。这里的新选项有三个：一是 stack，将 y 变量（sib0、sib1、sib2）按 x 轴的每个分类进行累积。二是 blabel，该选项下又有几个次选项（详见下文）；format(% fmt) 用于格式 bar 的高度；format(%4.2f) 的意思是，将 bar 的数值固定为两个小数位（这里的%是数字格式的固定表达方式，f 代表 fix，它是可以替换的）。三是 percentage，它告诉 Stata，y 轴上的统计量为百分比。

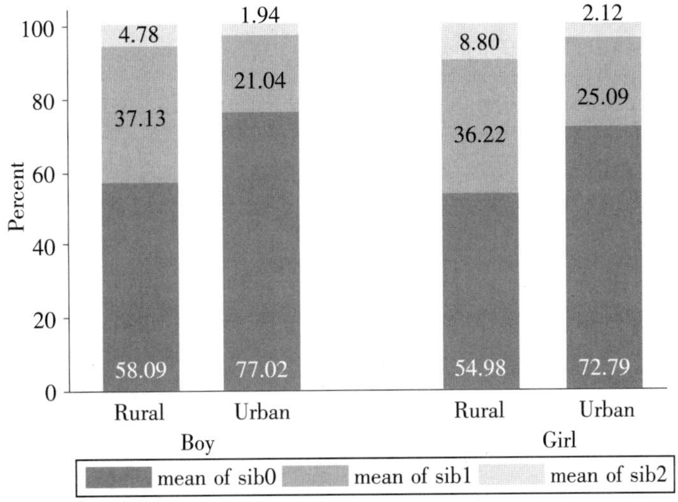

图 7-29　条形图示例 8

（4）blabel。

该选项有两个功能。其一，增加图表的信息量——通过 blabel(bar) 和 blabel(total) 选项将变量的取值添加到图形的条柱中；其二，通过 blabel(name) 和 blabel(group) 选项改变 bar 的名称和组合。该选项只适用于 graph bar 和 graph hbar 命令。具体而言，blabel 与条柱标签的内容、位置和格式等有关。就标签的内容而言，主要有以下几种。

blabel(bar)　表示在条柱上添加变量的取值。比如：

```
. graph bar(mean)edu,over(age) blabel(bar)
```

于是，在每个条柱上，都会显示 edu 的均值。

blabel(total)　表示 bar 的累积高度，该选项只与 stack 连用。比如：

```
. graph bar(mean)sib0 sib1 sib2,stack over(urban)blabel(total) legend(row(3)position
(2))
```

在这里，标签为堆积高度，即 sib0、sib1、sib2 之和，且有标签。

blabel(name)　描述每个条柱的内容，主要用于集多个变量于一图的场合。比如：

```
. graph bar(mean)变量 1 变量 2 变量 3 变量 4,blabel(name)
```

标签分别就是 mean of 变量 1、mean of 变量 2、mean of 变量 3 和 mean of 变量 4。在这种情况下，我们通常无需图例，使用 legend(off)就可以了：

```
. graph bar(mean)y1 y2 y3 y4,blabel(name)legend(off)
```

blabel(group)　指明标签为第一个 over 选项中分类变量的每个组别的名称。比如：

```
. graph bar edu,over(age)over(urban)blabel(group)
```

其标签将为 age。这样的时候，无须使用 x 轴：

```
. graph bar edu if age>5,over(age,axis(off))over(urban,relabel(1 Rural 2 Urban))blabel
(group)
```

其生成图形如图 7-30 所示。

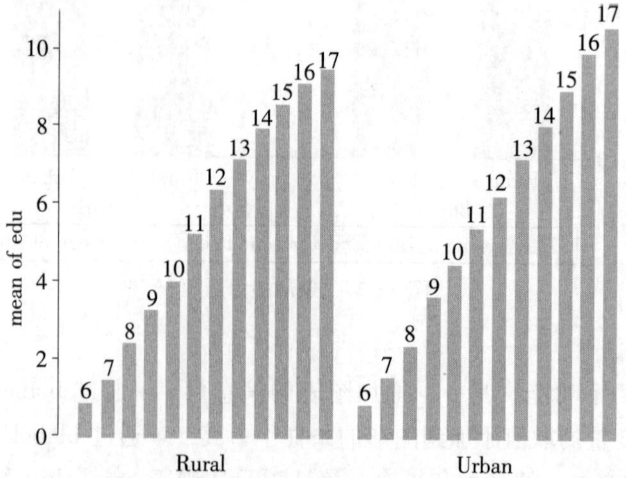

图 7-30　条形图示例 9

定义标签位置的选项是 position。其中，position(outside)是默认值（即标签的内容置于条柱外）；position(inside)将标签贴在条柱内；position(base)将标签置于条柱靠近底部的地方；position(center)将标签贴在条柱的中央。

标签的格式主要包括字体的大小和小数点的位数：

size(relative size)：指定标签的大小。比如，size(* 1.2)、size(* .8)分别将字体扩大和缩小 20%。

format()：指定标签小数点的位数。比如，format(%4.1f)表示保留一个小数位，format(%4.2f)表示保留两个小数位。

标签的内容、位置和格式等都属于 blabel 的次选项，故都必须被置于同一个括号内。比如：

```
. graph bar edu,over over(sibs)blabel(bar,position(center)size( * 1.05)format( %4.1f))
```

（5）bar（条柱的位置、形状、色彩）。

条柱的位置、形状和色彩是通过一系列的次选项来定义的。下面介绍一些主要的次选项。

outergap(* #)和 outergap(#)：outergap(* #)指定 bar 到绘图区边缘的距离，包括第一个 bar 和最后一个 bar，表明默认值将被改变。比如，outergap(* 1.2)将间隔增加 20%，outergap(* .8)则将间隔减少 20%。outergap(#)指定间隔与 bar 宽度的比例，如 outergap(50)将间隔缩为 bar 宽度的一半。二者不能同时使用。

bargap(#)：指 bar 之间的间隔，被定义为与 bar 宽度的比例。其默认值为 bargap(0)，意思是 bar 之间相连。bargap( )既可以是正数值，也可以是负数值。bargap(10)将大大地缩小 bar 之间的间隔（bar 宽的 10%）；bargap(−30)将使 bar 之间有 30%的重合。值得注意的是，bargap( )只影响 y 变量的 bar。若想改变第一、第二和第三个 over 分组的话，则须在 over 分组的选项内指明 over_subopt gap。

intensity(#)和 intensity(* #)：指明填充 bar 内空间颜色的强度。其中，intensity(#)直接指定某个强度，intensity(* #)指明相对于默认值的强度。此处的默认值是，bar 内的填充颜色与其边框的颜色一致。若指定 # <1，则颜色变淡；若指定 # >1，则颜色加深。若无须填充 bar，则使用 intensity(0)；若需 bar 内的填充颜色与 bar 边框的颜色完全一致，则使用 intensity(100)。

lintensity(#)和 lintensity(* #)：指定 bar 边缘线条的强度。其中，lintensity(#)指定某个具体强度，而 lintensity(* #)指定的强度是相对于默认值而言的。此处的默认值是，bar 的边框与其内填充的颜色一致。若指定 # <1，则颜色变淡；若指定 # >1，则颜色加深。若需颜色最深，则使用 lintensity(255)。

bar(# ,barlook_options)：bar 的外观选项。比如，bar(1,...)是指第一个 bar，bar(2,...)是指第二个 bar，以此类推。这里的 ... 是 bar 的具体定义。最有用的选择是色彩（colorstyle），其功能是定义 bar 的颜色。比如，选项 bar(1,color(red))将使第一个 bar 的颜色呈红色。

（6）legend。

legend（图例）选项控制图例。若图形有一个以上 y 变量的话，则图例自动出现，否则没有图例，因为 over 选项按照 x 轴的分类变量贴上了标签。

（7）yline（添加辅助线）。

在 y 轴上添加一个线条，以做比较之用。

7.3.4 横向条形图

横向条形图与纵向条形图的区别在于其 y 轴表现为水平轴。其命令的选项与纵向条形图一样，只是命令由 graph bar 变成 graph hbar（这里的 h 相当于 horizontal）：

```
. graph hbar (mean) weight height,over(sibs,relabel(1 "0 sibling" 2 "1 sibling" 3 "2 + siblings")) bargap( * 1.2)legend(label(1 "weight") label(2 "height")) ytitle("Height and Weight")title("Height and Weight of Children") subtitle("by Number of Siblings") blabel(bar,position(inside) format(%9.1f) color(white)) note("Source:Chapter7") ysize(3) xsize(4)
```

其生成图形如图 7－31 所示。

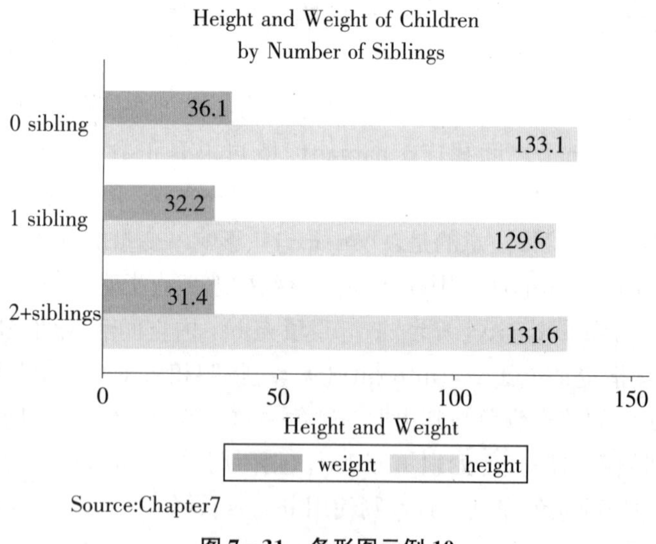

图 7－31 条形图示例 10

7.4 直方图

直方图是用矩形的高度和宽度来表示频数分布的图形。通常，将收集的数据依大小次序归类于既定的组别中，在平面直角坐标中，用横轴表示数据分组，用纵轴表示频数或频率。如此，各组与相应的频数就形成一个矩形，即直方图。该图形可用来观察整体数据分布的情况，了解其中心位置、分散程度及分布形态。

对于等距分组的数据，可以直接用矩形的高度来表示频数的分布；若组距不等，仅仅用矩形的高度来表示各组频数的分布就不合适了。当数据的组距不等时，需要使用矩形的面积（而不是矩形的高度）来表示各组的频数分布，或根据频数的密度来绘制直方图。只有这样，才能准确地表示各组数据的分布特征。不过，无论组距是否相等，使用面积表示直方图的频数都是合适的；这样的话，直方图下的总面积等于 1。比如，在等距分组中，矩形的高度与各组的频数成比例，如果取矩形的宽度（各组组距）为一个单位，高度表示比例（即频率），则直方图下的总面积等于 1。

直方图与条形图的区别在于，两者是不同的概念，前者用面积（即长方形的长度和宽度），而后者用条柱的高度来表示各类别频数的多少；前者的高度与宽度均有意义，后者仅高度有意义；前者的各矩形通常是连续排列的，后者的各矩形通常是分开排列的。具体而言：（1）二者横轴表示的意义相同，但纵轴表示的意义不同。频率分布条形图的纵轴（即长方形的高度）表示频率；频率分布直方图的纵轴表示频率与组距的比值，其相应组距上的频率等于该组距上长方形的面积。（2）条形图主要用于表示分类数据，而直方图用来表示定量数据。（3）条形图的条柱之间有空间，而直方图却不必如此。

不过，Stata 在绘制直方图时，对数据并无严格要求。它也可以绘制分类变量的图形。

7.4.1　基本命令

直方图的基本命令是 histogram，其后面紧接所要描绘图形的变量名称。Stata 默认的变量类型为数值型变量，但只要指明是分类变量，那么该命令也同样执行。比如：

```
. histogram edu,ysize(2) xsize(2)
(bin = 32,start = 0,width = .4375)
```

该命令生成图 7－32。

```
. histogram edu,discrete ysize(2) xsize(2)
(start = 0,width = 1)
```

该命令生成图 7－33。

7.4.2　主要选项

直方图的选项有的仅适用于连续变量，有的仅适用于分类变量，有的适用于二者。

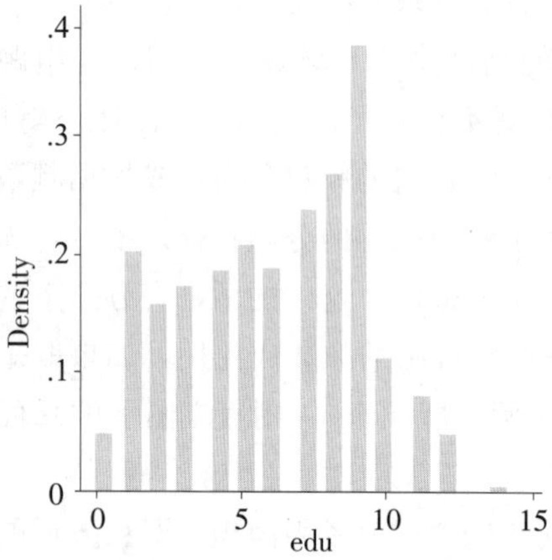

图 7-32　直方图示例 1

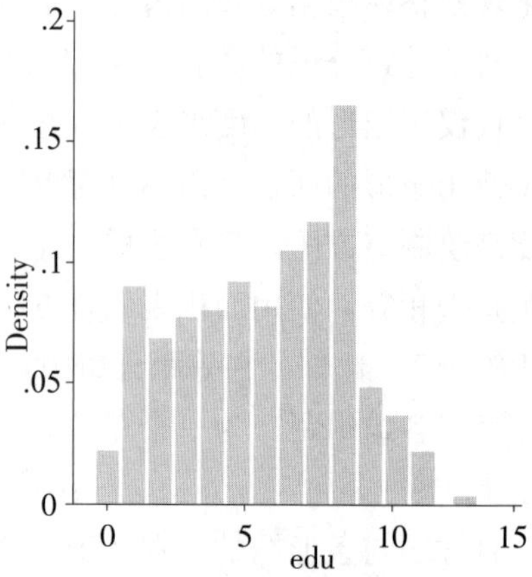

图 7-33　直方图示例 2

（1）仅适用于连续变量的选项。

bin(＃)和 width(＃)（条柱的数目及宽度）　二者是可以互换的选项。它们标明数据将被如何集合在 bin 中。bin()指直方图中条柱的数量，“＃”代表具体数目，因需而异。选项 width()直接指明条柱的宽度；值得注意的是，使用 width()选项将会改变图形的计算方式。若没有其中任何一个选项，则 Stata 将自行决定 bin 的数目及宽度。注意，bin 不能与 width 同时使用；比如，当输入以下命令时，将得到一个错误提示：

```
. histogram edu,bin(16)width(1)
options bin()and width()may not be combined
```

start(＃)（数轴的起点）　它表示数轴的起点，或者是变量的理论最小值。其默认值为 start(m)，其中 m 表示最小值（minimum）。括号中的数值一定小于或等于最小值，否则就会得到一个红色的错误提示：

```
. histogram edu,ysize(2) xsize(2) start(3)
option start() may not be larger than minimum of edu
```

（2）仅适用于分类变量的选项。

discrete（分类变量）　该选项告诉 Stata 需要生成直方图的变量属于分类变量，故变量的每个分类都应该有一个独立条柱（bar）。

width(＃)（条柱的宽度）　该选项在分类变量中很少使用。与连续变量一样，它指明条柱的宽度。其默认的形式是 width(d)——d（difference）代表观察到变量特殊值的最小差别。当变量的分类较少时，可以重新设置条柱的宽度。

start(＃)（数轴的起点）　该选项在分类变量中同样不常用。其使用方法同上。

（3）适用于连续变量和分类变量的选项。

y 轴的统计量　*y* 轴的统计量主要有四种。其一，density：它是默认的统计量。当不对图形的统计量做任何定义时，y 轴的统计量等于 density。它告诉 Stata 按密度绘制条柱的高度，从而使所有条柱面积之和等于 1。其二，fraction：按比例绘制条柱的高度，从而使所有条柱的高度之和等于 1。其三，frequency：按频数绘制条柱的高度，从而使每个独立条柱的高度等于该类别的观察量，故所有条柱的高度之和等于总观察值。其四，percent：按百分比绘制条柱的高度，从而使所有条柱的高度之和等于 100%。显然，这几种统计量的图形是一样的，只是量纲不同而已。

gap(#)（条柱之间的距离） 通过缩小条柱的宽度（%）定义相邻条柱之间的距离。其默认的方式是 gap(0)，此时相邻的条柱刚好挨着。距离是相对的，介于 0 与 100 之间。在此数值界限内，可以随意设定距离。距离的格式没有固定的定义，可尝试找到最合适的间隔。其中一个很有用的选择是 barwidth(#)，即设定条柱的宽度。

normal（正态分布密度曲线） 在分布图上添加一条基于样本均值和标准差的正态分布密度曲线。所谓的正态是指它拥有与数据同样的均值和标准差。当然，还可以添加其他类型的曲线。

bar labels（条柱的标签） 在每个条柱的顶端，附上统计量表明其高度（无论是 density、fraction 还是 frequency）。也即 addlabopts(marker_label_options)：指明如何表现条柱的标签，即条柱的高度和表现形式。此外，所有在散点图的 marker_label 选项中适用的选项，这里也同样适用。

其他选项 yaxis、xaxis、title、caption、legend、overall、by 等在双向关系图形中适用的选项在直方图中也基本适用。比如：title("Child Age")——给该图形指定一个题目，题目需要放置在括号内的引号之中。xlabel(0(1)14)——0 表示 x 轴从 0 开始，1 表示数轴上数值的间隔为 1，共有 14 个数值；这些数值因需要而异。ylabel(0(20)100)或 ytick——表示 y 轴从 0 开始，数值间隔为 20，最大数值为 100；其实际定义因需要而异。

7.4.3　应用举例

下面，我们从简单到复杂介绍一些实例。

```
. histogram edu,percent start(0)width(1)norm xlabel(#14)xtitle(Year of Schooling)ys-
ize(3)xsize(4)
(bin = 14,start = 0,width = 1)
```

以上命令输出的图形（见图 7－34）有 14 个矩形柱（xlabel(#14)），每个条柱的宽度为 1（width(1)），分布图上附加一条基于样本均值和标准差的正态分布曲线(normal)。

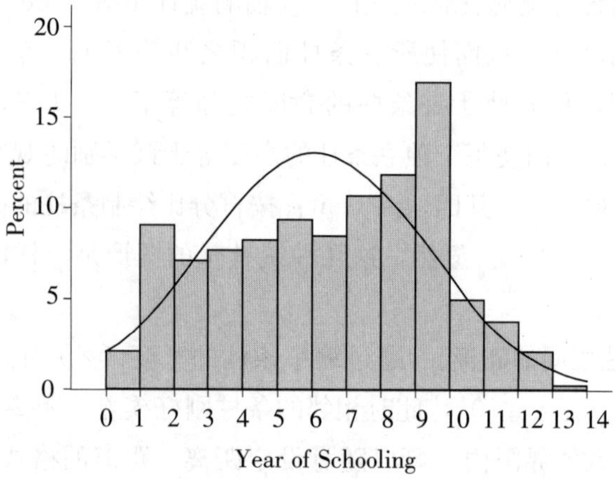

图 7-34　直方图示例 3

该图的横坐标是教育年数的区间，这里的每一格代表 1 年的教育（格子宽度因不同的数据或要求而定）；纵坐标为各教育年数的频数百分比。比如，受过 9 年教育的孩子大约占 17%（最高的一个矩形柱），受过 8 年教育的孩子大约占 12%（第二高的矩形柱），受过 14 年教育的孩子占不到 0.5%（最矮的一个矩形柱）。

我们还可以通过选择项使图形看起来更完整，提供的信息更全面。当需要了解孩子的受教育年限是否因性别而异时，可通过 by 选项，给变量性别的每个分类生成一个独立的图形（见图 7-35）：

```
. histogram edu,percent by(girl,total)width(1)xtitle(Year of Schooling)
```

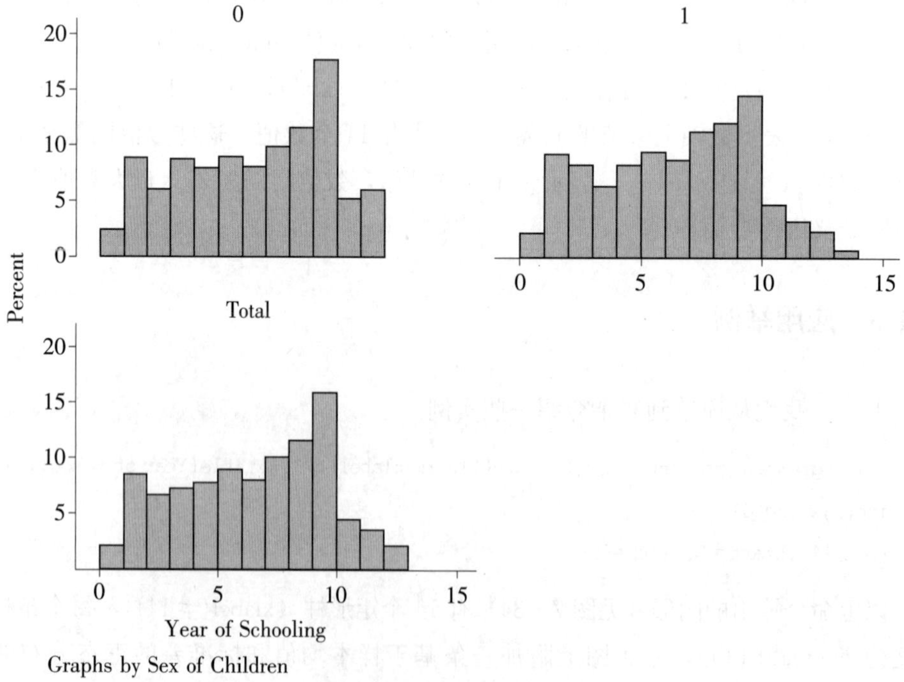

图 7-35　直方图示例 4

该直方图描绘按变量 girl（女孩）区分的儿童教育水平（由 by 选项指明）；y 轴的统计量为百分比。在该变量中，0 表示男孩，1 表示女孩。于是，图形包括三个独立的次图形，一个代表男孩的教育水平，一个代表女孩的教育水平，还有一个代表全部孩子的教育水平（由 by 选项中的 total 次选项指明）。在图 7－35 中，左上图代表男孩，右上图代表女孩，左下图则是包括所有样本的图形。如其所示，就这群孩子而言，男孩和女孩的受教育程度基本相当，很难看出明显的性别差异。

下面再看看按城乡和性别区分的教育水平。先给城乡和性别贴上标鉴。

```
. label define urban 0 "Rural" 1 "Urban"
. label values urban urban
. label define girl 0 "Boy" 1 "Girl"
. label values girl girl
. histogram edu,by(girl urban) percent ytitle(Percent of Year of
Schooling)ylabel(0(4)16)xtitle("")xlabel(0(3)15)start(0)width(1)gap(1.5)ysize(3)
xsize(4)
```

这里的 by 选项包括两个分类变量：girl 和 urban。Stata 将按照 girl 的分类从小到大与 urban 的数值从小到大进行组合。让我们看看交叉表就更容易了解了：

```
. tab girl urban

           | Urban residence of
   Sex of  |      Children
  Children |    Rural     Urban |    Total
-----------+--------------------+-----------
       Boy |      816       309 |    1 125
      Girl |      693       283 |      976
-----------+--------------------+-----------
     Total |    1 509       592 |    2 101
```

这里的第一个单元格为农村男孩，第二个单元格为城市男孩，第三个单元格为农村女孩，第四个单元格为城市女孩。增大 y 轴和 x 轴的刻度是为了避免数轴看起来过于拥挤；利用("")删除 xtitle（横轴的标题）也是为了达到该目的，其生成图形如图 7－36 所示。

最后，输入以下命令，生成一张完整的年龄与教育的相关关系图形（见图 7－37）：

```
. histogram edu if age>5,percent title ("Year of Schooling") ytitle(Percent of Year of
Schooling) ylabel(0(3)18) ytick(1(2)17) xtitle(Year of Schooling) xlabel(0(1)14)
start(0) width(1) addlabel norm gap(1.5) note(Source:Chapter7) caption(Children are
Aged 6 - 17) ysize(3) xsize(4)
(bin = 14,start = 0,width = 1)
(bin = 14,start = 0,width = 1)
```

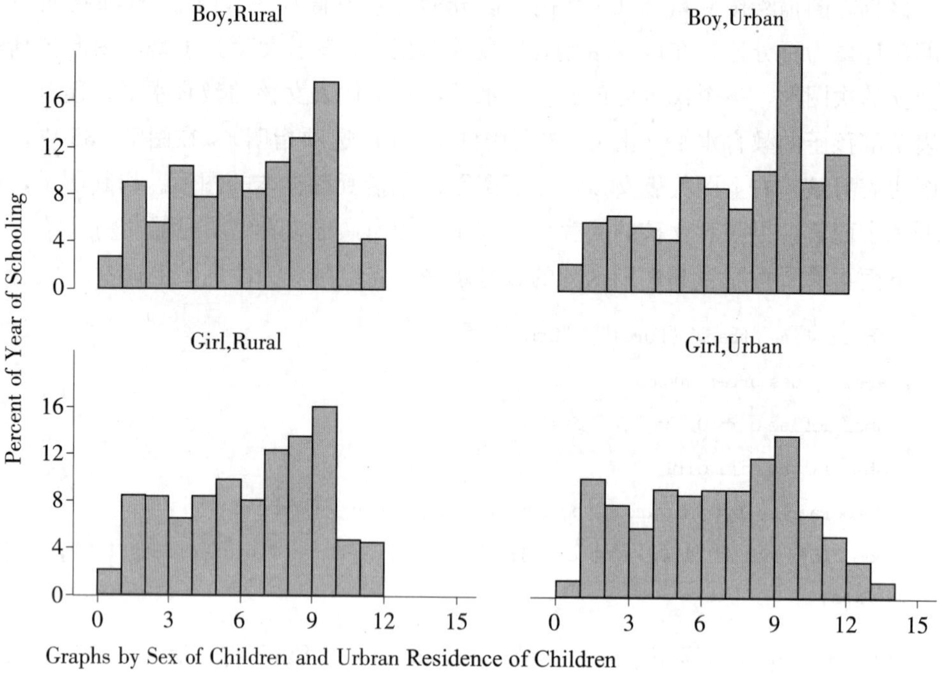

图 7-36　直方图示例 5

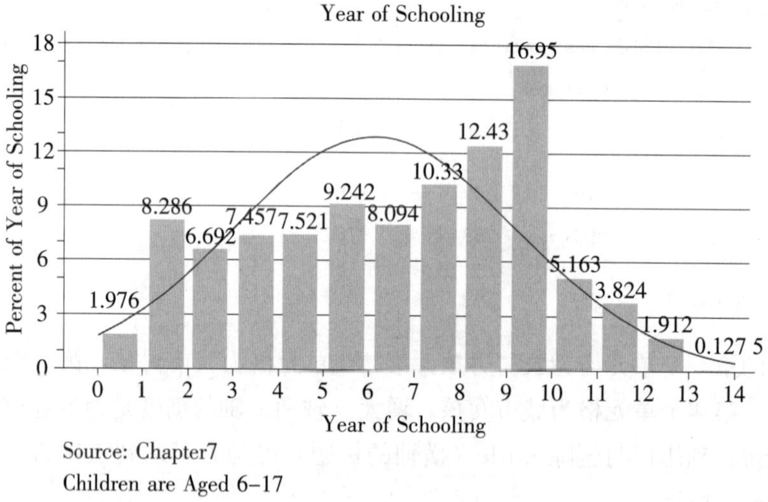

图 7-37　直方图示例 6

7.5　圆形图（饼图）

圆形图，又称饼图，是利用圆形及圆内扇形的角度来表示数值大小的图形，它使用分割并填充了颜色或图案的扇形来表示数据。圆形图通常用来表示数据中的各部分在总体中所占的份额（例如，白领在所有职业中所占的百分比），即比较指标和反映总体的内部结构，故对研究结构性问题十分有用。如果需要，那么我们可以创建多个圆形图来显示多组数据。

圆形图中的各个扇形角度表示总体中各部分的百分比。扇形的角度是按各部分百分比占 360°的相应比例来确定的。Stata 在绘制圆形图时，按变量和变量的分类进行区分。

7.5.1 基本命令

命令 graph pie 可描绘圆形图。该命令主要有两种选择方式。

(1) 两个或多个变量的圆形图。

其命令形式是：

```
. graph pie a b c
  ①        ②
```

①：绘制圆形图的基本命令。

②：构成图形扇面的变量。这些变量往往是一个总体的不同部分。

例如，我们想了解样本中孩子的兄弟姊妹数量。前面我们已经根据变量 sibs 生成了三个虚拟变量，称为 sib0、sib1、sib2，分别代表独生子女、有一个兄弟姊妹和有两个或多个兄弟姊妹。

```
. graph pie sib0 sib1 sib2,legend(row(1))
```

该命令将生成三个扇形（见图 7-38），分别相当于第一个变量（sib0)、第二个变量（sib1）和第三个变量（sib2）之和。如其所示，变量 sib0 所占比例最大，变量 sib2 所占比例最小。

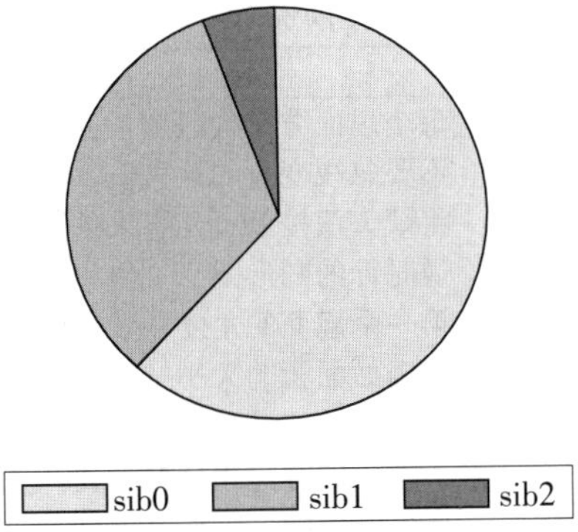

图 7-38 圆形图示例 1

这里，变量 sib0、sib1、sib2 表达一个共同的概念：兄弟姊妹数量。三个变量取值为 1 的分组，其比例相加等于 100%。所以，它们是一个概念的不同组成部分。

(2) 个案取值圆形图。

每个扇形分别代表变量的每个分类的观察量，该变量为分类变量，包括几个不同的取值。下面的命令生成的图形（见图 7-39）与上面的命令生成的图形是一样的，因为变量 sib0、sib1、sib2 是根据变量 sibs 生成的：

```
. graph pie,over(sibs) legend (row(1))
```

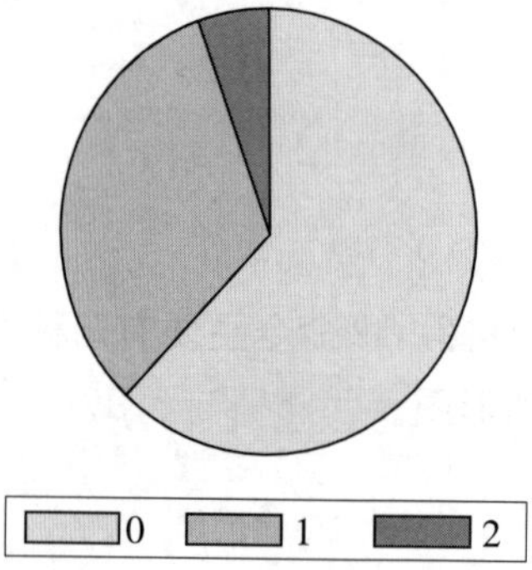

图 7-39　圆形图示例 2

其中，0、1、2 分别相当于变量 sib0、sib1、sib2。因此，从该图形中可以看出，圆形图能直观地显示一个变量的每个分类在全部样本中所占的比例。

7.5.2　主要选项

上面介绍的命令是圆形图的最基本形式。然而，上面的图形并不完整。比如，这两个图中的 0、1、2 代表的是什么，对数据不熟悉的人无从判断。为了使图形能更清楚易懂，需要在基本命令的基础上添加一些选项。Stata 的 graph pie 中包括不少选项，每个选项中又有许多次选项，表 7-3 对常用的选项略做解释，更详细的选择参见 Stata 的帮助命令或用户手册。

表 7-3　圆形图的选项及功能

选项	功能
over	每个扇面分别代表变量的特殊数值
missing	不要忽视变量的缺失值
cw	将缺失值按 casewise 来处理
noclockwise	逆时针的圆形图
angle0(#)	第一个扇面的角度；默认值是 90 度
sort	按扇面面积的大小排序
sort 变量名	将扇面按变量名称排序
descending	与默认的方向相反排序或自己排序
pie(…)	扇面的形状，包括突出显示
plabel(…)	给扇面下定义
ptext(…)	给扇面附加文字
intensity([*]#)	定义扇面的色彩强度
line(line_options)	定义扇面的外观
legend(…)	解释扇面的图例
std_options	标题等

（1）over（分组）。

我们已经见过该选项了。其后是需要生成图形的变量名称。该选项告诉 Stata，按括号内变量的分类确定扇形的多寡。若变量有 3 个分类，则生成的图形应该有 3 个扇形；若变量有 5 个分类，则生成的图形应该有 5 个扇形；以此类推。

（2）pie（扇面的外观及颜色）。

该选项涉及扇面的形状、外观、突出显示等。通常，变量的第一个分类被默认为第一个扇面，第二个分类被默认为第二个扇面……比如，pie(1...)选项改变第一个扇面的形状，pie(2...)选项改变第二个扇面的形状，pie(1 2 3...)选项改变第一、第二、第三个扇面的形状。pie()选项的次选项可重复，从而使不同的分类呈现不同的颜色。同时，也可以使用 pie(_all...)选项，将所有的扇面定义成相同的特征。如：

```
. graph pie...,... pie(3,explode)
```

该命令意为，第三个扇面突出。

```
. graph pie...,... pie(3,explode color(gsl))
```

该命令意为，第三个扇面突出，且呈深灰色。

```
. graph pie...,... pie(3,explode color(gsl)) pie(6,explode)
```

该命令意为，第三个扇面突出，且呈深灰色，第六个扇面也突出。

```
. graph pie...,... pie(_all,explode color(gsl))
```

该命令意为，所有的扇面都突出，且呈深灰色。

比如：

```
. graph pie,over(sibs) pie(3,explode color(gsl)) legend(row(1))
```

该命令生成图形如图 7－40 所示。

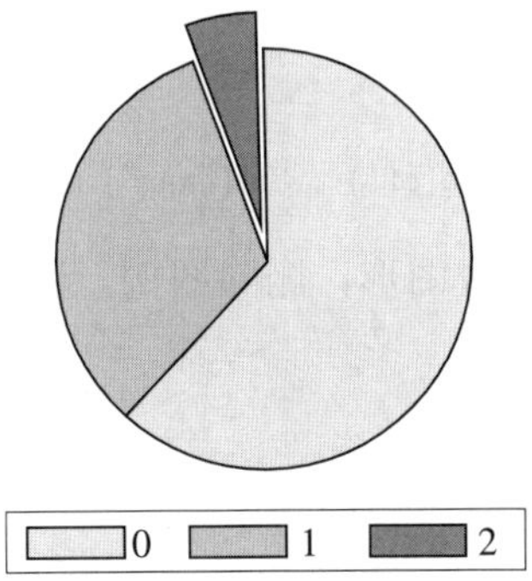

图 7－40　圆形图示例 3

（3）plabel（扇面的标签）。

该选项指明在扇面上添加数值或标签，包括算术平方和、比例、名称或其他文字内容。上面的例子已经显示，Stata 默认的方式是没有数值或标签的。

我们将标签的程序想象成表 7－4 的形式。

表 7-4　　圆形图扇面标签的选项

哪一个（which）	什么（what）	怎样（how）
哪一个扇面需要添加数值或标签	给扇面贴上什么标签：算术和？百分比？名称？其他文字？	标签的格式和外观（包括扇面之间的距离，标签的大小、颜色、文字框）

就“哪一个”和“什么”而言，可以使用以下命令：

```
. graph pie...,... plabel(_all sum)
```

该命令给所有扇面都附上算术和。

```
. graph pie...,... plabel(_all percent)
```

该命令给所有扇面都附上百分比。

```
. graph pie...,... plabel(1 "aaa")
```

该命令给第一个扇面附上 aaa 的标签。

```
. graph pie...,... plabel(_all name) legend(off)
```

该命令将变量的名称添加到所有扇面中，删除图例。

如同 pie 选项一样，plabel()选项也可以出现一次以上。如：

```
. graph pie...,... plabel(1 "aaa") plabel(2 "bbb")
```

该命令给第一个扇面附上 aaa 的标签，给第二个扇面附上 bbb 的标签。

在“怎样”的选项中，定义标签的格式（format，适用于数值标签）、位置（gap）和文字选择（textbox）。

（4）by（区分组群）。

该选项可在一个图形中表现几组独立的扇面。其后面也可以有多种次选项，包括 legend、title、note 等。如：

```
. graph pie a b c,... by(d,legend(off) title("aaa") note("Source:ccc (ddd data)"))
```

这里，按变量 d 的分类生成图形，删除图例，图形的标题为 aaa，并注明数据来源。

7.5.3　应用举例

例 1　Chapter7. dta 数据来自九省，分别被称为 21、23、32、37、41、42、43、45、52。先给这些数值贴上标签：

```
. use "E:\stata\Chapter7. dta",clear
. label define province 21 "liaon",add
. label define province 23 "heilj",add
```

```
. label define province 32 "jiangs",add
. label define province 37 "shand",add
. label define province 41 "henan",add
. label define province 42 "hubei",add
. label define province 43 "hunan",add
. label define province 45 "guangx",add
. label define province 52 "guizh",add
```

现在，生成省份的圆形图：

```
. graph pie,over(province)
pie(8,explode color(red))                              ①
plabel(_all name,gap(9) size(*1.5) color(white))       ②
plabel(_all percent,color(blue)format(%9.2f))          ③
plotregion(lstyle(none))                               ④
legend(off)                                            ⑤
title("Survey Province",size(4))                       ⑥
subtitle("Stata Example",size(3))
note("Source:Chapter7")
```

①：使用 pie(8,explode color(red)) 选项，突出第 8 个扇面，将颜色定义为红色。

②：使用 plabel(_all name) 将每个调查省份的名称添加到扇面。文字的大小由文字框 size(*1.5) 控制，可自行定义。1.5 的意思是，将字号扩大为默认值的 1.5 倍。字体颜色由 color(white) 控制，扇面名称标签为白色；选项 gap(9) 将名称的位置向外移动，以防与下面 plabel(_all percent) 选项中的百分比重叠。

③：使用 plabel(_all percent)将每个调查省份在总样本中的所占比例添加到扇面上。比例的大小为默认值，颜色为蓝色，小数点为 2 位数，由 format(%9.2f)控制。format(%9.2f)中的 f 代表固定小数位，2 表示保留 2 个小数位。

④：使用 plotregion(lstyle(none))选项以删除图形区域的外框线。

⑤：使用 legend(off)选项是因为前面已经使用了 plabel(_all name) 选项，故无须重复。若希望将图例置于一行，则可使用 legend(rows (1))。

⑥：在 title("Survey Province",size(4)) 选项下，使用 size(4) 次选项定义标题的字号。subtitle("Stata Example",size(3)) 具有同样的功能。

完整的命令是：

```
. graph pie,over(province) pie(8,explode color(red)) plabel(_all name,gap(9) size(*1.5) color(white)) plabel(_all percent,color(blue) format(%9.2f)) plotregion(lstyle(none)) legend(off) title("Survey Province",size(4)) subtitle("Stata Example",size(3)) note("Source:Chapter7")
```

其生成的图形如图 7－41 所示。

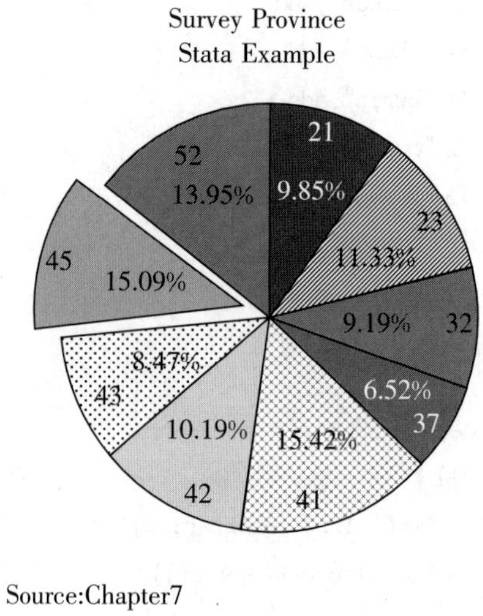

图 7-41　圆形图示例 4

例 2　当分类变量的类别以数值出现，但需要将其转换为数值的标签时，有几种方式可用。刚刚已介绍了一种方法，即在绘图前给变量的每个取值都贴上标签。这里介绍另一种方法。前面已经看到，在 Chapter7. dta 数据中，变量 sibs（兄弟姊妹数量）有三个取值（0、1、2），分别代表独生子女、有一个兄弟姊妹、有两个或多个兄弟姊妹。

```
. graph pie,over(sibs) pie(2,explode color(red)) pie(3,explode) plabel(_all percent,
format ( %9.1f) gap(5)) plabel(1 "single child",gap( - 8)) plabel(2 "1 sibling",gap( - 8))
plabel(3 "2 + siblings",gap( - 8)) note("Source:Chapter7") title("Percent of Sibling
Distribution",size(5)) legend(off)
```

这里的 plabel(1"single child")、plabel(2"1 sibling")、plabel(3"2+sibling")分别是给 sibs 的取值 0、1、2 贴上标签。由于 Stata 在绘图过程中给变量的取值贴标签时不能辨别 0，故需要将 0 替换为 1，将 1 替换为 2，将 2 替换为 3。

其生成的图形如图 7-42 所示。

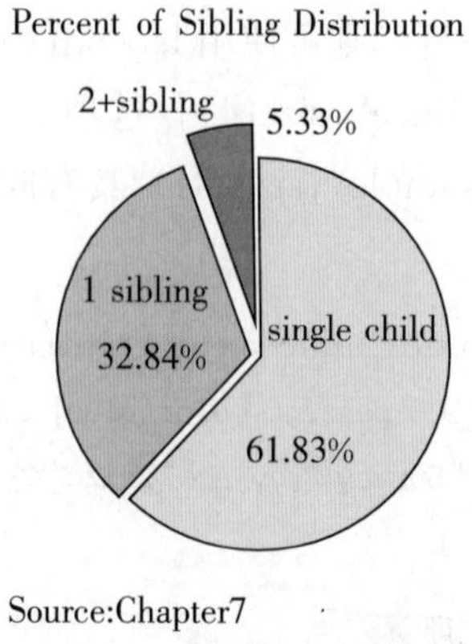

图 7-42　圆形图示例 5

例 3　使用 by 选项，为变量的不同分类绘制独立的图形。比如，按城乡居住地（urban）描绘兄弟姊妹数量（sibs）的圆形图。

假如在原始数据中，城市和农村的标签分别是 1 和 0，若想以名称替代数值，使图形更易读易懂的话，可在绘图之前先将取值替换为标签：

```
. label define urban 0 "Rural" 1 "Urban",modify
. label values urban urban
. graph pie,over(sibs) plabel(1"single child",size(*2.5) color(white)) plabel(2"1 sibling",size(*2.5) color(white)) plabel(3 "2+siblings",size(*2.5)color(white)) by(urban,legend (off) note("Source:Chapter7") title("Percent of Sibling Distribution"))
```

其生成图形如图 7－43 所示。

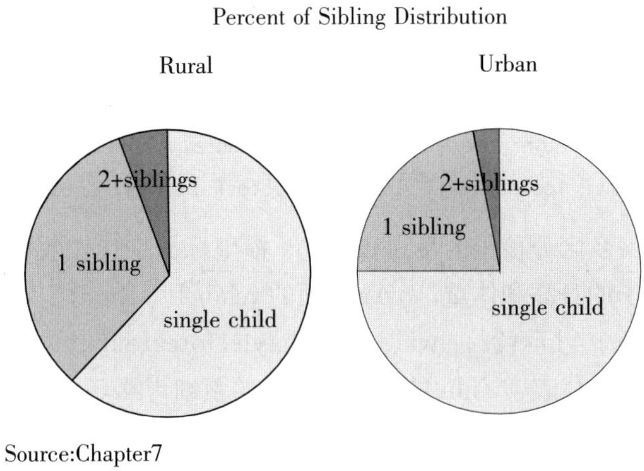

图 7－43　圆形图示例 6

7.6　箱线图

箱线图，又称箱图、盒形图、盒子图，是另一种描述数据的图形，由一个矩形和两条线段组成。一个箱线图包括一条从最小值延伸到最大值的直线及一个矩形，矩形上的第一个四分位数（$Q1$）、中位数（即第二个四分位数）、第三个四分位数（$Q3$）处分别画有线条。因此，一个箱线图是 5 个统计量的汇总：最小值、第一个四分位数（$Q1$）、中位数（即第二个四分位数）、第三个四分位数（$Q3$）、最大值。

箱线图用来揭示数据的中心、数据的扩展、数据的分布和离群数的存在。由于中位数和四分位数对极端值并不十分敏感，故使用中位数和四分位数的箱线图也具有这一特点。箱线图虽然不像直方图或茎叶图那样能显示出详细的信息（故可能不是处理单个变量的最好方法），但却适用于比较两个或多个变量。当使用两个或多个箱线图比较不同的数据集时，必须使用相同的比例才能正确地进行比较。

7.6.1 纵向箱线图

箱线图有两种类型：横向箱线图和纵向箱线图。纵向箱线图的 y 轴是数值型变量，x 轴多是分类变量。纵向箱线图的基本命令如下：

```
. graph box a,over(b)
     ①    ②   ③
```

①：描绘纵向箱线图的基本命令。

②：被绘图的变量。

③：按变量 b 的分类，绘制变量 a 的箱线图。

```
. graph box a b,over(c)
```

该命令意为，按变量 c 的分类，绘制变量 a 和 b 的箱线图。

```
. graph box height weight,over(urban,relabel(1 Rural 2 Urban)) yline(32,lwidth(0.5)
lstyle(foreground) lcolor(red)) yline(136,lcolor(blue) lwidth(0.5))
```

该命令按照城乡区分孩子的身高和体重。横坐标分别代表农村和城市，纵坐标上的数字代表孩子的身高和体重；over 后面的 relabel(1 Rural 2 Urban)给城乡的数值贴上标签。第一个 yline(32, lwidth(0.5)lstyle(foreground))在 y 轴刻度为 32 的地方添加一条横线，代表 weight 的均值，线条的粗细为 0.5，其风格与矩形的风格一致（lstyle(foreground)）；线条颜色为红色；第二个 yline(136, lcolor(blue) lwidth(0.5))与第一个 yline 的基本意义一致，用来代表 height 的均值。其生成图形如图 7-44 所示。

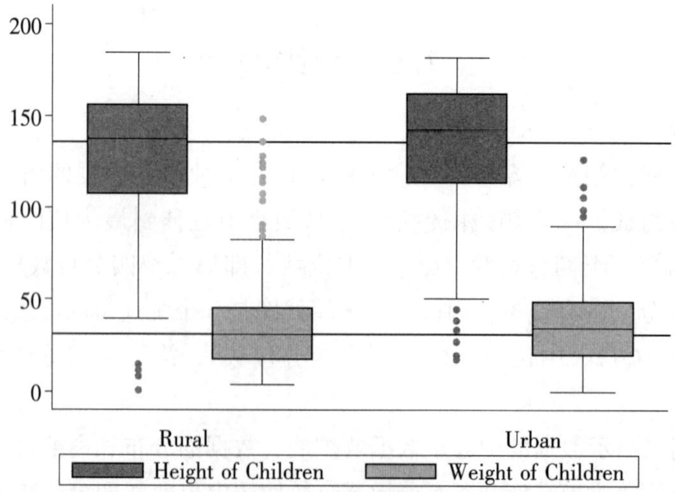

图 7-44 箱线图示例 1

如何理解该图形呢？矩形中间的横线是数据的中位数（median），即数据中占据中间位置的数。该数值表明，数据中有一半的取值大于中位数（在其之上），另一半的取值小于中位数（在其之下）。封闭矩形的上下两条横线（边）分别为上下四分位数（点），其意义为：数据中有四分之一的取值大于上四分位数，即在矩形之上；另外有四分之一的取值小于下四分位数，即在矩形之下。数据有一半的取值在中间封闭的矩形内，另一半的取值分布在矩形上下两端。

在矩形的上下两端分别有一条纵向线段，表明矩形外面数据点的分布。上端的截止线为变量的最大值，下端的截止线为变量的最小值。另外，若存在过度偏离值，则会在图中用"0"标记，若存在极端值，则会用"*"标示。按照 Stata 的默认选项，如果所有样本中的数目都在离四分位数 1.5 倍矩形长度之内，则线的端点为最大和最小值。距离四分位数大于 1.5 倍矩形长度的数值点被默认为离群点（outlier），被单独点出；而超过矩形长度 3 倍的数值点被认为是极端值（extreme）。当然，不同的软件及不同选项所生成的箱线图两头线长的定义不尽相同，但封闭矩形长度的定义基本一样。若干个箱线图往往放在一个图中比较。

7.6.2　横向箱线图

Stata 利用 graph hbox 命令画出横向箱线图。在这类图形中，y 轴依然是数值型变量，x 轴仍旧是分类变量，但 y 轴是横轴，x 轴是纵轴。

```
. graph hbox edu,over(sibs,relabel(1 Single 2 Onesib 3 Twosibs)) over(urban,relabel(1
Rural 2 Urban)) yline(6,lcolor(red) lwidth(0.5))
```

其生成图形如图 7－45 所示。

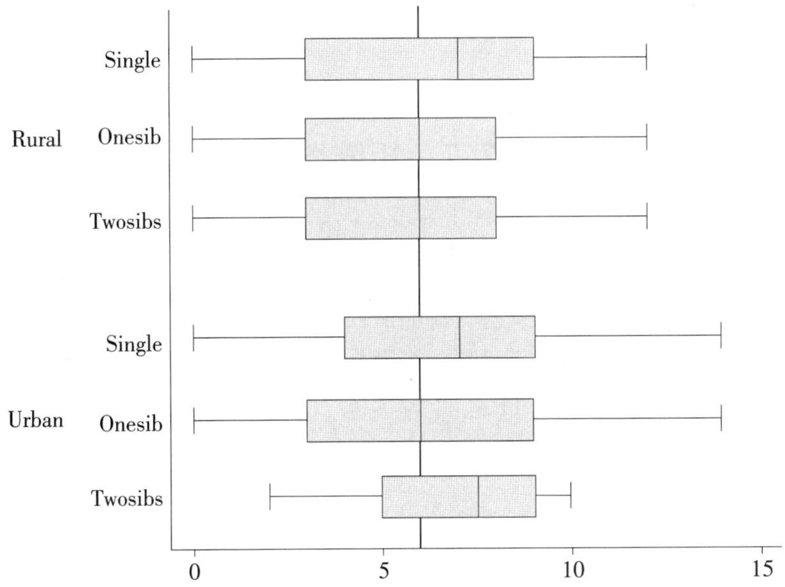

图 7－45　箱线图示例 2

在城乡孩子中，城市孩子的平均受教育年限高于农村孩子（其中位数的位置高于农村孩子中位数的位置），但离散程度较大的也是城市孩子（其最大值与最小值之间的距离大于农村孩子）；不过，若以四分位数来判断，似乎农村孩子教育的离散程度更大。

上面的图形也可以表现为下面的格式。

```
. graph hbox edu,over(sibs,relabel(1 Single 2 Onesib 3 Twosibs)) by(urban) yline(6,lcol-
or(red) lwidth(0.5))
```

其生成图形如图 7－46 所示。

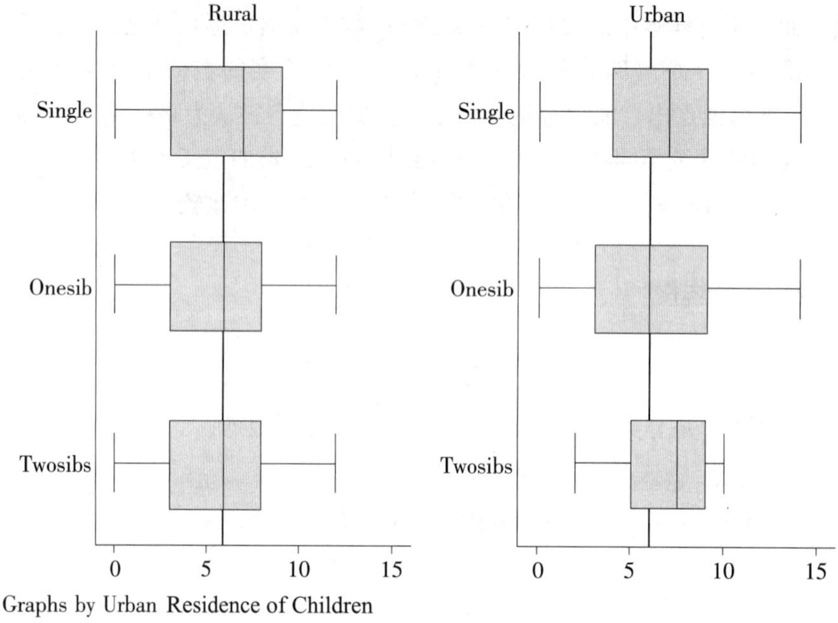

图 7－46　箱线图示例 3

7.7　矩阵图

矩阵图以简洁的方式同时展示多个变量之间的两两对应关系，使研究者可以很快捕捉变量之间的（非）线性关系、极端值或积聚的特点，而这些特点都将影响统计模型的选择。这类图形对多元回归分析十分有用。

下面的命令涉及四个变量之间的关系（如果在线图中生成的 heightm、weightm 和 edum 没有保存下来的话，则需要先生成这几个变量）：

```
. graph matrix heightm weightm edum age,half msymbol(oh) maxis (ylabel(none)xlabel(none))
       ①                  ②               ③      ④                    ⑤
```

①：生成矩阵图的基本命令。

②：生成矩阵图的变量。

③：只显示一半的矩阵。

④：散点的形状为小空心圆点。

⑤：删除 x 轴和 y 轴的标签。

其生成图形如图 7－47 所示。

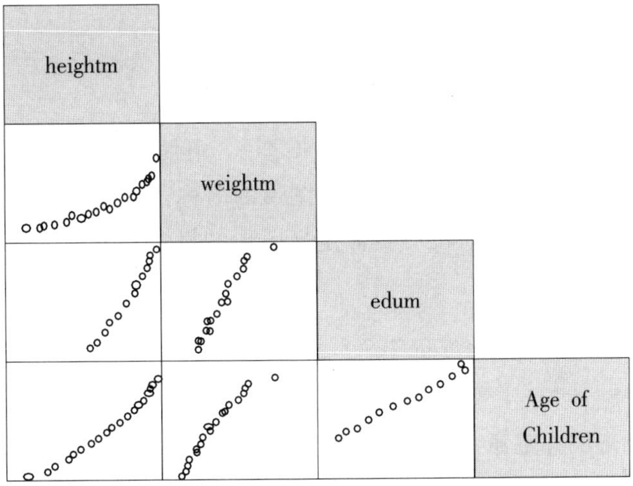

图 7－47 矩阵图示例 1

从图 7－47 可以清楚地看出，平均身高与平均体重呈正关联，与平均教育水平呈近乎直线的正关联，与年龄也呈正关联；同样，平均体重与平均教育水平和年龄也呈近乎直线的正关联；平均教育水平与年龄也是如此。因此，矩阵图清楚地表明了这几个变量之间很强的正向关联。

这些变量之间的相关程度究竟有多大呢？相关系数可以回答这个问题。

```
. corr heightm weightm edum age
(obs = 1583)

             |  heightm   weightm     edum        age
-------------+--------------------------------------------
     heightm |  1.000 0
     weightm |  0.967 4   1.000 0
        edum |  0.980 3   0.987 2   1.000 0
         age |  0.981 7   0.988 7   0.993 3   1.000 0
```

这里的 corr 是相关关系的基本命令（详见“线性回归”一章）。表中的数值代表的是两两变量之间相关系数的大小。相关系数介于 0 和±1 之间，其绝对值越大，变量之间的关联度越强。上面的结果显示，这些变量都正向相关，且相关系数几乎等于 1。比如，平均身高与平均体重的相关系数约为 0.97，与平均教育水平的相关系数约为 0.98，与年龄的相关系数约为 0.98。同样，平均体重与平均教育水平的相关系数约为 0.99，与年龄的相关系数约为 0.99。平均教育水平与年龄的相关系数约为 0.99。

7.8 图形的保存、编辑与合并

7.8.1 图形的保存（graph save）

若需将新建的图形保存起来，以备将来之用，可使用 graph save 命令。该命令将指明的图形保存到磁盘中。若没有指定图形的名称，则 Stata 自动保存当前描述的图形。若在指明图形名称时没有具体定义图形的格式，则 .gph 就是图形的默认格式。其基本命令是：

```
. graph save "图形的名称",asis replace
      ①            ②           ③
```

①：保存图形的固定命令。

②：需要保存的图形的名称。

③：asis 指明冷冻该图形，即是什么样就保存为什么样，相当于 as is。但它不是 Stata 的默认方式。因此，若需要按 as is 保存的话，则需输入该选项。Stata 的默认格式是 live 格式。在 live 格式中，既可以编辑图形，也可以通过 scheme 选项来控制图形的总体外观。若某个图形已经存在，但需要更新，则可选用 replace 替代原有图形。

live 格式的图形比较容易修改。有时，当我们将图形发送给他人时，图形在他人计算机上的显示可能与在我们自己计算机上的显示不同。或许在我们的计算机上，图形的标题在上面，而在他人的计算机上，图形的标题被置于图下。这仍旧是同一张图形，只是看起来有些不同罢了。若打算将图形保存起来以备将来之用，则可用 live 格式进行保存。然后，我们可以找回图形，改变其外观，并对其进行编辑。

相反，如果图形被保存为 asis 格式，那么图形将永远看起来与创建时一模一样，无法对它进行任何修改。

无论图形是以 asis 格式保存，还是以 live 格式保存，对图形的输出或打印都没有任何影响。asis 图形通常占用的磁盘空间较小，且输出的速度更快。

```
. graph box y x
```

该命令生成一个 y 与 x 的箱线图。

```
. graph save fig_d
```

该命令将刚刚创建的图形保存为名为 fig_d 的图形。

但是，我们需要对该图形做些修改，且在修改后以同样的名称重新保存：

```
. graph save fig_d
```

然而，我们却得到以下（红色）错误提示，告诉我们同名图形已经存在：

```
file fig_d.gph already exists
```

该错误提示意为，我们正在尝试替换一个已经存在的文件。Stata 永远不会让我们在无意中做这样的事情。如果我们的确打算这么做，则需要在命令中添加 replace 选项。

```
. graph save fig_d,replace
(file fig_d.gph saved)
```

括号中的提示意为，图形已经被保存。

7.8.2　图形的整合（graph combine）

整合图形是将几个已生成且存储的图形整合到一起。任何一张曾经创建且保存在 Stata 记忆空间的图形都能够从 Stata 的记忆空间找回。找回该图形的命令是：

```
. graph use fig1
```

这里的 graph use 是找回 Stata 图形的固定命令；fig1 是图形的名称，保存的图形叫什么就是什么。与数据存储不一样的是，graph 存储无需路径，只需图形的名称即可。

一旦图形被存入 Stata 的记忆空间中，它就可以被重复显示、打印或再次保存为不同名称的文件。若原图是以 .gph 的格式保存的，则可以将其保存为其他格式。同时，还可以通过菜单或使用 graph use 命令改变图形的色彩。比如，一个名为 fig1 的图形是以 s2 单色方案保存的，我们可以通过以下命令将其改变为 s1 色彩方案：

```
. graph use fig1,scheme(s1color)
```

保存在磁盘的不同图形可以通过 graph combine 命令整合到一起。这提供了将两个或多个图形置于同一图形的途径。假若我们需要将身高与年龄、体重与年龄、教育水平与年龄的独立图形整合在一起，需采取以下步骤。首先，我们分别生成 3 个独立的图形：

（1）生成并保存身高与年龄的关系图：

```
. graph twoway scatter heightm age,by(urban)xtitle("") title("Mean Height of Children",
position(6) ring(0) box margin(small))ytitle("Mean Height") saving(Fig_mh,replace)
(file Fig_mh.gph saved)
```

其中，by(urban)告诉 Stata 按照城乡居住地生成图形。xtitle("")告诉 Stata 不要展示 x 轴。title("Mean Height of Children",position(6) ring(0) box margin(small))中的 position(6)的意思是将图形的标题置于 6 点钟的位置（下面的两个图

形分别将标题置于 5 点钟和 4 点钟的位置，这是为了避免标题遮挡图中的散点而进行的调整）；ring(0)是说，将标题置于绘图区内，这也是可以自行设置的；box margin(small)告诉 Stata，标题使用小字号，small 可以替换。在下面的 graph twoway scatter edum age 图形中，为了不使标题遮挡图形的散点，采用了 tiny（很小）字号。ytitle("Mean Height")是 y 轴的标题。saving(Fig_mh, replace)表示保存名为"Fig_mh"的图形，并取代原有同名图形。

当图形生成后，Stata 自动提示（file Fig_mh. gph saved），告诉我们该图形已经被保存了。

（2）生成并保存体重与年龄的关系图：

```
. graph twoway scatter weightm age,by(urban) xtitle("") title("Mean Weight of Children",
position(5) ring(0)box margin(small)) ytitle("Mean Weight") saving(Fig_mw,replace)
(file Fig_mw. gph saved)
```

(3)生成并保存教育水平与年龄的关系图：

```
. graph twoway scatter edum age,by(urban) xtitle("") title("Mean Year of Schooling",
position(4)ring(0) box margin(tiny)) ytitle("Mean edu") saving(Fig_me,replace)
(file Fig_me. gph saved)
```

输入以下命令整合上面刚刚生成的 3 个图形。由于它们拥有同样的 x 轴,因此将它们分为 3 行垂直置放是合理的：

```
. graph combine Fig_mh. gph Fig_mw. gph Fig_me. gph, imargin(vsmall) row(3)
saving(Fig_mhwe)
(file Fig_mhwe. gph saved)
```

其中,graph combine 是 Stata 整合图形的基本命令。Fig_mh. gph、Fig_mw. gph 和 Fig_me. gph 是前面生成且已经被保存的图形，现在将它们整合在一起。imargin(vsmall)告诉 Stata 每个独立的图形的边缘区域不要有太多的空间（vsmall= very small)。row(3)的意思是将这 3 个图形排成 3 行。

其生成图形如图 7 - 48 所示。

Stata 的 graph combine 命令还有许多其他选项，可从 help graph combine 或用户手册中获得更多的信息和帮助。这些选项控制整合图形横排和纵排的数目、文字的大小和标记（若不具体指明，则标记的大小随整合图形的增加而相应缩小）、每个独立图形的边缘空间；它们还可以给 x 轴和 y 轴指定同样的刻度，以及将相同的色彩指定给整合的图形的所有成分。此外，整合的图形也可以添加标题、打印、保存、再次使用或再次整合。

有时，我们需要整合在一起的图形并没有相同的 x 轴或 y 轴。虽然这并不等于不能整合，但在整合的过程中需要特别注意，否则，整合的图形就毫无意义。下面举例说明。首先，生成以下图形：

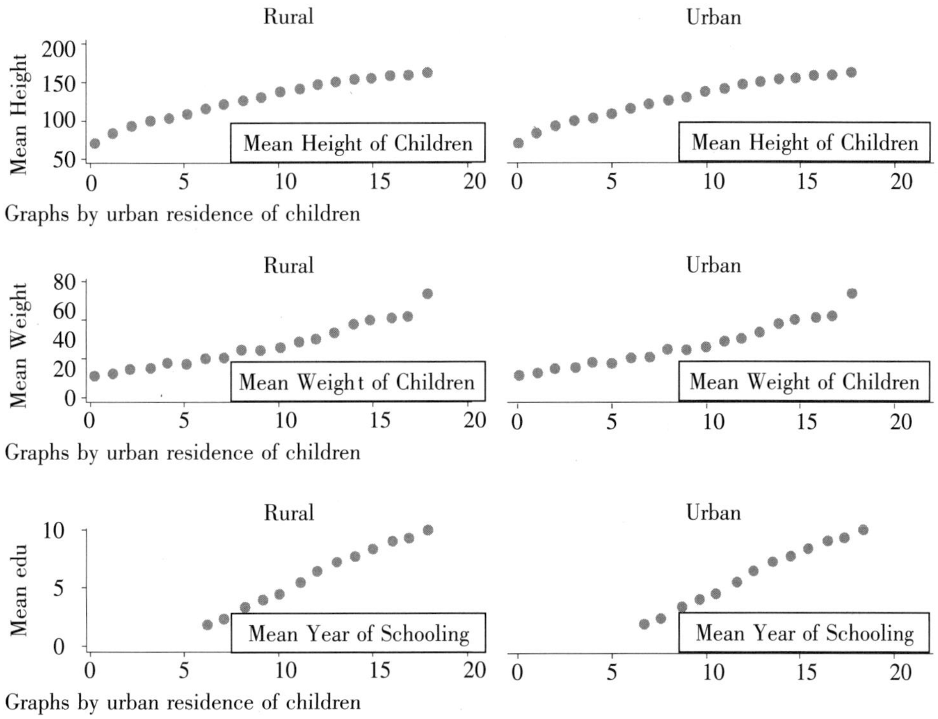

图 7-48　图形的整合示例 1

```
. graph box height,saving(wrong1,replace)
(file wrong1. gph saved)
. graph hbox age,saving(wrong2,replace)
(file wrong2. gph saved)
. scatter height age,saving(wrong3,replace)
(file wrong3. gph saved)
```

然后，将刚刚生成的三个图形整合在一起：

```
. graph combine wrong1. gph wrong3. gph wrong2. gph
```

其生成图形如图 7-49 所示。

整合的图形看起来不对劲。该图形由两个箱线图(一个是身高的箱线图,一个是年龄的箱线图)和一个散点图构成。散点图是年龄与身高关系的相关图形,我们希望它位居中央,占更大的面积,更引人注目。然而,每个箱线图的大小都与散点图基本相当,且其数轴均不在一条线上。因此,该图形看起来并无意义。如何使这样的图形在整合起来后更有意义呢?

首先,分别生成两个薄薄的箱线图:

```
. graph box height, fxsize(20) caption("") ytitle("") ylabel("") ytick(,grid) yline
(131) saving(boxht,replace)
(file boxht. gph saved)
```

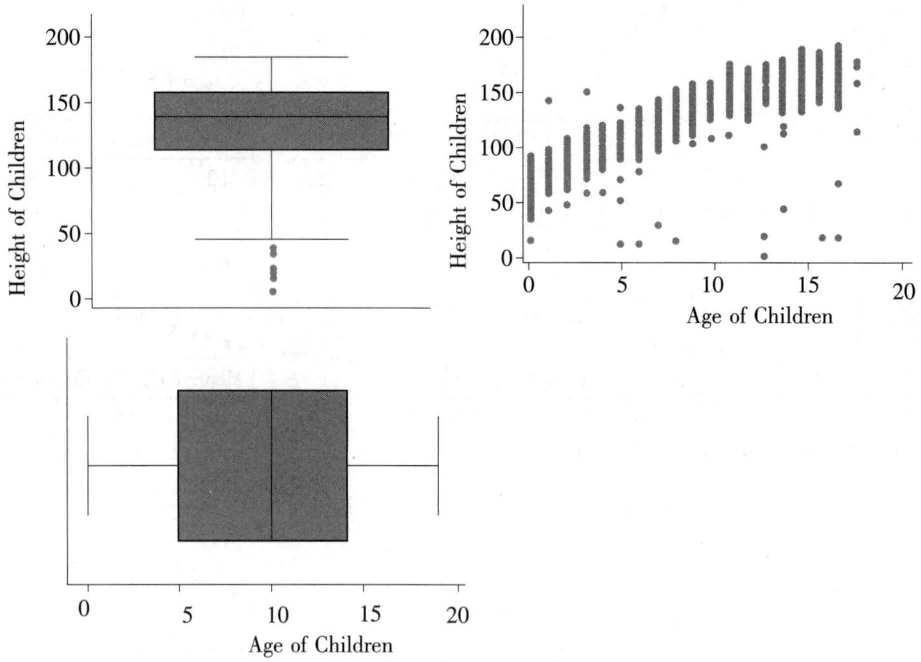

图 7-49　图形的整合示例 2

其中，fxsize(20)固定 x 轴的宽度（相当于 fix x-axis size)，表示只使用默认宽度的 20%。caption("")本身是注解或解释的意义，通常在其内的引号中加注释，在这里，其内的引号中没有任何内容，这是为了下面在整合图形时，与散点图的数轴一致。ytitle("")表示不添加 y 轴的标题。ylabel("")表示不使用数值。ytick(,grid)表示使用刻度线。yline(131)表示在 y 轴等于 131 的地方添加一条参考线。

```
. graph hbox age,fysize(30) ytitle("Age of Children") l1title(" ") l2title(" ") ylabel
(,grid) ytick(0(2)18,grid) yline(10) saving(boxage,replace)
(file boxage. gph saved)
```

其中，fysize(30)固定 y 轴的宽度（相当于 fix y-axis size)，表示只使用默认高度的 30%。l1title("")和 l2title("")用于扩大或缩小 y 轴的宽度。其余内容与上面的命令类似。

其次，重新生成一个年龄与身高的散点图：

```
. scatter height age, ytitle("Height of Children") xtitle("") ylabel(,grid) xlabel
("",grid) saving(scatAH,replace)
(file scatAH. gph saved)
```

最后，整合图形：

```
. graph combine boxht. gph scatAH. gph boxage. gph,cols(2) holes(3)
iscale(1.05) imargin(0 0 0 0)
```

其中，cols(2)将图形排成两列。由于需要整合的只有 3 个图形，故使用 holes

(3)来设置一个空置象限，就像 2×2 的交叉表，其中的一个单元是空的，(3)表示第三个象限空置，故其他的单个图形将被置于第 1、第 2 和第 4 单元。iscale(1.05)不仅将标记扩大为 1.05 倍，也将文字扩大为 1.05 倍。imargin(0 0 0 0)告诉 Stata 在 3 个整合的图形之间不要留空间。

整合后的图形见图 7-50。

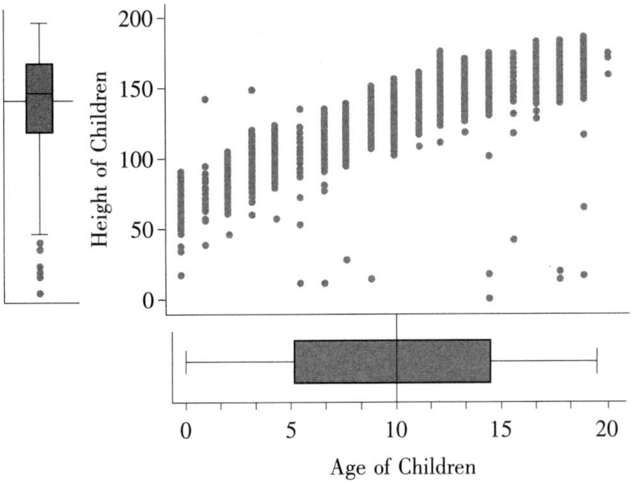

图 7-50　图形的整合示例 3

这样整合起来的图形看起来就有意义了，原因之一在于每个成分拥有相同的数轴。

控制图形区域的高度和宽度一共有三种方式。第一种是我们这里采用的方式：fxsize(#)和 fysize(#)——#代表数值，即在括号内指明一个具体数值。数值相当于默认的百分比，故是相对默认值而言的大小，且是强迫性的。第二种，使用 ysize(#)和 xsize(#)，这里的数值相当于英寸。第三种，使用 graphregion(margin(marginstyle))选项定义图形的大小。它们的用途稍有区别，可参看 help graph combine 或用户手册。

本章要点

```
. graph twoway scatter y x
```

或

```
. twoway scatter y x
. scatter y x
```

生成 y 和 x 的散点图。

```
. graph twoway line y x
```

或

```
. twoway line y x
. line y x
```

生成 y 和 x 的线图。

```
. graph bar y,over(x)
```

生成 y 和 x 的条形图。

```
. graph hbar y,over(x)
```

生成 y 和 x 的横向条形图。

```
. graph pie x y z
```

给变量 x、y、z 生成一张圆形图。

```
. graph pie,over(x)
```

按变量 x 的分类，生成一张圆形图。

```
. histogram x
```

生成一张变量 x 的取值图。

```
. histogram x,discrete
```

按变量 x 的分类，生成一张变量 x 的取值图。

```
. graph box y,over(x)
```

按变量 x 的分类，生成变量 y 的箱线图。

```
. graph box y1 y2 ,over(x)
```

按变量 x 的分类，生成变量 y_1 和 y_2 的箱线图。

```
. graph hbox y,over(x)
```

按变量 x 的分类，生成变量 y 的横向箱线图。

```
. graph matrix x1 x2 x3 ,half
```

生成变量 x_1、x_2、x_3 的矩阵图，只显示一半的矩阵。

```
. graph save x
```

保存图形 x。

```
. graph save x,replace
```

保存图形 x，取代原有图形。

```
. graph combine x1 x2
```

将图形 x_1 和 x_2 整合到一起。

基本概念

散点图、线图、条形图、直方图、圆形图、箱线图、矩阵图

复习思考题

本章使用的数据为 ch7_Child.dta。在进行数据描述之前，先给变量 province（省份）的取值贴上标签（省份取值及其所代表省份：23＝黑龙江；21＝辽宁；32＝江苏；37＝山东；41＝河南；42＝湖北；43＝湖南；45＝广西；52＝贵州）。

1. 生成一张 height 和 weight 的散点图。

2. 对第 1 题生成的图形进行如下修改：

(1) 给图形附上标题（Child Weight by Height）。

(2) 给图形添加副标题（Stata Exercise）。

(3) 给图形编号 1。

(4) 给图形提供注释（Source：Chapter7.dta）。

(5) 定义图形的外观，输出一个经济型的图形。

3. 对第 2 题生成的图形做进一步的修改，并进行如下修改：

(1) 将图形转变为普通图形（而不是经济图形）。

(2) 限定图形的长宽均为 4 英寸。

(3) 将横轴定义为 Height of Children；将纵轴定义为 Weight of Children。

(4) 给横轴和纵轴添加刻度：横轴的刻度从 0 开始，以 30 为间隔，最大值为 180；纵轴的刻度从 0 开始，以 20 为间隔，最大值为 150。

(5) 给图形添加网络线。

(6) 将 weight 和 height 的均值线添加到图上。

(7) 将标记的形状改为空心圆，大小为 5，颜色为蓝色。

(8) 根据图形判断，样本的身高与体重之间是否存在关系？若存在关系，是何种关系？

4. 按照 province 计算 height 和 weight 的均值变量，分别称为 heightm 和 weightm。给每个省份的取值贴上标签；然后生成这两个变量的散点图，并在数据标志的旁边附上省份标签；将标签置于 11 点钟的位置。身高和体重与省份有关吗？请解释。

5. 使用一个命令，生成年龄与身高、年龄与体重的线图。该图是否有意义？该图存在什么问题？根据本章介绍的内容，找出解决问题的方法并绘制图形。分两个纵轴，并将图例置于绘图区内 5 点钟的位置。

6. 生成 weight 和 height 的横向和纵向条形图。该图需要具备以下特征：

(1) y 轴的统计量为均值。

(2) 标题为 Height and Weight of Children。

(3) 副标题为 by Urban Residence and Child Gender。

(4) 按城乡居住地和性别分类。

(5) 每个类别需有标签。

(6) bar 的间隔为 30。

(7) 有图例(默认的图例格式)。

(8) y 轴的名称为 Height and Weight。

(9) bar 的标签(即数值)。

(10) 标签的格式即 bar 的取值:数值位于 bar 内,一个小数位,颜色为白色。

(11) 注释(Source:ch7_child)。

(12) 解释:城乡的少年儿童、男孩与女孩在身高和体重方面是否存在差异。

7. 生成 edu 的直方图。该图需要具备以下特征:

(1) y 轴的统计量为比例。

(2) 给图形添加标题(Figure Yrsch)。

(3) y 轴的刻度从 0 开始,间隔为 3,最大值为 18。

(4) x 轴的刻度从 0 开始,间隔为 1,最大值为 14。

(5) 在条柱上添加数值。

(6) 添加正态分布线。

(7) 条柱的间隔为 1.5。

8. 生成一张 edulevel 的圆形图。在生成该图形之前,先合并 edulevel 的第三和第四个分类。这里,edulevel 的三个取值(1、2、3)分别代表小学、初中、高中及以上。请给每个取值贴上标签。该图形需要具备以下特征:

(1) 给图形添加标题(Level of Education),4 号字。

(2) 圆形图的扇形需要有标签(plabel),标签的颜色为白色,一个小数位,5 号字。

(3) 第三个扇形突出(explode)并使用蓝色(color)。

(4) 按照城乡居住地区分图形(by)(提示:先给变量 urban 贴上标签)。

(5) 注明数据来源(note),定义为 ch7 _ child。

(6) 图例(legend)置于一行。

(7) 解释图形的含义。

9. 按变量 girl 的分类,生成一幅 weight 和 height 的横向或纵向箱线图,并比较样本中的孩子的身高和体重是否因性别而异。该图形与第 6 题生成的条形图相比,哪个更直观?哪个表达的信息更多?多在哪些方面?(提示,为便于比较,可用 yline 参考线。)

10. 生成一幅 weight、height 和 edu 的矩阵图。根据图形判断,这三个变量之间存在怎样的关系?

11. 按照 urban 和 girl 的分类，生成一幅 edu 的箱线图。当图形生成后，对其进行编辑，使图形更容易理解。

12. 掌握整合图形的技术和方法。

推荐阅读书目

1. 杨维忠 . Stata 统计分析与实验指导 . 北京：清华大学出版社，2020.
2. MITCHELL M N. A visual guide to Stata graphics. TX：Stata Press，2021.
3. StataCorp. Stata：user's guide. TX：Stata Press，2021.

第四部分

推断性统计分析

第八章

参数估计、假定检验与方差分析

前面的章节介绍了社会科学中定量分析方法的过程与步骤，熟悉数据、描述数据和处理数据的基本技术，包括了解数据的基本特征和分布、绘图的技巧、修改和生成变量、数据合并和转换、数据分组和集合的基本程序命令。这些知识和技巧不仅为进一步分析数据奠定了基础，也为推断性统计分析提供了理论和方法论的指导。

推断性统计方法运用概率理论，根据观察到的样本特征预测和推断总体特征。如果样本代表全体人群的话——如同随机抽样理论假定的那样——则总结性的推断也具有很高的可信性，即便不是100%自信。统计上的重要性检验帮助我们判断假定关系实际发生的概率。只有使用推断性方法，才能检验假定是否成立。

本章介绍 Stata 软件的三种初步推断性统计方法：参数估计、假定检验与方差分析。本章使用的主要数据为 Chapter8. dta。

8.1 参数估计

统计分析的最终目的就是把握总体特征。若掌握总体数据，则只需要进行简单的统计描述，就可得到总体特征。在缺乏全体数据、总体特征不明时，往往需要通过对样本数据的分析来估计、推断总体特征。估计就是根据我们拥有的信息来对现实世界进行某种判断。人们每时每刻都在做估计：出门前根据天色、云量来估计当天的天气；通过望闻问切来估计病人的病情；根据外表估计一个人的身高、体重；根据前几天的数据估计当天的股市行情；根据营业数据估计一个公司的业绩；等等。

8.1.1 基本原理

统计学的估计（estimation）也不例外，它是完全根据数据的分析结果做出的。估计是统计推断的重要内容之一。参数估计（parameter estimation）是在抽样及抽样分布的基础上，根据样本统计量来推断研究者关心的总体特征，即用统计量去估计总体的参数。从数据得到对现实世界的结论的过程就叫作统计推断（statistical inference)。比如，北京市政府需要了解到底有几成北京人赞成北京大力发展轨道交通。经济和人力资源的制约使政府不太可能询问所有的北京市民。于是，政府采取了随机抽样的方法，获得了具有代表性的样本；通过对样本的分析，政府掌握了赞成发展轨道交通的比例，并以此来估计总体的比例。北京市政府采用的方法就是统计估计方法。然而，从不同的样本那里得到的结论不会完全一样。虽然真实的比例在抽样过程中永远也无法知道，但可以知道的是，估计出来的比例与真实的比例大致相差多少。

8.1.2 基本概念与估计方法

在介绍如何使用 Stata 进行参数估计之前，先了解几个重要的参数估计概念。

估计量（estimator） 用于估计总体参数 θ 的样本统计量，通常用符号 θ 表示。样本均值、样本比例、样本方差都属于估计量。

根据样本统计量来估计总体参数的方法主要有两种：点估计和区间估计。

点估计（point estimation） 根据样本统计量确定总体参数的一个数值（均值、标准差、比例等）。常用的点估计包括以下几种：

使用样本的均值（$\bar{x}$）估计总体均值（$\bar{X}$ 或 μ）；使用样本的标准差（s）估计总体标准差（σ）；使用样本的比例（p）估计总体比例（P 或 π）。即：

$$\text{由样本统计量}\left\{\begin{array}{l}\text{均值 } \bar{x}\\ \text{标准差 } s\\ \text{比例 } p\\ \text{(成数)}\end{array}\right\} \Longrightarrow \text{总体参数}\left\{\begin{array}{l}\text{均值 } \bar{X}\\ \text{标准差 } \sigma\\ \text{比例 } P\\ \text{(成数)}\end{array}\right\}$$

估计值（estimated value） 用于估计总体参数时计算出来的估计量的具体数值。比如：在估计一个公司职员的月平均收入时，全公司职员的平均收入是未知的，称为总体参数，用 θ 表示。从公司职员中随机抽取一个样本，根据样本计算的平均收入就是一个估计量，用 $\hat{\theta}$ 表示。假如计算出来的数值是 1 万元，则 1 万元就是估计量的具体数值，即估计值。

区间估计（interval estimate） 通过统计推断找到包括样本统计量在内（有时是以统计量为中心）的一个区间；换言之，它是通过有限样本，估计出未知参数以多大的概率在某一区间内取值。由于样本均值的分布特点，该区间被认为很可能包含总体参数。

大量的研究表明，无论研究的总体是否服从正态分布，样本均值都一定服从正态分布。由样本均值的抽样分布可知，在重复抽样或无限抽样的情况下，样本均值的数学期望值等于总体均值，即 $E(\bar{x})=\mu$；样本均值的抽样标准差为 $\sigma_{\bar{x}}=\frac{\sigma}{\sqrt{n}}$；于是，样本的抽样分布即为：$\bar{x}\sim N\left(\mu,\frac{\sigma}{\sqrt{n}}\right)$。

样本均值落在总体均值的两侧各为一个抽样标准差范围内的概率为 0.682 7，落在总体均值的两侧各为两个标准差范围内的概率为 0.954 4，落在总体均值的两侧各为三个标准差范围内的概率为 0.997 3。据此可求出样本均值 $\bar{x}$ 落在总体均值 μ 两侧任何一个抽样标准差范围内的概率。

样本均值（$\bar{x}$）在 $\left(\mu-\frac{\sigma}{\sqrt{n}},\mu+\frac{\sigma}{\sqrt{n}}\right)$ 范围内的概率为 68.27%；

样本均值（$\bar{x}$）在 $\left(\mu-2\frac{\sigma}{\sqrt{n}},\mu+2\frac{\sigma}{\sqrt{n}}\right)$ 范围内的概率为 95.44%；

样本均值（$\bar{x}$）在 $\left(\mu-3\frac{\sigma}{\sqrt{n}},\mu+3\frac{\sigma}{\sqrt{n}}\right)$ 范围内的概率为 99.73%。

然而，在实际进行参数估计时，情况恰恰相反：$\bar{x}$ 是已知的，而 μ 则是未知的，是需要估计的。由于 μ 与 $\bar{x}$ 的距离是对称的，因而如果某个样本的均值落在 μ 的两个标准差范围内，则 μ 也被包括在以 $\bar{x}$ 为中心的左右两个标准差的范围内。因此，约有 95%的样本均值会落在 μ 的两个标准差范围内。换言之，约有 95%的样本均值所构造的两个标准差的区间会包括 μ；抽取 100 个样本估计总体的均值，在由 100 个样本所构成的 100 个区间中，约有 95 个区间包含 μ，另 5 个区间不包含 μ。

置信区间（confidence interval）　参数的区间估计就是通过有限样本估计出未知参数 θ 在某一区间内的取值，用数理统计语言来说就是通过有限样本求出 θ 的一个置信区间。区间的最小值被称为置信下限，最大值被称为置信上限。若一个样本为正态分布，方差已知（或虽为非正态分布，但样本量够大），则其均值的置信下限和上限分别为：

$$\left(\bar{x}-Z_{\alpha/2}\frac{\sigma}{\sqrt{n}},\bar{x}+Z_{\alpha/2}\frac{\sigma}{\sqrt{n}}\right)$$

其中，$\bar{x}$ 为点估计，$Z_{\alpha/2}\frac{\sigma}{\sqrt{n}}$为边际误差。

由此可知，总体均值的置信区间由两部分组成：点估计（即样本均值或比例）和边际误差（marginal of error，也称估计误差或误差范围），即描述估计量精度的±值。在重复抽样和无限总体抽样条件下，边际误差由 $Z_{\alpha/2}$的取值、抽样误差 σ 和样本容量 n 共同确定。这里的 Z 被称为概率度；α 是事先确定的一个概率值（风险值），它是总体均值不包括在置信区间内的概率；$Z_{\alpha/2}$为标准正态分布上侧面积为 $\alpha/2$ 的 Z 值。$1-\alpha$ 被称为置信水平。一旦确定了置信水平，$Z_{\alpha/2}$的值就确定了。

```
. use "E:\stata\Chapter8.dta",clear
. ci means age height weight

    Variable |        Obs        Mean    Std. Err.       [95% Conf. Interval]
-------------+---------------------------------------------------------------
         age |      2 101     9.713 47    .1 116 089     9.494 594    9.932 345
      height |      1 883    131.876 9    .7 252 521     130.454 5    133.299 3
      weight |      1 886    34.629 96    .4 238 223     33.798 75    35.461 17
```

上面是 Chapter8. dta 数据中少年儿童（0～17 岁）年龄、身高和体重的参数估计结果，包括均值的点估计和区间估计。在 95％的置信区间内，9.932 345、133.299 3 和 35.461 17 都属于区间上限，9.494 594、130.454 5 和 33.798 75 都属于区间下限。据此，我们有 95％的把握说，样本中少年儿童的平均年龄约介于 9.49 岁到 9.93 岁之间，平均身高大约在 130.45cm 到 133.30cm 之间，平均体重大约在 33.80kg 到 35.46kg 之间。区间越大，总体均值落在其间的可能性越大，估计正确的概率越大，但估计的精确度越小；区间越小，估计的精确度越大，置信程度越高，但估计错误的概率也越大。

置信水平（confidence level）　将构造置信区间的步骤重复多次，置信区间包含总体参数真实值的次数所占的比例被称为置信水平或置信度。若在由 100 个样本构造的总体参数的 100 个置信区间中，有 95％的置信区间包含了总体参数的真实值，5％的置信区间没有包含，则 95％这个值被称为置信水平。

置信水平是预先设定的。置信水平的设定受到多种因素的影响，包括样本量的大小。在通常情况下，样本量越大，置信水平的要求越高（如 99％）。若数据的样本量较小，则置信水平可适当放宽。常用的置信水平包括 90％、95％、99％和 99.9％。

常用的置信水平与相关的 $Z_{\alpha/2}$ 取值的关系如下：

置信水平	α	$\alpha/2$	$Z_{\alpha/2}$ 的取值
90％	0.10	0.05	1.65
95％	0.05	0.025	1.96
99％	0.01	0.005	2.58
99.9％	0.001	0.000 5	3.56

其用图形表示如图 8－1 所示。

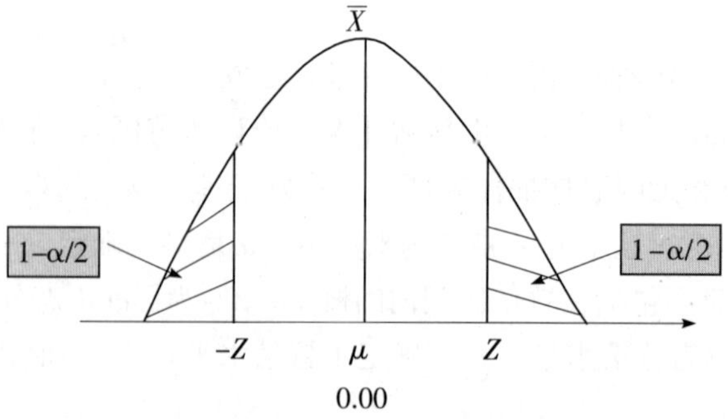

图 8－1　常用的置信水平与相关的 $Z_{\alpha/2}$ 取值的关系

置信区间、点估计和置信水平之间的关系可用图 8－2 来表示。

对置信水平的解释　若在 95％的置信水平下得到孩子平均身高的置信区间约在 130.45 到 133.29cm 之间，需要注意的是，我们不能说“130.45～133.29cm 这个区间以 95％的概率包含全体孩子平均身高的真实值”。下面通过例子来进一步说明如何正确地解释置信水平。

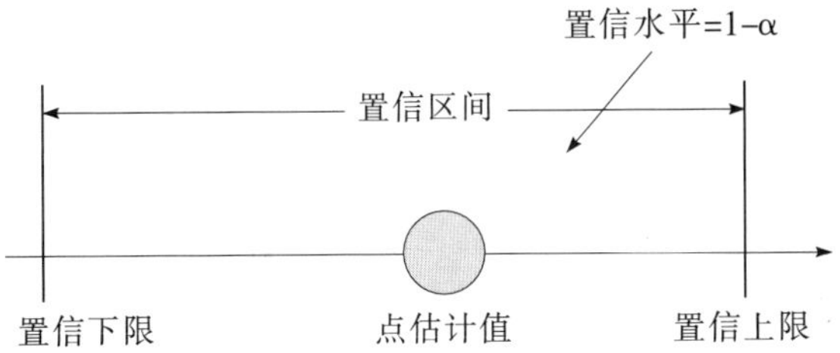

图 8-2 置信区间、点估计和置信水平之间的关系

总量为 106 的体温样本的均值在 95%的置信水平下的置信区间是 98～99。三个人分别对该结果做出解释：

(1) 我们有 95%的把握相信，98～99 的区间实际上包含了 μ 的真实值。

(2) 区间 98～99 以 95%的概率覆盖总体均值 μ 的真实值。

(3) μ 的真实值以 95%的概率落入区间 98～99。

在上面的三个解释中，正确的解释是第一个。这意味着，若抽取多个不同但容量均为 106 的样本构建置信区间，则其中 95%的区间将会包含总体均值 μ 的真实值。后两种说法之所以不对，是因为总体的平均体温是个固定的常数值，若使用样本数据求出一些特定的范围（如 98～99），则这个范围要么包含要么不包含总体均值 μ；若不知道 μ 的真实值，则我们也无法确定这个范围是否包含了 μ。μ 是一个常数，不是一个随机变量；μ 要么在这个区间范围内，要么不落入该区间；这里并不涉及概率，故不能说"μ 的真实值以 95%的概率落入区间 98～99"。

这是一个让人困惑的概念。举一个容易理解的例子：计算生女孩的概率。一个婴儿已经出生了，在还不知道婴儿性别的情况下，我们不能说这个婴儿是女孩的概率是 0.5，因为这个婴儿要么是一个女孩，要么不是一个女孩。这里并不涉及可能性，因为婴儿的性别已经确定了。同样地，μ 的真实值已经确定下来了，置信区间的范围要么包含 μ，要么不包含 μ。因此，"μ 有 95%的可能性落入区间 98～99"或"区间 98～99 以 95% 的概率覆盖总体均值 μ 的真实值"的说法是错误的。

置信水平、置信区间、样本量的关系 当样本容量给定时，置信区间的宽度随置信系数的增大而增大。当区间较宽时，才会使这一区间有更大的可能性包含参数的真实值。当置信系数固定时，置信区间的宽度随样本容量的增大而减小——较大的样本所提供的有关总体的信息比较小的样本多。

于是，这里涉及样本容量的问题。在进行参数估计前，需要确定一个适当的样本量（既指应该抽取多大的样本来估计总体参数，也指一个样本所包含的单位数）。我们一般将样本单位数不少于 30 个的样本称为大样本，将样本单位数不到 30 个的样本称为小样本。增加样本容量可缩小置信区间、保持较高的置信水平，但会增加调查的费用和工作量。如何在我们愿意接受的置信区间范围内，在维持较高置信水平的前提下确定样本量，是抽样估计中需要考虑的问题。

如前所述，总体均值的置信区间由样本均值和边际误差组成。对于给定的 $Z_{\alpha/2}$ 的取值和总体标准差，我们可以确定任一希望的边际误差所需要的样本容量。计算

边际误差的公式是 $E=Z_{\alpha/2}\frac{\sigma}{\sqrt{n}}$，则样本容量为：

$$n=\frac{(Z_{\alpha/2})^2\sigma^2}{E^2}$$

可见，样本容量与置信水平成正比，在其他条件不变的情况下，置信水平越高，所需的样本容量越大；样本容量与总体方差成正比，总体的差异越大，所要求的样本容量也越大；样本容量与边际误差成反比，可以接受的边际误差越大，所需的样本量就越小。

那么，如何评估估计量的好坏呢？有三条标准：

（1）无偏性（unbiasedness）。估计量抽样分布的数学期望值等于被估计的总体参数。设总体参数为 θ，估计量为 $\hat{\theta}$。若 $E(\hat{\theta})=\theta$，则称 $\hat{\theta}$ 为 θ 的无偏估计。其他的统计量也是如此。

（2）有效性（efficiency）。一个无偏的估计并不一定十分接近被估计的参数，它还必须与总体参数的离散程度比较小。在同一总体参数的两个无偏估计量中，有更小标准差的估计量更有效。在两个用于估计总体参数的无偏估计量（分别用 $\hat{\theta}_1$ 和 $\hat{\theta}_2$ 表示）中，方差小的那个更有效。

（3）一致性（consistency）。随着样本容量的增加，估计量的值越来越接近总体参数。这与样本均值抽样的标准差有关。

8.1.3　参数估计举例

获得点估计、区间估计有多种途径，既有专门进行参数估计的，也有在分析其他内容时，同时提供参数估计的。

（1）使用命令进行参数估计。

均值估计（mean）　其命令如下：

```
. mean a b c
   ①    ②
```

①：均值点估计和区间估计的基本命令之一。

②：需要估计统计量和区间的变量。

```
. use "E:\stata\Chapter8.dta",clear
. mean edu height weight if age>14
```

Mean estimation　　　Number of obs = 415

	Mean	Std. Err.	[95 % Conf. Interval]	
edu	9.269 88	.077 719	9.117 107	9.422 653
height	161.619 5	.780 764 1	160.084 8	163.154 3
weight	54.095 9	.590 065 7	52.936 01	55.255 8

由此可知，edu、height 和 weight 的均值分别约为 9.27 年、161.62cm 和 54.10kg。

使用 over 选项，均值估计也可以比较组群：

```
. mean a b c,over(变量名)
                 ①
```

①：mean 命令中的分组选项。

```
. mean edu height weight if age>14,over(urban)
```

Mean estimation Number of obs = 415

	Mean	Std. Err.	[95% Conf.	Interval]
c. edu				
@urban				
Rural	9.003 788	.099 760 4	8.807 688	9.199 888
Urban	9.735 099	.114 202 1	9.510 611	9.959 588
c. height				
@urban				
Rural	160.906 8	1.011 19	158.919 1	162.894 5
Urban	162.865 6	1.213 808	160.479 6	165.251 6
c. weight				
@urban				
Rural	52.824 24	.678 164 9	51.491 17	54.157 32
Urban	56.319 21	1.086 029	54.184 39	58.454 02

分析结果显示，按照城乡居住地区分的孩子的教育水平、身高和体重的点估计和区间估计的确存在一定差异。

比例估计（proportion） 命令 proportion 生成分类变量的比例、标准差和 95%的置信区间。

```
. proportion urban
```

该命令将提供变量 urban 的比例、标准差和 95%的置信区间。由于数据分布的不同，这里的置信区间是通过 logit 卡方计算的，而不是通过 t 值或 z 值计算的：

Proportion estimation Number of obs = 210 1

	Proportion	Std. Err.	Logit [95% Conf.	Interval]
urban				
Rural	.718 229 4	.009 814 5	.698 589 5	.737 071 2
Urban	.281 77 06	.009 814 5	.262 928 8	.301 410 5

结果表明，样本中约 72%的孩子居住在农村，约 28%的孩子居住在城市。

若需要比较城乡样本的独生子女比例，则首先要生成该变量：

```
. gen single = sibs == 0
. proportion single,over(urban)
```

按变量 urban 分类，计算变量 single（独生子女）的比例：

```
Proportion estimation                    Number of obs   =   2 101
--------------------------------------------------------------------
                |                                        Logit
                | Proportion   Std. Err.     [95 % Conf. Interval]
----------------+---------------------------------------------------
single          |
@ urban         |
         0Rural | .433 399 6   .012 756 7    .408 572 4   .458 565 7
         0Urban | .25          .017 796 7    .216 742 6   .284 649 4
--------------------------------------------------------------------
         1Rural | .566 600 4   .012 756 7    .541 434 3   .591 427 6
         1Urban | .75          .017 796 7    .715 350 6   .783 257 4
--------------------------------------------------------------------
```

该输出结果表明，在0～17 岁的样本中，农村的独生子女约占 57%，城市的独生子女约占 75%。不能误解的是，样本中不少孩子的父母的生育行为尚未完成——换言之，这里的独生子女比例高于实际水平。需要指出的是，在计算变量的比例时，如同命令 mean 一样，Stata 不考虑缺失值；当同时计算多个变量的比例时，Stata 只考虑所有变量都没有缺失的数据。

比率估计（ratio） 命令 ratio 生成变量的比例、标准差和 95%的置信区间。如：

```
. ratio (weight/height),over(urban)
```

```
Ratio estimation                         Number of obs   =   1 883

    _ratio_1:weight/height
--------------------------------------------------------------------
                |            Linearized
                |     Ratio   Std. Err.     [95 % Conf. Interval]
----------------+---------------------------------------------------
c. _ratio _1    |
@urban          |
          Rural | .257 791 2   .002 721 4   .252 453 9   .263 128 4
          Urban |    .273 59   .004 051 9   .265 643 3   .281 536 8
--------------------------------------------------------------------
```

可见，农村孩子的体重与身高之比略低于城市孩子，分别约为 0.26 和 0.27。

区间估计（ci） 该命令生成的结果与 mean 生成的结果十分接近。

```
. ci a b c
  ①  ②
```

①：区间估计的基本命令，即 confidence interval。它提供变量的观察值、均值、标准差和默认的 95%的置信区间。

②：需要计算区间估计的变量。

```
. ci means edu height weight if age>14
```

```
    Variable |        Obs        Mean    Std. Err.     [95 % Conf. Interval]
-------------+--------------------------------------------------------------
```

```
         edu |        472    9.252 119   .072 328 3    9.109 993    9.394 245
      height |        415    161.619 5   .780 764 1    160.084 8    163.154 3
      weight |        415     54.095 9   .590 065 7    52.936 01     55.255 8
```

样本中 15 岁及以上孩子的平均教育水平为 9.25 年（点估计），我们有 95%的把握相信，9.11～9.39 的区间实际上包含了 μ（总体平均教育水平）的真实值。

值得注意的是，ci 命令生成的结果未必与 mean 命令生成的结果一致。这是因为，ci 命令在计算点估计和区间估计时，只考虑单个变量的有效值；而 mean 命令在进行参数估计时，考虑所有变量的有效值——只对命令中列出的所有变量都不缺失的有效值进行估计。因此，在 ci 估计中，edu 有 472 个有效样本，其估计的均值为 9.25，置信区间为 9.11～9.39 年；而在 mean 估计中，在剔除 edu、height 和 weight 的全部缺失值后，edu 的有效样本为 415 个，均值为 9.27 年，置信区间为 9.12～9.42 年。

利用选项 by 或 bysort，区间估计也可区分组群：

```
. bysort urban:ci means edu height weight if age>14

-> urban = Rural

    Variable |        Obs         Mean    Std. Err.     [95 % Conf. Interval]
-------------+---------------------------------------------------------------
         edu |        310    8.993 548     .089 889    8.816 676     9.170 42
      height |        264    160.906 8     1.011 19    158.915 8    162.897 9
      weight |        264     52.824 24  .678 164 9    51.488 92     54.159 57
-----------------------------------------------------------------------------
-> urban = Urban

    Variable |        Obs         Mean    Std. Err.     [95 % Conf. Interval]
-------------+---------------------------------------------------------------
         edu |        162    9.746 914   .112 248 1    9.525 245    9.968 582
      height |        151    162.865 6    1.213 808    160.467 2    165.263 9
      weight |        151     56.319 21    1.086 029    54.173 31     58.465 1
```

由此可知，样本中 15 岁及以上农村孩子的平均教育水平约为 8.99 年，城市孩子的约为 9.75 年，各自的置信区间分别约为 8.82～9.17 年和 9.53～9.97 年。

区间估计和点估计（mean、proportion、ratio）的置信水平是可以自由确定的。比如，要将 95%的置信水平提高为 99%的置信水平，只要在命令的后面添加一个 level 选项并指定 99%即可：

```
. ci means edu height weight if age>14,level(99)

    Variable |        Obs         Mean    Std. Err.     [99 % Conf. Interval]
-------------+---------------------------------------------------------------
         edu |        472    9.252 119   .072 328 3    9.065 056    9.439 182
      height |        415    161.619 5   .780 764 1    159.599 1    163.639 9
      weight |        415     54.095 9   .590 065 7    52.568 96     55.622 85
```

改变置信区间对点估计没有影响，但影响区间估计。这里，置信水平的提高扩大了置信区间。就受教育年限而言，估计的区间从原来的 9.11～9.39 年扩大到现在的 9.07～9.44 年。虽然犯错误的概率降低了，但估计的精确度也降低了。我们有 99%的信心说，在 15～17 岁的孩子中，总体平均教育水平为 9.07～9.44 年。

（2）使用 ttest 命令。

无论是 ci 命令还是 mean 命令，提供的信息量都少于 ttest 命令；后者不仅提供点估计、区间估计，还提供假定检验的结果（详见“假定检验”一节）。

8.2 假定检验

8.2.1 基本原理

假定（也称假设）是两个变量之间关系的陈述，也即未经检验的对研究问题的回答。因此，假定并不是凭空捏造的，而是建立在理论分析框架及对现存文献批判性的综述之上的。一个命题是可以被证伪的，否则不能被称为假定。比如，我们有以下研究问题及相关假定。

研究问题 1：兄弟姊妹数量与青少年的受教育程度之间的关系。

一个合理的假定是：兄弟姊妹数量越少，受教育程度越高。

研究问题 2：父母亲的社会经济地位（教育、职业、收入）与子女受教育机会之间的关系。

一个合理的假定是：父母亲的社会经济地位越高，子女的受教育机会越大。

研究问题 3：性别与大学考试成绩的关系。

一个合理的假定是：由于女学生通常比男学生用功，因此女学生的成绩超过男学生的成绩。

8.2.2 基本概念

假定检验［hypothesis testing，有时也称显著性检验（significance test)］是统计推断的一种方法，利用样本对总体进行某种推断——就是事先对总体（随机变量）参数或总体分布形式做出一个假定（原假定），然后利用样本信息来判断这个假定是否合理，即判断总体的真实情况与原假定是否显著地有差异。换言之，显著性检验就是判断样本与对总体所做的假定之间的差异是纯属机会变异，还是由假定与总体真实情况之间的不一致所引起的。

假定检验与参数估计的角度不同：参数估计是用样本统计量估计总体参数的方法，总体参数 μ 在估计前是未知的；而假定检验先对 μ 的取值提出一个假定，然后利用样本信息检验该假定是否成立。因此，假定检验是针对我们对总体所做的假定进行的检验。

例如，由统计资料得知，在 2000 年的某个调查中，0～10 岁的男孩比例是 56.5%；该比例在 2002 年下降为 54.3%。从调查结果看，2000—2002 年间，男孩比例降低了 2.2 个百分点。研究问题是：两个调查年份之间的男孩比例是否存在显著差异？该差异来自何处——是由抽样调查的随机性造成的，还是在两个调查年份之间，男孩比例的确下降了？因此，我们需要回答的问题是：2.2 个百分点的差异说明了什么？该差异能否用抽样的随机性来解释？可以采用假定检验的方法来回答这些问题。

假定 2000 年和 2002 年的男孩比例没有显著差异。如果用 μ_0 表示 2000 年某个被调查地区的男孩比例，用 μ 来表示 2002 年该地区的男孩比例，假定可以表现为：

$\mu=\mu_0$ 或 $\mu-\mu_0=0$

利用 2002 年社区男孩比例样本检验上述假定。若上述假定成立，则表明 2000 年和 2002 年间，被调查地区男孩比例缺乏显著差异；若不成立，则表明在这两个年份之间，被调查地区男孩比例存在显著差异。

在假定检验中，问题是以假定的形式提出的，问题的解决就是检验、判断提出的假定是否成立。

原假定与备择假定　上述假定被称为原假定或零假定（null hypothesis），记为 H_0，通常是需要通过样本去推断其正确与否的命题。用（不）等式或符号表示就是：

$H_0:\mu=56.5\%$

μ 是我们关心的参数，即 2002 年被调查地区 0～10 岁男孩比例的均值。该表达式提出的命题（或表达的意思）是：2000 年和 2002 年男孩比例没有显著差异。用符号表示就是：

$H_0:\mu=\mu_0$ 或 $\mu-\mu_0=0$

然而，上述假定是否成立需要检验。因此，与此同时必须提出与原假定相互排斥的对立假定：2000 年和 2002 年的男孩比例存在显著差异。对立假定又称备择假定或备选假定（alternative hypothesis），记为 H_a，表达为：

$H_a:\mu\neq 56.5\%$

$H_a:\mu\neq\mu_0$ 或 $\mu-\mu_0\neq 0$

在使用 Stata 进行假定检验之前，首先熟悉与假定检验和检验结果相关的一些基本概念。

临界值和否定区　一个分布的尾部是指临界值围起的极端区域（否定区）。临界值是假定检验中接受区域或拒绝区域的分界点，在图 8-3 中，粗线条即为临界域的分界。假定检验中接受原假定或拒绝原假定的区域被称为否定区，在图 8-3 中，粗线条外侧至尾部的区域即为否定区。

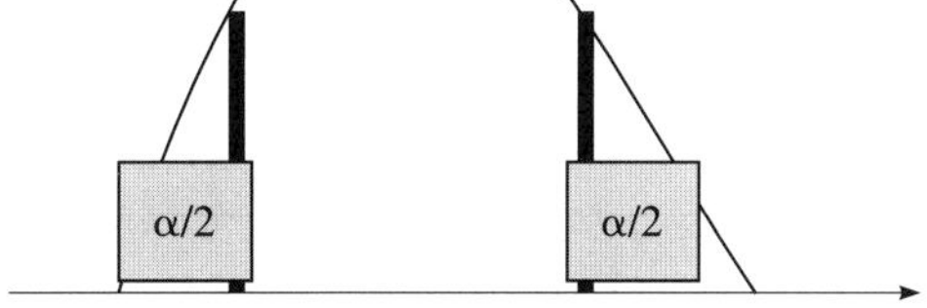

图 8-3　临界值和否定区

如何判断拒绝或不拒绝原假定呢？把检验统计量的样本观察值与临界值进行比较，或者把观察到的显著性水平与预设的显著性水平进行比较，按检验规则做出检验决策。当样本值落入拒绝区域时，表述成“拒绝原假定”“显著表明真实的差异存在”；当样本值落入接受区域时，表述成“没有充足的理由拒绝原假定”“没有充足的理由表明真实的差异存在”。

判断是否拒绝原假定的标准是统计学上的显著性水平（observed significant level）。在解释该概念之前，首先需要了解另外两个概念：置信区间和显著性水平。

置信区间 Stata 的假定检验也提供点估计和区间估计的统计量及估计的置信区间。这在上一节已做详细介绍。

显著性水平（*P* 值） 显著性水平与上一节介绍的置信水平表达的意思大体一致，但前者是计算出来的，更为精确，而后者是根据一般的概率理论预先设定的。二者的侧重点也有所不同：前者往往指得出某个结论的自信程度，后者侧重于得出结论时犯错误的概率。

当原假定正确时，错误地拒绝原假定的概率被称为显著性水平，通常用 α（alpha）表示。显著性水平即为 P 值（即 Pr）。在进行假定检验时，Stata 提供 P 值。P 值就是当原假定为真时，所得到的样本观察结果或更极端结果的概率；P 值越小，原假定为真的可能性也越小，拒绝原假定的理由就越充分，这就是著名的“小概率原理”——发生概率很小的随机事件在一次实验中是几乎不可能发生的。那么，什么概率算“小”？在某种程度上，显著性水平是任意规定的。换言之，研究者在进行推断分析时，可以通过自由设定显著性水平，控制冒险和犯错误的程度。一般情况下，统计学上的显著性水平被定义为 0.05、0.01、0.001 等。它们的含义是，当原假定正确时，我们拒绝原假定并因此而犯错误的概率分别为 5%、1%和 0.1%。相应地，我们有 95%、99%和 99.9%的信心拒绝原假定。

- 若 P 值小于或等于 α，拒绝原假定，这时犯错误的概率最多为 α；若 P 值大于 α，就没有足够的证据拒绝原假定。

- 实际上，多数计算机软件仅仅给出 P 值，而不给出 α。这有很多方便之处。假如设定的 $\alpha=0.05$，而计算所得到的 P 值等于 0.001。这时，若以 P 值作为新的显著性水平，即 $\alpha=0.001$，则可以说，在显著性水平为 0.001 时，拒绝原假定。这样，拒绝原假定时犯错误的概率实际上只有 1‰而不是 α 所表明的 5%。

- 在这个意义上，P 值又被称为观测的显著性水平。在统计软件输出 P 值的位置，有的用“P-value”，有的用 significant 的缩写“Sig”，就是这个道理。

- 根据数据产生的 P 值来减少 α 的值以展示结果的精确性总是没有害处的。这好比一个身高 180cm 的男生，可能愿意被认为高于或等于 180cm，而不愿意被说成高于或等于 155cm，虽然第二种说法在数学上没有丝毫错误。

显著性与重要性 值得注意的是，P 值大小并不提示结果的重要性。一方面，结果可能虽具有统计学上的显著性，但在现实生活中缺乏重要性。例如，一项包含 4 000 个样本的数据分析结果表明，城乡儿童的平均体重略有差异。由于样本量大，因而差异具有统计学上的显著性。但是，在实际生活中，这种微弱的差异可能并无意义。另一方面，没有统计学显著性的差异并非完全不重要。例如，分析发现，城市儿童营养过剩的概率与农村儿童没有显著差异（假如 $P=0.11$，故不具有统计学上的显著性）。但是，营养学家和健康问题专家认为，这虽然没有统计学意义，但却很有现实意义。

显著性检验的结果告诉我们，观察到的差异是纯属于机会变异，还是反映了真实的差异。需要指出的是：

（1）显著性检验得到差异显著的结论，并不能评价差异的大小和重要性。

（2）显著性检验只能回答差异是否存在，而不能回答差异产生的原因。

（3）显著性检验不能检查我们对实验所做的设计是否有缺陷。

双尾检验与单尾检验　前者是指否定区在曲线下的两端区域。单尾检验又分为左尾检验和右尾检验。左尾检验的否定区在曲线下左端的区域（尾部）；右尾检验的否定区在曲线下右端的区域（尾部）。在双尾检验中，显著性水平 α 在双尾处被均等地分开，构成否定区。例如，在显著性水平为 0.05 的双尾检验中，双尾中每一个尾部的面积都是 0.025；在单尾检验中，否定区的面积就是 α。若检验值位于否定区内，则拒绝原假定；若检验值位于否定区外，则没有足够的理由拒绝原假定。用图形表示如图 8－4 所示。

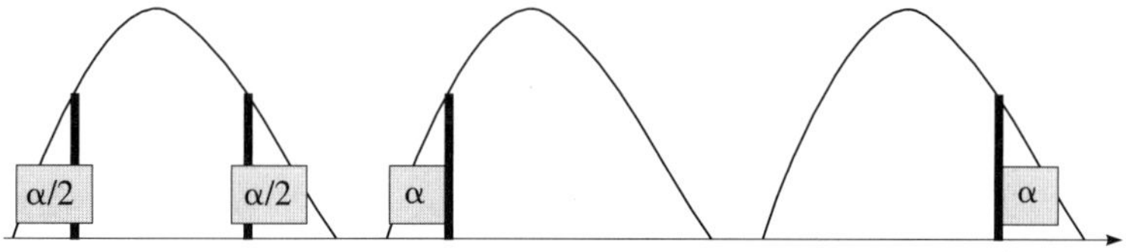

图 8－4　双尾检验与单尾检验

双尾检验	左尾检验	右尾检验
$H_0: \mu=\mu_0$	$H_0: \mu \geqq \mu_0$	$H_0: \mu \leqq \mu_0$
$H_1: \mu\neq\mu_0$	$H_1: \mu<\mu_0$	$H_1: \mu>\mu_0$

Stata 在输出假定检验的分析结果时，无论假定如何陈述，都输出 3 种默认结果。以 14 岁以上城乡孩子的体重为例：

```
. ttest weight if age >14,by(urban)

Two-sample t test with equal variances
------------------------------------------------------------------------------
   Group |   Obs       Mean     Std. Err    Std. Dev.    [95% Conf. Interval]
---------+--------------------------------------------------------------------
   Rural |   264   52.824 24   .678 164 9   11.018 87   51.488 92   54.159 57
   Urban |   151   56.319 21   1.086 029    13.345 35   54.173 31   58.465 1
---------+--------------------------------------------------------------------
combined |   415   54.095 9    .590 065 7   12.020 55   52.936 01   55.2558
---------+--------------------------------------------------------------------
    diff |        -3.494 963   1.215 855                -5.884 998  -1.104 927
------------------------------------------------------------------------------
diff = mean(Rural) - mean(Urban)                                t = -2.874 5
H0: diff = 0                                     degrees of freedom =     413

    Ha: diff < 0               Ha: diff ! = 0                Ha: diff > 0
```

```
Pr (T < t) = 0.002 1        Pr (|T| > |t|) = 0.004 3        Pr (T > t) = 0.997 9
```

其中，H_0:diff=0 是原假定，即 diff=mean(0)−mean(1)=0（农村孩子的体重=城市孩子的体重）：

$$\mu_{农村}=\mu_{城市} \text{ 或 } \mu_{农村}-\mu_{城市}=0$$

“$t=-2.874\,5$”是指根据样本计算出来的 t 检验的数值。Stata 以及其他统计软件就是根据该数值来判断原假定是否成立的。当数据的样本量超过 120 时，在 95%的双尾检验中，t 的临界值为 1.96。若计算出来的 t 值大于该临界值（即 $T<t$），则可拒绝原假定。

t 检验假定，变量遵循正态分布的原则。该前提有时并不十分严格，因为该检验相对比较稳健（robust）。然而，当非正态分布涉及严重的极端值或样本量过小时，更安全可靠的检验方法是使用中位数而不是均值，或采用非参数检验的方法，因为非参数检验不要求正态分布。

“degrees of freedom=413”是指数据中可以自由取值的个数。在计算 P 值时，需要参考自由度。

“Ha:diff<0”：Stata t 检验的第一种备择假定——农村孩子的体重小于城市孩子的体重；这是一个左单尾检验。结果显示，P 值 =0.002 1。据此，我们有 99.8%的信心得出这样的结论——农村孩子的体重小于城市孩子的体重。得出这一结论犯错误的概率约仅为 2‰。

“Ha:diff! =0”：Stata t 检验的第二种备择假定——农村孩子的体重不等于城市孩子的体重；这是一个双尾检验。结果显示，P 值=0.004 3。据此，我们有 99.6%的信心得出这样的结论——农村孩子的体重不等于城市孩子的体重。得出这一结论犯错误的概率仅为 4‰。因此，我们可以很自信地拒绝原假定。

“Ha:diff>0”：Stata t 检验的第三种备择假定——农村孩子的体重大于城市孩子的体重；这是一个右单尾检验。结果显示，P 值=0.997 9。据此，如果认为农村孩子的体重大于城市孩子的体重的话，则犯错误的概率为 0.997 9。因此，我们没有足够的理由拒绝原假定。

Ⅰ类错误和Ⅱ类错误 无论是拒绝还是不拒绝原假定，我们的决定都有可能是不正确的。α 就是在我们愿意承受的范围内犯错误的概率。错误可以分为两类：

Ⅰ类错误：拒绝正确的原假定，用 α 表示。α 水平即研究者确定的拒绝原假定的水平，也称为“弃真错误”。

Ⅱ类错误：没有拒绝错误的原假定，用 β 表示。β 错误受三个因素的影响：差异的程度、样本数量和 α 水平。这类错误也称为“纳伪错误”。

数学原理可以表明，α、β 及样本容量是相互关联的。所以，当选中了其中任意两项时，第三项也就自动确定了。在研究和实践中通常的情形是选择了 α 和 n 的数值，β 就确定了。

基于Ⅰ类错误的严重性，需要尽量使用能够接受的最大的 α，并在条件允许的范围内增加样本量。一般情况是，对于任何一个固定的 α，样本量的增加将降低犯

β 错误的可能性——大样本降低"没有拒绝错误的原假定"的错误；对于任意一个固定样本 n，α 的减小将使 β 增大，反之亦然；若要同时减少 α 和 β，则需要增加样本量。

β 表示犯了"没有拒绝一个错误的原假定"的错误；而（$1-\beta$）则表示"拒绝一个错误的原假定的概率"。该概率在统计学上被称为"检验能力"。因此，检验能力实际上就是 β 错误的余数。β 错误越低，检验能力越大。检验能力通常被用来评估一个检验在识别一个原假定是错误的时的有效性。检验能力越大，得到具有统计学显著性 P 值的可能性越大，也就越有希望发现我们预期的关系（如果其确实存在）。

正态总体均值的检验主要有以下三种类型：

（1）根据一个样本对其总体均值大小进行检验（one-sample t-test），如样本中少儿身高与总体均值关系检验。

（2）根据来自两个总体的独立样本对其总体均值进行检验（independent two-sample t-test），如城乡少年的教育水平。

（3）配对样本的检验（paired-sample t-test），如同一地区 2000 年的儿童性别比和 2002 年的儿童性别比。

8.2.3　一个样本均值与总体均值比较的 t 检验

本部分介绍一个样本均值与总体均值的比较检验。

其相应的命令为：

```
. ttest 变量 == 数值
   ①    ②      ③
```

①：假定检验的基本命令。

②：需要进行检验的变量。

③：假定的总体参数的均值。

比如，一些研究表明，15～17 岁少年的平均身高大约为 160cm。现在，我们需要比较 Chapter8. dta 数据中样本的平均身高与总体的平均身高是否存在显著差异。计算所得的样本平均身高为 161cm，不同于总体均值。当然，造成样本均值与总体均值差异的原因主要有两种。其一，样本的身高的确不同于总体身高；其二，抽样误差。由于每个人的发育不同，因而不同的样本得到的均值不太可能都等于 160cm。这种差别被称为抽样误差。只要个体之间存在差异，抽样误差就不可避免。但抽样误差是有规律的，该规律可以被认识和掌握。于是，要明确这种差异是抽样误差还是样本与总体的确存在差异，就需要使用假定检验。

```
. ttest height  = 160 if age>14

One-sample t test
------------------------------------------------------------------------------
Variable |     Obs        Mean    Std. Err.   Std. Dev.   [95% Conf. Interval]
```

```
---------------+---------------------------------------------------------------------
        height |   415    161.619 5    .780 764 1    15.905 37    160.084 8    163.154 3
------------------------------------------------------------------------------------
    mean = mean(height)                                              t = 2.074 3
Ho:mean = 160                                  degrees of freedom  =      414

   Ha: mean < 160              Ha: mean ! = 160              Ha: mean > 160
Pr (T < t) = 0.980 7      Pr ( | T | > | t | ) = 0.038 7      Pr (T > t) = 0.019 3
```

这里的原假定是 H_0:mean=160；三个备择假定分别为 Ha:mean<160、Ha:mean！=160、Ha:mean>160。

结果显示，原假定（少年的身高等于160cm）与第一个备择假定（少年的身高小于160cm）都是不成立的，第二个备择假定（少年的身高不等于160cm）和第三个备择假定（少年的身高大于160cm）都成立，因为样本的平均身高约为161.62cm，显著地不等于160cm（$P<0.05$）。因此，我们有95%的信心拒绝原假定；更确切地说，样本身高大于总体的平均身高，并且样本的身高大约为160.08～163.15cm。得出这样的结论犯错误的概率低于5%。

当置信水平提高到99%的时候，得出的结论就不一样了。

```
. ttest height = 160 if age>14,level(99)

One-sample t test
------------------------------------------------------------------------------------
    Variable |   Obs       Mean      Std. Err.     Std. Dev.     [99 % Conf. Interval]
-------------+----------------------------------------------------------------------
      height |   415    161.619 5    .780 764 1    15.905 37    159.599 1    163.639 9
------------------------------------------------------------------------------------
    mean = mean(height)                                              t = 2.074 3
H0:mean = 160                                  degrees of freedom  =      414

   Ha: mean < 160              Ha: mean ! = 160              Ha: mean > 160
Pr (T < t) = 0.980 7      Pr ( | T | > | t | ) = 0.038 7      Pr (T > t) = 0.019 3
```

在这个结果中，唯一发生了变化的只有［99% Conf. Interval］部分，其余内容一律未变。这里的置信区间扩大了：从160.08～163.15cm变成159.60～163.64cm。而且，在99%的置信水平下，我们没有足够的理由拒绝原假定。

8.2.4 两个独立样本均值比较的 *t* 检验

两个样本是从两个总体中独立抽取的。它们之间彼此独立，没有任何关联。从一个总体中抽取另一批样本对从另一个总体中抽取另一批样本没有任何影响。两组样本的个案数目可以不同，个案顺序也可以随意调整。独立样本各自接受相同的测量，研究者的主要目的是了解两个样本之间是否存在显著差异。样本来自的两个总体应该服从正态分布，方差相同。

比如，从中国人民大学和北京大学两所学校中随机抽取若干名大学生，分析他们的大学入学考试成绩是否存在显著差异。该问题就是两个独立样本的 t 检验问题，因为它满足检验的前提条件。首先，中国人民大学和北京大学的大一学生构成两个独立的总体，分别在两个学校抽样，不会相互影响。抽取的样本量也可以不同。其次，大学入学考试成绩可以被认为呈正态分布。这里的原假定 H_0 是：两个总体均值之间不存在显著差异，$\mu_1=\mu_2$。检验该假定的方法也是 t 检验。其基本命令形式是：

```
. ttest a,by(b)
```

这是检验两个独立样本均值的基本命令。与一个样本均值与总体均值比较的 t 检验不同的是，它不是直接将样本均值与总体均值进行比较，而是比较两个不同的样本。因此，该命令不要求假定具体的总体均值，但该检验的假定前提是，两个样本的方差是一样的。

比如，研究者分别从城乡孩子中抽取一批样本，分析比较他们的平均体重是否存在显著差异：

```
. ttest weight,by(urban)

Two-sample t test with equal variances
------------------------------------------------------------------------------------
   Group |  Obs        Mean     Std. Err.    Std. Dev.    [95 % Conf. Interval]
---------+--------------------------------------------------------------------------
   Rural | 1 346    33.708 25   .493 840 5   18.117 96    32.739 47    34.677 03
   Urban |   540    36.927 41   .814 482 2   18.926 86    35.327 46    38.527 36
---------+--------------------------------------------------------------------------
combined | 1 886    34.629 96   .423 822 3   18.405 8     33.798 75    35.461 17
---------+--------------------------------------------------------------------------
    diff |         -3.219 161   .934 886 7               -5.052 683   -1.385 639
------------------------------------------------------------------------------------
    diff = mean (Rural) - mean (Urban)                              t =  -3.443 4
Ho: diff = 0                                     degrees of freedom =     1 884

    Ha: diff < 0              Ha: diff ! = 0               Ha: diff > 0
Pr (T < t) = 0.000 3     Pr ( | T | > | t | ) = 0.000 6     Pr (T > t) = 0.999 7
```

结果显示，农村孩子的平均体重比城市孩子约低 3.2kg。因此，Ha:diff>0 是完全不可能的（Pr(T>t)=0.999 7)。相反，Ha:diff! =0 的备择假定和 Ha:diff <0 的备择假定成立的可能性超过 99.9%。因此，我们有 99.9%的自信拒绝原假定［H_0：diff（mean(0)−mean(1))=0］，得出农村孩子的平均体重显著低于城市孩子的平均体重的结论。

8.2.5　配对样本均值比较的 t 检验

越来越多的社会调查采用纵向追踪的设计方案。比如，2000 年的一个家庭调查包含了 2 000 个家庭户，而且，这 2 000 个家庭户在 2002 年的调查中得到追踪，这样的样本就是匹配样本。当然，匹配样本还包括许多其他类型。比如，在医学研究中，常常对同一受试对象给予两种不同的处理，观察两种处理的结果是否相同。配对设计的优点是能够消除或部分地消除个体间的差异，使比较结果能更真实地反映时间变化或医学处理的效果。

配对 t 检验首先计算每对结果的差值，再将差值均数与 0 比较，如前后调查的结果相同，则差值与 0 的差别在统计学上无异。其基本命令是：

```
. ttest a1 == a2
   ①    ②    ③
```

①：配对样本检验的基本命令。

②：第一次调查（试验）的结果变量。

③：第二次调查（试验）的结果变量；a_1 和 a_2 属于同一个体不同时期的特征。

以 2000 年和 2002 年家庭耐用消费品的拥有量为例。2000 年和 2002 年的家庭户调查分别收集了家庭耐用消费品的拥有量。数据中的两个变量，goods00 和 goods02，分别代表 2000 年和 2002 年家庭耐用消费品的拥有量。该资料被保存在 Chapter8_ttest. dta 数据中。这里的研究问题是，在 2000 年和 2002 年，家庭耐用消费品的数量是否存在显著差异。回答该问题的途径之一就是将这两期的数据合并到一起，进行 t 检验。

由于我们期待家庭耐用消费品在这三年间有所增加，而不仅仅是相同，故单尾检验比双尾检验更合适。首先读入数据：

```
. use "E:\stata\Chapter8_ttest.dta",clear
```

然后进行检验：

```
. ttest goods02 == goods00

Paired t test
------------------------------------------------------------------------------
 Variable |  Obs        Mean    Std. Err.   Std. Dev.    [95% Conf. Interval]
---------+--------------------------------------------------------------------
  goods02 | 2 074   4.378 014   .061 753 3   2.812 318   4.256 909   4.499 118
  goods00 | 2 074   3.558 824   .043 946 3   2.001 365    3.472 64   3.645 007
---------+--------------------------------------------------------------------
     diff | 2 074     .819 19   .040 715 1   1.854 213   .739 343 3  .899 036 7
------------------------------------------------------------------------------
   mean (diff) = mean (goods02 - goods00)                          t = 20.120 1
Ho: mean (diff) = 0                          degrees of freedom =       2 073

Ha: mean (diff) < 0          Ha: mean (diff) != 0          Ha: mean (diff) > 0
Pr (T < t) = 1.000 0     Pr (|T| > |t|) = 0.000 0         Pr (T > t) = 0.000 0
```

如其所示，两年间 goods 的差值为 0.82。检验结果表明，goods02 小于 goods00 的可能性完全没有（$Pr(\mathrm{T}<\mathrm{t})=1.000\,0$）。相反，goods02 与 goods00 不相同、goods02 大于 goods00 的可能性都超过了 99.9%。由此可见，2002 年时，被调查地区的家庭耐用消费品的拥有量与 2000 年相比，的确显著增多了。

8.3 方差分析

参数估计与假定检验一次最多只能比较两个组群。当需要对三个或更多的总体均值进行比较和检验时，参数估计和假定检验的方法就无能为力了。方差分析可以帮我们解决这一问题。因此，与 t 检验类似，方差分析也是用来比较均值之间的差异的，但它可以检验具有三个或多个分类的变量，故而比 t 检验的适用范围更广、更普遍。

比如，当比较三种不同生育政策（一孩制、一孩半制和两孩制）环境下的出生性别比水平时，我们可以利用方差分析的方法，检验生育政策的地区差异是否导致不同的出生性别比。又如，当比较市、镇、村家庭的平均收入水平时，也可以利用方差分析的方法进行检验，以确定不同的都市化进程是否显著地影响人们的收入水平。

8.3.1 基本原理

方差分析（analysis of variance，ANOVA）是数理统计学中常用的数据分析方法之一。它适用于两个及两个以上样本均值差别的显著性检验。如前所述，由于各种因素的影响，研究所得的数据呈现波动状。造成波动的原因可分成两类：一类是不可控的随机因素，另一类是研究中施加的对结果形成影响的可控因素。方差分析的基本思想是：通过分析研究不同来源的变异对总变异的贡献大小，确定可控因素对研究结果影响力的大小。

方差分析的目的在于，检验因变量与自变量是否独立。通过分析分类自变量对数值型因变量的影响，探讨它们之间是否相关以及关联的强度。其采用的方法是，检验各总体的均值是否相等，并以此来判断分类自变量对数值型因变量是否有显著作用。

方差分析主要用于：(1) 进行均值差别的显著性检验；(2) 分离各有关因素并估计其对总变异的影响；(3) 分析因素间的交互作用；(4) 进行方差齐性检验。方差分析的类型包括单因素方差分析（one-way analysis of variance）（只涉及一个分类自变量）、双（多）因素方差分析（two-way analysis of variance）（涉及两个或多个分类自变量）及协方差分析（analysis of covariance）（涉及分类自变量和连续自变量）。

比如，某高科技生产企业研制出一种新型手机。手机的颜色共有四种：银灰色、粉色、蓝色和绿色。这四种手机的容量、价格、包装等可能影响销售量的因素全部相同。现从地理位置相似、经营规模相仿的电子超市收集了该种手机的销售情况（见表 8-1）。

表 8-1 不同颜色手机的销售情况

观察值（j）	组（i）			
商场	银灰色	粉色	蓝色	绿色
1	26	31	27	30
2	28	28	25	29
3	25	30	28	32
4	29	27	24	31
5	27	29	26	32
6		29	24	
7			28	
均值	27	29	26	30.8
总体均值		28.04		

在对数据进行分析前，首先以上表为例，明确一些基本概念和定义。

8.3.2 基本概念

因素或因子（factor）：所要检验的对象。在这里，“手机”就是要检验的对象。

水平或处理（treatment）：因素的分类。四种颜色的手机是手机的具体形式，故“手机的颜色”就是水平或处理，也称分组。

观察值：每个因素水平下得到的样本数据。每一种颜色的手机得到的样本数据（卖出的数量）就是观察值。

由于本例只涉及“手机”一个变量，且该变量分为四组（四种颜色），故可称其为“单因素四水平”的试验。因素的每一个水平都可以被看作一个总体。银灰色、粉色、蓝色、绿色可以被看作四个总体。

变量：这里的因变量是每种颜色手机的销售额。它是一个数值型变量，具体的销售额就是因变量的取值。自变量是手机的颜色，是个分类变量，共有四类，“银灰色”既是手机的颜色的具体取值之一，也是“手机”这个因素的水平或处理，或者称之为“组”。

本例的研究问题是：手机的颜色对销售额是否有影响？

那么，如何判断手机的颜色对手机的销售是否有显著影响呢？或者说，手机的颜色与销售额之间是否存在显著关联呢？从表 8－1 可以看出，同一手机颜色（同一总体）的各观察值是不同的。由于手机的颜色是随机抽取的，因此它们之间的误差可以看成是由抽样的随机性因素造成的，被称为“随机误差”。但是，不同颜色手机的观察值是不同的。该差异既可能来自抽样的随机性，也可能源于手机的颜色本身，后一类误差是由系统性因素造成的，被称为“系统误差”。

数据的误差用误差平方和（sum of squares）表示。误差分为两类：组间误差和组内误差。

组间误差（between-group variance）又称群间误差。银灰色手机与粉色、蓝色、绿色手机之间销售额的差别即属于组间误差。显然，组间误差既包括随机误差，也包括系统误差，反映了自变量（手机的颜色）对因变量（销售额）的影响，也称自变量效应或因子效应。若手机的颜色对销售额没有影响，则表明没有系统误差，组间误差仅包括随机误差，且组间误差和组内误差经过平均后的数值应该十分接近，比值接近 1。相反，若手机的颜色对销售额有影响，则组间误差除了包括随机误差外，还包括系统误差，且组间误差经过平均后的数值应该大于组内误差经过平均后的数值，比值>1。用上面的例子来说，若手机的颜色对销售额没有影响，则四种颜色手机的销售额的均值之间的差异与每种颜色手机的销售额的内部差异不会很大；反之亦然。当该比值大到一定程度时，我们可以说，各组之间存在显著关系，也就是自变量对因变量有影响。因此，判断手机的颜色对销售额的影响问题，实际上就是检验销售额的差异主要因何而致的问题。

组内误差（within-group variance）又称群内误差。在此例中，即同色手机在 5 家商场销售额的误差。显然，组内误差只包括随机误差。它反映了除自变量的影响以外，其他因素对因变量的影响。因此，组内误差也被称为残差，它所引起的误差被称为残差效应。

总误差（total variance）即组间误差和组内误差之和，反映了自变量和残差对因变量的共同影响。

8.3.3　基本假定

方差分析有三个基本假定：

（1）总体具有近似正态的分布。对因素中的每组而言，其样本来自正态分布总体的简单随机抽样。在上面的例子中，每种手机的销售额都必须服从正态分布。

（2）总体具有相等的方差（σ^2）。各组样本都是从具有相同方差的正态总体中抽取的。在手机的例子中，每种手机的销售额的方差都相等。

（3）样本之间相互独立——样本不以任何方式匹配或配对。在手机的例子中，每个被抽中颜色的手机的销售额与其他颜色的手机的销售额相互独立。

8.3.4　基本步骤

方差分析的基本步骤与参数估计和假定检验的基本步骤一样，包括提出假设、构造检验的统计量、统计决策等。不同的是，方差分析需要的统计量与假定检验有所不同。下面对每个步骤略加介绍。

步骤 1　提出假设。

在方差分析中，原假定描述的是，在自变量的各分类中，因变量的值相等。相反，备择假定认为，因变量的值因自变量类型的不同而异。因此，原假定和备择假定分别是：

$$H_0: \mu_1 = \mu_2 = \mu_3 = \mu_4$$

意为自变量对因变量没有显著影响，即手机的颜色对销售额没有显著影响。

$$H\alpha: \mu_1、\mu_2、\mu_3、\mu_4 \text{ 至少有两个不相等}$$

意为自变量对因变量有显著影响。

只要有两个总体均值不等，即可拒绝 H_0；拒绝 H_0 并不一定意味着 4 个均值都不等。

步骤 2　构造检验的统计量。

方差分析的原理就是通过比较组内差异和组间差异，将因变量的总误差分解为不同来源（一部分分解到组内，另一部分分解到组间），从而判断自变量与因变量之间的关系及关联程度。为了达到该目的，首先需要计算以下统计量。

（1）各组的均值。

$$\bar{x}_i = \frac{\sum_{j=1}^{n_i} x_{ij}}{n_i} (i = 1,2,\cdots,k)$$

这里的 n_i 是第 i 组样本观察的个数；x_{ij} 是 i 组的第 j 个观察值。比如：

$$\bar{x}_{1(\text{银灰色})} = \frac{\sum_{j=1}^{5} x_{1j}}{n_1} = \frac{26+28+25+29+27}{5} = 27$$

这是银灰色手机在各商场销售情况的均值。利用同样的方法，我们可以计算出其他几组的均值分别为 29、26 和 30.8。

（2）全部观察值的总体均值（$\bar{x}$）。其计算公式是：

$$\bar{x} = \frac{\sum_{i=1}^{k}\sum_{j=1}^{n_i} x_{ij}}{n} = \frac{\sum_{i=1}^{k} n_i \bar{x}_i}{n}$$

计算的结果等于 28.04。

下面是 Stata 均值的输出结果：

```
. use "E:\stata\Chapter8_anova_cph.dta",clear
. tab group,sum(cph)
```

group	Summary of cph Mean	Std. Dev.	Freq.
1	27	1.581 138 8	5
2	29	1.414 213 6	6
3	26	1.732 050 8	7
4	30.8	1.303 840 5	5
Total	28.043 478	2.364 092 4	23

各组的均值分别是：group=1（银灰色手机）时，均值=27；group=2（粉色手机）时，均值=29；group=3（蓝色手机）时，均值=26；group=4（绿色手机）时，均值=30.8；总体均值为 28.04。可见，利用上述公式的计算结果与 Stata 的输出结果是一致的。

（3）误差平方和。

● 总误差平方和（sum of squares total，缩写为 SS_{total} 或 SST）——每组的每个观察值与总体均值（$\bar{x}$）的误差平方和，反映全部观察值的离散情况。

$$\begin{aligned} SST(SS_{total}) &= \sum_{i=1}^{k}\sum_{j=1}^{n_i}(x_{ij}-\bar{x})^2 \\ &= (26-28.04)^2+\cdots+(32-28.04)^2 = 122.96 \end{aligned}$$

● 组间误差平方和（sum of squares between，缩写为 $SS_{between}$ 或 SSA）——各组平均值与总体均值的误差和，反映各总体样本均值与总体均值之间的差异程度，因此又称组间平方和（群间差异）。为保证计算结果的无偏性，该统计量必须加权。

$$\begin{aligned}\text{SSA}(\text{SS}_{\text{between}}) &= \sum_{i=1}^{k}\sum_{j=1}^{n_i}(x_i - \bar{x})^2 = \sum_{i=1}^{k} n_i(x_i - \bar{x})^2 \\ &= 5\times(27-28.04)^2 + 6\times(29-28.04)^2 + \\ &\quad 7\times(26-28.04)^2 + 5\times(30.8-28.04)^2 = 78.16\end{aligned}$$

● 组内误差项平方和（sum of squares within，缩写为 SS_{within} 或 SSE）——组内样本与该组均值误差的平方和（群内差异），反映同一组内不同样本观察值的离散程度。平方和反映的是随机误差的大小，故又称残差平方和。

$$\begin{aligned}\text{SSE}(\text{SS}_{\text{within}}) &= \sum_{i=1}^{k}\sum_{j=1}^{n_i}(x_{ij} - \bar{x}_i)^2 \\ &= (26-27)^2 + \cdots + (32-30.8)^2 = 44.8\end{aligned}$$

利用 Stata 也得到相同的统计量结果（我们将在后文具体介绍如何使用 Stata 进行方差分析）：

```
. oneway cph group
```

Analysis of Variance

Source	SS	df	MS	F	Prob > F
Between groups	78.156 521 7	3	26.052 173 9	11.05	0.000 2
Within groups	44.8	19	2.357 894 74		
Total	122.956 522	22	5.588 932 81		

Bartlett's test for equal variances: chi2(3) = 0.415 0 Prob>chi2 = 0.937

上述结果提供了方差分析中的各类平方和：

122.956 522 =SST

78.156 521 7=SSA

44.8 =SSE

（4）计算均方和 F 统计量。

● 均方（mean square）：各误差平方和的大小与观察值的多寡相关。为了消除观察值的多寡对误差平方和大小的影响，需要将其平均，也就是用各平方和除以它们各自对应的自由度，得到均方。

● 单个平方和对应的自由度分别是：

SST 的自由度 $=n-1$：n 为全部观察值的个数（在本例中，$n=23$）。

SSA 的自由度 $=k-1$：k 为组的个数（在本例中，$k=4$）。

SSE 的自由度 $=n-k$：$n-k=23-4=19$。

● 由于我们主要比较群间均方与群内均方之间的差异，所以通常只计算 SSA，组间均方（MSA）和组内均方（MSE）的计算方法如下：

$$\text{MSA} = \frac{\text{组间误差平方和}}{\text{自由度}} = \frac{\text{SSA}}{k-1}$$

$$\text{MSE} = \frac{\text{组内误差项平方和}}{\text{自由度}} = \frac{\text{SSE}}{n-k}$$

● 将 MSA 和 MSE 进行对比，即得到需要的检验统计量 F。当 H_0 为真时，二者的比值服从分子自由度为 $k-1$、分母自由度为 $n-k$ 的 F 分布，即：

$$F=\frac{\mathrm{MSA}}{\mathrm{MSE}}\sim F(k-1,n-k)$$

如前所述，若手机的颜色对销售额没有显著影响，则组间误差与组内误差一样，也主要来自随机误差，故 MSA 和 MSE 的数值接近，F 统计量接近 1。

步骤 3　统计决策。

当计算出检验的统计量后，将统计量的 F 值与给定的显著性水平 α 的临界值（$F\alpha$）进行比较，从而决定拒绝还是不拒绝 H_0。若 $F>F\alpha$，则拒绝原假定，即原假定（"手机的颜色对销售额没有显著影响"）不成立；也就是说，分析结果证明，手机的颜色显著地影响销售额。相反，若 $F<F\alpha$，则不拒绝原假定，即不能认为手机的颜色显著地影响销售额。

方差分析属于回归分析家族的一部分，故在 Stata 软件中，它的功能位于线性模型及相关的菜单中。

这里先介绍单因素方差分析。

8.3.5 单因素方差分析（one-way ANOVA）

（1）单因素方差分析的基本命令。

```
. oneway y x
   ①   ②
```

①：单因素方差分析的基本命令。

②：用于方差分析的变量，y 为因变量，x 为自变量。在方差分析（以及下面的回归分析）中，因变量在前，自变量在后。

下面，使用 Chapter8. dta 数据，演示方差分析技术及对分析结果的解释。数据中的变量 sibs（兄弟姊妹数量）是个分类变量，有三个取值——0、1、2（包括 2 个及以上兄弟姊妹），变量 weight（少年儿童的体重）是个数值型的连续变量。研究问题是：兄弟姊妹数量是否影响样本中少年儿童的体重。

```
. use "E:\stata\Chapter8. dta",clear
. oneway weight sibs if age<13 & age>6
```

Analysis of Variance

Source	SS	df	MS	F	Prob > F
Between groups	986. 540 763	2	493. 270 381	3. 02	0. 049 4
Within groups	105 479. 529	646	163. 281 005		
Total	106 466. 07	648	164. 299 491		

Bartlett's test for equal variances:chi2(2) = 16. 052 3　　Prob>chi2 = 0. 000

当方差分析的命令不包括任何选项的时候，输出结果只有 Analysis of Variance

一个部分，这也是方差分析的主干部分。如其所示：

SSA（组间误差平方和） ≈986.54；

SSE（组内误差项平方和）≈105 479.53；

MSA（组间均方） ≈493.27；

MSE（组内均方） ≈163.28；

SST（总平方和） =106 466.07；

MST（总均方） ≈164.30。

如前所述，组间均方、组内均方、总均方分别是组间误差平方和、组内误差项平方和、总平方和除以自由度得出的数值，即每行 SS 下面的数值除以每行 df 下面的数值，得到 MS 下面的数值。

方差分析采用的检验方法不是 t 检验，而是 F 检验，得到的统计量不是 t 值，而是 F 值。计算 F 值的公式如前所示，其分子自由度为 $k-1$、分母自由度为 $n-k$；在本例中即为 F（2，646）。在 0.05 的置信水平下，F 临界值为 3.00。而 Stata 计算出来的 F 等于 3.02，P 等于 0.049 4。因此，在 95%的置信水平下，我们认为，兄弟姊妹数量与少年儿童的体重显著相关——换言之，孩子的体重因兄弟姊妹数量的不同而异。因此，分析结果显示，我们可以拒绝三组之间儿童体重的均值相等的假设。

需要指出的是，若方差分析中的自变量为虚拟变量，则方差分析与两个样本的 t 检验相当，其 F 统计量等于相应的 t 统计量的平方。不过，oneway 命令提供更多的选择，处理数据更有效。因此，方差分析的价值不在于它可以比较两个样本，而在于它可以进行三个或多个组群的比较，就像我们这个例子一样。

“Bartlett's test for equal variances：chi2(2)=16.052 3 Prob>chi2=0.000”部分是方差齐性（不同组群的方差相等）假定的检验结果，其含义将在下面的“方差齐性假定检验”部分解释。

（2）单因素方差分析的选项。

因此，如果没有添加任何选项的话，则 oneway 命令的分析结果只有 Analysis of Variance（方差分析）部分。不过，如同其他统计分析一样，单因素方差分析有很多重要的选项。不同的选项丰富了单因素方差分析的内容，强化了它的功能。比如：

```
. oneway weight sibs if age<13 & age>6,tab scheffe
                                       ①    ②
```

①：输出按分类变量的分类计算的均值、标准差和频数分布。

②：采用 scheffe 方法，提供多重组间比较结果。

分析结果如下：

```
             |     Summary of Weight of Children
        sibs |        Mean   Std. Dev.        Freq.
-------------+------------------------------------
  No Siblin  | 32.966 402   12.316 466          378
  1 Sibling  |  31.564 53   14.031 478          234
```

```
  2+ Siblin | 27.943 243   8.193 477 8          37
------------+------------------------------------------
      Total | 32.174 576   12.817 936          649
```

Analysis of Variance

Source	SS	df	MS	F	Prob > F
Between groups	986.540 763	2	493.270 381	3.02	0.049 4
Within groups	105 479.529	646	163.281 005		
Total	106 466.07	648	164.299 491		

Bartlett's test for equal variances: chi2(2) = 16.052 3   Prob>chi2 = 0.000

Comparison of Weight of Children by sibs
(Scheffe)

```
Row Mean-  |
Col Mean   |   No Sibli    1 Siblin
-----------+-------------------------
  1 Siblin |  -1.401 87
           |                 0.420
  2+ Sibli |  -5.023 16   -3.621 29
           |      0.075      0.278
```

当命令添加了两个选项后，分析结果包括三部分。除了中间的方差分析部分外，还新增加了描述性统计量部分（即 Summary of Weight of Children，来自 tab 选项）和多重比较部分（即 Comparison of Weight of Children by sibs，来自 scheffe 选项）。具体而言：

当命令包括 tab 选项时，Stata 给出每个组的均值（Mean）、标准差（Std. Dev.）、观察频数（Freq.），以及所有样本的总体均值（Total）。由此可知，少年儿童的体重均值在各组之间存在一定差异。差异主要见于独生子女与有两个或多个兄弟姊妹的孩子之间：独生子女的平均体重约为 32.97kg，有一个兄弟姊妹和有两个或多个兄弟姊妹的孩子的平均体重分别约为 31.56kg 和 27.94kg，总体均值约为 32.17kg。该分析的总样本量有 649 个。

中间部分是方差分析的主要输出结果，与前面的例子相同。从下面的两两比较结果来看，这种差别主要来自独生子女与有两个或多个兄弟姊妹的孩子。

下部分是 Comparison of Weight of Children by sibs（提供按兄弟姊妹数量区分的三组之间的两两比较——No Sibling 组与 1 Sibling 组，No Sibling 组与 2+Sibling 组，1 Sibling 组与 2+Sibling 组）。选项 scheffe 代表 multiple-comparison test（多元比较检验），提供按自变量的类别进行区分的类别之间的两两比较。下部分一共有三组数值；每组数值的上行表示相比较的两组均值之差，下行表示检验的概率：

1 兄弟姊妹－0 兄弟姊妹＝－1.401 87（$P=0.420$）

2＋兄弟姊妹－0 兄弟姊妹＝－5.023 16（$P=0.075$）

2+兄弟姊妹—1 兄弟姊妹=—3.621 29（P=0.278）

由此可见，各组之间孩子的体重差别并不十分显著。但将各组综合考虑时，他们的体重因兄弟姊妹数量而异，其差异主要表现在独生子女与有两个或多个兄弟姊妹的孩子之间。相反，既不能认为有一个兄弟姊妹的孩子与有两个或多个兄弟姊妹的孩子之间在体重方面存在差异，也不能认为独生子女与有一个兄弟姊妹的孩子之间在体重方面存在差异。

除此之外，单因素方差分析还有一些其他选项，详见表 8-2。

表 8-2　　单因素方差分析选项及功能

选项	功能
bonferroni	bonferroni 式多重比较检验
scheffe	scheffe 式多重比较检验
sidak	sidak 式多重比较检验
tabulate	生成描述性表格（缩写为 tab）
[no] means	是否包括均值
[no] standard	是否包括标准差
[no] freq	是否包括频数分布
[no] obs	是否包括观察值
noanova	压缩 ANOVA 表格
nolabel	显示数值而不是标签
wrap	不要分割宽表
missing	将缺失值作为一个类别处理
by	区分组群
aweights and fweights	权重

（3）方差齐性假定（equal-variance assumption）检验。

前面说过，单因素方差分析的假定条件之一就是每个总体具有相等的方差（σ^2）。使用 Bartlett 的卡方统计量（χ^2），单因素方差分析检验方差齐性的假设为：

```
Bartlett's test for equal variances:chi2(2) = 16.052 3 Prob>chi2 = 0.000
```

这里，chi2(2)中的 2 表示自由度（因为 sibs 分为三组，故有两个自由度）。其原假定是各水平下总体方差没有显著差异，即 equal variances。Stata 检验方差齐性的方法与独立样本 t 检验中检验方差是否相等的方法完全相同。如果 P 值等于或小于显著性水平，则拒绝原假定，认为各水平下总体方差不等；相反，如果 P 值大于显著性水平，则没有足够的理由拒绝原假定，认为各水平下总体方差相等。

Bartlett 的概率越低，方差分析的方差齐性的假定越不可能成立。在这种情况下，我们不应该信任方差分析的 F 检验结果。在上面的例子中，Bartlett 的 P 值=0.000。这就是说，至少两个组的总体方差是不相等的。于是，我们可以拒绝方差齐性的假定。就方差分析的可靠性而言，这一结论是不理想的；我们希望方差齐性，而不希望拒绝方差齐性的原假定，因为非齐性方差违反了方差分析的一个基本假定条件。

因此，就兄弟姊妹数量与孩子体重的关系而言，由于方差齐性的原假定遭到拒绝，故方差齐性的条件并不满足，说明该分析结果可能存在偏差。该条件不满足的原因之一可能在于，weight 变量有不少极端值。下面再看另一个例子。使用同样的数据，将 weight 变量替换成 edu（受教育年限）变量，不仅分析兄弟姊妹数量的不同是否与教育水平相关，也检验不同兄弟姊妹数量的分组是否具有相同的方差。下面是分析结果：

```
. oneway edu sibs if age>6,tab scheffe

                |         Summary of edu
           sibs |      Mean    Std. Dev.        Freq.
----------------+--------------------------------------
     No Siblin  |  6.615 215   2.918 826 4         907
     1 Sibling  |6.146 694 2   2.801 428 5         484
   2 + Sibling  |6.157 303 4   2.969 155 4          89
----------------+--------------------------------------
         Total  |6.434 459 5   2.891 039 4       1 480

                              Analysis of Variance
     Source           SS            df          MS          F    Prob > F
----------------------------------------------------------------------------
Between groups   76.550 070 9         2   38.275 035 5    4.60    0.010 2
 Within groups   12 285.092 5    1 477    8.317 598 17
----------------------------------------------------------------------------
         Total   12 361.642 6    1 479    8.358 108 56

   Bartlett's test for equal variances:chi2(2) = 1.211 9    Prob>chi2 = 0.546

                        Comparison of edu by sibs
                                (Scheffe)
Row Mean-   |
Col Mean    |    Nosibli    1 Siblin
------------+---------------------------
  1 Siblin  |  -.468 521
            |      0.016
  2 + Sibli |  -.457 912    .010 609
            |      0.360       0.999
```

对分析结果的解释与上面的例子相同。就均值检验而言，我们可以拒绝原假定（因为 Prob>F=0.010 2）；也就是说，在三个组中，至少有一个组的孩子与另一个组的孩子的教育水平有显著差别，也有可能三个组之间都存在显著差别。不过，scheffe 式多重比较检验表明，在三个组中，仅有独生子女与有一个兄弟姊妹的孩子之间在受教育年限方面的差异是显著的（P=0.016）；相反，独生子女与有两个或以上兄弟姊妹的孩子（P=0.360）、有一个兄弟姊妹的孩子与有两个或以上兄弟姊妹的孩子（P=0.999）之间在受教育年限方面缺乏显著差异。

但同体重与兄弟姊妹数量关系不同的是，在兄弟姊妹数量与受教育年限的关系问题上，我们没有足够的理由拒绝方差齐性的原假定。Bartlett 的 P 值等于 0.546，大于显著性水平，无论显著性水平是 0.05、0.01 还是 0.001。因而，齐性相等的前提条件得到满足，分析结果值得信赖。

8.3.6　双因素或多因素方差分析（two-way and n-way ANOVA）

单因素方差分析检验因变量 y 的均值是如何因自变量 x 的类型不同而异的。在对实际问题的研究中，一个因素不可能仅受另一个因素的作用；相反，任何一个现象都可能是多种因素综合作用的结果。比如，青少年的教育水平除受兄弟姊妹数量的影响外，也可能因性别、城乡居住地等因素而异。同时考虑两个或多个因素对因变量影响的方差分析被称为双（多）因素方差分析。它将单因素方差分析的方法推广扩大，使之能够同时分析多个因素。

在无交互作用的双因素方差分析中，当获取数据时，需要将一个因素安排在行（row），称为行因素；将另一个因素安排在列（column），称为列因素。行因素的水平或分组称为 k，列因素的水平或分组称为 r。行因素与列因素的每个水平都可以搭配成一组，从而观察它们对因变量的影响。

现在的研究问题是，手机的销售额是否因其款式和颜色而不同。假设研究者有如表 8－3 所示的数据。

表 8－3　　手机的款式、颜色与销售额

	银灰色	粉色	蓝色	绿色
款式 1	26	31	27	30
款式 2	28	28	25	29
款式 3	25	30	28	32
款式 4	29	27	24	31
款式 5	27	29	26	32

该数据有两个自变量，款式和颜色。双因素方差分析的方法与步骤同单因素方差分析的基本一致。其不同的内容如下：

（1）两个组间误差平方和：行变量的组间误差平方和及列变量的组间误差平方和。

（2）总平方和：由三部分组成。

（3）自由度：总误差平方和的自由度＝$kr-1$；行因素误差平方和的自由度＝$k-1$；列因素误差平方和的自由度＝$r-1$；随机误差平方和＝$(k-1)(r-1)$。

（4）F 检验：对行因素来说，F 的自由度为 $F[k-1,(k-1)(r-1)]$；对列因素来说，F 的自由度为 $F[r-1,(k-1)(r-1)]$。

Stata 的双（多）因素方差分析的基本命令包括：

```
. anova y a b
   ①
```

①：双（多）因素方差分析和协方差分析的基本命令，分析 y 的均值是否因变量 a 和变量 b 的类别不同而异。

```
. anova y  a  b  a#b
```

该命令分析 y 的均值是否因变量 a、b 的类别不同以及两个自变量之间的互动而异。在 anova 命令中，若想纳入互动变量，则只需要在两个变量之间加上 # 号即可。

```
. anova y  a  b  c
```

该命令分析 y 的均值是否因变量 a、b、c 的类别不同而异。

```
. anova y  a  b  c  a#b  a#c  b#c
```

该命令分析 y 的均值是否因变量 a、b、c 的类别不同而异，且检验变量 a 与 b、a 与 c、b 与 c 之间的互动。

```
. anova y  a  b  c  a#b  a#c  b#c  a#b#c
```

该命令分析 y 的均值是否因变量 a、b、c 的类别不同而异，且检验变量 a 与 b、a 与 c、b 与 c、a 与 b 与 c 之间的互动。

现在，我们来分析 15～17 岁的青少年的 edu（教育水平）是否同时因城乡居住地（urban：0＝农村，1＝城市）和性别（girl：0＝男孩，1＝女孩）而异。因此，因变量是 edu，自变量是 urban 和 girl。首先，我们来看看按城乡居住地和青少年性别区分的平均受教育年限。下面是描述结果：

```
. table urban girl if age>14,statistic(mean edu)

Urban residence |  Sex of Childern
    of childern |        boy        girl        Total
----------------+------------------------------------
          Rural |  8.932 584   9.075 758   8.993 548
          Urban |  9.642 858    9.906 25   9.746 914
                |
          Total |  9.184 783   9.346 939   9.252 119
-----------------------------------------------------
```

如第六章所述，这里的 table 是区分分类变量的命令，statistic 是需要输出的统计量和需要计算统计量的变量的命令，这与 tab 和 tab2 命令是不同的。

如其所示，农村男孩的平均教育水平最低（约 8.93 年），次为农村女孩（约 9.08 年）。相反，城市孩子的平均教育水平普遍高于农村孩子，而无论孩子的性别为何——这是根据行均值判断出来的：城市孩子的平均教育水平约为 9.75 年，农村孩子的平均教育水平约为 8.99 年，之间有将近 1 年的差别。不过，总体来看，男孩的平均教育水平低于女孩——这是根据列均值判断出来的：男孩的平均教育水平约为 9.18 年，女孩的平均教育水平约为 9.35 年。男孩和女孩的总平均教育水平约为 9.25 年。

其次，使用 anova 命令，回答研究问题。Stata 的双（多）因素方差分析的基本命令 anova，能够检验平均受教育年限的差别是否可归因于孩子的性别或城乡差异，或兼而有之（二者之间的互动）。

```
. anova edu urban girl urban#girl if age>14

                           Number of obs =     472     R-squared     =  0.055 6
                           Root MSE      = 1.531 97    Adj R-squared =  0.049 5

                Source |  Partial SS     df          MS           F    Prob > F
          -------------+-------------------------------------------------------
                 Model |  64.626 945 9    3    21.542 315 3     9.18    0.000 0
                       |
                 urban |   60.835 119     1      60.835 119    25.92    0.000 0
                  girl |  4.235 881 95    1    4.235 881 95     1.80    0.179 8
            urban#girl |  .370 366 408    1    .370 366 408     0.16    0.691 4
                       |
              Residual |  1 098.370 94  468    2.346 946 44
          -------------+-------------------------------------------------------
                 Total |  1 162.997 88  471    2.469 209 94
```

上面的 anova 是双（多）因素方差分析的命令。如前所述，在方差分析中，因变量置于自变量之前，故 edu 在 urban 和 girl 之前；urban#girl 表示两个自变量之间的互动（交互项）。需要指出的是，anova 的输出结果与 oneway 的输出结果略有不同。其主要表现在：

（1）anova 提供 R-squared（方差分析模型的 R^2）、Adj R-squared（调整后的 R^2）、Root MSE（均方根）和 Model（模型的方差分析）。这是因为，anova 的方差分析是采用线性模型的思路和方法来求解的。两类 R^2 的含义是，城乡居住地和性别以及它们之间的互动对孩子之间教育水平差异的解释能力（我们将在下一章的回归分析相关内容中对该统计量做进一步解释）。

（2）oneway 提供组间误差平方和、组内误差项平方和，而 anova 提供的组间和组内平方和是部分平方和（partial sum of squares，PSS）。PSS 是一个自变量相对其他所有自变量而言对因变量有条件的贡献。由于这里有两个自变量——urban 和 girl，故 urban 的分析结果是在控制了 girl 的基础上得出的，反之亦然。如果有四个变量的话，则 PSS 表现为：

Source	Partial SS
x_1	$SS(x_1 \mid x_2, x_3, x_4)$
x_2	$SS(x_2 \mid x_1, x_3, x_4)$
x_3	$SS(x_3 \mid x_1, x_2, x_4)$
x_4	$SS(x_4 \mid x_1, x_2, x_3)$
Total	???

（3）自变量 PSS 与 MS（均方）总是相等的。PSS 在假定检验方面占有举足轻重的地位。

分析结果包括三部分：自变量（urban、girl）的主要作用部分、自变量之间的互动作用部分（urban#girl）、随机变量的影响部分（Residual）。就自变量的主要成分而言，urban（城乡居住地）显著影响孩子的教育水平：均方（MS）≈60.84，F 值=25.92，P=0.000 0。而孩子的性别（girl）却与 edu 没有显著关联：均方（MS）≈

4.24；F 值=1.80；P≈0.18，在 95%的置信水平下与 0 无异。可见，在这些样本中，孩子居住在农村还是城市对他们受教育年限的影响要比性别的影响大得多。

同样，urban 与 girl 之间的互动同 15～17 岁青少年的教育水平也无显著关联：均方（MS）≈0.37，P≈0.69。分析结果表明，模型中没有必要包括互动因素。

模型的随机变量部分（Residual）贡献的均方约为 2.35。

下面，我们看另一个多因素方差分析的例子。这里的研究问题是，少年儿童的平均体重是否因城乡居住地和性别以及二者的互动而异。下面是分析结果：

```
. anova weight urban girl urban#girl if age>14

                         Number of obs =       415    R-squared     = 0.070 1
                         Root MSE      = 11.633 9     Adj R-squared = 0.063 3

            Source |  Partial SS     df          MS        F     Prob > F
        -----------+----------------------------------------------------
             Model |  4 192.566 54    3   1 397.522 18   10.33    0.000 0
                   |
             urban |   983.479 679    1    983.479 679    7.27    0.007 3
              girl |  2 966.433 18    1   2 966.433 18   21.92    0.000 0
        urban#girl |  66.422 090 7    1   66.422 090 7    0.49    0.484 0
                   |
          Residual |  55 627.815 2  411    135.347 482
        -----------+----------------------------------------------------
             Total |  59 820.381 7  414    144.493 676
```

由此可见，15～17 岁青少年的平均体重因城乡居住地、性别而异：城市孩子的平均体重显著地超过农村孩子；男孩的平均体重超过女孩。但二者的互动与平均体重无关。

再看看青少年的身高是否因城乡居住地和性别而异：

```
. anova height urban girl urban#girl if age>14

                         Number of obs =       415    R-squared     = 0.055 1
                         Root MSE      = 15.517 1     Adj R-squared = 0.048 2

            Source |  Partial SS     df          MS        F     Prob > F
        -----------+----------------------------------------------------
             Model |  5 773.443 39    3   1 924.481 13    7.99    0.000 0
                   |
             urban |   352.539 17     1     352.539 17    1.46    0.227 0
              girl |  4 729.595 82    1   4 729.595 82   19.64    0.000 0
        urban#girl |  34.317 280 5    1   34.317 280 5    0.14    0.706 0
                   |
          Residual |  98 960.670 4  411     240.780 22
        -----------+----------------------------------------------------
             Total |   104 734.114  414    252.980 951
```

样本中 15～17 岁青少年的平均身高因青少年的性别而异：男孩的平均身高超过女孩。但样本中青少年的平均身高与城乡居住地无异，二者的互动也与平均身高无关。

8.3.7 协方差分析

无论是单因素方差分析还是双（多）因素方差分析，都有一些可以人为控制的自变量。在实际问题中，有些随机因素是很难人为控制的，但它们又会干扰或影响其他自变量与因变量之间的关系。如果忽略这些因素的话，则有的分析结果可能不正确。协方差分析（analysis of covariance，ANCONA）就是要控制这些干扰或调节因素。因此，协方差分析是在排除了协变量（同时变化的变量）的影响后再对（修正后的）主效应进行方差分析，是把直线回归或多元线性回归与方差分析结合起来的一种方法。

协方差分析延伸了方差分析的功能，将分类变量和数值型变量都纳入分析中，故协变量一般是连续性变量，并假定协变量与因变量之间存在线性关系，且在各组群之间这种线性关系是一致的。协方差分析是将那些很难控制的因素作为协变量，在排除协变量影响的条件下，分析自变量对因变量的作用，从而更加准确地对控制因素进行评估。当模型中只有一个协变量时，称为一元协方差分析；当模型中有两个或多个协变量时，称为多元协方差分析。

比如，研究某种因素对教育水平的影响。如果仅仅分析该因素本身的作用，而不考虑孩子本身的特点（如年龄），那么，分析结果可能不一定正确。为了更加准确地控制变量的不同水平对结果的影响，应该尽量排除其他因素对分析结果的干扰作用。在上面的例子中，应该努力剔除年龄因素的影响。

协方差分析的前提是，协变量应是连续的数值型变量，多个协变量之间相互独立，且与其他自变量之间没有交互影响。要做到这一点并不难，只要在 anova 命令中指明哪一个变量是连续变量即可。协方差分析仍然采用 F 检验，原假定 H_0 是，对自变量的多个不同水平而言，各总体均值没有显著差异。若 $F_{自变量}$ 的相伴概率小于或等于显著性水平，则自变量的不同水平对因变量产生显著影响；若 $F_{协变量}$ 的相伴概率大于显著性水平，则协变量的不同水平对因变量缺乏显著影响。

在 Stata 软件中，协方差分析的窗口路径和命令与一般双（多）因素方差分析的命令是一样的，只是多了一个选项而已：

```
. anova a b c c.d
  ①         ②
```

①：协方差分析的基本命令。

②：指明协变量为连续变量；c 即 continuous。这里，Stata 自动以 d 为协变量进行分析。在不指定连续变量时，Stata 视除因变量以外的所有变量为分类变量。

一个研究者认为，性别和城乡居住地影响家务劳动时间。此外，子女的数量也可能通过增加对家务劳动的需求而影响家务劳动时间，故有必要将它也纳入分析中。

```
. use "E:\stata\Chapter8_anova_hhwk.dta",clear
. anova hhwktot girl urban c.totkid

                         Number of obs =     1 219     R-squared     = 0.328 5
                         Root MSE      =    13.335     Adj R-squared = 0.326 9

          Source |  Partial SS     df          MS          F    Prob > F
       ----------+-------------------------------------------------------
           Model |  105 716.49      3     35 238.83    198.17    0.000 0
                 |
            girl |  86 637.272 2    1    86 637.272 2  487.21    0.000 0
           urban |  13 334.242 9    1    13 334.242 9   74.99    0.000 0
          totkid |  257.134 242     1    257.134 242    1.45    0.229 4
                 |
        Residual |  216 053.973  1 215     177.822 2
       ----------+-------------------------------------------------------
           Total |  321 770.463  1 218   264.179 362
```

分析结果表明，totkid（子女的数量）与家务劳动时间没有显著关联。但是，在控制了子女的数量后，urban 和 girl 依然与家务劳动时间显著相关。

选项 continuous 也可以替换为 category（分类变量），并在后面指明分类变量的名称：

```
. anova a b i.c i.d,
            ①
```

①：指明自变量为分类变量。但分析结果不变：

```
. anova hhwktot i.girl i.urban c.totkid

                         Number of obs =     1 219     R-squared     = 0.328 5
                         Root MSE      =    13.335     Adj R-squared = 0.326 9

          Source |  Partial SS     df          MS          F    Prob > F
       ----------+-------------------------------------------------------
           Model |  105 716.49      3     35 238.83    198.17    0.000 0
                 |
            girl |  86 637.272 2    1    86 637.272 2  487.21    0.000 0
           urban |  13 334.242 9    1    13 334.242 9   74.99    0.000 0
          totkid |  257.134 242     1    257.134 242    1.45    0.229 4
                 |
        Residual |  216 053.973  1 215     177.822 2
       ----------+-------------------------------------------------------
           Total |  321 770.463  1 218   264.179 362
```

如同单因素方差分析一样，协方差分析也有不少选项（见表 8-4）。

表 8-4　　协方差分析的选项及功能

选项	功能
repeated（变量名称）	标明分类变量中需要重复比较的变量。

续表

选项	功能
partial	使用 partial（部分）或 marginal（边际）平方和来表现生成的方差分析表格。这是默认的。
sequential	使用 sequential 平方和来表现生成的方差分析表格。
noconstant	在回归分析和方差分析分析中，压缩常数项。

本章要点

```
. ci means x1 x2 x3... xn
```

求 x_1、x_2、x_3……x_n 的置信区间，ci 对变量的数目没有限制。

```
. mean x1 ,over(x2)
```

按照 x_2 的分类，求 x_1 的置信区间，over 是选项，可有可无。

```
. ttest x==36
```

检验 x 的均值在全域中是否等于 36。

```
. ttest y,by(x)
```

检验 y 的均值是否因 x 而异（假定变量 x 有两个独立的分类）。

```
. oneway y x
```

单因素方差分析，假定 y 为连续变量，x 为分类变量，提供基本的方差分析表。

```
. oneway y x,tab
```

同上，此外还提供描述性统计量，包括均值、标准差和频数分布。

```
. oneway y x,tab scheffe
```

同上，此外还提供多重比较结果。

```
. anova y a b
```

双因素方差分析，分析 y 的均值是否因 a、b 的类别不同而异（假定 a、b 均为分类变量）。

```
. anova y a b c
```

多因素方差分析，分析 y 的均值是否因 a、b、c 的类别不同而异（假定 a、b、c 均为分类变量）。

```
. anova y  a  b  c  a#b  a#c  b#c
```

同上，此外还检验 a 与 b、a 与 c、b 与 c 之间的互动，在 anova 命令中，若想纳入互动变量，只需要在两个变量之间加上#号即可。

```
. anova y a b c.c
```

协方差分析，检验 y 的均值是否因 a、b、c 的取值不同而异。c. 告诉 Stata，变量 c 是一个连续变量。

```
. anova y i.a i.b c
```

同上，i. 告诉 Stata，变量 a、b 是分类变量。

基本概念

参数估计、估计量、估计值、点估计、区间估计、无偏性、一致性、有效性、独立样本、配对样本、假定检验、原假定、备择假定、Ⅰ类错误、Ⅱ类错误、*P* 值、显著性水平、临界值、方差分析、因子、水平/处理、总误差平方和、组间误差平方和、组内误差项平方和、均方、方差分析表、交互作用、方差齐性假定检验

复习思考题

本章使用的数据主要为 ch8_Child. dta。

1. 数据 ch8_Child. dta 中一共有 2 000 多个 0～19 岁的样本。数据包含该人群的年龄、身高、体重、受教育程度等。利用该数据，回答下面的问题：

(1) 描述上述变量的样本均值、抽样误差、置信区间。

(2) 根据样本特征，描述被调查区域 0～19 岁人群的总体特征（比如均值），并解释分析结果。

(3) 使用 mean 和 ci 命令是否得出一样的结论？为什么？

2. 许多人口学研究者认为，中国的出生性别比自 20 世纪 80 年代中期以来严重失衡。但也有学者认为，出生性别比失衡是虚假现象，实际的男性婴儿和女性婴儿的比例是均衡的。假如 ch8_Child. dta 数据是从总体人群中随机抽取的具有代表性的样本，请利用该样本回答以下问题：

(1) 在 0～1 岁的样本中，男孩和女孩的比例分别是多少？

(2) 若在实际的 0～1 岁人群中，男孩和女孩的比例的确各占一半，则第 (1) 题的发现是否异常？

(3) 你认为上述第二种观点与通过 ch8_Child. dta 数据反映出来的情况是否一致？请解释原因。

3. 一位社会学家认为，近年来中国经济的发展缩小了农村与城市地区家庭耐用消费品的平均拥有量之间的差别。使用 ch8_Child. dta 数据，完成下列作业：

(1) 农村地区家庭耐用消费品的平均拥有量是多少？

(2) 城市地区家庭耐用消费品的平均拥有量是多少？

(3) 从点估计和区间估计两个角度来分析二者的异同，并解释分析结果是否支持该社会学家的观点。

4. 比较城乡孩子的体重差异：

(1) 分别获得这两个总体的均值及标准误的点估计（即样本均值和样本标准差）和各自均值 95%的置信区间。

(2) 他们在体重方面的差异是否显著？

5. 研究者假定，17 岁孩子的平均受教育年限是 10 年。使用 ch8_Child. dta 数据，检验该假定是否成立。

(1) 该单样本 t 检验的零假定是什么？用文字和符号表示出来。

(2) 检验假定，并简单地描述分析结果。

(3) 解释抽样均值的标准误（0.17）与样本的标准差（1.93）之间的区别。

(4) 若样本量增加一倍，则样本标准差的取值将如何变化？抽样均值的标准误将如何变化？请解释为什么。

(5) 在 95%的置信水平下，孩子受教育年限为 10 年的置信区间是多少？样本与总体之间是否存在差别？

(6) 基于总体与样本之间均值差异的 95%的置信区间，若假定 17 岁孩子的受教育年限为 11 年，那么你能拒绝零假定吗？为什么？

6. 重复第 5 题的练习，但（1）将样本限定为女孩，（2）将年龄限定在 16 岁以上。解释分析结果。

7. 使用正确方法（适当的时候，也可以包括图形），检验男孩和女孩的兄弟姊妹数量是否一样。简述分析结果。假若你发现男孩和女孩的兄弟姊妹数量在统计学上显著不同，那么你能够肯定地得出结论说，在总体人群中，男孩和女孩的兄弟姊妹数量是不同的吗？有哪些非统计学的原因可以解释你的分析结果？

8. 有四种不同颜色和五种不同款式的手机在市面上销售，每种手机的销售额都不相同。下表是它们的销售情况（款式 1 的银灰色手机卖出 26 部，以此类推）。手机的颜色与销售额有关吗？请将下列数据输入 Stata 统计软件中，进行单因素方差分析，并解释分析结果。

	银灰色	粉色	蓝色	绿色
款式 1	26	31	27	30
款式 2	28	28	25	29
款式 3	25	30	28	32
款式 4	29	27	24	31
款式 5	27	29	26	32

9. 下面是一个方差分析的输出结果。请回答以下问题：

(1) 这是哪一类方差分析（单因素方差分析、双因素方差分析、协方差分析）的结果？

(2) 分析中的因变量和自变量分别是哪些？模型中是否有连续变量？你是如何判断的？自变量与因变量之间是否存在显著关系？

```
. anova num color c. style

                         Number of obs =        20    R-squared     = 0.650 4
                         Root MSE      = 1.565 78    Adj R-squared = 0.557 2

          Source |  Partial SS    df          MS         F    Prob > F
     ------------+----------------------------------------------------
           Model |     68.425      4     17.106 25     6.98    0.002 2
           color |       68.4      3          22.8     9.30    0.001 0
           style |       .025      1          .025     0.01    0.920 9
        Residual |     36.775     15   2.451 666 67
     ------------+----------------------------------------------------
           Total |      105.2     19   5.536 842 11
```

10. 数据 ch8_Child. dta 中有一个变量称为 yrschfm，即父母的教育水平。请将该变量重新定义为一个分类变量（fumujyu），并包括四个层次：1 为小学及以下（0～6 年）、2 为初中（7～9 年）、3 为高中（10～12 年）、4 为大学及以上（13 年及以上）。

（1）以家庭耐用消费品的拥有量为因变量，以父母的受教育年限和城乡居住地为自变量，分析后二者对前者的影响。

（2）解释父母的受教育年限和城乡居住地与家庭耐用消费品拥有量之间的关系。

推荐阅读书目

1. StataCorp. Stata：user's guide. TX：Stata Press，2021.
2. 陈峰．现代医学统计方法与 Stata 应用．北京：中国统计出版社，1999.
3. 贾俊平，何晓群，金勇进．统计学．8 版．北京：中国人民大学出版社，2021.

第九章

线性回归

对社会现象中因果关系的探索成为社会科学家进行社会研究的目标之一。社会科学研究虽然无法像自然科学研究那样采用科学实验的方法进行，但是可以运用适当的统计分析方法来解释社会现象变化的原因和规律。回归分析便是社会科学家认识和解释社会现象的有利统计方法之一，它可以对一些干扰因素进行控制，从而帮助我们更加清楚地认识变量之间的动态关系。

“回归”（regression）一词最早是由英国统计学家弗朗西斯·高尔顿在 19 世纪 70—80 年代研究人类遗传身高问题时提出来的。他使用“regression towards mediocrity”详细分析了子代身高向族群平均身高回归的趋势，这是统计学上回归一词的最初含义，后来回归一词被广泛应用于统计学分析中。在现代社会统计分析中，回归分析已经成为最基本也是应用最广泛的定量分析技术之一。

在学习任何一种统计分析方法之前，我们都要清楚这种方法的用途和使用前提。回归分析主要用来做什么呢？它既可以描述自变量与因变量之间的相关关系，也可以探索自变量与因变量之间的因果关系，还可以基于自变量的取值对因变量取值的变化进行预测。具体来说，比如我们想了解某一社会现象的主要影响因素有哪些，或者我们想研究身高与体重之间的关系（身高每提高 1cm，体重会如何变化）。根据因变量的不同测量方式，回归分析可以分为线性回归和非线性回归。线性回归主要适用于因变量为连续测量的场合，非线性回归往往适用于因变量为虚拟变量、多分类变量或者计数变量等场合。此外，根据回归分析中自变量的个数，可以将回归分析分为简单回归分析和多元回归分析。简单回归分析是指分析中只有一个自变量，而如果分析中有多个自变量，则称为多元回归分析。

本章主要介绍线性回归及与其密切相关的相关关系分析、预测值和残差的计算和回归分析诊断。在进行回归分析之前，首先必须分析变量之间是否是相关的，即相关关系是进行回归分析的前提。

本章的主要数据包括 Chapter9. dta 和 Chapter9_hhwk. dta。

9.1 相关关系分析

相关关系是社会现象之间存在的一种非确定的相互依存关系。变量之间的相关关系主要分为两种：函数关系和统计关系。函数关系是确定性关系，如自变量 x 与因变量 y 两者之间的函数关系可以用 $y = f(x)$ 来表示，即 x 与 y 之间是一一对应的关系。社会科学研究中变量之间的相关关系是统计关系，换言之，统计关系是不确定性关系，即由于受到随机因素的影响，自变量的每一个取值，与其对应的因变量的数值是不确定的。相关关系的另外一个特点是变量之间的双向变化性，即相关关系反映了两个变量之间的相互关系，其中一个变量变化会引起另外一个变量变化，两个变量之间的关系是相互影响的。

在日常生活和学习中，我们会遇到许多社会现象之间的相关关系，但是相关关系包含真实的相关关系和虚假的相关关系。真实的相关关系是指变量之间的关系符合相关逻辑的合理关系，虚假的相关关系是指变量之间的相关关系虽然强度很大，但是并不存在逻辑性和合理性，比如一个经典的例子就是夏天冰激凌的销量与溺水事件之间的高度相关性，两者共同的因素是夏季气温高，购买冰激凌的人多，同时游泳的人也多，因此溺水事件也会增多。

相关关系的特点是一个变量的取值不能为另外一个变量的取值所唯一确定。当一个变量取一定的值时，另一个变量有可能有多个取值、因多种因素而定。比如在同样的受教育程度下，人们的平均收入可能会因为性别或者年龄而变化。这种不确定关系难以用函数的形式来度量和描述，但这并不表示自变量与因变量之间无规律可循。通过对大量数据的观察和研究，可以发现许多变量之间存在一定的客观规律。比如，一般来讲，人们的受教育程度越高，平均收入也会越高。

9.1.1 散点图和相关关系

变量之间的相关关系可以用散点图的形式在平面直角坐标系中更加直观地展现出来。散点图是一种以点的分布来表现变量之间相关性的统计图，根据散点图中点的大致走向和倾斜角度能够大致判断两个变量之间相关性的方向和强度。

我们进行了 n 次独立观测，得到如下的 x 和 y 的数据组（见表 9-1）。

表 9-1　　x 和 y 的数据组

x	x_1	x_2	……	x_n
y	y_1	y_2	……	y_n

在绘制散点图时，通常用横轴代表 x，用纵轴代表 y，因此每一组数据（x_i，y_i）在坐标中形成一个点，那么 n 组数据就会形成 n 个点，呈现散点的形式，如图 9-1 所示。

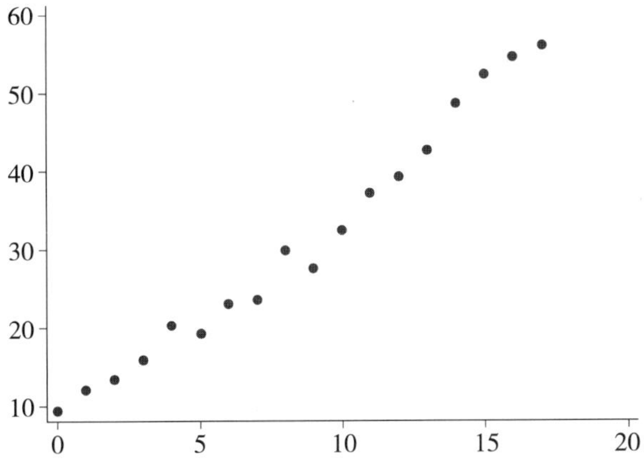

图 9-1 相关散点图

9.1.2 相关系数的大小和强度

散点图虽然能够帮助我们大致判断变量之间的相关关系，但是无法精确地对变量的相关系数大小和强度进行分析。因此，我们需要以更加精准和客观的度量方式来测量变量之间相关性的大小和强度。

对于两个连续型变量，我们用皮尔逊积矩相关系数来计算两者之间的线性相关系数的大小。如果相关系数是根据总体数据计算而来的，则一般用 ρ 表示；如果是用样本数据计算的，则用 r 表示。统计学中一般用样本相关系数 r 来推断总体相关系数 ρ。

无论是样本数据还是总体数据，相关系数 r 的计算公式都可以写作：

$$r=\frac{\sum(x_i-\bar{x})(y_i-\bar{y})}{\sqrt{\sum(x_i-\bar{x})^2\sum(y_i-\bar{y})^2}}$$

其中，$\bar{x}$ 和 $\bar{y}$ 分别是变量 x 和 y 的总体期望或样本均值。

以上计算公式还可以写为：

$$r=\frac{1}{n-1}\sum_{i=1}^{n}\left(\frac{x_i-\bar{x}}{s_x}\right)\left(\frac{y_i-\bar{y}}{s_y}\right)$$

其中，s_x 和 s_y 分别是变量 x 和 y 的标准差。

相关系数 r 的取值范围在 -1 到 1 之间，以 0 为界，越接近 -1 表示两个变量的负相关性越强，越接近 1 表示两个变量的正相关性越强。$r=1$ 和 $r=-1$ 分别表示两个变量完全正相关或者完全负相关，它们的散点完全落在 45°角的直线上。值得注意的是，r 系数在这里表示两者之间的线性关系而不是其他非线性关系。

在实践中，可以用 r 系数的大小表示线性相关关系的强度。一般来讲，在相关系数显著性检验显著的前提下，$|r|\geqslant 0.8$，表示变量之间高度相关；$0.5\leqslant|r|<0.8$，表示变量之间中度相关；$0.3\leqslant|r|<0.5$，表示变量之间低度相关；$|r|<0.3$，表示变量之间的线性关系极弱。

在相关系数 r 的使用过程中需要注意以下几点：

(1) 相关关系不一定是因果关系，因此相关系数 r 只能表示变量之间的相关性，不能区分自变量和因变量，因此也无从判断因果关系。当然，判断因果关系的前提是变量之间存在相关关系。

(2) 相关系数 r 接近于 0，只表示变量之间的线性相关性较弱，而不能判断变量之间的非线性关系的大小和强度。换句话说，变量之间的相关系数很小，表示两者之间不存在线性相关关系，但两者之间有可能存在非线性关系（如二次方曲线关系）。当变量之间的非线性关系较强时，两者之间的相关系数 r 就会很小，因此在计算相关系数 r 之前，很有必要提前看一下变量的散点图，以便对两者的线性关系有所预判。

(3) 当我们想将样本的相关系数 r 推广为在总体中变量之间的线性相关系数时，需要做显著性检验，此时可以用 t 检验来进行显著性验证。

9.1.3 相关系数 *r* 的 Stata 软件操作

在 Stata 软件中，主要有以下三个计算相关系数的基本命令。

(1) correlate 或 corr。

该类型的相关系数以个案为基础，展示一组变量的相关系数矩阵或者协方差矩阵。在相关系数的计算过程中，只要参与运算的变量有一个存在缺失值，该个案就将被排除在计算之外。

其基本命令形式如下：

```
correlate a b c
```

或

```
corr a b c
 ①    ②
```

①：生成变量之间的相关系数矩阵或协方差矩阵。

②：需要生成相关系数的变量。

```
. use "E:\stata\Chapter9.dta",clear
. corr age height weight
(obs = 1 883)

             |      age   height   weight
-------------+---------------------------
         age |  1.000 0
      height |  0.893 4  1.000 0
      weight |  0.793 9  0.775 0  1.000 0
```

在这里，年龄与身高的相关系数约为 0.89，表明两者高度相关；年龄与体重的相关系数约为 0.79，表明两者中度相关；身高与体重的相关系数约为 0.78，表明两者也中度相关；以上三者均是正向相关的关系。(obs＝1 883)表示 age、height、weight 三个变量都没有缺失的样本有 1 883 个。

（2）pwcorr。

该类型相关系数的计算也以个案为基础，不过在涉及变量缺失值的时候采用成对（pairwise）删除法，只删除参与运算的两个变量上有缺失的个案。如果只计算两个变量的相关系数，那么其功能等同于 corr。

其基本命令形式如下：

```
pwcorr a b c, obs sig star(#)
  ①     ②     ③   ④    ⑤
```

①：生成变量之间的相关系数矩阵。

②：需要生成相关系数的变量。

③：输出参与计算相关系数的样本量。

④：输出显著性的 P 值。

⑤：#代表设置显著性水平，并且输出显示“*”号。

```
. use "E:\stata\Chapter9.dta",clear
. pwcorr age height weight,obs sig star(0.05)

             |      age     height    weight
-------------+-------------------------------
         age |   1.000 0
             |     2 101
      height |  0.893 4 *   1.000 0
             |   0.000 0
             |     1 883     1 883
      weight |  0.788 4 *  0.775 0 *   1.000 0
             |   0.000 0   0.000 0
             |     1 886     1 883     1 886
```

输出结果显示，age 与 height 都没有缺失的样本共有 1 883 个，age 与 weight 都没有缺失的样本共有 1 886 个，height 与 weight 都没有缺失的样本共有 1 883 个。

选项 sig 输出了每个相关系数的显著性水平，从结果可知三个变量两两之间均高度相关（P＝0.000）。

选项 star(0.05)输出 * 号，当相关系数在 5%的显著性水平上显著时，就在该系数旁边标注一个 * 号。

对比 corr 命令和 pwcorr 命令的结果可以明显看出，当我们只是计算两个变量的相关系数时，两个命令的结果是一样的，原因在于参与运算的样本是一致的。两个命令的主要区别在于，当我们要计算三个及以上变量的相关系数矩阵时，Stata 需要将参与运算的所有变量进行两两交叉分析，这样带来的问题就是不同变量之间参与运算的样本量有差异。corr 命令在处理这种情况时采用较为严格的删除方法，也就是把所有变量共同的样本缺失值全部删除（listwise），因此参与运算的样本量就会减少。pwcorr 命令采用成对删除法，只将每次参与运算的两个变量有共同缺失的样本删除，而不删除其他不参与运算的变量的缺失值，因此参与运算的样本量在不同的变量值之间是有所差异的，这从上面的案例中也可以直观地看出来。

（3）pcorr。

该类型是计算偏相关系数的命令，偏相关系数是指在控制住其他变量的前提下，两个变量之间的相关系数。前面 corr 和 pwcorr 两个命令计算的是简单的相关系数，有时候无法真实地反映事物之间的关联。偏相关系数是在剔除了其他因素影响的前提下计算出的两个变量之间的相关关系，能够比较准确地反映事物之间的真正关联。

其基本命令形式如下：

```
pcorr a b c
  ①    ②
```

①：生成偏相关系数。

②：分别生成变量 a 与 b、a 与 c 的偏相关系数。

```
. use "E:\stata\Chapter9.dta",clear
. pcorr age edu sibs
(obs = 1 583)
Partial correlation of age with

    Variable |        Corr.       Sig.
-------------+------------------------------
         edu |      0.926 0      0.000
        sibs |     -0.029 2      0.246
```

输出结果是 age 与 edu、sibs 之间的偏相关系数及其显著性。在 sibs 相同的条件下，age 与 edu 的相关系数约为 0.93，且相关关系在 0.05 的显著性水平上统计显著；在 edu 相同的情况下，age 与 sibs 的相关系数约为－0.03，且相关关系在 0.05 的显著性水平上不显著，说明两者没有相关性。

9.2 回归分析基础

相关关系可以帮助我们分析变量之间是否存在关联，虽然这种关联是非确定性的，即只存在统计规律性。相关关系分析的一个短处在于无法提供变量之间的数学关系，回归分析则可以通过给变量建立回归方程从而确立变量之间的数学关系，也能进一步确定变量之间影响程度的大小。

9.2.1 回归分析

回归分析是一个数学模型或者数学函数的构造过程。利用这个数学模型，根据统计资料，可以根据一个变量预测或者确定另一个变量的值。

在回归分析中，需要根据研究目的和内容，确定自变量和因变量。自变量一般是影响其他变量的变量，也被称为解释变量，用 x 表示；因变量一般是受其他变量影响的变量，也被称为被解释变量，用 y 表示。通过进行回归分析，可以建立自变量 x 与因变量 y 之间的数学表达式或函数表达式，从而确立两者之间的数学关系，进一步分析自变量 x 的变化引起因变量 y 的变化的程度。

由此，我们可以看出，回归分析的主要目的有以下三个：

（1）确立自变量与因变量之间的数学关系式。

（2）确定自变量的变化对因变量的影响程度，即自变量变动一个单位，因变量会随之而变化的幅度。

（3）实现预测功能。利用之前确定的自变量与因变量之间的函数方程，可以根据一个或几个自变量的取值，估计或预测因变量 y 的取值。对因变量的预测是回归分析的重要目标之一，当然这里的预测值是推断性的且不完全精确，但我们可以给出预测的置信度。预测功能在现实生活中有很多用途，比如利用年龄预测患某种疾病的概率、利用肥料投入量预测农产品的产出等。

9.2.2 回归模型的建立

回归分析的目的是建立因变量 y 与自变量 x 之间的数学表达式，这个回归方程就是回归模型。我们首先以简单线性回归方程为经验分析的一般工具，分析回归模型的建立和求解过程。

简单线性回归模型可以表达为以下等式：

$$y=\beta_0+\beta_1 x+\varepsilon \tag{9-1}$$

在以上回归模型中，因变量 y 是自变量 x 的线性函数加上误差项 ε。其中 y 是因变量，x 是自变量。β_0 是截距或者回归常数，代表当自变量等于 0 时 y 的平均值，是模型的待估参数。β_1 是自变量的回归系数，代表自变量 x 每变动一个单位因变量 y 的边际变化值。ε 代表误差项，反映了由于主观和客观原因而不可观测的随机误差，随机误差是不能用 x 和 y 的线性关系来解释的。

举个例子，假如我们要对受教育程度和一个人的收入水平两个变量做回归分析，于是建立了以下回归模型：

$$income=\beta_0+\beta_1 edu+\varepsilon$$

income 和 *edu* 分别表示月收入和个人的受教育年限，β_0 表示当受教育年限为 0 的时候月收入的平均水平，β_1 则表示在其他因素不变的情况下，受教育年限每增长一年导致的月收入的变化量。其他非观测因素，比如能力、年龄、工作经验、性别、现任职时间等，都被放在了误差项 ε 里。

9.2.3 线性回归模型的三个基本假定

回归分析模型属于理论回归模型，因此需要界定线性回归模型的基本假定，其假定具体如下：

（1）零均值假定，即 $E(\varepsilon)=0$。误差项是随机变量，在自变量取一定值的条件下，其总体各误差项的条件均值为零。如果我们运用数学期望的性质，也就意味着，在回归模型中，有 $E(\beta_0)=\beta_0$、$E(\beta_1)=\beta_1$、$E(y_i)=\beta_0+\beta_1 x$。

（2）等方差假定，即对于自变量 x 的每一个取值 x_i，误差项具有相同的方差。换言之，$\mathrm{Var}(\varepsilon|x_i)=\sigma^2$。即 $D(y_1)=D(y_2)=D(y_3)=\cdots=D(y_i)=\cdots=D(y_n)$。

（3）误差项 ε 服从正态分布，且相互独立，即 $\varepsilon\sim N(0,\sigma^2)$。独立性意味着对于一个特定的自变量 x 值，它所对应的 ε 与其他自变量 x 值对应的 ε 没有相关性。

以上三个基本假定成为古典假定条件，当然除此之外，自变量与因变量之间存在线性关系也是进行线性回归分析的基本前提。满足以上假定的回归模型被称为一般线性回归模型（General Linear Regression Models）。当然，与此对应的还有广义线性模型（Generalized Linear Models），其可以处理不满足以上一些假定的回归分析，这些内容留待下一章具体讲解分析。

9.2.4 线性回归模型的最小二乘估计

一般来讲，我们对自变量 x 与因变量 y 之间进行线性回归分析是针对总体而言的。但是在现实条件下，很多时候我们对总体并不了解，因此我们一般先从总体中随机抽取样本，然后利用收集的样本数据，给因变量和自变量建立回归模型，最后对回归方程中的截距 β_0 和回归系数 β_1 进行求解。那么，如何对截距和回归系数进行求解呢?

在最初分析相关关系所描绘的散点图中，如果我们能在这些散点中找到一条最佳拟合直线，那么用这条直线按照自变量的一个取值能最好地预测因变量的取值。如何找到这条最佳拟合直线呢? 对于由 x 和 y 形成的 n 个观察值对（x_i，y_i），用来描述这些数据关系的直线有很多条（这些直线的区别是截距和回归系数有差异），那么究竟用哪条直线能够更好地代表自变量与因变量之间的关系呢? 唯一的原则应该是距离各观测点（x_i，y_i）最近的一条直线，按照自变量的不同取值，在这条直线上得到的因变量的预测值的误差最小。

在前述等式 9-1 中，回归方程是针对总体而言的。在具体样本中，回归估计方程可以表示为 $\hat{y}=\hat{\beta}_0+\hat{\beta}_1 x$。其中，$\hat{y}$（读音为 y hat）代表每一个自变量 x 的取值所对应的 y 的预测值（估计值）。$\hat{\beta}_0$ 和 $\hat{\beta}_1$ 是样本的统计量，分别代表总体的待估参数 β_0 和 β_1。就最佳拟合直线而言，$\hat{y}$ 也是每一个自变量 x 所对应的在这条拟合直线上因变量的估计值。这样就产生了一个问题，即实际的观测值 y 与其对应的估计值之间并不总是相等的，两者之间的差被称为残差，即 $e_i = y - \hat{y}$。

如果我们想要因变量的估计值的误差最小，那么应该使每一个自变量 x 所对应的观察值 y 和估计值 $\hat{y}$ 的差的和最小，也就是所有的残差的和最小。在数学运算中，为了防止残差正负值抵消，我们利用 $\sum(y-\hat{y})^2$ 这种平方和的形式对待估参数 β_0 和 β_1 进行求解，通过该方法计算出来的观测值 y_i 与估计值 $\hat{y}_i$ 之间的离差平方和能够达到最小，因此这种方法叫作最小二乘法（Ordinary Least Squares，OLS）。

运用最小二乘法估计 β_0 和 β_1 的值，我们需要建立 Q 函数，具体推导过程如下：

$$Q = \sum {e_i}^2 = \sum(y-\hat{y})^2 = \sum[y-(\hat{\beta}_0+\hat{\beta}_1 x)]^2$$

我们要基于 Q 函数求得 $\hat{\beta}_0$ 和 $\hat{\beta}_1$ 的具体值。我们将 $\hat{\beta}_0$ 和 $\hat{\beta}_1$ 看成未知数，根据微积分中求极小值的原理，如果要使 Q 函数达到最小，则要求 Q 对 $\hat{\beta}_0$ 和 $\hat{\beta}_1$ 求偏导数必须等于 0。

将 Q 对 $\hat{\beta}_0$ 和 $\hat{\beta}_1$ 求偏导数，并令其分别等于 0：

$$\begin{cases} \dfrac{\partial Q}{\partial \hat{\beta}_0} = -2\sum[y-(\hat{\beta}_0+\hat{\beta}_1 x)] = 0 \\ \dfrac{\partial Q}{\partial \hat{\beta}_1} = -2x\sum[y-(\hat{\beta}_0+\hat{\beta}_1 x)] = 0 \end{cases}$$

经过整理后可得：

$$\begin{cases} n\hat{\beta}_0 + \hat{\beta}_1 \sum x = \sum y \\ \hat{\beta}_0 \sum x + \hat{\beta}_1 \sum x^2 = \sum xy \end{cases}$$

以上等式中 n 是样本量，对两个等式进行联立求解，可得：

$$\hat{\beta}_1 = \frac{n\sum xy - \sum x \sum y}{n\sum x^2 - \left(\sum x\right)^2}$$

$$\hat{\beta}_0 = \bar{y} - \hat{\beta}_1 \bar{x}$$

以上等式中 $\bar{x}$ 和 $\bar{y}$ 分别是 x 和 y 的样本平均数，以上过程便是对截距和回归系数的估计过程。

9.2.5　模型的检验和诊断

在对模型的参数估计完成之后，我们要对其进行一系列的检验。这些检验主要包括两部分：

（1）回归分析结果要与理论或现实相结合。根据研究的一般步骤，我们首先需要根据理论或现实提出研究假设，然后利用回归分析的结果对研究假设进行验证。因此，模型的假定一般也是基于理论或者现实的，如果模型不能比较好地解释理论或者反映社会现实，就可能需要对模型做进一步的修改完善。

（2）统计检验和诊断。其具体包括回归模型的整体检验和每个参数的显著性检验、回归诊断（包括共线性和异方差诊断等）。如果模型通过了统计检验和诊断，并与现实相符合，则可以应用该模型继续进行预测等。如果检验和诊断有问题，则需要进一步探究原因，发现问题并对模型进行修改完善。本部分仅对回归分析的模型的整体检验和参数检验进行讲解，回归诊断相关内容详见 9.3 一节。

（1）回归模型的整体检验。

回归模型的整体检验是指检验我们根据理论或者现实建立的回归模型在总体中是否也具有解释力，换句话说，检验因变量与自变量之间的线性关系在总体中是否显著。该检验可以运用 F 检验进行判断。F 检验的原假定是假定回归模型中的所有系数在总体中没有解释力，即系数均为 0，备择假定为至少有一个系数在总体中是不为 0 的。

F 检验的过程与方差分析的原理类似，检验统计量是平均的回归平方和与平均的残差平方和的比值。对于一元线性回归方程，则有：

$$F=\frac{\mathrm{SSR}/1}{\mathrm{SSE}/(n-2)}=\frac{\sum(\hat{y}-\bar{y})^2/1}{\sum(y-\hat{y})^2/(n-2)}\sim F(1,n-2)$$

对于二元及多元线性回归方程，F 检验统计量计算公式如下：

$$F=\frac{\mathrm{SSR}/k}{\mathrm{SSE}/(n-k-1)}=\frac{\sum(\hat{y}-\bar{y})^2/k}{\sum(y-\hat{y})^2/(n-k-1)}\sim F(k,n-k-1)$$

运用方差分析的思路，将回归总离差平方和 SST（total sum of square）分解为回归平方和 SSR（regression sum of square）与残差平方和 SSE（error sum of square）。三者之间的关系是 SST=SSR+SSE。

$$\mathrm{SST}=\sum(y-\bar{y})^2$$

$$\mathrm{SSR}=\sum(\hat{y}-\bar{y})^2$$

$$\mathrm{SSE}=\sum(y-\hat{y})^2$$

回归总离差平方和 SST 的自由度为 $n-1$，n 为样本量；回归平方和 SSR 的自由度为 k，k 是自变量的个数；残差平方和 SSE 的自由度为 $n-k-1$。因此，F 统计量服从第一自由度为 k、第二自由度为 $n-k-1$ 的 F 分布。在一元线性回归分析中，由于只有一个自变量，因此回归平方和 SSR 的自由度为 1。同理，在二元或多元线性回归分析中，SSR 的自由度分别为 2 或 k，其中 k 为自变量的个数。

利用 F 统计量进行回归模型显著性检验的步骤如下：

- 提出假设。

  原假定 $H_0:\beta_1=\beta_2=\cdots=\beta_k=0$

  备择假定 H_1：至少有一个 $\beta_i\neq 0$

如果原假定 H_0 成立，则说明总体中因变量 y 与自变量 x 的线性关系不显著；如果原假定 H_0 被拒绝，则接受备择假定 H_1，说明在总体中因变量与自变量具有显著的线性关系。

- 计算 F 统计量的值。

由上述 F 统计量的计算公式可以看出，回归平方和在回归总离差平方和中所占比重越大，或者残差平方和所占比重越小，则 F 统计量的值越大。

● 根据给定的显著性水平 α 确定临界值 F_α，或计算 F 值所对应的 P 值。

● 根据计算的 F 统计量的值与临界值 F_α 进行比较。如果 F 值 $>F_\alpha$ 或 $P<\alpha$，则拒绝原假定，说明在总体中自变量与因变量存在显著的线性关系；反之，则不能拒绝原假定，即没有证据证明两个变量之间存在显著的线性关系。

回归分析中的方差分析表如表 9－2 所示。

表 9－2　回归分析中的方差分析表

方差来源	自由度 df	平方和	均方	F 统计量	临界值
回归平方和	k	SSR	SSR/k		
残差平方和	$n-k-1$	SSE	SSE/$(n-k-1)$	$\frac{\text{SSR}/k}{\text{SSE}/(n-k-1)}$	F_α
回归总离差平方和	$n-1$	SST			

（2）判定系数 R^2。

如果通过 F 检验确定了总体中自变量与因变量存在显著的线性关系，那么接下来的问题便是：自变量对因变量的解释程度有多大呢？在现实社会中，一个因变量不可能只受一个或几个自变量的影响，但是在实际研究中，我们也不可能将所有的影响因素都纳入回归模型中，这样也不现实。不过我们可以用判定系数 R^2 来分析因变量的变异（variances）中能够被回归方程解释的比例，它是度量线性回归模型拟合优度的一个统计量。

$$\text{判断系数 } R^2=\frac{\text{SSR}}{\text{SST}}=1-\frac{\text{SSE}}{\text{SST}}$$

判定系数 R^2 的取值介于 0 与 1 之间，取值越接近于 1，说明回归直线的拟合优度越好，取值越接近于 0，说明回归直线的拟合优度越差。判定系数的功能主要有两个：一是作为回归方程的拟合优度，检验样本数据围绕在样本回归拟合直线周围的密集程度。二是表明模型中自变量对因变量变异的解释能力。判定系数值越大，说明自变量对因变量变异的解释能力越强；反之，则越弱。

值得一提的是，在社会科学研究中，线性回归方程的判定系数 R^2 过低是很正常的事情，特别是对横截面数据来讲更是如此。虽然有时候自变量能够解释因变量大部分的变异，但是可能在很多情况下判定系数不会太大，这在很大程度上是由于我们的现实研究不可能把所有的影响因素都纳入回归方程。一个看似很低的判定系数，并不意味着该线性回归方程就是无效的，只要模型符合理论和现实假设，并且其他检验是合适的即可。

（3）回归系数检验。

回归模型总体 F 检验通过，说明总体中至少有一个回归系数是显著的，但是不一定所有的回归系数都是显著的。换句话说，在线性回归分析中，整体回归方程显著，并不能保证所有的回归系数都显著。因此，很有必要对每个自变量的回归系数进行显著性检验。这里主要利用的是 t 检验，具体步骤如下：

- 提出原假定和备择假定：

原假定 $H_0: \beta_i = 0$
备择假定 $H_1: \beta_i \neq 0$

- 计算 t 统计量，计算公式如下：

$$t_i = \frac{\beta_i}{S.E.}$$

t 统计量服从自由度 df 为 $n-k-1$ 的 t 分布，在大样本条件下服从正态分布。β_i 为每个自变量对应的回归系数，$S.E.$ 代表 β_i 各自对应的标准误。

- 根据给定的显著性水平 α 确定临界值 t_α 或计算 t 值对应的 P 值。
- 根据 t 值和临界值 t_α 的大小做出判断。如果 t 值大于临界值 t_α 或者 $P<\alpha$，则拒绝原假定，说明该回归系数 β_i 在 α 水平下统计显著，表明自变量对因变量的影响是显著的。反之，则不能拒绝原假定，表明自变量对因变量的影响并不显著。回归系数不显著的原因是比较复杂的，包括样本量过小、变量之间存在共线性、自变量与因变量之间是非线性关系等，也可能是由于自变量与因变量之间确实不存在显著的线性关系，这些需要我们结合具体的研究进行具体分析。

总之，模型总体 F 检验和回归系数 t 检验的逻辑是这样的：首先判断 F 检验是否显著，如果是显著的，则进一步分析回归系数 t 检验是否显著，从而得出研究结论。如果 F 检验本身是不显著的，即在总体上自变量与因变量不存在显著的线性关系，就没有必要继续对下面的回归系数 t 检验进行分析了。因此，模型总体 F 检验是回归系数 t 检验的前提。

9.3 一元线性回归分析和二元及多元线性回归分析

在回归模型中，只包含一个自变量的回归模型叫作一元回归方程，也就是前述的简单回归方程。如果回归方程中包含两个自变量，则这种回归方程被称为二元回归方程。如果回归方程中包含三个及以上自变量，则这种回归方程通常被称为多元回归方程。我们以简单的线性回归分析为例，运用 Stata 软件深入讲解一元线性回归分析和二元及多元线性回归分析的具体过程。在掌握了一元线性回归分析的建模思路和方法后，对二元及多元线性回归分析的掌握和理解就会更加容易。

9.3.1 一元线性回归分析

（1）基本命令。

一元线性回归分析的命令形式如下：

```
regress a b, 选择项
   ①     ②    ③
```

①：线性回归分析的基本命令。

②：a 是因变量，b 是自变量。注意因变量必须放在前面，自变量必须放到后面。

③：模型的选择项，如 beta（输出标准化回归系数）、robust（稳健回归）等。

我们以 Chapter9. dta 数据为例，对一元线性回归分析的过程和结果进行解读。

```
. use "E:\stata\Chapter9. dta",clear
. regress weight height

      Source |       SS          df        MS             Number of obs   =     1 883
-------------+----------------------------------          F(1,1 881)      =  2 828.87
       Model |  378 018.836       1   378 018.836         Prob > F        =   0.000 0
    Residual |  251 355.584   1 881     133.628 7         R-squared       =   0.600 6
-------------+----------------------------------          Adj R-squared   =   0.600 4
       Total |   629 374.42   1 882   334.417 864         Root MSE        =     11.56

------------------------------------------------------------------------------------
      weight |      Coef.    Std. Err.        t     P>|t|     [95 % Conf.   Interval]
-------------+----------------------------------------------------------------------
      height |  .450 331 9   .008 466 9     53.19   0.000     .433 726 4   .466 937 5
       _cons | - 24.780 15     1.147 93   - 21.59   0.000    - 27.031 5   - 22.528 8
------------------------------------------------------------------------------------
```

从以上回归结果来看，主要分为三个部分。左上角为方差分析，右上角为模型检验，最下面为回归结果。方差分析部分与表 9 - 2 一致，展示了方差来源、自由度和均方等信息。模型检验部分 F 统计量为 2 828.87，其对应的 P 值（<0.001）显著小于 0.05，表明体重与身高在总体上存在线性关系。判定系数 R^2（表中的 R-squared）等于 0.600 6，表明身高能够解释体重大约 60%的变异，拟合优度比较好。进一步地，在回归结果部分，身高的回归系数约为 0.45，对应的系数 t 统计量等于 53.19，P 值显著小于 0.05，表明身高对体重具有很强的预测作用，对少年儿童来说，身高每增长一个单位，他们的体重平均增长 0.45 个单位。此外，回归结果中的_cons代表截距 β_0 的估计值，不过截距项有时候并没有实际意义。

（2）估计与预测。

前面讲到，回归分析的目标之一是基于现有样本数据对因变量进行预测，同时可以求出预测值的标准误和 95%的置信区间。预测功能要在完成 regress 回归命令之后才能实现，其具体操作命令如下：

```
regress weight height
predict yhat
  ①     ②
```

①：估计因变量 y 的预测值的基本命令。

②：预测值。

```
predict e,resid 估计残差
predict se,rstandard 估计标准化残差
```

```
twoway lfitci weight height,ysize(3)xsize(4)legend(ring(0)size( * 1.2))
```

图 9－2 展示了回归拟合直线及其 95％的置信区间。

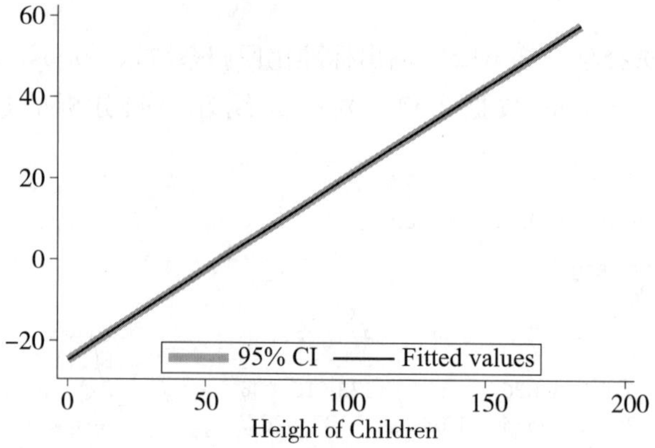

图 9－2　回归拟合直线及其 95％的置信区间

9.3.2　二元及多元线性回归分析

在社会现象中，一个因变量总是受到其他多个自变量的影响。比如在前面所讨论的关于收入的影响因素的例子中，个人收入除了受到受教育程度的影响外，还受到年龄、工作年限、个人能力等因素的影响，简单的一元线性回归分析显然无法真正揭示事物之间的复杂联系。因此，为了更加全面地研究一个社会现象的多种影响因素，需要进行二元及多元线性回归分析，以弥补一元线性回归分析的缺陷，更好地揭示事物之间的联系。二元及多元线性回归分析是一元线性回归分析的拓展，其基本原理与后者类似，本部分以多元线性回归分析为例进行介绍。

(1) 多元线性回归模型的建立。

一般的多元线性回归模型在总体中可以写成如下形式：

$$y=\beta_0+\beta_1x_1+\beta_2x_2+\beta_3x_3+\cdots+\beta_nx_n+\varepsilon$$

其中，y 为因变量，$x_1\cdots\cdots x_n$ 为自变量；β_0 为截距，$\beta_1\cdots\cdots\beta_n$ 为模型的待估参数，也叫偏回归系数；ε 为误差项，反映了因变量 y 无法被自变量 $x_1\cdots\cdots x_n$ 的线性关系解释的随机变异。

多元线性回归模型对误差项同样有三个基本假定：

均值为 0，即 $E(\varepsilon|x_1\cdots x_n)=0$。误差项 ε 是一个期望值等于 0 的随机变量。

同方差即 $\mathrm{Var}(\varepsilon|x_1\cdots x_n)=\sigma^2$。对于给定的自变量 $x_1\cdots\cdots x_n$ 的任何值，误差项都具有相同的方差。

相互独立且服从正态分布，即 $\varepsilon\sim N(0,\sigma^2)$。对于给定的自变量的任意值，误差项是一个服从正态分布的随机变量。

(2) 偏回归系数和标准化偏回归系数。

在多元线性回归模型中，待估参数 β_1 的解释是在其他自变量不变的情况下

（或者在控制其他自变量的情况下），自变量 x_1 每变动一个单位所引起的因变量 y 的平均变动单位；其他回归系数的解释与此类似。在多元回归中，回归系数 β_k 反映了自变量 x 对因变量 y 的净效应，具有“边际”效应的作用，即在保持其他自变量不变的情况下，因变量 y 对自变量 x 线性关系的斜率。因此，在二元及多元线性回归分析中，回归系数也被称为偏回归系数。

在多元线性回归分析中，由于各个自变量本身的量纲（测量单位）不同，因此当想要比较某个自变量对因变量的影响主次和重要性时，直接对各自变量对应的偏回归系数进行大小比较是不合理的。比如我们前面对收入进行多元线性回归分析之后，想要了解受教育程度和工作年限对个人收入的影响大小，解决办法是引入标准化偏回归系数，即对所有自变量 x 和因变量 y 各自进行标准化，取得标准化变量，然后对标准化之后的自变量和因变量进行回归分析，得到的偏回归系数即为标准化偏回归系数。标准化偏回归系数绝对值的大小可以用来作为自变量对因变量影响作用大小的衡量标准，绝对值越大，说明在此回归模型中，该自变量对因变量的影响作用相对更大。需要注意的是，标准化偏回归系数绝对值大小的比较只能用来衡量同一个回归模型里自变量对因变量相对作用的大小，不能用来进行跨样本的比较。

（3）多元线性回归模型的估计。

多元线性回归模型的估计与一元线性回归模型的估计类似，通过总体或者样本的数据，对多元线性回归模型的待估参数 $\beta_1 \cdots\cdots \beta_n$ 进行估计。被估计的多元线性回归方程形式如下：

$$\hat{y} = \hat{\beta}_0 + \hat{\beta}_1 x_1 + \hat{\beta}_2 x_2 + \cdots + \hat{\beta}_n x_n$$

与简单线性回归方程中的回归系数估计类似，多元线性回归方程中的回归系数同样采用最小二乘法（OLS）进行估计。在给定的观测值（x_i，y_i）下，使得下式尽可能最小：

$$\sum (y - \hat{\beta}_0 - \hat{\beta}_1 x_1 - \hat{\beta}_2 x_2 - \cdots - \hat{\beta}_n x_n)^2$$

然后，对 $\hat{\beta}_0$、$\hat{\beta}_1$、$\hat{\beta}_2$、$\hat{\beta}_3 \cdots\cdots \hat{\beta}_n$ 分别求偏导数，建立如下联立方程：

$$\begin{cases} \sum (y - \hat{\beta}_0 - \hat{\beta}_1 x_1 - \hat{\beta}_2 x_2 - \cdots - \hat{\beta}_n x_n) = 0 \\ \sum (y - \hat{\beta}_0 - \hat{\beta}_1 x_1 - \hat{\beta}_2 x_2 - \cdots - \hat{\beta}_n x_n) x_1 = 0 \\ \sum (y - \hat{\beta}_0 - \hat{\beta}_1 x_1 - \hat{\beta}_2 x_2 - \cdots - \hat{\beta}_n x_n) x_2 = 0 \\ \qquad \vdots \\ \sum (y - \hat{\beta}_0 - \hat{\beta}_1 x_1 - \hat{\beta}_2 x_2 - \cdots - \hat{\beta}_n x_n) x_n = 0 \end{cases}$$

由于上述等式涉及的未知数较多，因此一般需要用计算机进行运算。

（4）多元线性回归的模型检验。

在多元线性回归分析中，采用同样的模型检验方法进行模型的整体检验和系数检验。需要注意的是判定系数 R^2，在多元线性回归分析中，判定系数同样是回归平方和占回归总离差平方和的比例，是用来度量多元线性回归方程拟合优度的统计量。由于多元线性回归分析中加入了更多的自变量，自变量个数的增加会影响因变量变异中被估计的回归方程所解释的比例。自变量个数的增加也会减少预测误差，从而降低残差平方和，进而提高回归平方和，最终使得判定系数 R^2 得以增加。因此，为了避免因增加自变量而高估判定系数，统计学家在多元线性回归分析中引入了调整后的判定系数（adjusted R^2），其计算公式如下：

$$R_{adj}^2 = 1-(1-R^2)\left(\frac{n-1}{n-k-1}\right)$$

其中，n 是样本量，k 为多元线性回归模型中自变量的个数。从公式里可以看出，调整后的 R^2 会小于不考虑样本量和自变量个数的原始 R^2。

回归模型整体 F 检验和回归系数 t 检验与一元线性回归方程的原理是一样的，在此不再赘述。

多元线性回归分析的操作命令与一元线性回归分析类似，具体如下：

```
regress  a  b c d...
   ①     ②    ③
```

①：回归基本命令。

②：因变量。

③：自变量。

```
. use "E:\stata\Chapter9.dta",clear
. regress weight height age girl
```

Source	SS	df	MS
Model	410 883.593	3	136 961.198
Residual	218 490.827	1 879	116.280 376
Total	629 374.42	1 882	334.417 864

Number of obs	=	1 883
F(3,1 879)	=	1 177.85
Prob > F	=	0.000 0
R-squared	=	0.652 8
Adj R-squared	=	0.652 3
Root MSE	=	10.783

weight	Coef.	Std. Err.	t	P>|t|	[95% Conf.	Interval]
height	.185 591 7	.017 638 2	10.52	0.000	.150 999 1	.220 184 2
age	1.861 077	.111 031 2	16.76	0.000	1.643 319	2.078 834
girl	−1.233 047	.499 689 7	−2.47	0.014	−2.213 052	−.253 042 1
_cons	−7.499 289	1.497 967	−5.01	0.000	−10.437 14	−4.561 435

在上述因变量为 weight 的多元线性回归模型中，左上部分为方差来源分析表，右上部分为拟合优度统计指标，模型整体 F 检验中的 F 值为 1 177.85，对应的 P 值（<0.001）显著小于 0.05，在 0.05 的显著性水平上统计显著，说明因变量与自变量之间存在显著的线性关系，模型整体检验通过。调整后的判定系数约为 0.65，说明 height、age 和 girl 解释了因变量变异的 65%左右。在具体的回归系数中，height 的偏回归系数约为 0.19，表明在控制其他自变量的情况下，身高每变动一个单位，体重平均增加 0.19 个单位；age 的偏回归系数与 height 的解释类似。girl 的偏回归系数约为−1.23，表示女孩的体重平均比男孩低 1.23 个单位。三个自变量的 t 检验在 0.05 的显著性水平上均是显著的。

```
. use "E:\stata\Chapter9. dta",clear
. regress weight height age girl,beta

   Source |       SS           df       MS          Number of obs   =      1 883
----------+----------------------------------       F(3,1 879)      =   1 177.85
    Model |  410 883.593        3  136 961.198      Prob > F        =   0.000 0
 Residual |  218 490.827    1 879  116.280 376      R-squared       =   0.652 8
----------+----------------------------------       Adj R-squared   =   0.652 3
    Total |   629 374.42    1 882  334.417 864      Root MSE        =    10.783

------------------------------------------------------------------------------
   weight |      Coef.   Std. Err.      t    P>|t|                     Beta
----------+-------------------------------------------------------------------
   height |  .185 591 7  .017 638 2   10.52   0.000                .319 394 8
      age |  1.861 077   .111 031 2   16.76   0.000                .508 308 1
     girl | -1.233 047   .499 689 7   -2.47   0.014               -.033 657 4
    _cons | -7.499 289   1.497 967    -5.01   0.000                         .
------------------------------------------------------------------------------
```

在回归模型后面加入 beta 选项后，输出结果与不加入该选项所输出的结果大体类似，不同点主要在于常数项的标准化偏回归系数为 0，所以 beta 部分没有输出结果；标准化偏回归系数取代了 95%的置信区间。从标准化偏回归系数的绝对值判断，age 对 weight 的作用大于 height 对 weight 的作用，girl 的作用最小。

如果需要比较自变量对因变量的影响是否因分组不同而异，那么只需要在回归的基本命令前面使用 bysort 即可。

```
. bysort girl:regress weight height age

------------------------------------------------------------------------------
 ->girl = 0
   Source |       SS           df       MS          Number of obs   =      1 000
----------+----------------------------------       F(2,997)        =   1 212.62
    Model |  247 253.586        2  123 626.793      Prob > F        =   0.000 0
 Residual |   101 644.09      997  101.949 94       R-squared       =   0.708 7
----------+----------------------------------       Adj R-squared   =   0.708 1
    Total |  348 897.676      999  349.246 923      Root MSE        =    10.097

------------------------------------------------------------------------------
   weight |      Coef.   Std. Err.      t    P>|t|     [95 % Conf.   Interval]
----------+-------------------------------------------------------------------
   height |  .181 407 3  .021 852 2    8.30   0.000    .138 525 8   .224 288 8
      age |  2.024 406   .140 247 4   14.43   0.000    1.749 192     2.299 62
    _cons |   -8.546 5   1.819 251    -4.70   0.000    -12.116 5   -4.976 499
------------------------------------------------------------------------------

------------------------------------------------------------------------------
 ->girl = 1
   Source |       SS           df       MS          Number of obs   =        883
----------+----------------------------------       F(2,880)        =     619.67
    Model |   163 015.83        2   81 507.915      Prob > F        =   0.000 0
 Residual |  115 750.938      880  131.535 157      R-squared       =   0.584 8
----------+----------------------------------       Adj R-squared   =   0.583 8
    Total |  278 766.768      882  316.062 095      Root MSE        =     11.469

------------------------------------------------------------------------------
   weight |      Coef.   Std. Err.      t    P>|t|     [95 % Conf.   Interval]
----------+-------------------------------------------------------------------
   height |  .186 078 1  .028 703 3    6.48   0.000    .129 743 2     .242 413
      age |  1.691 473   .176 359 2    9.59   0.000    1.345 339    2.037 607
    _cons | -7.143 711    2.364 55    -3.02   0.003   -11.784 53   -2.502 895
------------------------------------------------------------------------------
```

从分组回归结果来看，height 和 age 在男女两个样本中对因变量 weight 的影响均具有统计显著性。不过从调整后的判定系数来看，男孩（girl=0）组的回归模型判定系数约为 0.71，女孩（girl=1）组的回归模型判定系数约为 0.58，说明 height 和 age 两个自变量对因变量的解释比例在男孩组中稍高于在女孩组中。

9.4 回归分析诊断

回归分析建立在一系列的基本假定前提基础之上，只有满足了基本假定的回归模型才具有适用性。因此，完成回归分析并非一劳永逸，除了需要满足相关的整体检验和系数检验等条件，还需要在完成线性回归分析之后进行回归分析诊断，以判断整个回归建模过程是否符合前提假设。由于前文已经介绍了线性回归模型的三个基本假定，因此回归分析诊断也基本是围绕这三个古典假定条件来进行的，主要包括线性假定检验、误差项相互独立且正态分布假定检验、误差项同方差假定检验以及多重共线性检验。

9.4.1 线性假定检验

本章所分析的回归模型均被称为线性回归模型，由此可见线性假定是线性回归模型的基本前提假设之一。"线性"在这里的含义是假定因变量 y 和自变量 x 所构建的回归模型中的参数 β_n 是线性的，但是对因变量与自变量之间的关联并不做太多限制。在其他很多研究比如经济学研究中，分析收入的影响因素，通常会把工作年限的平方作为因变量放入回归模型中进行线性回归分析，这种处理方式并没有违背线性假定，因为工作年限的平方的回归系数仍然是 β。因此，这里需要着重理解"线性"在线性回归分析中的真实含义。

对于简单线性回归分析，可以通过散点图来直接判断线性假定是否成立。如果因变量和自变量的散点图呈直线状，线性假定就是合理的，反之就可能存在不合理之处。对于多元线性回归分析，由于数据是高维的，无法直接通过图形判断线性关系，因而一般可以通过残差分析来间接判断。

在进行残差分析之前，一般要先对样本原始数据的异常值进行判断和处理。异常值是指样本中的一些数值明显偏离其余数值的样本点观测值，也被称为离群值。异常值的出现容易导致极端大或者极端小的残差，从而影响回归分析的稳定性。在处理完异常值之后再进行线性回归分析，就可以进行残差分析以便对线性假定进行检验了。如果线性关系成立，则残差图中的残差应大致在一个水平的带状区域内，没有任何明显的趋势。残差图主要有以下两种形式：(1) 以自变量观测值为横坐标的散点图；(2) 以标准化预测值为横坐标的散点图。纵坐标均为标准化残差。

9.4.2 误差项正态分布检验

一般通过查看回归之后标准化残差的分布形态来检验回归模型是否符合正态分布假定。

标准化残差是残差除以其标准差后得到的数值。在进行回归分析之后，生成每个观察值的标准化残差，然后将所有标准化残差排序后画出散点图。如果残差是正态分布的，那么排序后的标准化残差散点图应该近似一条截距为 0、斜率为 1 的直线，这样的回归模型基本可以判定符合正态分布假定。在实际分析中，可以通过画出标准化残差的标准 P-P 图来进行判断。如图 9－3 所示，很明显该回归模型不符合误差项正态分布的假定，此时需要查看原始数据中是否存在明显的离群值。

```
. regress weight age height
. predict e,rstandard
. pnorm e
```

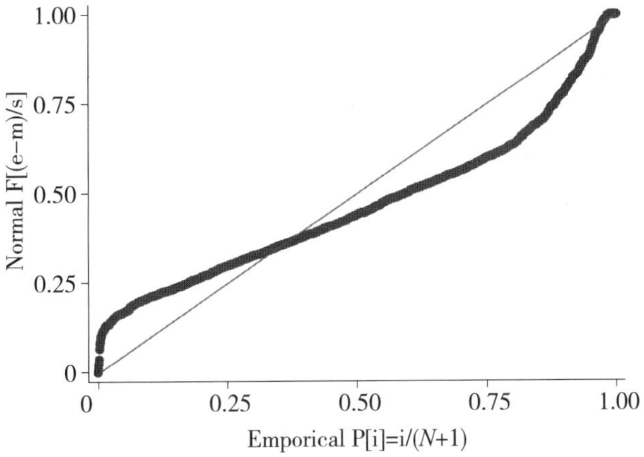

图 9－3 标准化残差的标准 P-P 图

9.4.3 误差项同方差假定检验

在线性回归模型分析中，有同方差假定—— $\mathrm{Var}(\varepsilon|x_1\cdots x_n)=\sigma^2$，即以自变量为条件的误差项的方差应该是常数。如果误差项随着自变量的变化而变化，那么说明回归模型不再符合同方差假定，而是出现了异方差。

异方差主要来源于以下几个方面，比如回归模型中忽略了某些重要的自变量而导致随机误差项出现系统扰动、模型的函数形式设定有误、样本数据存在测量误差、随机因素影响等。异方差问题在截面数据分析中尤其常见，一旦回归模型中出现异方差，如果采用最小二乘法进行估计，就将产生不良后果。不良后果主要包括：(1) 参数估计量虽然仍是无偏估计，但是由于其方差被高估或低估而失去有效性。

(2) 回归系数的显著性检验失去意义，原因在于参数估计量的方差在没有同方差假定的情况下是有偏的，由于回归系数标准误直接以这些方差为基础，因此在出现异方差时，t 统计量和 F 统计量的分布因受到严重影响而失去检验的意义。(3) 模型的预测功能不再有效。由于参数估计量不是有效的，因此点估计也不再有效。另外，由于存在异方差，在预测区间中包含的随机误差的方差是有偏的，所以预测是无效的。一般来说，截面数据较容易出现异方差问题。

那么，如何检验回归模型中是否存在异方差呢？首先，可以借助标准化残差和标准化拟合值的散点图，通过散点图的分布是否存在规律初步判断回归模型是否存在异方差。具体操作如下：

```
. regress weight height age girl urban
. rvfplot
```

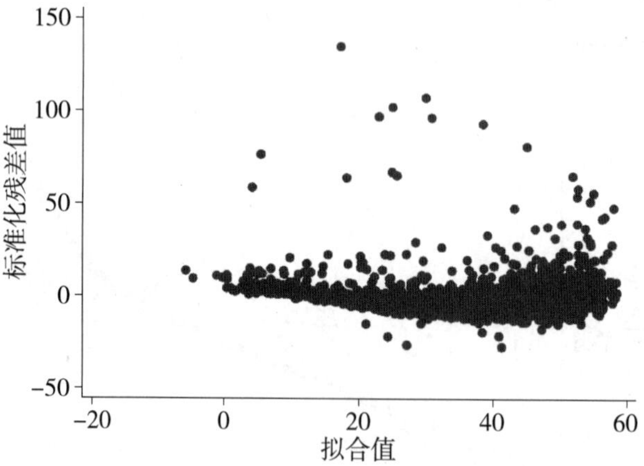

图 9-4 标准化残差和拟合值的散点图

从图 9-4 可以看出，随着拟合值的增加，标准化残差的分布有明显的减少趋势，说明该回归模型中可能存在异方差，需要做进一步的判断分析和处理。

另外，还可以通过两种量化统计检验方法对回归模型是否存在异方差做出判断。一种方法是布罗施-帕甘异方差检验（Breusch-Pagan test for heteroscedasticity，简称为 BP 检验）。BP 检验的原理是在进行 OLS 回归之后，将所有残差的平方作为因变量建立关于所有自变量的回归模型，通过该回归模型的判定系数 R^2，建立 F 统计量进行 F 检验，并以此做出判断。BP 检验的原假定是模型不存在异方差。如果 F 检验得到的 P 值小于 0.05，则应该拒绝原假定，说明回归模型存在异方差的情况，需要采取某些修正措施；反之，则说明模型不存在异方差的情况。另一种方法是怀特异方差检验（White test for heteroscedasticity）。怀特提出在 BP 检验的回归模型基础上加入所有自变量的平方项和自变量之间的交互项。这里需要注意的是，如果在回归模型中遗漏掉一个或者多个自变量的二次项，则对回归模型异方差的检验通常导致拒绝原假定，即判定该模型存在异方差，因此对回归模型函数形式的确定是十分重要的。BP 检验和怀特异方差检验的具体步骤如下：

```
. regress weight height age girl urban
. estat hettest,rhs
    Breusch-Pagan/Cook-Weisberg test for heteroskedasticity
    Ho:Constant variance
    Variables:height age girl urban
      chi2(4) = 33.48
      Prob>chi2 = 0.000 0
. estat imtest,white
    White's test for Ho:homoskedasticity
    against Ha:unrestricted heteroskedasticity
      chi2(12) = 31.58
      Prob>chi2 = 0.0016
```

以上 BP 检验和怀特异方差检验的 P 值均小于 0.05，拒绝原假定，说明该回归模型存在显著的异方差情况，需要做进一步处理。

如果发现回归模型中存在异方差，那么如何解决该问题呢？主要的解决方法之一是进行稳健回归。稳健回归通过对回归系数的方差进行调整，得到一种异方差-稳健的标准误。稳健的标准误比通常的 OLS 标准误适用范围更广，通常使用由怀特提出的异方差-稳健的标准误（heteroskedasticity-robust standard error）。怀特通过将因变量 y 对自变量 x 做回归所得到的 OLS 残差引入待估参数的方差公式对回归参数的标准误进行了调整。

在 Stata 操作中，如果经过检验证实回归模型中存在异方差，那么可以在回归分析的命令后的选择项中加入“robust”获得回归的稳健的标准误，然后对回归结果进行解读。

```
. regress weight height age girl urban

      Source |       SS          df        MS          Number of obs   =     1,883
-------------+----------------------------------       F(4,1 878)      =    886.73
       Model |  411 498.075       4   102 874.519      Prob > F        =   0.000 0
    Residual |  217 876.345   1 878   116.015 093      R-squared       =   0.653 8
-------------+----------------------------------       Adj R-squared   =   0.653 1
       Total |   629 374.42   1 882   334.417 864      Root MSE        =    10.771

------------------------------------------------------------------------------------
      weight | Coefficient   Std. err.       t    P>|t|     [95% conf.   interval]
-------------+----------------------------------------------------------------------
      height |  .184 630 8    .017 623    10.48   0.000      .150 068   .219 193 6
         age |   1.859 753    .110 906    16.77   0.000     1.642 241    2.077 265
        girl | -1.251 449   .499 183 4    -2.51   0.012    -2.230 462  -.272 436 8
       urban |   1.265 775  .549 995 8     2.30   0.021    .187 108 3    2.344 442
       _cons | -7.713 988    1.499 163    -5.15   0.000    -10.654 19   -4.773 787
------------------------------------------------------------------------------------
```

稳健的标准误回归：

```
. regress weight height age girl urban,robust

Linear regression                                      Number of obs  =    1,883
```

```
                                                F(4,1 878)  = 1063.87
                                                Prob > F    = 0.000 0
                                                R-squared   = 0.653 8
                                                Root MSE    =  10.771
```

weight	Coefficient	Robust std. err.	t	P>|t|	[95 % conf.	interval]
height	.184 630 8	.036 520 9	5.06	0.000	.113 004 9	.256 256 7
age	1.859753	.218 192 3	8.52	0.000	1.431 828	2.287 678
girl	−1.251 449	.522 103 2	−2.40	0.017	−2.275 413	−.227 485 8
urban	1.265 775	.517 262 1	2.45	0.014	.251 306 5	2.280 244
_cons	−7.713 988	2.878 036	−2.68	0.007	−13.358 47	−2.069 503

从稳健的标准误回归结果可以看出，对比上面的回归分析结果，其缺少了方差分析部分，标准误、t 值、P 值及其 95%的置信区间都有变化。总体上来看，稳健的标准误的值有所增加，因此各自变量对应的 t 值有所下降，对应的 P 值显著性变化不大。

9.4.4 多重共线性检验

（1）多重共线性的概念。

在多元线性回归分析中，要求自变量 x_1、x_2……x_k 之间线性无关，才能求出方程中各个参数的唯一解。当回归方程中任意两个自变量 x 完全线性相关时，方程就会有许多解，从而无法应用最小二乘法求出待估系数 β_i 的唯一解。多重共线性是指回归方程中的一个自变量可以代表其他自变量的程度。

多重共线性问题的存在说明回归方程中自变量之间的线性相关性很强（相关系数在 0.8 以上），因此自变量之间的线性相关系数很高。多重共线性分为完全共线和不完全共线两种，其主要引起的问题包括：一是参数估计值不稳定；二是参数估计值的方差无限增大，导致虽然参数估计是无偏估计，但是参数估计的方差随共线性程度的增强而增大，从而导致 t 检验失效，因此回归系数的显著性不再有效。换句话说，如果自变量之间线性相关性太大，那么回归分析过程可能会导致本来统计显著的自变量变得不显著，从而将重要的解释因素排除在外。当回归方程中出现严重的多重共线性时，参数估计的符号有可能与其预期的方向相反，使分析结果难以解释，从而得出错误的分析结论。

（2）多重共线性的识别方法。

多重共线性一般可以通过检验容忍度（tolerance）和方差膨胀因子（variance inflation factor，VIF）进行判断。容忍度是指一个自变量的变化不能为其他自变量所解释的比例，其值越接近于 1，表示该自变量区别于其他自变量的独特信息量占比越大，其值接近于 0 表示这个自变量的信息可能是冗余的，即其变异中的大部分信息与其他自变量是重合的。容忍度以 0.1 为界。如果一个自变量的容忍度小于

0.1，那么表示该自变量与其他自变量之间线性高度相关，容易产生多重共线性问题。容忍度的倒数是方差膨胀因子。方差膨胀因子以 10 为界，该值大于 10 越多，表示多重共线性越严重。

```
. reg weight age height
. vif

    Variable |       VIF       1/VIF
-------------+----------------------
         age |      4.95    0.201 894
      height |      4.95    0.201 894
-------------+----------------------
    Mean VIF |      4.95
```

从上面的方差膨胀因子的数值来看，age 与 height 之间虽然有相关性，但不存在严重的共线性。

如果在回归方程中存在多重共线性问题，那么首先，可以通过计算简单相关系数矩阵来检查和确认哪几个自变量之间存在较高的线性相关性。在一般情况下，如果变量的相关系数在 0.8 以上，就可以初步判定两个变量之间线性相关。

其次，可以通过逐步回归进行判断。逐步回归是指在回归模型中逐步引入自变量，进行回归估计，根据拟合优度的变化决定新引入的自变量是否可以用其他变量的线性组合来代替，而不作为独立的自变量。如果回归模型中新引入的自变量使得拟合优度变化显著，则说明该自变量是一个独立的自变量；如果拟合优度变化并不显著，则说明新引入的自变量对回归模型贡献并不大，并可能与其他自变量之间存在共线性。

```
. sw reg weight height age girl urban yrsch,pr(0.05)
                      begin with full model
p = 0.101 8>= 0.050 0  removing urban

      Source |       SS           df       MS          Number of obs   =     1,441
-------------+----------------------------------       F(4,1 436)      =    427.68
       Model |  202 999.052         4  50 749.763      Prob > F        =    0.000 0
    Residual |  170 401.237     1,436  118.663 814     R-squared       =    0.543 6
-------------+----------------------------------       Adj R-squared   =    0.542 4
       Total |  373 400.289     1,440  259.305 756     Root MSE        =    10.893

------------------------------------------------------------------------------
      weight |      Coef.    Std. Err.      t    P>|t|     [95% Conf. Interval]
-------------+----------------------------------------------------------------
      height |   .243 107 5   .020 455 9   11.88   0.000    .202 980 8   .283 234 2
         age |   1.815 825    .193 643 6    9.38   0.000    1.435 97     2.195 68
        girl |  -1.407 231    .579 139 8   -2.43   0.015   -2.543 281    -.271 18
       yrsch |   .217 189 1   .107 643 2    2.02   0.044    .006 034 3   .428 344
       _cons |  -19.633 33    2.134 95     -9.20   0.000   -23.821 29   -15.445 38
------------------------------------------------------------------------------
```

上述逐步回归将变量 urban 排除在模型之外。模型的判定系数 $R^2=0.543\ 6$，与不包括 urban 的回归模型得到的判定系数 R^2 完全一致，这说明模型中加入 urban 这个自变量并没有显著改善模型的拟合优度，没有提高对因变量的解释能力。

（3）多重共线性的解决方法。

解决多重共线性的主要思路是发现并排除引起多重共线性的自变量。首先，可以通过逐步回归，排查引起共线性的自变量，将其排除在回归方程之外，从而降低多重共线性问题的发生概率。

其次，可以通过增加样本量的方法克服多重共线性带来的不利结果。增加样本量可以减小参数估计量的方差，能在一定程度上减轻多重共线性的影响，提高估计精度。

最后，可以考虑将存在线性高度相关的自变量通过因子分析进行降维后再放入回归方程以解决变量之间高度相关的问题，降低多重共线性出现的概率。

9.5 回归分析中的交互作用

在一般的线性回归分析中，可以分析单个自变量 x 对因变量 y 的作用。例如，要研究学生体重的影响因素，可以建立以下回归方程：

$$weight=\beta_0+\beta_1 height+\beta_2 age+\beta_3 girl+\beta_4 urban+\varepsilon$$

其中，weight 是因变量，代表体重。自变量分别是身高（height）、年龄（age）、性别（girl）和城乡居住地（urban）。通过 Chapter9. dta 数据，可以对 β_0～β_4 进行估计，其中 β_1～β_4 叫作偏回归系数，分别表示身高、年龄、性别和城乡居住地四个不同的自变量对体重的净影响，这意味着每个自变量对因变量的作用不受其他自变量取值的影响，即只存在主效应。然而在现实社会生活中，某个自变量对因变量的影响可能依赖于其他自变量的取值，即存在条件效应。例如，年龄对体重的影响可能会因为性别的差异而有所不同。因此，上述关于学生体重的研究显然不能回答如下问题：

（1）男孩与女孩体重的差异是否因居住于城市或农村而不同？

（2）男孩身高对体重的影响是否要大于女孩身高对体重的影响？

以上问题很明显的特点是要分析某个自变量对因变量的影响是否受到第二个自变量的影响即交互作用，为了回答以上两个问题，需要在上述回归模型中加入交互项（interaction term）。

9.5.1 交互作用分析

交互作用是指在回归分析中，一个自变量对因变量的影响会因另外一个自变量的取值变化而不同，即在一个回归模型中存在主效应和交互效应。在实际操作过程中，交互项主要通过将参与交互作用的自变量进行相乘，然后加入回归模型中对其进行回归拟合，从而估计出主效应的参数估计量和交互效应的参数估计量。我们以包含两个自变量的回归模型为例，通过数学推导帮助大家理解交互效应的本质。

$$y=\beta_0+\beta_1 x_1+\beta_2 x_2+\varepsilon \tag{9-2}$$

通过建立 x_1 和 x_2 的乘积项构造两个自变量的交互项 x_1x_2，然后加入上述回归模型得到：

$$y=\beta_0+\beta_1 x_1+\beta_2 x_2+\beta_3 x_1 x_2+\varepsilon \tag{9-3}$$

对于回归方程 9－2，为了分析自变量 x_1 对 y 的影响，对 x_1 求偏导数，得到：

$$\frac{\partial y}{\partial x_1}=\beta_1$$

自变量 x_1 对因变量 y 的影响是固定值 β_1。接着，对方程 9－3 中的 x_1 求偏导数，根据偏导数的性质，得到：

$$\frac{\partial y}{\partial x_1}=\beta_1+\beta_3 x_2$$

可以明显看出，自变量 x_1 对因变量 y 的影响除了固定值 β_1 之外，还和参与构造交互项的自变量 x_2 有关系。如果我们对另一个自变量 x_2 求偏导数，那么同样可以得出 x_2 对因变量 y 的影响依赖于 x_1 取值的变化。

9.5.2　交互分析案例

交互分析是通过合理设置交互项进行估计拟合而实现的。自变量有不同的类型，比如连续变量和分类变量等，本节仅以连续变量和虚拟变量（dummy variable）分别构造的交互项为例，说明交互项在回归分析中的设置和结果解读。

（1）两个虚拟变量的交互分析。

在统计学中，用取值为 0 和 1 的变量代表不同类别的属性，这样的变量叫作虚拟变量，也叫作哑变量。0 和 1 在此没有实际意义，仅用来分类。比如性别这个变量分为男性和女性两类，用 0 代表男性，1 代表女性，那么性别就叫作虚拟变量。假如要研究学生体重的影响因素：

$$weight=\beta_0+\beta_1 age+\beta_2 girl+\beta_3 urban+\varepsilon$$

在上述回归方程中，性别 girl（男生＝0，女生＝1）和城乡居住地 urban（农村＝0，城市＝1）均是虚拟变量。将性别 girl 和城乡居住地 urban 相乘建立两者的交互项 girl * urban 后加入回归方程，得到：

$$weight=\beta_0+\beta_1 age+\beta_2 girl+\beta_3 urban+\beta_4 girl*urban+\varepsilon$$

当运用样本数据进行回归拟合之后，得到如下拟合方程：

$$weight=6.70+2.89age-1.55girl+1.72urban-0.81girl*urban \quad (9-4)$$

在上述拟合方程中，年龄 age 的系数是 2.89，表示在控制了其他因素的情况下，年龄每增长 1 岁，体重平均增长 2.89kg；性别 girl 的回归系数为－1.55，表示女孩的体重平均比男孩的体重轻 1.55kg；城乡居住地 urban 的回归系数为 1.72，表示城市孩子比农村孩子的体重平均重 1.72kg。对于交互项的系数为－0.81，又该如何解释呢？为了更加详细深入地进行解读，可以将性别和城乡居住地两个虚拟变量的编码拆开（见表 9－3）。

表 9－3　性别和城乡两个虚拟变量构造交互项的编码

具体含义	girl	urban	girl * urban
农村男孩	0	0	0
城市男孩	0	1	0

续表

具体含义	girl	urban	girl * urban
农村女孩	1	0	0
城市女孩	1	1	1

由表 9-3 可知，由性别 girl 和城乡居住地 urban 两个虚拟变量所创造的交互项 girl * urban 也是虚拟变量，只不过该虚拟变量的 0 实际上代表的是三个不同的群体：农村男孩、城市男孩以及农村女孩。该虚拟变量的 1 代表一个群体，即城市女孩。因此，交互项 girl * urban 的回归系数−1.32 可以被解释为，与农村男孩、城市男孩和农村女孩三个群体相比，城市女孩的体重平均轻 1.32kg。虽然这样的解释无可厚非，但是我们无法得知参照组的三个群体（即农村男孩、城市男孩和农村女孩）的内部差异，因此有必要把四组各自的代码代入拟合方程 9-4 中进行比较分析，具体结果如下：

农村男孩（girl=0，urban=0，girl * urban=0）

weight=6.70+2.89age

城市男孩（girl=0，urban=1，girl * urban=0）

weight=6.70+2.89age+1.72=8.42+2.89age

农村女孩（girl=1，urban=0，girl * urban=0）

weight=6.70+2.89age−1.55=5.15+2.89age

城市女孩（girl=1，urban=1，girl * urban=1）

weight=6.70+2.89age−1.55+1.72−0.81=6.06+2.89age

以上四个方程之间的主要差异在于截距的变化，年龄的斜率没有发生变化。因此，通过性别 girl 和城乡居住地 urban 两个虚拟变量创造的交互项回归分析结果可以得出，同样在农村地区，同龄男孩的体重也比同龄女孩的体重平均重 1.55kg；同理，同样在城市地区，同龄男孩的体重比同龄女孩的体重平均重 1.96kg。这也回答了本节开头提出的第一个问题，即：男孩与女孩体重的差异是否因居住于城市或农村而不同？

（2）一个连续变量和一个虚拟变量的交互分析。

同样对学生体重问题进行分析，讨论对由一个连续对变量和一个虚拟变量所创造的交互项的解读。首先，建立如下回归模型：

$$weight=\beta_0+\beta_1 height+\beta_2 girl+\beta_3 urban+\varepsilon$$

为了避免多重共线性，先将身高 height 减去身高的均值得到新的变量 c_height，然后在构造身高 c_height 和性别 girl 的交互项后加入上述回归方程中，得到：

$$weight=\beta_0+\beta_1 c\_height+\beta_2 girl+\beta_3 urban+\beta_4 c\_height * girl+\varepsilon$$

运用数据进行估计，得到以下拟合方程：

weight=34.52+0.46c_height−0.67girl+1.32urban−0.03c_height * girl

然后，将性别 girl 和城乡居住地 urban 两个虚拟变量的代码代入上述拟合方程中，分别得到：

农村男孩（girl=0，urban=0，c_height * girl=0）

weight=34.52+0.46c_height

城市男孩（girl=0，urban=1，c_height * girl=0）

weight=34.52+0.46c_height+1.32=35.84+0.46c_height

农村女孩（girl=1，urban=0，c_height * girl=c_height）

weight =34.52+0.46c_height−0.67−0.03c_height

=33.85+0.43c_height

城市女孩（girl=1，urban=1，c_height * girl=c_height）

weight =34.52+0.46c_height−0.67+1.32−0.03c_height

=35.17+0.43c_height

从以上四个方程结果来看，在回归模型中，一个连续变量身高 height 和一个虚拟变量性别 girl 的交互项的加入改变了该方程中连续变量身高 height 的斜率。交互项的回归系数为−0.03，说明女孩身高增长一个单位带来的体重增加的幅度比男孩体重增加的幅度平均低 0.03。这也回答了本节开头提出的第二个问题，即：男孩身高对体重的影响是否要大于女孩身高对体重的影响？

在回归分析中进行交互作用分析，在一般情况下，只有当单个自变量对因变量的作用显著的时候才会进一步分析这些自变量所构造的交互项对因变量的作用是否也显著。研究者也经常会发现，在加入新的交互项之后，模型中原有的参与构造交互项的自变量对因变量的作用可能会由显著变得不再显著。为了使回归模型对交互项的估计保持一致，这时仍需要将参与构造交互项的各自变量以及交互项本身都放入模型中进行估计。另外，由于交互项涉及变量之间的相乘，有很大可能会导致交互项与参与构造交互项的自变量之间存在多重共线性，尤其对于连续型自变量，可以选择对自变量进行“对中”即减去该自变量的均值，然后再将“对中”化的变量及其构造的交互项代入回归模型进行回归拟合，这样基本会消除变量的多重共线性。

本章要点

```
.correlate x1 x2 x3 x4 y
```

描述变量 x1、x2、x3、x4、y 的相关关系，仅使用所有变量均不缺失的观察值。

```
.pwcorr x1 x2 x3 x4 y,sig
```

描述上述变量的相关关系，使用两两配对的不缺失样本，显示每对关系的显著性水平。

```
.pcorr x1 x2 x3 x4 y
```

描述上述变量的条件 Pearson 相关关系（即 x1 与 y 的相关关系是在控制了 x2、x3、x4 基础之上的，其余类推），使用所有变量均不缺失的观察值。

```
. regress y x1
```

进行一元线性回归分析，将 y 回归于 x1。

```
. regress y x1 x2 x3 x4
```

进行多元线性回归分析，将 y 回归于 x1、x2、x3、x4。

```
. regress y x1 x2 x3 x4,robust
```

进行多元线性回归分析，提供稳健的标准误。

```
. regress y x1 x2 x3 x4,beta
```

进行多元线性回归分析，提供标准系数。

```
. sw regress y x1 x2 x3 x4,pr(.05)
```

使用反推法进行逐步回归，直到所有其余自变量都在 0.05 的水平上显著。所有列出的自变量都进入第一个迭代回合。其后，每个回合去掉一个 P 值最大的自变量，直到所有自变量的 P 值都等于或低于 0.05。其他选项允许使用前进法和登记筛选法。

```
. predict yhat
```

利用前面（最近的）模型中 y 的预测值，生成新变量（yhat），二者的取值相等。

```
. predict e,resid
```

利用前面（最近的）模型中残差的预测值，生成新变量（e），二者的取值相等。

```
. graph twoway scatter e yhat
```

使用 e 和 yhat，绘制残差和模型预测的 y 值的图形。

基本概念

相关关系、散点图、相关系数、自变量、因变量、回归模型、回归方程、回归直线、最小二乘法、F 检验、t 检验、判定系数、系数、残差、逐步回归、多重共线性、交互项

复习思考题

本章使用的数据为 ch9_Child.dta。在使用数据前，请将样本限定为 height、

weight、age、girl、sibs 和 goods1 均不缺失的样本。

1. 提供一张 weight 和 height 的散点图，并添加一条回归线、横轴和纵轴的均值参考线。

2. 对 weight 和 height 进行相关分析，并参考散点图提供的信息，回答以下问题：

(1) 两个自变量之间是否存在线性关系？

(2) 二者关系的性质如何（正相关还是负相关）？

(3) 根据散点图及图中的回归线，判断截距和斜率的大致取值。

(4) 相关系数的数值是多少？

3. 将 weight 回归于 height（即使用样本的身高预测样本的体重），并回答以下问题：

(1) 变量 weight 变异的多大比例可以为变量 height 所解释？

(2) 如果样本的身高是 150cm，那么 weight 的估计值是多少？

(3) 若 weight 的估计值是 40，height 的观察值是 140，则残差是多少？

(4) 该模型是否显著？依据是什么？

(5) 自变量对因变量的影响是否显著？依据是什么？

4. 在对变量 weight、height、age、girl、sibs、goods1 进行相关分析后，回答以下问题：

(1) 变量 weight 与 height 之间的相关关系是否有变化？为什么会产生变化？

(2) 变量 weight 变异的多大比例可以为变量 height 所解释（在不考虑其他因素的情况下）？

(3) 就与变量 weight 的关系而言，变量 age 是否比其他所有变量都具有更强的预测能力？

5. 将变量 weight 回归于变量 height 和 age：

(1) 变量 age 对因变量的影响是否显著？

(2) 与第 3 题相比，在增加变量 age 后，height 对因变量的影响程度是增强了还是减弱了？

(3) 在增加变量 age 后，模型的适应性是否比第 3 题的模型更好？判断的依据是什么？

6. 将变量 weight 回归于变量 height、age、girl、sibs、goods1，并回答以下问题：

(1) 变量 girl 与因变量之间存在什么关系（关系的程度和性质）？

(2) 变量 sibs 与因变量之间存在什么关系（关系的程度和性质）？

(3) 变量 goods1 与因变量之间存在什么关系（关系的程度和性质）？

(4) 当这些变量增加后，height 和 age 对因变量的影响程度是增强了还是减弱了？

7. 由于每个变量的单位不同，因此我们难以直接判断哪一个变量对因变量的影响更大。但是，我们可以通过对参数估计值的标准化而达到该目的。重复第 6 题的回归模型，得出标准化的参数估计；并根据分析结果，解释每个自变量对因变量的相对重要性。

8. 根据第 4 题的分析结果回答：是否有些自变量之间高度相关（即具有多重共线性）？你是如何判断的？若从模型中除去一个具有多重共线性的变量，分析结果是否会有所不同？若有必要删除某个变量，你认为应该删除哪一个？若你认为没有必要删除某个变量，请说明理由。

推荐阅读书目

1. 伍德里奇．计量经济学导论：现代观点．北京：中国人民大学出版社，2018.
2. 孙凤．社会统计学．北京：中国人民大学出版社，2021.
3. 谢宇．回归分析．北京：社会科学文献出版社，2010.
4. StataCorp. Stata：user's guide. TX：Stata Press，2021.

第十章

logistic 回归

线性回归分析中因变量一般为数值型连续变量，而在社会科学研究中经常碰到因变量不是连续变量的情况。比如，是否生育、婚姻状况、是否入学、就业状况（在业或者失业）等，因变量还可能有不同的分类而且各分类内部存在一定的序次，比如在询问人们的生活幸福感时的回答“很不幸福”“不幸福”“幸福”和“很幸福”。有的时候，研究者可能因为研究需要会将数值型连续变量转换为分类变量，比如将人民的收入按照一定标准划分为低收入、中等收入和高收入。这些分类变量在社会科学研究中经常被碰到而且占很大比例。针对因变量是分类变量的回归分析，直接进行线性回归估计是不合适的。

近几十年来，针对分类数据分析的统计方法和技术得到了迅速发展。分类变量一般有二分类、多分类和序次分类变量等，针对不同类型的分类变量有不同的回归分析方法。本章重点内容是介绍处理因变量是分类变量的回归分析方法，这些方法与前一章介绍的线性回归分析方法有很大不同。本章使用的数据是 Chapter10. dta 和 cgss2017. dta。

10.1 二分类因变量回归模型

分类变量是指用有限个取值或类别进行测量的变量，一般包括二分类变量和多分类变量。本节介绍最简单的因变量为二分类变量的回归模型，为后面的多分类因变量回归模型奠定基础。

10.1.1 从线性回归到 logit 转换

在社会科学研究中，有很多变量是以二分类变量的形式进行测量的。比如一个人的迁移状况（发生迁移或未发生迁移）、一个学生的在学状态（在学或辍学）等。二分类因变量以 1 和 0 为取值，一般用“1”代表二分类变量类别中某事件发生的状态，用“0”代表某事件未发生的状态。对于二分类变量，研究者的目标是以一组自变量为条件估计某事件发生的概率。比如，估计某人发生迁移的概率或者辍学的概率。

个体只能在因变量的两种分类状态中选择其中一种，通常以 p 表示事件发生的概率，以 $1-p$ 表示事件未发生的概率，并把 P 看作自变量 x 的线性函数。以在学或不在学二分类因变量 y 为例（在学＝1，不在学＝0），建立线性概率模型：

$$p_i=\beta_0+\beta_i x_i+\varepsilon$$

因变量 p_i 的取值是 0 和 1，如果将以上回归模型利用最小二乘法进行估计，就会产生以下几个问题：

（1）上述线性概率模型隐含的假定是在学的概率与自变量是线性函数，因变量的取值范围是［0，1］，但是在该模型中，等式右边可能超过这个限制，因此模型的结果是无意义的。

（2）普通最小二乘法有同方差假定，但是在前述模型中，因变量服从二项分布，其方差是 $p(1-p)$，很明显方差并不是恒定的。

（3）最小二乘法假定误差项服从正态分布，但是在线性概率模型中，由于因变量 y 只有 0 和 1 两个取值，而残差的计算是用观测值减去拟合值，因此残差显然不是正态分布的。

由此来看，如果因变量是二分类变量，那么简单套用最小二乘估计进行回归拟合会产生较大的偏误。有鉴于此，logit 模型被广泛应用于社会科学和生物科学研究中，尤其被用来评估自变量对某些事件发生的相对风险的影响。logit 转换的思路是这样的：

首先，$P(y=1)=p$ 表示事件发生的概率，$P(y=0)=1-p$ 表示事件未发生的概率，两者之比被称作发生比，记作 odds：

$$\text{odds}=\frac{P(y=1)}{P(y=0)}=\frac{p}{1-p}$$

对发生比取对数，得到对数发生比，即：

$$\text{logit}(P)=\ln\left(\frac{p}{1-p}\right)$$

通过对发生比 odds 取对数，保证了 $\ln\left(\frac{p}{1-p}\right)$ 的取值范围始终在［$-\infty$，$+\infty$］之间。logit(P) 被称为“P 的逻辑斯蒂概率单位”，可以作为因变量与自变量进行回归分析，并建立如下回归方程：

$$\ln\left(\frac{p}{1-p}\right)=\beta_0+\beta_1 x_1+\beta_2 x_2+\cdots+\beta_n x_n+\varepsilon$$

也可以写为：

$$\text{odds}=\frac{p}{1-p}=e^{\beta_0+\beta_1 x_1+\beta_2 x_2+\cdots+\beta_n x_n+\varepsilon}$$

对上述回归方程进行求解，就可以得到参数 β_i 的估计值，不过这里的估计方法仍然有别于普通最小二乘法，这在后面部分会详细讲解。

除了发生比 odds，还有一个与 odds 的关联比较大的概念即发生比之比（odds

ratio），也叫作比值比或优势比。发生比是一个事件中其中一个结果的概率与另一个结果的概率之比，这个概念可以拓展至描述某一群体相对于另一群体发生某事件的发生比之比，即 odds ratio（OR）。假如因变量是在学状态（在学＝1，不在学＝0），自变量是性别（包括男孩和女孩），其各自在学的概率分别是 p_1 和 p_2，那么 $\text{logit}(p_1)=\beta_0+\alpha$，$\text{logit}(p_2)=\beta_0$（$\beta_0$ 和 α 在这里是参数，α 既是自变量性别的回归系数，也是男孩群体与女孩群体在学状态上的差异）。因此，OR 是男孩群体相对于女孩群体在学的发生比之比：

$$\text{OR}=\frac{p_1/(1-p_1)}{p_2/(1-p_2)}=\frac{\exp(\beta_0+\alpha)}{\exp(\beta_0)}=\frac{\exp(\beta_0)\exp(\alpha)}{\exp(\beta_0)}=\exp(\alpha)$$

相对于发生比 odds，发生比之比 OR 与回归模型的结果更加贴近，因此通常将 OR 作为对 logistic 回归模型的系数的解释，其更加易懂。

10.1.2 logistic 回归模型的估计方法

二分类因变量回归模型采用最大似然估计法对回归参数进行估计。最大似然估计法是利用总体分布密度或概率分布的表达式及其样本所提供信息建立起求未知参数估计量的方法。我们从最简单的模型开始。假如只有一个自变量 x，建立 logistic 回归方程 $\text{logit}(P)=\beta_0+\beta_1x_1$，最大似然估计的基本思路如下。首先，建立最大似然函数：

$$L=\prod_{i=1}^{\pi}p(x_i;b)=\prod_{i}^{\pi}\frac{e^{\beta_0+\beta_1x_1}}{1+e^{\beta_0+\beta_1x_1}}$$

根据概率论的知识，事件的概率乘积是事件同时发生的概率。在一般情况下，研究者使用随机样本进行参数估计，因此上述似然函数 $\prod_{i=1}^{\pi}p(x_i;b)$ 是指样本中所有观测数据同时发生的概率，也就是抽到该样本的概率。建立最大似然函数的目的是计算当待估参数 β_0 和 β_1 分别取何值时，该样本正好被抽中的概率为最大，也就是该最大似然函数取得最大值。

为了使得该似然函数取得最大值，先对其取对数，然后分别对 β_0 和 β_1 求偏导数，令其均等于 0，求得 β_0 和 β_1 的估计值。最大似然估计法是一种迭代算法，以一个预测估计值为参数的初始值，通过算法不断对参数的方向和取值进行变动，直到从一次迭代到下一次迭代所得估计值的差可以被忽略不计为止。由于计算过程较为复杂，在此不再赘述。

10.1.3 logistic 回归模型的统计检验

与线性回归模型类似，logistic 回归模型的检验分为模型的整体拟合优度检验和回归系数检验，不过检验使用的方法与线性回归模型的方法差异较大。

(1) 模型的整体拟合优度检验。

● 对数似然值。

似然值是一种概率，表示的是假设拟合模型为真实的情形下能够观察到这一特定样本的概率，其取值范围为 0～1，对数似然值是它的对数形式。在评价模型拟合情况的时候，通常以对比的形式进行，即先定义一个零模型（null model）——除了截距项（β_0）之外的所有参数限定为 0，由此得到的似然值为 L_0。接下来，将包含自变量的 logistic 回归模型所得到的似然值 L_1 与零模型的似然值 L_0 进行比较，判断在加入自变量后新的回归模型拟合水平是否有显著差异。在通常情况下，先将两个似然值 L_0 和 L_1 分别取对数，然后定义一个对数似然比的统计量：

$$G_2=-2\log_e(L_0/L_1)=-2(\log_e L_0-\log_e L_1)$$

该统计量近似地服从卡方分布。在进行拟合优度检验时，使用第二个模型的对数似然值减去第一个模型的对数似然值，得到检验统计量的值之后，与卡方分布的临界值进行比较。如果检验值大于临界值，则认为 L_1 的模型适应性更好。

● Pseudo-R^2 伪判定系数。

麦克法登提出了 logistic 回归模型的伪判定系数的计算公式：

$$R_2=\frac{\log_e L_0-\log_e L_1}{\log_e L_0}$$

虽然伪判定系数不完全等同于线性回归分析中的判定系数，但是能大致提供回归模型中自变量对因变量变异的解释能力。

(2) 回归系数检验。

当模型整体检验通过之后，需要对每个自变量的统计显著性进行检验。可以使用 wald 检验统计量，其计算公式为：

$$\text{wald}=\left(\frac{b}{s_b}\right)^2$$

其中，b 为某个自变量的回归系数，s_b 为该自变量的标准误。wald 检验的原假定是 $H_0:b=0$，即自变量的系数在总体中显著为 0。wald 统计量服从卡方分布，通过检验统计量的值与临界值的比较，做出拒绝还是接受原假定的判断。如果拒绝原假定，则说明该自变量的回归系数在总体中也是统计显著的。

10.1.4 模型的应用及结果的解释

在 Stata 里有两个命令可以进行二分类 logistic 回归分析——logit 和 logistic，两者的主要区别在于命令后面的选择项，所以它们输出的结果有所差异。前者提供回归系数，后者提供发生比之比。其具体命令如下：

```
logit y x1 x2
  ①     ②
```

①：二分类 logistic 回归的基本命令，输出回归系数。

②：参与回归分析的变量。y 为因变量，放在前面；x 为自变量，置于后面。

```
logistic y x1 x2
   ①      ②
```

①：二分类 logistic 回归的基本命令，输出发生比之比。
②：参与回归分析的变量。y 为因变量，放在前面；x 为自变量，置于后面。

```
. use "E:\stata\Chapter 10.dta",clear
. logit enroll age girl i.sibs urban if age>12
Iteration 0:log likelihood = -361.070 32
Iteration 1:log likelihood = -301.956 26
Iteration 2:log likelihood = -294.814 17
Iteration 3:log likelihood = -294.745 61
Iteration 4:log likelihood = -294.745 57
Iteration 5:log likelihood = -294.745 57

Logistic regression                              Number of obs  =      789
                                                 LR chi2(5)     =   132.65
                                                 Prob > chi2    =  0.000 0
Log likelihood = -294.745 57                     Pseudo R2      =  0.183 7
```

enroll	Coefficient	Std. err.	z	P>|z|	[95 % conf.	interval]
age	-.820 912 6	.091 092 1	-9.01	0.000	-.999 449 9	-.642 375 3
girl	.188 587 4	.217 232 4	0.87	0.385	-.237 180 3	.614 355 1
sibs						
1	-.111 244 6	.236 219 4	-0.47	0.638	-.574 226 1	.351 736 9
2	-.575 297	.413 463 8	-1.39	0.164	-1.385 671	.235 077 2
urban	1.426 961	.276 939 3	5.15	0.000	.884 169 6	1.969 752
_cons	13.850 52	1.444 026	9.59	0.000	11.020 29	16.680 76

上述结果主要包括三个部分，最上面的是最大似然估计迭代（interation）的过程，每一次迭代都会产生一个 log likelihood 值即对数似然值，一直迭代至该值绝对值最小且稳定后求得回归系数的估计值为止。中间靠右的部分为模型的拟合优度指标。LR chi2(5)为卡方检验统计量，是回归模型无效假设所对应的似然比检验量，其中(5)为自由度。Prob>chi2=0.000 0 是模型无效假设对应的 P 值。由于 P 值显著小于 0.05，因此拒绝原假定，说明模型是显著的。Pseudo R^2 是伪判定系数，其值等于 0.183 7，表明模型中自变量能解释大约因变量变异的 18.37%。

最下面是回归系数部分，这些 Coefficient 系数是以对数的形式给出的。Std. err. 代表回归系数相应的标准误，z 值代表的是 z 检验（与 t 检验类似）的检验统计量，P 值是 z 检验对应的 P 值。

由于该模型中的回归系数以对数的形式展现，因此无法像线性回归系数那样被直接理解为自变量对因变量的影响程度。比如，年龄的系数约为−0.82，表示年龄每变化一个单位，logit（P）平均减少 0.82。这样的解释并不能让人清楚自变量 age 对因变量 enroll 中在学概率的影响。一般需要对系数进行转换，才有更加明确的意义。在一般情况下，让回归系数以发生比之比的形式来展示能够比较直接地分析自变量对因变量的影响程度。在 Stata 中可以运用 logistic 命令获得各自变量的发生比之比。

```
. logistic enroll age girl i.sibs urban if age>12

Logistic regression                                 Number of obs =       789
                                                    LR chi2(5)    =    132.65
                                                    Prob > chi2   =    0.0000
Log likelihood = -294.74557                         Pseudo R2     =    0.1837

------------------------------------------------------------------------------
      enroll | Odds ratio   Std. err.      z    P>|z|     [95% conf. interval]
-------------+----------------------------------------------------------------
         age |   .4400299   .0400833   -9.01   0.000     .3680819    .5260414
        girl |   1.207543   .2623174    0.87   0.385     .7888491    1.848464
        sibs |
          1  |   .8947199   .2113502   -0.47   0.638     .5631405    1.421534
          2  |   .5625378    .232589   -1.39   0.164     .2501559    1.265006
       urban |   4.166018   1.153734    5.15   0.000     2.420973    7.168897
       _cons |    1035634    1495483    9.59   0.000     61101.12    1.76e+07
------------------------------------------------------------------------------
```

在上面的回归结果中，Odds ratio 是各自变量的发生比之比，表明了发生比的变化倍数。由此可知，在控制了其他自变量的情况下，年龄每增长 1 岁，孩子在学的发生比将是原来的约 0.44 倍，或者说，年龄每增长 1 岁，在学的发生比将比之前下降约 56%；女孩在学的发生比约为男孩的 1.21 倍；与独生子女相比，有一个兄弟姊妹的孩子在学的发生比约为独生子女的 0.89 倍，有两个兄弟姊妹的孩子在学的发生比约为独生子女的 0.56 倍；城市孩子在学的发生比约为农村孩子的 4.17 倍。

10.2 多分类因变量回归模型

在社会现实中，除了二分类变量，很多因变量是多分类的形式。比如，社会学家和人口学家关注的婚姻状况里有单身、已婚、离婚和丧偶各类别，职业类别里有工人、农民、教师和干部等类别；经济学家关注的劳动状态里有在业、失业或退出劳动力市场等类别。当这些多分类变量作为因变量进行回归分析时，需要运用多分类 logistic 回归（multinomial logistic regression）模型。多分类 logistic 回归模型与二分类 logistic 回归模型的基本原理类似，是对二分类 logistic 回归模型的拓展。其不同之处在于，要先在多分类变量中选出基准组，然后将其与其他各组进行比较。

10.2.1 多分类 logistic 回归模型

假如因变量 y 是多分类变量，包括 j 个分类，自变量为 x_i（包括性别、年龄、受教育程度等），用 p_1、p_2、p_3……p_j 表示因变量各个分类的概率，然后建立多分类 logistic 回归模型如下：

$$\log\left[\frac{p(y=j)}{p(y=1)}\right]=\log\left(\frac{p_j}{p_1}\right)=\alpha_j+\beta_j x_i$$

这里，p_j 和 p_1 分别表示因变量中第 j 类（$j>1$）和第 1 类（基准组/参照组）的概率，对于第 1 类的选择是任意的，可以根据研究者自身的研究内容确定。一般来讲，基准组/参照组往往不是分析的重点群组和类别。多分类 logistic 回归方程中的参数同样采用最大似然估计法进行估计，回归系数的解释和检验统计量与二分类 logistic 回归模型是类似的。多分类 logistic 回归模型的基本命令为：

```
mlogit  y x1 x2 , base(#)rrr
  ①       ②          ③
```

①：多分类 logistic 回归的基本命令。

②：参与回归分析的变量。y 为因变量，放在前面；x 为自变量，置于后面。

③：选择项。base(#)中的 # 是因变量中的具体数字，指定该数字为参照组；rrr(relative risk ratio) 为输出相对风险比，即回归系数的指数形式 exp(b)。

10.2.2 多分类 logistic 回归举例

由于 Chapter10.dta 数据中没有合适的多分类因变量可用于回归分析，因此本节案例选用中国综合社会调查（CGSS）2017 年的数据进行分析。以“a41 您认为有子女的老人的养老主要由谁负责”为因变量，具体选项包括“主要由政府负责”“主要由子女负责”“主要由老人自己负责”和“政府/子女/老人责任均摊”。自变量包括性别（a2）和年龄。在回归分析之前，需要进行相关数据的清理，具体过程如下：

```
. use "E:\stata\cgss2017.dta",clear
. gen age = 2017 - a31
. recode a41 98 99 = .
. mlogit a41 a2 age,base(1)
Iteration 0:log likelihood = - 14 358.162
Iteration 1:log likelihood = - 14 063.791
Iteration 2:log likelihood = - 14 053.547
Iteration 3:log likelihood = - 14 053.514
Iteration 4:log likelihood = - 14 053.514

Multinomial logistic regression                     Number of obs  =  12,505
                                                    LR chi2(6)     =  609.30
                                                    Prob > chi2    =  0.000 0
Log likelihood = - 14 053.514                       Pseudo R2      =  0.021 2

-------------------------------------------------------------------------------
          a41 | Coefficient  Std. err.     z    P>|z|   [95% conf.  interval]
--------------+----------------------------------------------------------------
 主要由政府负责 | (base outcome)
--------------+----------------------------------------------------------------
```

```
主要由子女负责 |
            a2 |  .103 920 5  .057 312 5    1.81   0.070  -.008 409 9    .216 251
           age | -.029 853 4   .001 778   -16.79   0.000  -.033 338 2  -.026 368 6
         _cons |   2.804 152  .134 520 7   20.85   0.000    2.540 496    3.067 807
---------------+----------------------------------------------------------------
主要由老人自己 |
          负责 |
            a2 |  .129 945 1  .087 528 9    1.48   0.138  -.041 608 5   .301 498 7
           age |  .011 483 7  .002 784 2    4.12   0.000   .006 026 7   .016 940 7
         _cons |  -1.560 675   .216 733    -7.20   0.000  -1.985 464   -1.135 886
---------------+----------------------------------------------------------------
政府_子女_老人 |
      责任均摊 |
            a2 |  .246 186 4  .060 374 7    4.08   0.000   .127 854 2   .364 518 6
           age | -.030 295 7  .001 866 1  -16.24   0.000  -.033 953 1  -.026 638 3
         _cons |   2.180 185   .140886     15.47   0.000    1.904 054    2.456 317
--------------------------------------------------------------------------------
```

模型经过五次迭代，最终收敛且估计出回归系数。从结果来看，在“主要由子女负责”与“主要由政府负责”两组比较中，a2 的系数不显著（$P=0.070$），年龄 age 的系数统计显著，且为负数，说明随着年龄增长，人们越来越认为养老应该由政府负责。在“主要由老人自己负责”与“主要由政府负责”两组比较中，年龄系数统计显著且为正数，说明随着年龄增长，人们越来越倾向于认为养老应该由老人自己负责。同理，在“政府/子女/老人责任均摊”与“主要由政府负责”两组比较中，a2 系数统计显著（$P<0.05$）且为正数，说明与男性相比，女性更倾向于认为养老应政府/子女/老人责任均摊。由于模型直接输出的是对数的形式，对于系数的理解并不是直观的，因此，可以在模型选择项中进行设置以输出相对风险比（relative risk ratio，RRR）。

```
. mlogit a41 a2 age,base(1)rrr

Iteration 0:log likelihood = -14 358.162

Iteration 1:log likelihood = -14 063.791

Iteration 2:log likelihood = -14 053.547

Iteration 3:log likelihood = -14 053.514

Iteration 4:log likelihood = -14 053.514

Multinomial logistic regression                     Number of obs  =   12,505
                                                    LR chi2(6)     =   609.30
                                                    Prob > chi2    =   0.000 0
Log likelihood = -14 053.514                        Pseudo R2      =   0.021 2
--------------------------------------------------------------------------------
           a41 |       RRR   Std. err.       z   P>|z|   [95% conf.   interval]
---------------+----------------------------------------------------------------
主要由政府负责 |  (base outcome)
---------------+----------------------------------------------------------------
主要由子女负责 |
            a2 |   1.109 512  .063 588 9    1.81   0.070   .991 625 4    1.241 414
           age |  .970 587 8  .001 725 7  -16.79   0.000   .967 211 4     .973 976
         _cons |   16.513 06  2.221 348    20.85   0.000   12.685 96     21.494 72
---------------+----------------------------------------------------------------
```

主要由老人自己负责						
a2	1.138 766	.099 675	1.48	0.138	.959 245 3	1.351 883
age	1.011 55	.002 816 4	4.12	0.000	1.006 045	1.017 085
_cons	.209 994 4	.045 512 7	−7.20	0.000	.137 317	.321 137 5
政府_子女_老人责任均摊						
a2	1.279 138	.077 227 5	4.08	0.000	1.136 387	1.439 821
age	.970 158 6	.001 810 4	−16.24	0.000	.966 616 8	.973 713 4
_cons	8.847 945	1.246 552	15.47	0.000	6.713 052	11.661 78

以上回归结果输出的是相对风险比，是指因变量中该组结果落入比较组的风险与落入参照组的风险之比如何随着自变量的变化而变化。对连续变量而言，RRR>1表示因变量中该组结果落入比较组的风险随着自变量的增加而增大，RRR<1表示因变量中该组结果落入比较组的风险随着自变量的增加而减小。比如，在“主要由子女负责”与“主要由政府负责”两组比较中，年龄的相对风险比约为0.97，说明随着年龄增长，人们选择因变量中“主要由子女负责”的发生比较小。在“政府/子女/老人责任均摊”与“主要由政府负责”两组比较中，对于类别自变量，性别a2的相对风险比约为1.28，表示女性选择“政府/子女/老人责任均摊”对比选择“主要由政府负责”的发生比是男性相应发生比的约1.28倍。

10.3 序次因变量回归模型

除了上述二分类变量和多分类变量，许多社会现象也使用序次（ordered）变量进行测量。序次变量是多分类变量的一个特例，用数值型取值代表某一特定属性的序次，但是这些排序和数值并不一定反映某一实质尺度上的实际大小。序次变量的典型例子是李克特量表，另外还有很多社会态度类（比如幸福感和生活满意度）、社会阶层（低、中、高）、受教育程度（小学、初中、高中、大学及以上等）的测量以序次变量的形式展现。

如果因变量是序次变量，想要分析一个或多个自变量对因变量的影响，就要建立序次 logistic 回归模型。以序次变量作为因变量的 logistic 回归模型与多分类 logistic 回归模型类似，由一组对数比率方程组成，需要将分类中某一组的概率与其他组的概率进行对比。由于序次变量中各个分类具有一定的次序，因而在计算概率的时候可以采用相邻 logit 和累积 logit 方法。

10.3.1 概率计算方法

（1）相邻 logit。

相邻（adjacent）logit 的基本思想是比较一对相邻的类别，其具体计算公式如下：

$$\log\left[\frac{p(y=j)}{p(y=j-1)}\right]=\log\left(\frac{p_j}{p_{j-1}}\right),\ j=2,\ \cdots,J$$

这里，p_j 和 p_{j-1} 分别表示序次因变量中两个相邻的类别。从公式来看，相邻 logit 与上一节的多分类 logit 是等价的。不过在序次 logistic 回归中，需要进行平行性检验（score test for the proportional odds assumption)，即检验自变量取值的不同对因变量的影响在各个回归方程中是否相同。平行性检验的原假定为模型满足平行性，如果 P 值大于 0.05，则说明模型接受原假定，即符合平行性检验。反之，则拒绝原假定，即模型不满足平行性检验。平行性是使用序次 logistic 回归的前提条件，如果不满足平行性，则建议使用多分类 logistic 回归模型。

（2）累积 logit。

累积 logit 是指小于或等于序次因变量的某一类别 j 相对于大于类别 j 的概率，用公式表示如下：

$$\log\left[\frac{p(y\leqslant j)}{p(y>j)}\right]=\log\left(\frac{\sum_{k=1}^{j}p_k}{\sum_{k=j+1}^{J}p_k}\right)$$

由累积 logit 构造的序次 logistic 回归模型也被称为比例发生比模型（proportional odds model)，该模型假定自变量对因变量的影响在因变量的各类别之间是固定不变的，因此需要进行平行性检验。序次 logistic 回归模型同样采用最大似然估计法进行参数估计，回归结果的解释与前面二分类 logistic 回归模型的结果解释类似。

序次 logistic 回归的基本命令如下：

```
ologit y x1 x2 , or
  ①       ②     ③
```

①：序次 logistic 回归的基本命令。

②：回归分析的因变量 y 和自变量 x。因变量要放在自变量前面。

③：选择项，输出发生比之比。

10.3.2 序次 logistic 回归举例

本部分案例所使用数据仍是中国综合社会调查（CGSS）2017 年数据。因变量为“d381 在事情不确定时，我通常会期望事情朝最好的方向发展”，具体选项包括“1 非常同意，2 同意，3 无所谓同意不同意，4 不同意，5 非常不同意”。自变量选取性别（1＝男性，2＝女性）和受教育程度（连续变量 1～14）。

```
use "E:\stata\cgss2017.dta", clear
recode d381 98 99 = .
ologit d381 a2 a7a,or
```

```
Iteration 0:log likelihood = - 3 777.689 6
Iteration 1:log likelihood = - 3 762.141 6
Iteration 2:log likelihood = - 3 762.098 7
Iteration 3:log likelihood = - 3 762.098 7

Ordered logistic regression                     Number of obs  =    4,089
                                                LR chi2(2)     =    31.18
                                                Prob > chi2    =  0.000 0
Log likelihood = - 3 762.098 7                  Pseudo R2      =  0.004 1
```

d381	Odds ratio	Std. err.	z	P>|z|	[95 % conf.	interval]
a2	1.002 791	.067 018 2	0.04	0.967	.879 676 4	1.1431 35
a7a	.945 456 9	.009 532 4	− 5.56	0.000	.926 957 1	.964 325 9
/cut1	− 1.783 646	.127 627 8			− 2.033 792	− 1.533 501
/cut2	1.657 569	.127 091 8			1.408 473	1.906 664
/cut3	2.786 386	.139 876 9			2.512 233	3.060 54
/cut4	5.474 323	.301 630 9			4.883 137	6.065 508

模型经过四次迭代最终收敛，模型整体检验通过。从回归结果来看，自变量性别的 OR 值约为 1.003，说明在受教育程度一定的情况下，与男性相比，女性更倾向于选择不同意“期望事情朝最好的方向发展”，虽然回归结果并不显著。受教育程度的回归结果是显著的，其 OR 值约为 0.95，说明随着受教育程度的提高，人们更倾向于同意“期望事情朝最好的方向发展”。

如前文所述，比例发生比模型假定自变量对因变量的影响在因变量的各类别之间是固定不变的，因此需要进行平行性检验。在实际的 Stata 操作中，在分析完成序次 logistic 回归模型之后，可以使用 oparallel 命令进行平行性检验。

```
. oparallel,brant
Test of the parallel regression assumption
```

	Chi2	df	P>Chi2
Brant	8.721	6	0.190

从以上结果来看，该检验的原假定是自变量对因变量的影响在因变量各类别之间是不变的，如果检验对应的 P 值大于 0.05，则接受原假定，平行性检验通过，说明以上序次 logistic 回归的结果是可信的。相反，如果平行性检验对应的 P 值小于 0.05，则应该拒绝原假定，说明平行性检验没有通过，这时候最好使用多分类 logistic 进行回归分析。

本章要点

```
. logistic y x1
```

进行一元非线性回归（logistic）分析，将 y 回归于 x_1，并提供发生比之比（odds

ratio)。

```
. logit y x1
```

分析内容与上例完全一样，它们之间的两点不同之处在于：(1) 该命令提供系数，而不是发生比之比。(2) 该命令提供常数项。这两个命令可以互换（下同）。

```
. logistic y x1 x2 x3 x4
```

进行多元非线性回归分析，将 y 回归于 x1、x2、x3、x4。

```
mlogit y x1 x2 x3 x4 ,base(#)rrr
```

进行多分类 logistic 回归，并输出相对风险比。

```
ologit y x1 x2 x3 x4 ,or
```

进行序次 logistic 回归，并输出发生比之比。

```
oparallel,brant
```

进行平行性检验。

基本概念

伪判定系数、最大似然估计、对数似然值、风险比/发生比、相对风险比、平行性检验

复习思考题

第 1～2 题使用的数据为 ch10_Child. dta。

1. 生成一组交叉表，并回答每个交叉表中两两变量之间的关系是否独立：

(1) enroll 与 age 1315 交叉表。

(2) enroll 与 girl 交叉表。

(3) enroll 与 sibs 交叉表。

(4) enroll 与 fumujyu 交叉表。

(5) enroll 与 urban 交叉表。

2. 逐步将 enroll 回归于 age1315、girl、sibs、urban，并回答以下问题（提示：模型 1 为 logit enroll age 1315；模型 2 为 logit enroll age 1315 girl，以此类推）：

(1) 13～15 岁的孩子的在学概率是否显著超过 16～18 岁的孩子？

(2) 女孩的在学概率是否显著超过男孩？

(3) 孩子的在学概率是否随兄弟姊妹数量（sibs）的增加而降低？

(4) 每增加一个变量，模型中原有变量对因变量的影响是否受到调节？模型对因变量的解释能力是否增强？模型的适应性是否得到改善？

第 3 题使用 CGSS 2017 年数据 cgss2017. dta。

3. 因变量为："a15 您觉得您目前的身体健康状况是?"先对 a15 进行数据清理，将 98 和 99 设置为系统缺失值。将性别 a2 和户口登记地 a21 作为自变量进行序次 logistic 回归分析。

(1) 与男性相比，女性报告健康的概率是增加还是降低了?

(2) 与户口登记地在本乡镇的人相比，本区/县/县级市以外的人报告健康的概率是增加还是降低了? 增加或者降低了多少?

(3) 该回归模型是否满足平行性假定? 如何检验?

推荐阅读书目

1. 鲍威斯．分类数据分析的统计方法．北京：社会科学文献出版社，2018.

2. 郭志刚．社会统计分析方法：SPSS 软件应用．2 版．北京：中国人民大学出版社，2015.

3. 孙凤．社会统计学．北京：中国人民大学出版社，2021.

4. StataCorp. Stata：user's guide. TX：Stata Press，2021.

参考文献

1. 鲍威斯．分类数据分析的统计方法．北京：社会科学文献出版社，2018.

2. 郭志刚．社会统计分析方法：SPSS 软件应用．2 版．北京：中国人民大学出版社，2015.

3. 贾俊平，何晓群，金勇进．统计学．8 版．北京：中国人民大学出版社，2021.

4. 伍德里奇．计量经济学导论：现代观点．北京：中国人民大学出版社，2018.

5. 李培林，覃方明．社会学理论与经验（第一辑）．北京：社会科学文献出版社，2005.

6. 卢淑华．社会统计学．北京：北京大学出版社，2021.

7. 孙凤．社会统计学．北京：中国人民大学出版社，2021.

8. 谢宇．回归分析．北京：社会科学文献出版社，2010.

9. 许琪．Stata 数据管理教程．北京：北京大学出版社，2021.

10. 郑真真．社会科学实证研究中的统计分析方法应用．人口研究，2002，26（5）.

11. FRANKFORT-NACHMIAS C，LEON-GUERRERO A，DAVIS G. Social statistics for a diverse society. California：SAGE Publications，Inc.，2020.

12. BOHRNSTEDT G W，KNOKE D. Statistics for social data analysis. Itasca，IL：F. E. Peacock Publishers，Inc.，2002.

13. WEISBERG S. Applied linear regression. NJ：Wiley，2013.

14. BOOTH W C，COLOMB G G，WILLIAMS J M. The craft of research. Chicago：University of Chicago Press，2004.

15. XIE Y，JIANG Y，GREENMANE. Did send-down experience benefit youth?：a reevaluation of the social consequences of forced urban-rural migration during China's cultural revolution. Social science research，2008，37（2）.

图书在版编目（CIP）数据

数据分析与 Stata 应用/杨菊华，杨磊著．-- 北京：
中国人民大学出版社，2023.3
新编 21 世纪社会学系列教材
ISBN 978-7-300-31489-1

Ⅰ．①数…　Ⅱ．①杨…②杨…　Ⅲ．①统计分析-应用软件-高等学校-教材　Ⅳ．①C819

中国国家版本馆 CIP 数据核字（2023）第 030716 号

新编 21 世纪社会学系列教材
数据分析与 Stata 应用
杨菊华　杨　磊　著
Shuju Fenxi yu Stata Yingyong

出版发行	中国人民大学出版社		
社　　址	北京中关村大街 31 号	**邮政编码**	100080
电　　话	010－62511242（总编室）		010－62511770（质管部）
	010－82501766（邮购部）		010－62514148（门市部）
	010－62515195（发行公司）		010－62515275（盗版举报）
网　　址	http://www.crup.com.cn		
经　　销	新华书店		
印　　刷	运河（唐山）印务有限公司		
规　　格	185 mm×260 mm　16 开本	**版　　次**	2023 年 3 月第 1 版
印　　张	21.5 插页 1	**印　　次**	2025 年 7 月第 3 次印刷
字　　数	439 000	**定　　价**	58.00 元

关联课程教材推荐

书号	书名	作者	定价
978-7-300-16163-1	数据管理与模型分析：STATA 软件应用	杨菊华	59.00 元
978-7-300-09639-1	STATA 实用教程	王天夫 李博柏	65.00 元
978-7-300-20676-9	社会统计分析方法：SPSS 软件应用（第二版）	郭志刚	69.00 元
978-7-300-30539-4	社会研究方法（第六版·数字教材版）	风笑天	69.90 元
978-7-300-30838-8	定性研究方法	陆益龙	49.00 元

配套教学资源支持

尊敬的老师：

衷心感谢您选择人大版教材！相关的配套教学资源，请到中国人民大学出版社官网（www.crup.com.cn）下载。部分教学资源需要验证您的教师身份后，才可以下载，请您登录出版社官网后，点右上角“注册”，填写“会员中心”的“我的教师认证”项目，等待后台审核。我们将尽快为您开通下载权限。

如您急需教学资源或教材样书，也可以直接与我们的编辑联系：

龚洪训　　电话：010-62515637　　电子邮箱：6130616@qq.com

专业教师 QQ 群：

195761402（全国社会学教师 QQ 群）

欢迎您登录浏览人大社网站，了解图书信息，共享教学资源

期待您加入专业教师 QQ 群，开展学术讨论，交流教学心得